B
V
72

AF557682

Karsten Müller / Jerzy Konikowski

Karsten Müller – Endspielzauber

Anschauungs- und Trainingsmaterial aus der Meisterpraxis

Joachim Beyer Verlag

ISBN 978-3-95920-188-9

1. Auflage 2023

Ein Imprint des Schachverlag Ullrich, Zur Wallfahrtskirche 5,
97483 Eltmann

Bildnachweis:
Harald Fietz S. 338, Archiv Joachim Beyer Verlag S. 340

Herausgeber: Robert Ullrich

Inhalt

Zeichenerklärung

!	guter Zug
!!	ausgezeichneter Zug
?	schwacher Zug
??	grober Fehler
!?	beachtenswerter Zug
?!	fragwürdiger Zug
+−	Weiß hat entscheidenden Vorteil
±	Weiß steht besser
⩲	Weiß steht etwas besser
=	die Stellung ist ausgeglichen ode remis
−+	Schwarz hat entscheidenden Vorteil
∓	Schwarz steht besser
⩱	Schwarz steht etwas besser
⌓	besser ist
∞	unklar
=∞	mit Kompensation für den materiellen Nachteil
x	schlägt
+	Schach
#	Schachmatt
Δ	mit der Idee

Vorwort

Unser umfangreiches Werk über die zauberhafte Welt der Endspiele ist in vier Teile gegliedert. Im ersten haben wir 100 interessante und lehrreiche Beispiele aus der Meisterpraxis gründlich analysiert und ausführlich kommentiert. Diese sind 20 speziell im Endspiel wichtigen Themenbereichen wie Zugzwang, Freibauer, Pattrettung, Abwicklung, Dauerschach usw. zugeordnet. Dabei stehen bewusst Beispiele im Mittelpunkt, in denen magische Elemente mit lehrreichen und entsprechend praktischen verbunden sind, und in denen viele nützliche Faustregeln sowie die nicht selten noch wichtigeren Ausnahmen davon erläutert und veranschaulicht werden.

In Teil 2 heißt es 'Übung macht den Meister' und entsprechend erhält der Leser dort die Möglichkeit, seine bereits vorher gegebenen Kenntnisse sowie das in Teil 1 Hinzugelernte sogleich anhand von 100 Übungsaufgaben zu überprüfen, wobei alle Beispiele auch kombinatorische Elemente aufweisen. Während Kenntnisse der weiter fortgeschrittenen Endspieltheorie nicht vorausgesetzt werden, sind grundlegende Kenntnisse allerdings schon allein deswegen nötig, um elementare Remis- bzw. Gewinnstellungen, die aus den Varianten hervorgehen, zu erkennen und richtig einzuschätzen.

In Teil 3 werden 100 durchweg faszinierende Studien geboten, denn da die meisten taktischen Endspielideen am deutlichsten und lehrreichsten in dieser schachlichen Kunstform hervortreten, schien es uns angebracht, auch davon eine größere Anzahl aufzunehmen. Dabei haben wir Wert darauf gelegt, dass es sich um praxisnahe Stellungen handelt, die durchaus auch einer gespielten Partie entnommen sein könnten und deren Lösungen klar nachvollziehbar sind. Und nur in einigen wenigen Fällen haben wir auch Beispiele anderer Art aufgenommen, wenn es nämlich darum ging, dem Leser ein nach unserer Ansicht besonders wichtiges und lehrreiches Motiv nahezubringen.

Bei allen Aufgaben ist es übrigens sehr wichtig, dass Sie sich möglichst unter turniernahen Bedingungen mit den jeweiligen Stellungen beschäftigen, denn auf diese Weise können Sie am besten davon profitieren. Allerdings können Sie das Buch auch als reines Lehrbuch ansehen und sich direkt mit den Lösungen beschäftigen, denn selbst bei diesem Herangehen können Sie Ihr bereits vorhandenes Wissen um viele typische Endspielmotive bereichern.

Teil 4 rundet unser Buch mit einer Art Zugabe ab: Noch einmal ein Dutzend nach vorherrschenden Endspielthemen geordnete Beispiele aus brandaktuellen GM-Partien des Jahres 2023!

Wir sind sicher, dass der Zauber aus dem Reich der Endspiele auch Sie in seinen Bann ziehen wird und dass Sie die Faszination der letzten Partiephase genießen werden.

Wir bedanken uns bei Frederic Friedel und Rainer Woisin von ChessBase für die Idee, mit QR-Codes zu arbeiten, bei Robert Ullrich vom Joachim Beyer Verlag für die harmonische Zusammenarbeit und bei Thomas Beyer für das vorbildliche Layout.

Dr. Karsten Müller und Jerzy Konikowski
Hamburg / Dortmund im April 2023

Teil I

Strategische und taktische Motive im Endspiel

Kapitel 1

Der aktive König

In Eröffnung und Mittelspiel übernimmt der König nur selten eine aktive Rolle, aber dies ändert sich im Endspiel zumeist vollkommen, denn dann haben seine Aktivität und seine Beweglichkeit normalerweise großen Einfluss auf das Endergebnis. Dies wird in den meisten der für dieses Buch ausgewählten Beispiele bestätigt und veranschaulicht.

Beispiel 1

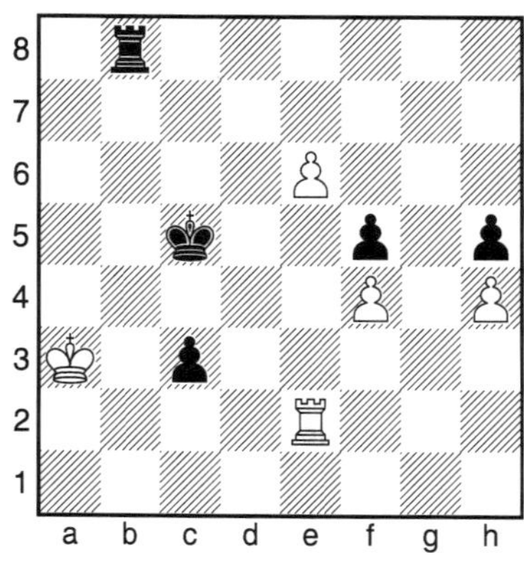

Schwarz am Zug

54...♔c4!

Richtig ist die Aktivierung des Königs, denn dessen weißer Kollege ist ja nicht nur zum Zuschauer degradiert, sondern angesichts der sofortigen Mattdrohung auch als Angriffsobjekt gefährdet.

Hingegen führte der passive Ansatz 54...♔d6? 55.e7 c2 56.♖xc2 ♔xe7 57.♖g2= nicht zum Ziel.

55.♔a2 ♔d3 56.♖e5

56.♖g2 gestattet das sofortige Vorgehen 56...c2 mit der hoffnungslosen Folge 57.♖g3+ ♔d4 58.♖g1 ♖b7 59.♖e1 ♔c3−+.

56...♖a8+ 57.♔b3 ♖b8+ 58.♔a2 c2 59.♖c5 ♖e8 60.♔b2 ♖xe6 61.♖c3+ ♔e4 62.♖g3 ♔xf4 63.♖g5 ♖c6 64.♔c1 ♔e4 65.♖xh5

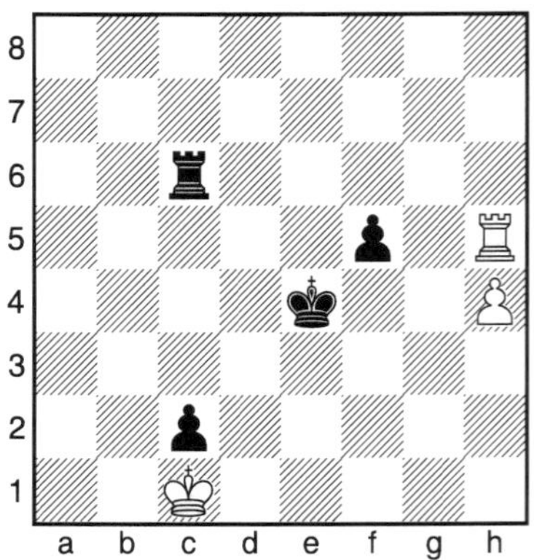

65...f4!

Gegen zwei Freibauern ist Weiß natürlich machtlos.

66.♖h8 f3 67.♖f8 ♔e3 68.h5 f2 69.♖e8+ ♔f3 70.♖f8+ ♔e2 71.♖e8+ ♔f1 72.♖f8 ♖h6 73.♖f5 ♔e2 74.♖e5+ ♔d3 75.♖f5 (75.♖d5+ ♔e4−+) **75...♖xh5! 0-1**

Eine schöne Schlusspointe angesichts der möglichen Folge 76.♖f3+ ♔e2 bzw. 76.♖xf2 ♖h1+ 77.♔b2 c1♕+, Abdusattorov – Vidit, Rapid, Indien 2022.

Beispiel 2

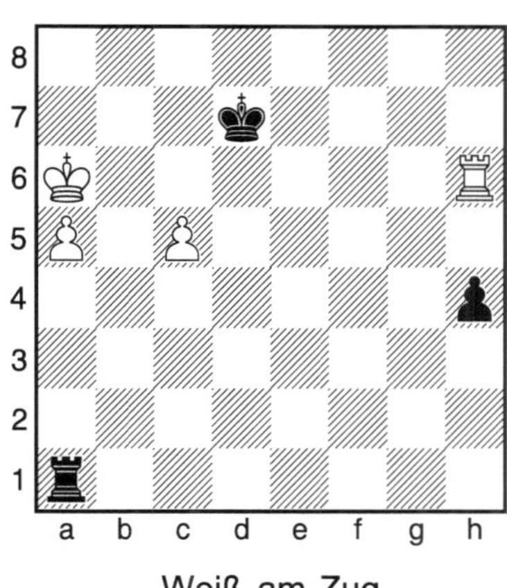

Weiß am Zug

Oberflächlich betrachtet scheint Weiß in diesem Turmendspiel keine Fortschritte machen zu können. Allerdings fand er doch einen Gewinnweg, der auf der Aktivierung des Königs beruhte.

69.♔b7!

Dieses Bauernopfer führt zum Erfolg, während die Partie nach dem weiteren Bauerngewinn 69.♖xh4? wegen der Folge 69...♔c6 70.♖h5 ♖a2 nicht mehr zu gewinnen wäre.

69...♖b1+

Nach 69...♖xa5 70.c6+ ♔e7 71.♖xh4 ♖b5+ 72.♔c8 wird Weiß früher oder später die sogenannte 'Lucena Gewinnstellung' erreichen und dann durch Anwendung des technischen Standardverfahrens 'Brückenbau' gewinnen; z.B. 72...♖b1 73.c7 ♖b2 74.♖e4+ ♔f7 75.♔d7 ♖d2+ 76.♔c6 ♖c2+ 77.♔d6 ♖d2+ 78.♔c5 ♖c2+ 79.♖c4 und nach Fertigstellung der Brücke läuft der Bauer durch.

70.♖b6!

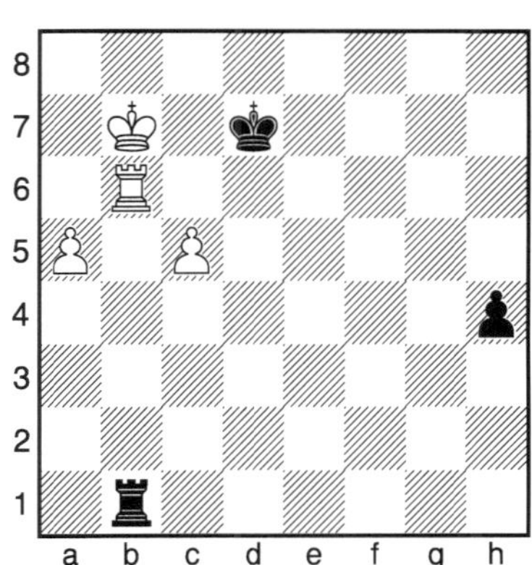

70...♖c1

70...♖xb6+ verliert wegen 71.♔xb6 h3 72.c6+ ♔d8

(72...♔c8 73.a6 h2 74.a7 h1♕ 75.a8♕#)

73.a6

(Oder auch 73.♔b7 h2 74.c7+ ♔e7 75.c8♕ h1♕+ 76.♔b8+−.)

73...h2 74.a7 h1♕ 75.a8♕+ und Weiß

gewinnt, da der c-Bauer ein zu starker Trumpf ist; z.B. 75...♔e7 76.♕a3+ ♔e8 77.♕e3+ ♔f7 78.♕f4+ ♔e6 79.♕c4+ ♔d6 80.♕c5+ ♔e6 81.c7 ♕b1+ 82.♔a7 ♕a1+ 83.♔b7+−.

71.c6+ ♔d6

Oder 71...♔d8 72.a6 (72.♖b3!?+−) 72...h3 73.a7 h2 74.a8♕+ +−.

72.♖b2 h3 73.a6 h2

73...♖xc6 hilft auch nicht mehr wegen 74.♖d2+ ♔c5 75.♖c2+ +−.

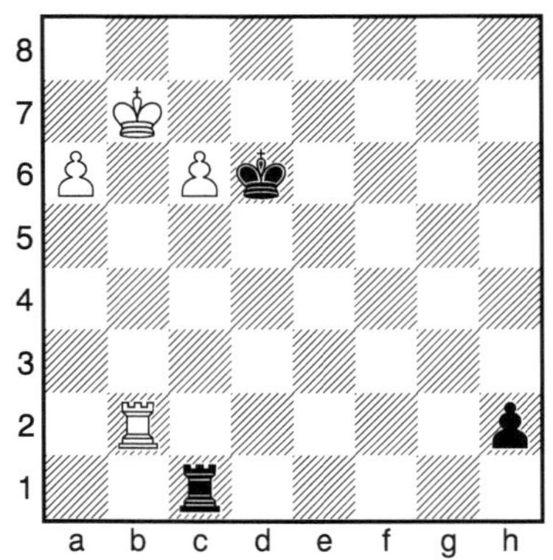

74.♖d2+

Es gewinnt auch sofort 74.♖xh2!? ♖b1+ 75.♔c8 ♔xc6 76.♖h6+ ♔c5 77.a7 ♖a1 78.♖h7 ♔c6 (78...♔b6 79.♔b8! nebst 80.a8♕+−) 79.♖c7+ ♔b6 80.♔b8 ♖a2 81.♖c1 ♖xa7 82.♖b1+ ♔a6 83.♖a1+ usw.

74...♔c5 75.♖xh2 ♖b1+ 76.♔c7 und **1–0** angesichts der möglichen Folge 76...♔c7 ♖g1 77.♖h5+ +− oder 76...♖a1 77.♖h5+ ♔c4 78.♔b6 ♖b1+ 79.♔a7+−, Praggnanandhaa – Firouzja, Miami 2022.

Beispiel 3

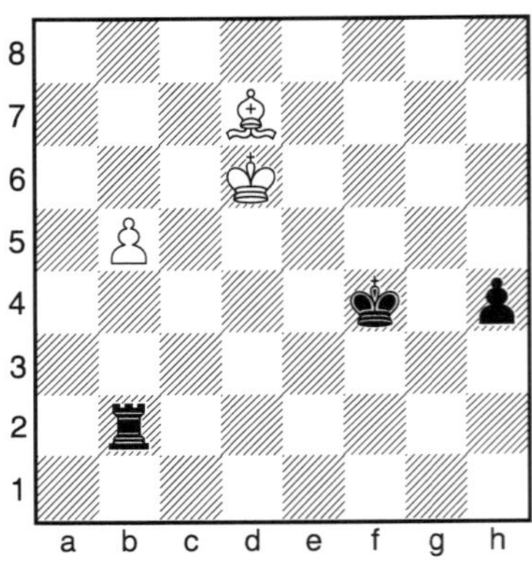

Schwarz am Zug

91...h3?

Da das bauernlose Endspiel ‘Turm gegen Läufer’ normalerweise remis ist, ist der Partiezug ein Fehler.

Schwarz kann nur dann gewinnen, wenn er zuerst mit 91...♔e4!! seinen König aktiviert.

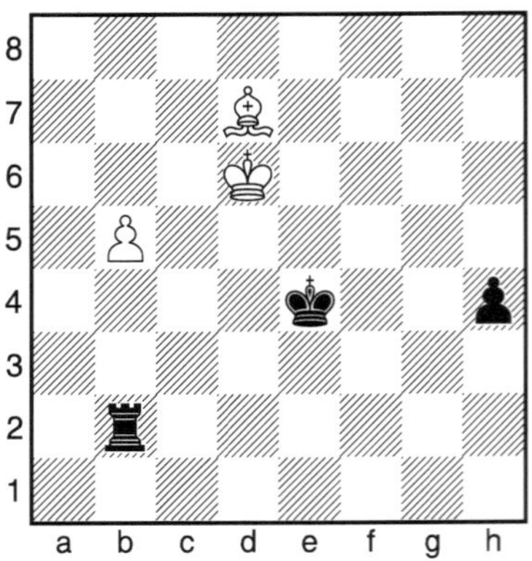

1) 92.♔c6 ♔e5

(Natürlich geht auch die Zugumstellung 92...♖c2+!? 93.♔d6 ♖b2 94.♔c6 ♔e5 usw.)

93.b6 ♖c2+ 94.♔b7 ♔d6 95.♗f5 ♖f2 96.♗g4 ♔c5 97.♔a7 ♖a2+ 98.♔b7 ♖b2−+

2) 92.♔c7 ♔d5 93.b6 ♖c2+ 94.♔b8 ♔d6 95.♗f5 ♖f2 96.♗h3 mit Gewinn in den Abspielen:

a) 96...♖f3 97.♗g4 ♖g3 98.♗f5 h3 99.b7 h2 100.♗e4 ♔d7 101.♔a7 ♖a3+ 102.♔b8 ♖a1 103.♗f5+ ♔d8 104.♗e4 h1♕ 105.♗xh1 ♖xh1 106.♔a7 ♖a1+ 107.♔b8 ♖b1 108.♔a8 ♔c7−+

b) 96...♔c6 97.b7 ♔b6 98.♗g4 ♖f8+ 99.♗c8 ♖f3 100.♗g4 ♖e3 101.♔c8 ♖c3+ 102.♔b8 h3−+

92.♗xh3 ♖xb5

Das Endspiel ist in der Regel remis.

93.♗d7 ♖h5 94.♗e8 ♖h1 95.♗f7 ♖d1+ 96.♔e6 ♖a1 97.♔d5 ♔f5 98.♗e6+ ♔f6 99.♗h3 ♖a5+ 100.♔d4 ♖h5 101.♗c8 ♔e7 102.♔e4 ♔d6 103.♔f4 ♖c5 104.♗g4 ♖c4+ 105.♔f5 ♖xg4 106.♔xg4 ½–½, Duda – Le, San Francisco 2022

Beispiel 4

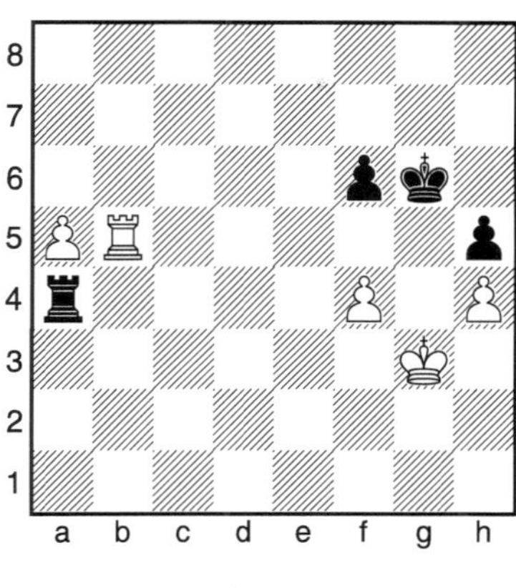

Weiß am Zug

60.f5+?

Nach diesem Fehlzug konnte Schwarz sich in der Partie retten.

Deshalb sollte Weiß zuerst mit 60.♔f3! seinen König aktivieren.

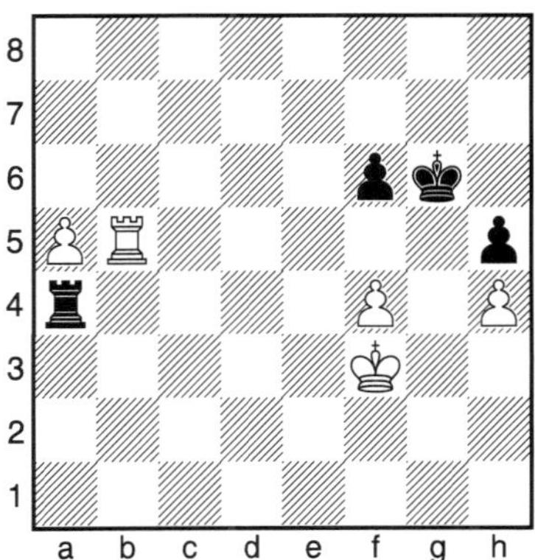

Hier ein Blick auch die möglichen Varianten:

1) 60...♖a3+

a) 61.♔e2!? ♖h3 62.f5+ ♔f7 63.a6 ♖xh4 64.a7 ♖a4 65.♖b7+ ♔e8 66.♖b8+ +−

b) 61.♔e4 ♖a4+ 62.♔e3 ♖a3+ 63.♔d4 ♖a4+ 64.♔c5 ♖xf4 65.a6 ♖a4 66.♔b6 f5 67.a7 ♖xa7 68.♔xa7 f4 69.♔b6 f3 70.♖b3+−

2) 60...f5 61.♖b6+ ♔g7 62.a6 ♖a3+ 63.♔e2 ♖a4 64.♖b7+ ♔f6 65.a7 ♔e6 66.♔d3 ♔d6 67.♔c3 ♔c6 68.♔b3 ♖a1

(68...♔xb7 69.♔xa4 ♔xa7 70.♔b5+−)

69.♖g7 ♔b6 70.♔b4

(Sehr lehrreich ist auch die Alternative 70.♔c4!? ♔c6 71.♔d4 ♔d6 72.♖g6+ ♔c7 73.♖g8!+−.)

70...♔c6 71.♖h7 ♔d5 72.♖c7 ♔d6 73.♖f7 ♔e6

(Nach 73...♔c6 gewinnt einfach 74.♖f6+! ♔d5 75.♖xf5+ ♔e4 76.♖f7+−.)

74.♖g7 ♔d6 75.♔b5+−

60...♔h6 61.♖b6 ♖a3+ 62.♔g2 ♖xa5 63.♖xf6+ ♔g7 64.♖g6+ ♔f7 65.♖g5 ♔f6 66.♖xh5 (66.♖g6+ ♔f7=) **66...♖xf5 67.♖xf5+ ♔xf5 68.h5 ♔g5 69.h6 ♔xh6 ½–½**, Praggnanandhaa – Giri, Miami 2022

Beispiel 5

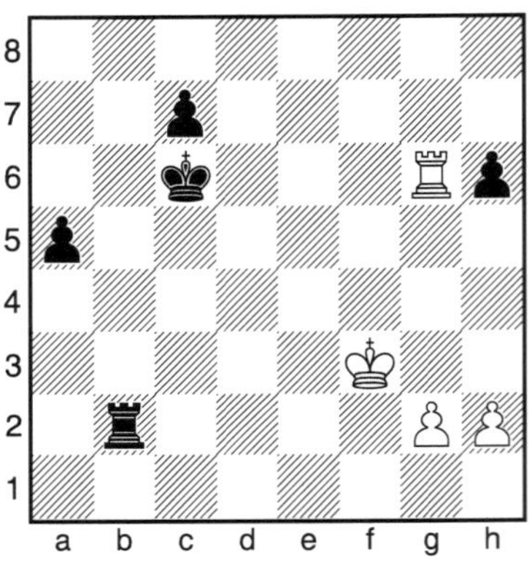

Schwarz am Zug

44...♔b7?

Nach der Entfernung des Königs vom a-Freibauern kann Schwarz nicht mehr gewinnen.

Zum Gewinn führte nur dessen aktive Annäherung an den a-Bauern mit 44...♔b5!, um diesen bei seinem weiteren Vormarsch zu unterstützen; z.B. 45.♖xh6 a4 46.♖h7 ♖c2 47.♖h8 a3 48.♖a8 a2 49.h4 ♔b4 50.h5 ♖c3+ 51.♔g4 ♖a3 und die Verwandlung des a-Bauern ist nicht mehr zu verhindern.

45.♖xh6 a4

Zu nichts führt auch die Alternative 45...♖b6 46.♖xb6+ cxb6 47.♔e2 a4 48.♔d3 ♔c6 49.♔c4 b5+ 50.♔b4 ♔d5 51.h4 ♔e4 52.h5 ♔f5 53.g4+ ♔g5 54.♔a3 ♔h6=.

46.♖h4 ♖b3+ 47.♔f2 a3 48.♖a4 ♖b2+ 49.♔f3 a2 50.h4 c5 51.h5 ♖b3+ 52.♔f2 ♖b2+ 53.♔f3

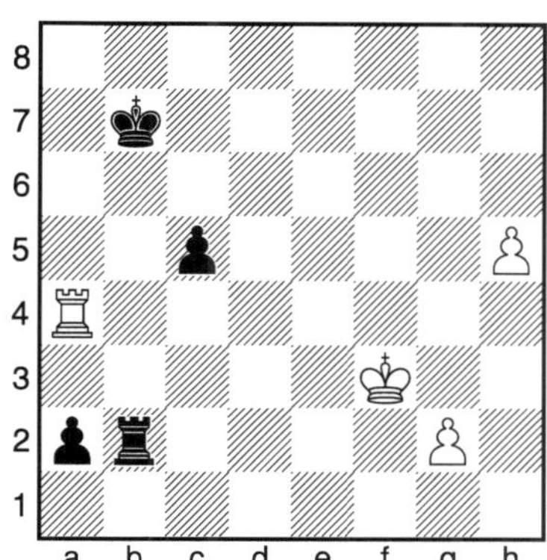

53...♖b3+

Nach der Partie zeigte Schwarz die folgende Remisvariante: 53...c4!? 54.h6 ♖b6 (54...c3?? 55.h7+−) 55.♖xa2 ♖xh6 56.♖c2 ♖c6 57.♔g4 ♔b6 58.♔h5 c3 59.g4 ♔b5 60.g5 ♔b4 61.g6 ♖c8 62.g7 ♔b3 63.♖xc3+ ♔xc3 64.♔g6 ♔d4 65.♔h7 usw.

54.♔f2

54.♔f4?? ♖b4+ −+

54...♖b2+ 55.♔g3

55.♔g1?? ♖b1+ −+

55...♖b3+ 56.♔f2 ½–½, Duda – Aronian, Miami 2022

Kapitel 2

Mattangriff im Endspiel

Ein 'Mattangriff' wird meistens mit dem Mittelspiel in Verbindung gebracht, aber auch im Endspiel sind nicht selten interessante und lehrreiche Beispiele anzutreffen.

Beispiel 6

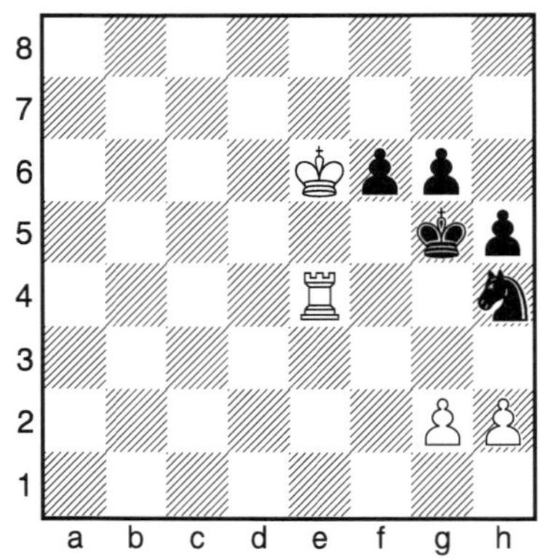

Schwarz am Zug

55.♖xh4!!

Nach diesem phantastischen Qualitätsopfer setzt Weiß Zugzwang und ein drohendes Mattnetz ein, um den Gewinn im Bauernendspiel zu erzwingen.

55...♔xh4 56.♔xf6 g5

Schwarz zieht das Matt dem trivialen Verlust nach 56...♔g4 57.♔xg6 h4 58.h3+ ♔f4 59.♔h5 ♔g3 60.♔g5 ♔xg2 61.♔xh4+− vor.

57.♔f5 g4 58.♔f4 und **1–0** angesichts der minimalistischen Mattfolge 58...g3 59.hxg3#, Narciso Dublan – Medvegy, Andorra 2001.

Beispiel 7

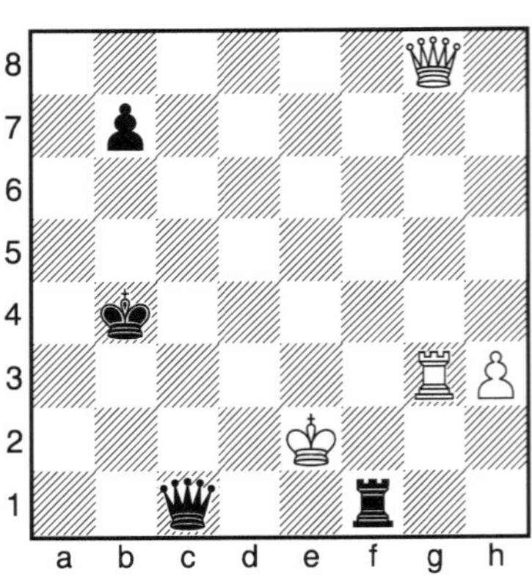

Weiß am Zug

In diesem dynamischen Schwerfigurenendspiel entscheidet die Tatsache, dass Weiß am Zug ist.

53.♕b3+! ♔a5 54.♕a2+ ♔b6

Oder 54...♔b5 55.♕d5+ ♔a6 56.♖g6+ b6 57.♕a2+ ♔b7 58.♖g7+ ♔c6 59.♕e6+ ♔b5 60.♕b3+ ♔c6 (60...♔c5 61.♖c7+ +−) 61.♖g6+ ♔d7 62.♕e6+ +−.

55.♖b3+ ♔c7 56.♕a5+ ♔b8

56...♔d6 57.♖d3+ ♔e6 58.♕d5+ ♔f6

59.♕d8+ ♔f7 60.♖d7+ ♔g6 61.♕e8+ ♔g5 62.♖g7+ +–

57.♕e5+ ♔a8 58.♕h8+ ♔a7 59.♕d4+ ♔a8 60.♕d8+ ♔a7 und **1–0** wegen 61.♕b6+ ♔b8 62.♕xb7#, Fucak – Brkic, Pula 2004.

Beispiel 8

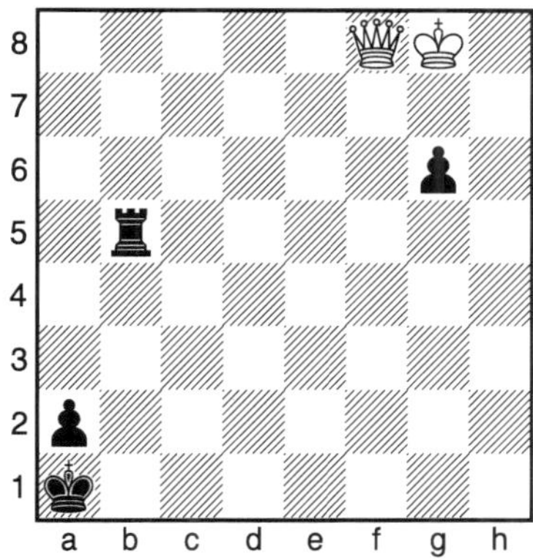

Weiß am Zug

Weiß beendete die Partie auf ebenso lehrreiche wie witzige Weise unter Einsatz von Zugzwang.

65.♕f1+! ♖b1

Auch das Turmopfer 65...♔b2 66.♕xb5+ ♔c2 bringt nach 67.♕a4+ keine Rettung:

1) 67...♔b1 68.♕b3+ ♔a1 69.♕c2 g5 70.♕c1#

2) 67...♔b2 68.♕b4+ ♔c1 69.♕a3+ ♔b1 70.♕b3+ ♔a1 71.♕c2 g5 72.♕c1#

66.♕f6+ ♖b2 67.♕d4! g5

Damit beginnt der witzige Teil der Gewinnführung. Durch das sinnlose Vorlaufen des Bauern kann Schwarz das unvermeidliche Schicksal noch einige Züge aufschieben, denn nach 67...♔b1 68.♕d1# zeigt sich das von Weiß angestrebte Mattbild sofort.

68.♔h8 g4 69.♔g8 g3 70.♔h8 g2 71.♔g8 g1♕+ 72.♕xg1+ ♖b1 73.♕d4+ ♖b2 74.♔h8 ♔b1 75.♕d1#, Hector – Carstensen, Kopenhagen 2003

Beispiel 9

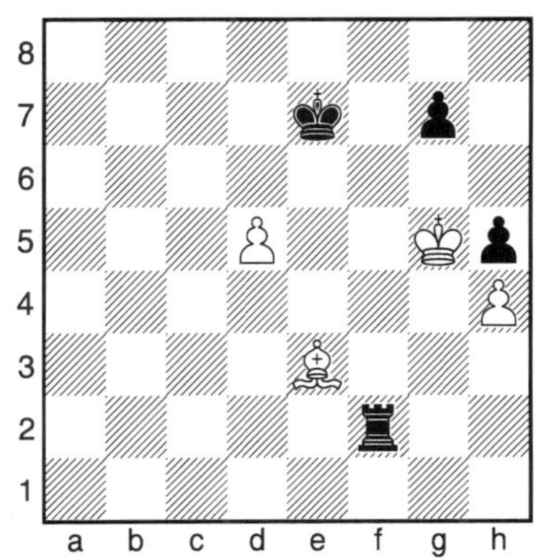

Schwarz am Zug

59...♖g2+! 60.♔xh5

Der König muss in die Pattstellung, denn nach der Flucht 60.♔f5 und der Folge 60...♔d6 61.♔e4 ♖g4+ 62.♗f4+ ♔d7 gewinnt Schwarz auf ganz einfache Art.

60...♔f6!

Das ist der einzige Gewinnzug, denn die Alternativen 60...♔f7? 61.♗g5 ♖g1 62.d6 ♖d1 63.♗f4 ♔f6 64.♔g4= bzw. 60...♔d6? 61.♗g5 ♔xd5 62.♔g6= reichen nicht aus.

61.d6 ♖g6! und **0–1,** denn das Matt ist nicht zu vermeiden – genauer gesagt: das Matt mit dem letzten Schwarz noch verbleibenden Bauern! 62.d7 ♔f5 63.d8♕ ♖h6+! 64.♗xh6 g6#, Bagi – Swjaginzew, Budva 2019.

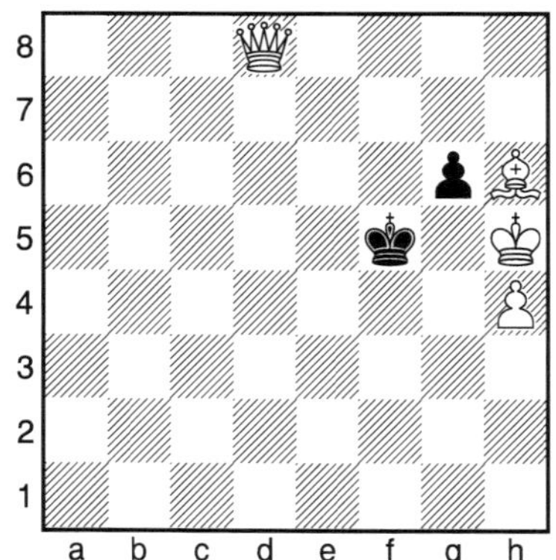

Beispiel 10

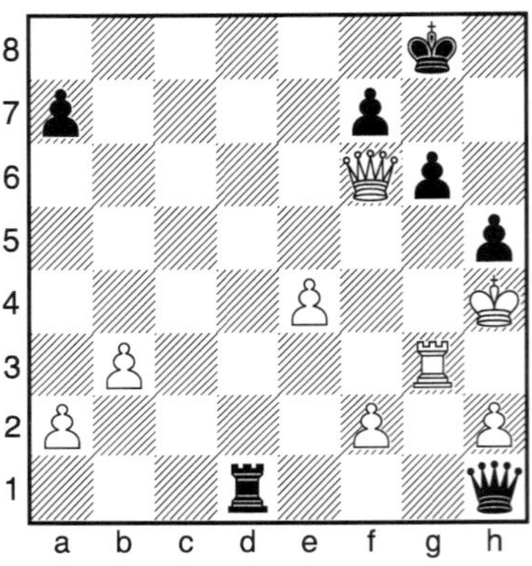

Weiß am Zug

40.♔g5!

Der weiße König packt die Gelegenheit, entscheidend am Mattangriff teilzunehmen, beherzt beim Schopfe.

40...♕xe4 41.♔h6!

Nun ist die Mattdrohung auf g7 nur mittels der folgenden 'Röntgen-Verteidigung' zu vermeiden.

41...♕d4

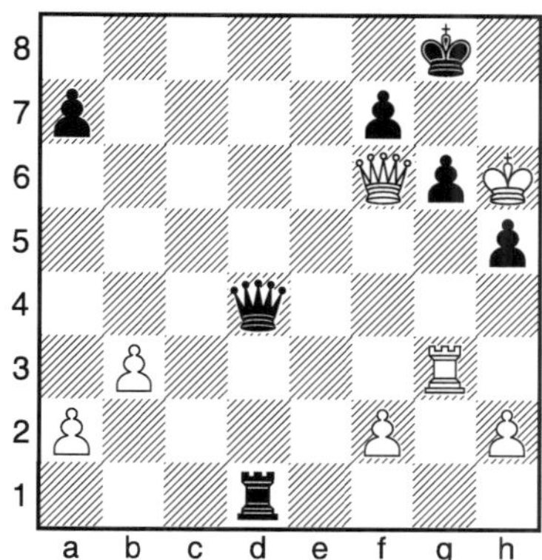

Hier wähnte Schwarz sich womöglich in Sicherheit und dachte bereits über ein mögliches Turmendspiel nach. Allerdings erwartete ihn ein wahrer Albtraum!

42.♖e3!! und **1–0** wegen der Mattfolge 42...♕xf6 43.♖e8#, Stork – Pavlovic, Sitges 2023.

Kapitel 3

Pattrettung

Je weniger Figuren auf dem Schachbrett unterwegs sind, desto größer ist die Wahrscheinlichkeit, dass es zu einem Patt kommt. Dem Motiv 'Patt-Rettung' (häufig auch in der Form einer 'Patt-Falle') kommt im Endspiel sehr große und oft sogar entscheidende Bedeutung zu, wenn eine Seite in eine kritische Lage gerät.

Beispiel 11

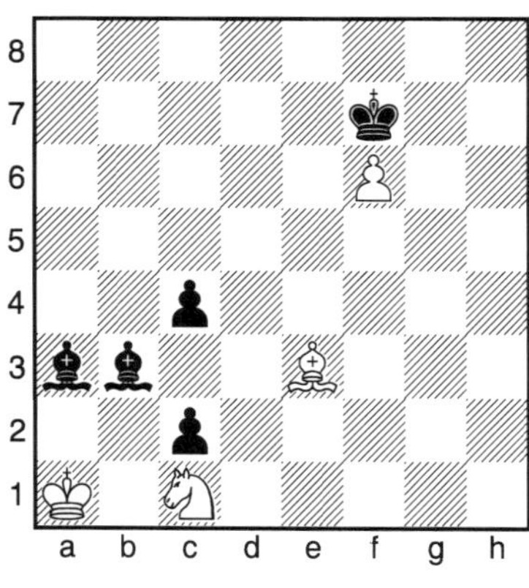

Weiß am Zug

In dieser scheinbaren Verluststellung rettete Weiß sich trickreich in ein Patt.

71.♘xb3 cxb3 72.♗c1!

Nach dieser Pointe erhält der weiße König entweder Zutritt zum Feld b2 und kann beide gegnerischen Freibauern abräumen – oder aber ...

72...♗xc1 Patt, Glasser – Zhi Qu, USA 2014

Beispiel 12

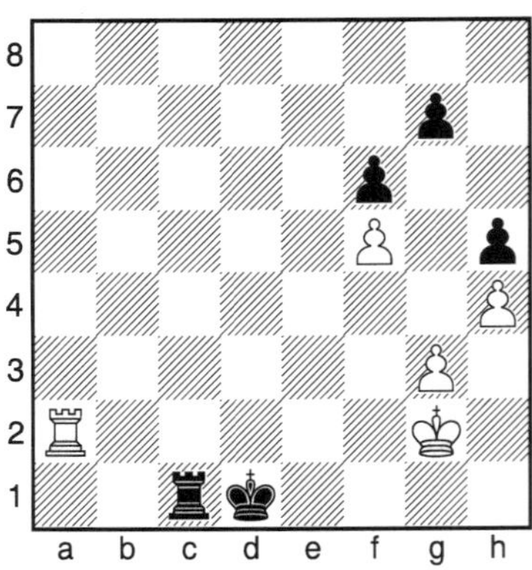

Schwarz am Zug

In dieser Partie kamen die beiden Ex-Weltmeister offenbar stillschweigend überein, die klare Remisstellung nicht mit einem banalen, sondern einem amüsanten Remisschluss zu beenden.

60...♖c2+! 61.♖xc2 ♔xc2 62.♔f3 ♔d3 63.g4 hxg4+ 64.♔xg4 ♔e4 65.♔h5 ♔xf5 Patt, Anand – Kramnik, Mexico City 2007

Beispiel 13

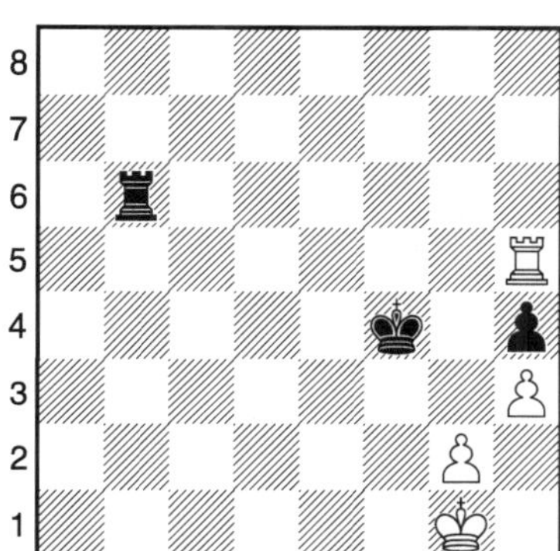

Schwarz am Zug

Weiß droht, den letzten schwarzen Bauern zu schlagen, woraufhin das Endspiel einfach gewonnen ist. Allerdings rettete Schwarz die Partie mit einem spektakulären Patt-Motiv.

51...♖b4!

Hingegen würde 51...♔g3?? wegen 52.♖g5+ ♔f4 53.♖g4+ ♔e3 54.♖xh4 ♖b1+ 55.♔h2 verlieren.

52.♔h2

Nach 52.♖xh4+ zeigt sich die Pointe der geistreichen Idee – nämlich 52...♔g3 53.♖xb4 Patt!

52...♔e3 53.♖g5

Auch 53.g4 ♖b2+ 54.♔g1 ♖b1+ ist remis.

53...♖c4 54.♖f5 ♖f4 55.♖xf4 ♔xf4 56.♔g1 ♔g3 57.♔f1 ♔f4 58.♔f2 ½-½, Kostenjuk – Koneru, Skolkovo 2019

Beispiel 14

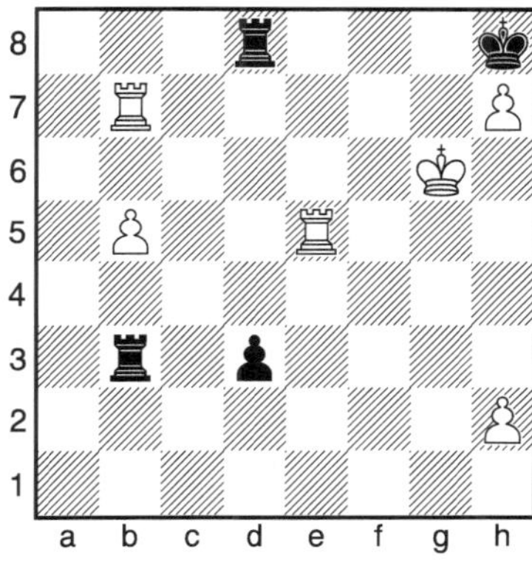

Schwarz am Zug

Obwohl sein Freibauer im Gegensatz zu den gegnerischen nicht mehr zu bremsen ist, muss Schwarz angesichts seiner latenten Grundlinienprobleme äußerst vorsichtig sein.

50...♖xb5!

Und eben nicht 50...d2?, denn mit 51.♖d5+− ist der schwarze Freibauer sehr wohl noch zu bremsen.

Bei seinem Textzug hat Schwarz hingegen bereits den anschließenden forcierten Patt-Mechanismus vor Augen.

51.♖bxb5

Oder 51.♖exb5 d2 52.♖d5 d1♕ 53.♖xd1 ♖d6+! 54.♖xd6 Patt!

51...d2!

Und nicht etwa 51...♖d6+? 52.♔f7 d2 wegen 53.♖b8+! ♔xh7 54.♖h5+ ♖h6

55.♖h8+! ♔xh8 56.♖xh6#.

52.♖bd5 d1♕

Natürlich verbietet sich 52...♖xd5?? wegen 53.♖e8#.

53.♖xd1 ♖d6+!

Nach dieser letzten Feinheit würde auch im Falle von 54.♔g5 ♖xd1 55.♖e7 ♖d6 eine Remisstellung entstehen.

54.♖xd6 Patt, Kramnik – Leko, Tilburg 1997

Beispiel 15

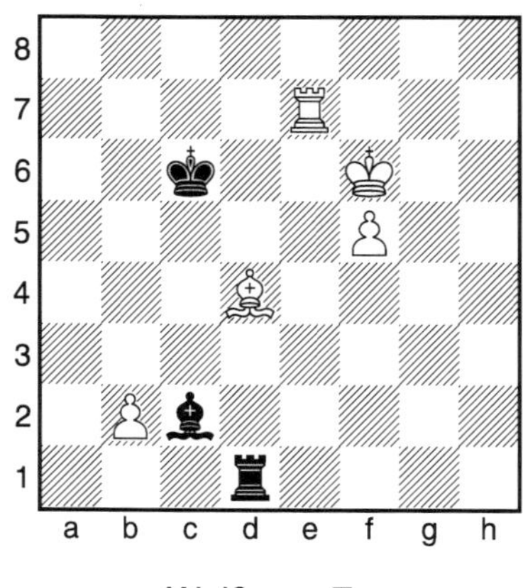

Weiß am Zug

In dieser technischen Gewinnstellung spielte Weiß schlecht.

66.♗e5?

Nach diesem Fehler macht Schwarz die gegnerischen Gewinnhoffnungen auf wunderschöne Weise zunichte, indem er nämlich seinen durch ♖c7+ bedrohten Läufer ignoriert.

Hingegen würde 66.♗c3! auf lange Sicht gewinnen; z.B. 66...♖f1 67.♖e5 ♗b3 68.♔e7 ♖d1 69.♖e3 ♖d7+ 70.♔f6 ♖d8 71.♔g6 ♗c2 72.♔g5 ♖d5 73.♖e5

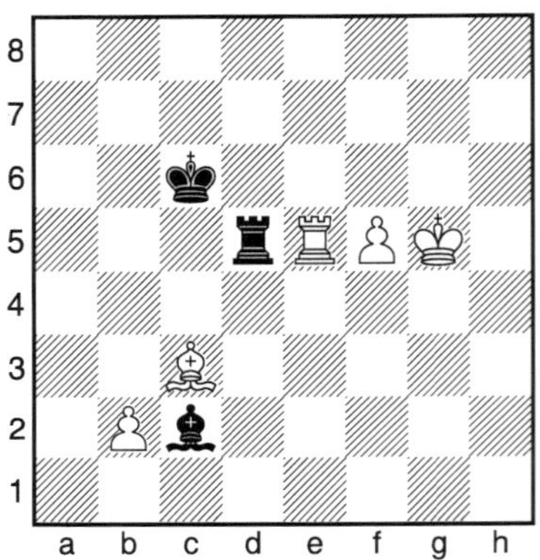

– 73...♖xe5 74.♗xe5 ♔d7 75.b4+–

– 73...♖d1 74.b4 ♔d6 75.♖e1 ♖d5 76.♖e6+ ♔c7 77.♖e5+–

66...♖f1! 67.♖c7+ ♔d5 68.♖xc2 ♖xf5+

Nun wäre 69.♔e7!? trickreicher, obwohl es letztlich auch nicht gewinnt; z.B. 69...♖xe5+ 70.♔d7 ♖h5

– 71.b4 ♖h7+ 72.♔c8 ♖h4 73.♖c5+ ♔d6 74.♖b5 ♔c6 75.♖c5+ ♔b6=

– 71.♔c7 ♖h4 72.♔b6 ♖b4+ 73.♔a5 ♖b3 74.♔a4 ♖b8 75.b4 ♖a8+ 76.♔b5 ♖b8+ =

69.♔xf5

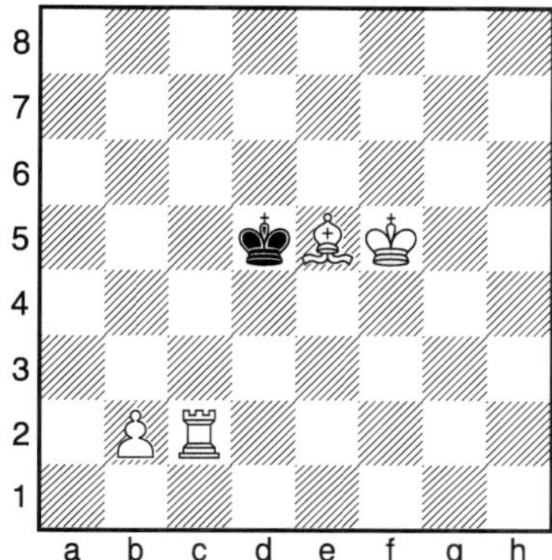

Ein sehr schönes Bild! Bei nur noch wenig verbliebenem Material steht der König mitten im Zentrum patt, Mamedjarov – Dubow, Online 2021.

Kapitel 4

Theoretische Bauernendspiele

Reine Bauernendspiele sind oft anspruchsvoll und ihre korrekte Behandlung ist oft schwieriger, als es bei oberflächlicher Betrachtung den Anschein haben mag. Die in ihnen nötigen oft weitreichenden Berechnungen erfordern größte Genauigkeit, denn selbst der kleinste Fehler kann sich verhängnisvoll auswirken und schon ein einziges Tempo kann über den Ausgang der Partie entscheiden. Um Bauernendspiele zu meistern, sind neben umfangreichen theoretischen Kenntnissen auch genügend praktische Erfahrungen nötig.

Der Umgang mit der Quadratregel ist oft deutlich trickreicher, als man glauben mag.

Beispiel 16

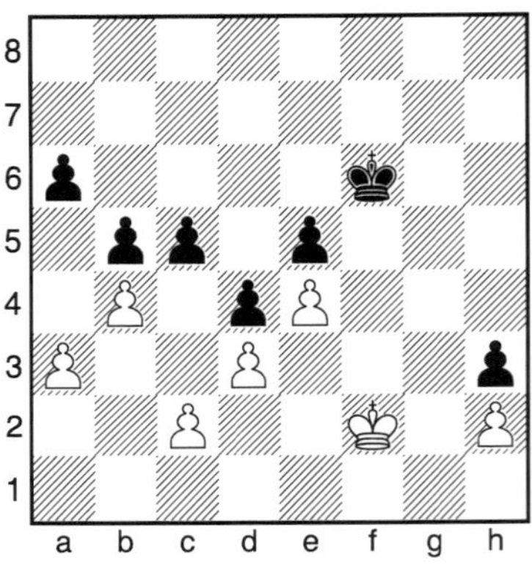

Schwarz am Zug

In dieser Stellung mit noch zahlreichen Bauern, jedoch noch ohne Freibauern, gibt es in der Folge in vielen Varianten Wettrennen, bei denen fehlerfrei abgezählt werden muss, wie viele Züge die Bauern und wie viele die Könige zum Erreichen bestimmter Ziele benötigen.

34...c4?

Dieser eigentlich naheliegende Vorstoß trifft auf eine überraschende Widerlegung.

Nach dem richtigen Ansatz 34...♔g5! führen folgende Varianten zum Remis.

1) 35.♔g3 c4 36.♔f3 (36.♔xh3? ♔f4 −+) 36...cxd3 37.cxd3 ♔h4 38.♔f2 ♔g4 39.♔e2 ♔f4 40.♔f2=

2) 35.bxc5 ♔f6!

Die Rückkehr aufs Ausgangsfeld wird

in der Fachsprache als 'Switchback' bezeichnet. In der direkten Version kommt ein solcher eigentlich nur in Studien vor. Allerdings kehrt der König nicht etwa aus Verlegenheit auf sein Ausgangsfeld zurück, sondern weil nach Entstehung eines ersten Freibauern die Quadrat-Regel ins Spiel kommt, die hier den Bereich mit den Eckpunkten c5-c8-f8-f5 betrifft.

a) 36.♔g3?

Mit diesem Fehler verlässt der König das Quadrat eines nach dem Durchbruchsmanöver a5-a4 nebst b4 entstehenden schwarzen Freibauern auf der a-Linie.

36...a5 37.♔f2

Nach diesem seinerseitigen Switchback kann der König zwar wieder in das Quadrat eines a-Freibauern gelangen, aber da Weiß nun keinen h-Freibauern erhält, kann Schwarz einfach den Bauern c5 einsammeln und dann die Reststellung gewinnen.

37...♔e6

(Nach 37...a4? 38.Ke1= b4?? 39.Kd1 bxa3 40.Kc1+− kommt der König genau rechtzeitig und Weiß gewinnt sogar.)

38.♔e2 ♔d7 39.♔d2 ♔c6 40.c3 ♔xc5−+

b) Richtig ist der sofortige Schwenk zum Damenflügel mit 36.♔e2 und der Remisfolge 36...♔e6 37.♔d2 ♔d7 38.c3 ♔c6 39.cxd4 exd4 40.♔c2 ♔xc5 41.♔b3 a5=.

35.♔f3!

Nicht jedoch 35.♔g3?? cxd3 36.cxd3 ♔g5 37.♔xh3 ♔f4 38.♔g2 ♔e3 39.h4 ♔xd3 40.h5 ♔e2=.

35...♔g5

35...cxd3 36.cxd3 ♔g6 37.♔g4!+− bzw. 36...♔g5 37.♔g3+−

36.dxc4 bxc4 37.a4 ♔f6 38.b5!

Das ist der richtige Durchbruch, denn 38.a5?? ♔e7 39.b5 ♔d7 40.b6 ♔c6= reicht nur zum Remis.

38...axb5

38...♔e7 39.bxa6+−

39.a5!

Natürlich nicht 39.axb5?? ♔e6−+.

39...b4

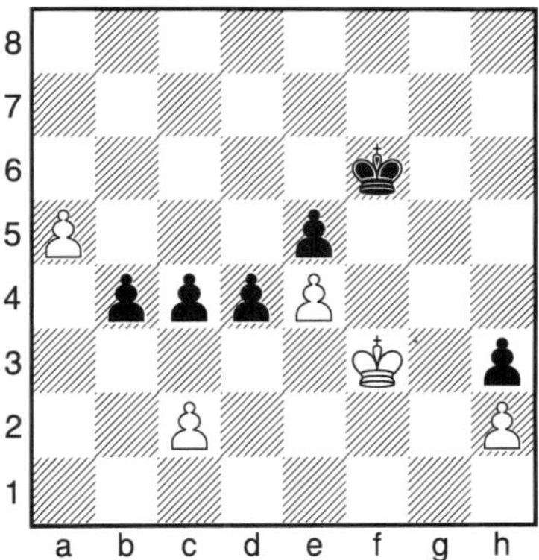

40.♔e2!

Der weiße König zieht ins Quadrat des zum Durchbruch bereiten Bauern b4 (b4-e4-e1-b1).

Das überstürzte Losrennen 40.a6?? führt nach 40...b3 41.cxb3 cxb3 42.a7 b2 43.a8♕ b1♕= nur zum Ausgleich.

40...b3

40...d3+ 41.♔d2 b3 42.cxb3 cxb3 43.♔xd3+−

41.cxb3 cxb3 42.♔d2 1–0, Bacrot – Lindgren, Bundesliga 2017

Im Endspiel '♔+♙ gegen ♔' spielt der richtige Umgang mit allen Formen der *Opposition* bekanntlich die entscheidende Rolle. Opposition ist das richtige Konzept beim Kampf um drei nebeneinanderliegende Schlüsselfelder. Egal ob Nah- oder Fern-Opposition gilt als Orientierungshilfe, dass das Rechteck, das die beiden Könige umrahmt, vier gleichfarbige Eckpunkte haben muss. Die Seite, welche bei Erreichen einer solchen Stellung *nicht* am Zug ist, hat die Opposition.

Beispiel 17

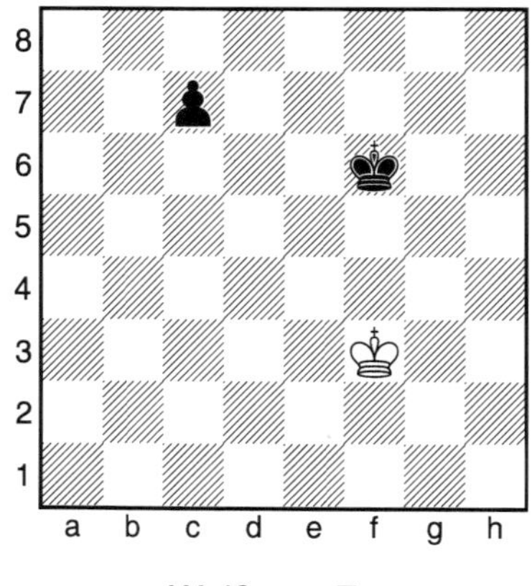

Weiß am Zug

53.♔f4!

Weiß muss bereits hier die Opposition einnehmen, also die direkte Gegenüberstellung seines Königs zum gegnerischen.

53.♔e4? scheitert an 53...♔e6 54.♔d4 ♔d6 55.♔c4 ♔c6

Opposition auf der Hauptlinie, welche durch die Mitte der 3 Schlüsselfelder geht.

56.♔d4 ♔b5 57.♔c3 ♔c5 58.♔b3 ♔d4

(Natürlich nicht 58...c6?? 59.♔c3 mit Opposition und Ausgleich.)

59.♔c2 ♔c4 60.♔b2 c6

(Und hier nicht 60...c5?? 61.♔c2= mit Opposition.)

61.♔c2 c5 Opposition 62.♔d2 ♔b3 63.♔c1 c4 64.♔b1

Hier reicht die Opposition schon nicht mehr aus.

64...c3 65.♔c1 c2 66.♔d2 ♔b2−+

53...♔e6 54.♔e4 ♔d6 55.♔d4 c5+

Nach 55...♔c6 56.♔c4= verteidigt Weiß die drei Schlüsselfelder b5, c5 und d5 durch Opposition.

56.♔c4 ♔d7 57.♔xc5 ½–½, Bjerre – G. Gajewski, Deutschland 2022

Im folgenden Beispiel kommen sämtliche Formen von Opposition zur Anwendung.

Beispiel 18

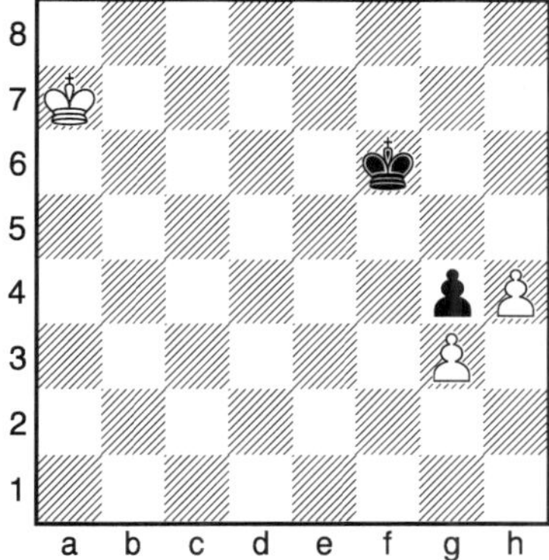

Schwarz am Zug

47...♔e7!

Schwarz muss immer die passende Form von Opposition einnehmen – hier z.B. die *Fern*opposition. Die Stellung ist remis, weil alle Schlüsselfelder (f4–d4–d7–g7) im Quadrat des gedeckten Freibauern liegen (d4-d8-h8-h4).

1) Die maximale Fernopposition mit 47...♔g7? verliert nach 48.♔b6 ♔f6 49.♔b5 ♔f5 50.♔b4+–, weil der schwarze König das Feld f4 nicht betreten kann.

2) 47...♔e5? wäre ein Beispiel für für die sogenannte 'virtuelle Opposition', also die Form, bei der der König die Opposition zwar aufgibt, diese jedoch auf jeden Zug seines Gegenspielers in der einen oder anderen Form wieder einnehmen könnte.

Diese verliert hier, denn nach der Folge 48.♔b7 ♔d5 49.♔c7 ♔e6 50.♔c6 (Opposition) 50...♔e7 betritt der König mit 51.♔d5 eins der Schlüsselfelder, was nach den weiteren Zügen 51...♔f6 52.♔e4 ♔g6 53.♔f4 ♔h5 54.♔f5+– zur Entscheidung führt.

48.♔b6 ♔d6

Nah-Opposition!

49.♔b5 ♔d5 50.♔b4 ♔d4 51.♔b3 ♔d5

Diagonal-Opposition!

52.♔a4 ♔e4 53.♔a3

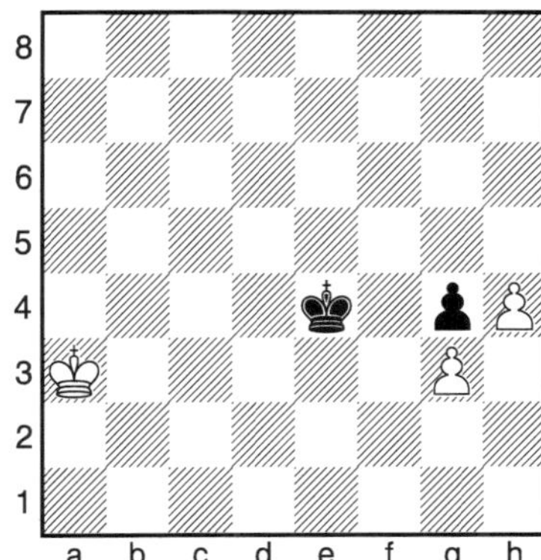

53...♔e5!

Wieder muss Schwarz die virtuelle Opposition einsetzen (siehe Punkt 2 zum 47. Zug von Schwarz).

Aktiv geht es nicht (sonst wäre es ja auch kein Oppositionsproblem): 53...♔f3? 54.h5 ♔xg3 55.h6 ♔f2 56.h7 g3 57.h8♕ mit einfachem technischem

Gewinn, weil es sich bei dem Freibauern ja um einen *Springer*bauern handelt.

(Hingegen könnte Weiß bei einem Läufer- oder Turmbauern nicht gewinnen.)

57...g2 58.♕d4+ ♔f1 59.♕f4+ ♔e2 60.♕g3 ♔f1 61.♕f3+ +−

54.♔b2 ♔d4

Den Rest hätte Weiß sich auch schenken können, aber so kann Schwarz weitere Formen der Opposition demonstrieren.

55.♔c2 ♔e4 56.♔d1 ♔d5 57.♔e1 ♔e5 58.♔d2 ♔d4 59.♔d1 ♔d5 60.♔c2 ♔e4 61.♔b3 ♔d5 62.♔b4 ♔d4 63.♔a5 ♔e5 64.♔a6 ♔e6 65.♔b6 ♔d6 66.♔b7 ♔d7 67.♔a8 ♔e8 68.♔a7 ♔e7 69.♔a6 ♔e6 70.♔a5 ♔e5 71.♔a4 ♔e4 72.♔a3 ♔e5 73.♔a2 ♔e4 74.♔b1 ♔d5 75.♔c1 ♔e5 76.♔d1 ♔d5 ½–½, Safarli – Navara, Online 2021

Im nächsten Beispiel geht es um ein Problem von 'zugeordneten Feldern' – in diesem Fall also der Felder d4 und e6. Der Spieler, dessen König das Feld auf der eigenen Seite zuerst betritt, verliert durch Zugzwang. (Dieses Motiv wird im nächsten Kapitel genauer erklärt.)

Beispiel 19

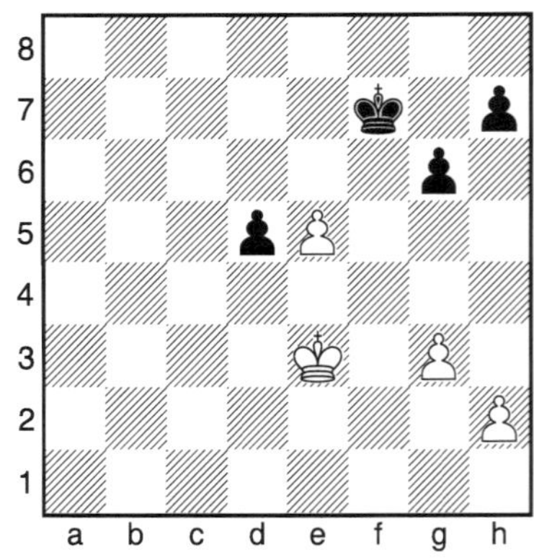

Schwarz am Zug

48...♔e7!

Da die Bilanz der Reservezüge der Bauern am Königsflügel ausgeglichen ist (maximal zwei auf jeder Seite), darf keine Seite sich dem Bauern e5 annähern, wie es die folgenden Abspiele veranschaulichen:

– 48...♔e6? 49.♔d4 h6 50.h3 g5 51.g4+−

– 48…g5? 49.♔d4 ♔e6 50.g4 h6 51.h3+–

– 48...h5? 49.♔d4 ♔e6 50.h4+–

49.♔d3!

Natürlich muss umgekehrt auch Weiß stillhalten: 49.h3? ♔e6 50.♔d4 h6–+.

49...♔d7 50.♔c3 ♔e7 ½–½, Shulman – Abdulla, Dhaka 1999

Beispiel 20

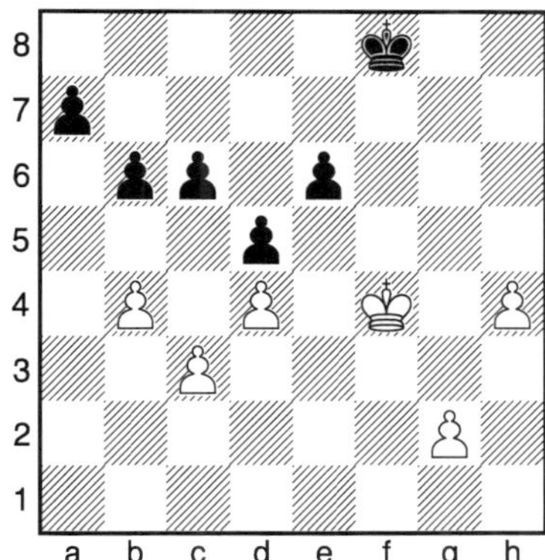

Weiß am Zug

Zwar verfügt Weiß über verbundene Freibauern, aber deren Vorgehen muss genau berechnet und sorgfältig ausgeführt werden.

39.h5!

Der Vorstoß des h-Bauern ist richtig.

Nach dem Fehler 39.g4? kann Weiß nicht mehr gewinnen, denn nach der möglichen Folge 39...a5 40.b5 cxb5 41.♔e3 a4 42.♔d2 b4 43.cxb4 b5= kommen die Freibauern ohne die Hilfe des Königs nicht vorwärts.

39...♔g7 40.g4 ♔h6

Auf 40...a5 folgt natürlich nicht 41.♔e3? a4 42.♔d2 ♔h6 43.♔c2 b5, sondern korrekt 41.bxa5! bxa5 42.♔e3 a4 43.♔d2 ♔h6 44.♔c2+–.

41.♔f3!

Zu nichts führt 41.♔e5 ♔g5 42.♔xe6 a5 43.h6 ♔xh6 44.♔f6 ♔h7 45.♔f7 ♔h6=.

41...♔g5 42.♔e3 ♔h6 43.♔f4

Dank Anwendung des Dreiecksmanövers ♔f3–e3–f4 gelang es Weiß, den gegnerischen König am Betreten des Feldes g6 zu hindern.

43...♔g7 44.g5 ♔f7

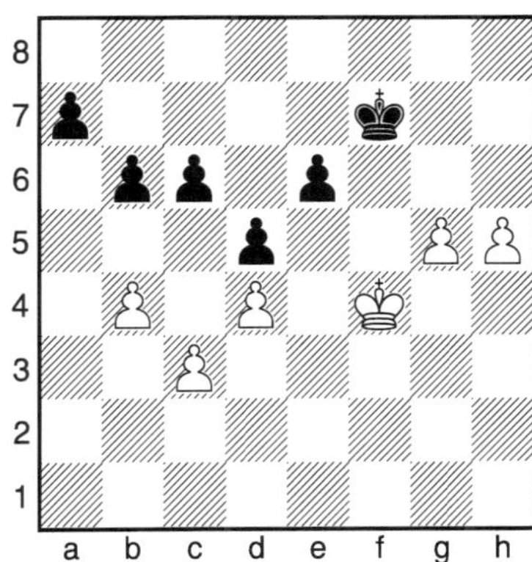

45.h6

Auch nach 45.g6+!? ♔f6 gewinnt ein Dreiecksmanöver – nämlich 46.♔f3 ♔g7 47.♔e3 ♔f6 48.♔f4+–.

45...♔g6 46.♔e5 a5 47.bxa5 bxa5 48.♔xe6 a4

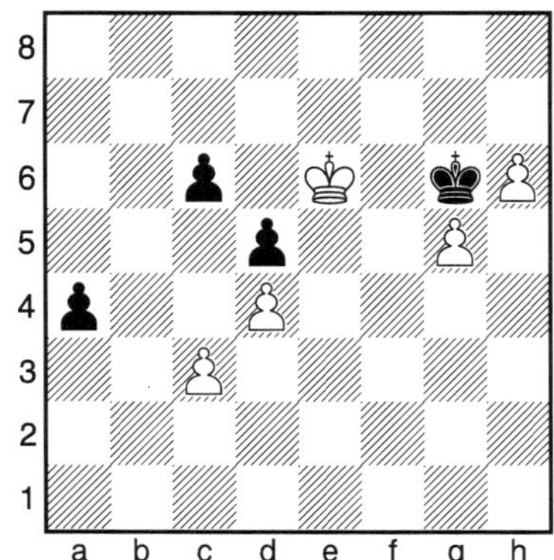

49.h7!

Das effektvolle Opfer des h-Bauern bringt die Entscheidung, weil der schwarze König von der Bewachung des g-Bauern abgelenkt wird.

1-0 angesichts der Mattfolge 49...♔xh7 50.♔f7 a3 51.g6+ ♔h6 52.g7 a2 53.g8♕ a1♕ 54.♕g6#, Willow – Aravindh, Sitges 2022.

Kapitel 5

Zugzwang

Zugzwang bedeutet, dass man keine andere Wahl hat, als einen Zug zu machen, der die eigene Stellung verschlechtert, den Gewinn vergibt oder sogar zum Verlust führt.

Beispiel 21

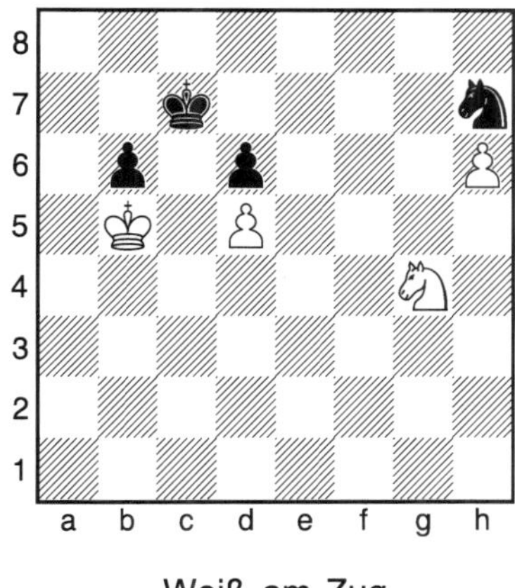

Weiß am Zug

58.♔a6!

Nach diesem fatalen Abwartezug ist Schwarz im Zugzwang, und ganz unabhängig von seiner Antwort ist seine Stellung nicht mehr zu retten.

58...♞g5 59.♘f6 ♞f7 60.h7 ♞h8 61.♘e4 ♞g6 62.♘g5 ♞h8 63.♔b5 ♚d7

63...♞g6 64.♘f7+−

64.♔xb6 ♚e7 65.♔c7 ♞g6 66.♘e6 ♞h8 67.♘d8 ♞g6 68.♘e6 ♞h8 69.♘f4 ♚f6 70.♔xd6 ♞f7+ 71.♔d7!

Aber nicht 71.♔c7? wegen 71...♚g7 72.♘h3 ♚xh7 73.♘g5+ ♞xg5 74.d6 ♞f7 75.d7 ♚g6=.

71...♞e5+ 72.♔e8 ♚g7 73.d6 ♚xh7 74.♘d3! und **1–0** angesichts der entscheidenden Ablenkung vom Feld d7 in der Variante 74...♞xd3 75.d7 ♞e5 76.d8♕, Rapport – Wei, Online 2022.

Beispiel 22

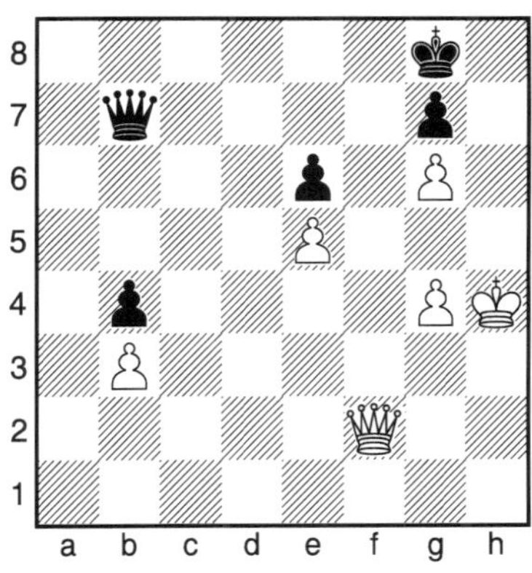

Weiß am Zug

47.♕f7+!

Der Übergang zu einem gewonnenen Bauernendspiel, in dem das Motiv Zugzwang die entscheidende Rolle spielen wird.

47...♕xf7 48.gxf7+ ♔xf7 49.♔h5

Es gewinnt auch 49.♔g5 mit der Folge 49...♔g8 50.♔g6 ♔f8 51.♔h7 ♔f7 52.g5 g6 53.♔h6+−.

49...g6+

49...♔f8 50.♔g6 ♔g8 51.g5 mit Zugzwang.

50.♔h6 g5

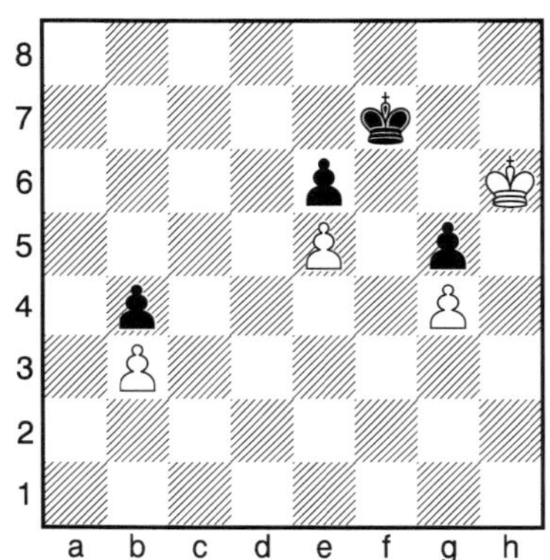

51.♔h5 1–0, Aronian – Erigaisi, chess24.com INT 2022

Eine weitere Gewinnvariante lautete 51.♔xg5 ♔g7 52.♔h5 ♔h7 53.g5 ♔g7 54.g6 ♔g8 55.g7! ♔xg7 56.♔g5 ♔f7 57.♔h6+−.

Beispiel 23

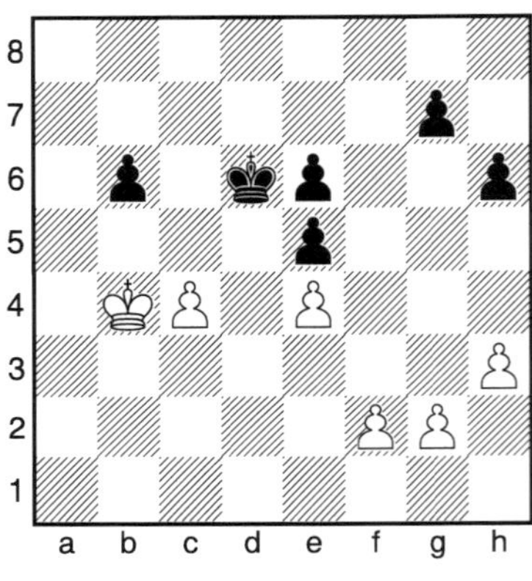

Schwarz am Zug

Wird ein Bauernendspiel durch den Kampf um Reservezüge entschieden, müssen diese sehr genau berechnet werden.

44...♔c6?

Diese Fehlentscheidung kostet Schwarz einen halben Punkt.

Einzig richtig war 44...g5! mit der möglichen Folge 45.♔b5 (45.g4 ♔c6=) 45...♔c7 und nun:

– 46.g3 h5 47.c5 bxc5 48.♔xc5 g4 49.h4 ♔d7 50.♔b6 ♔d6=

– 46.g4 ♔b7 47.c5 bxc5 48.♔xc5 ♔c7 49.f3 ♔d7 50.♔b6 ♔d6=

45.h4!

Nach dieser starken Antwort ist Schwarz im Zugzwang und Weiß gewinnt in allen Varianten.

45...g6

Oder 45...g5 46.hxg5 hxg5 47.f3 ♔c7 48.♔b5 ♔b7 49.c5 bxc5 50.♔xc5 ♔c7 51.g3! ♔d7 52.♔b6 ♔d6 53.g4 ♔d7 54.♔b7 ♔d6 55.♔c8

– 55...♔e7 56.♔c7 ♔f8 57.♔d6 ♔f7 58.♔d7 ♔f6 59.♔e8 ♔g6 60.♔e7+–

– 55...♔c5 56.♔d7 ♔d4 57.♔xe6 ♔e3 58.♔xe5 ♔xf3 59.♔f5+–

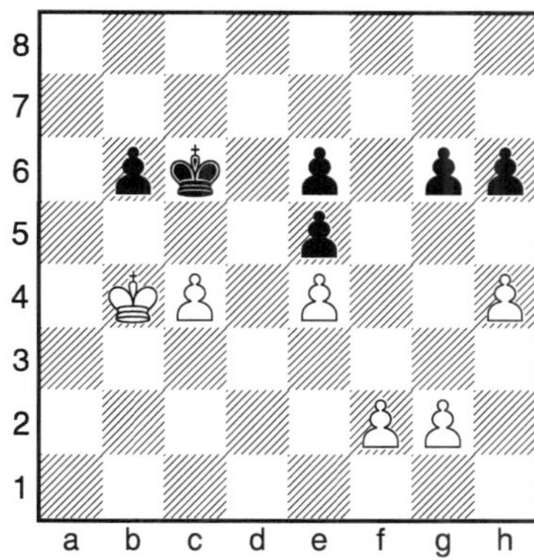

46.f3!

Das gewinnt den Kampf um Reserve-Tempi, denn in der Schlüsselstellung mit ♔c5 und ♔c7 verfügt Weiß noch über die erforderlichen *zwei* Bauernzüge g2-g3 und g3-g4.

46...g5 und **1-0** angesichts der möglichen Folge 47.h5 ♔c7 48.♔b5 ♔b7 49.c5 bxc5 50.♔xc5 ♔c7 51.g3 ♔d7 52.♔b6 ♔d6 53.g4+–, Moussard – Baenziger, Sitges 2022.

Beispiel 24

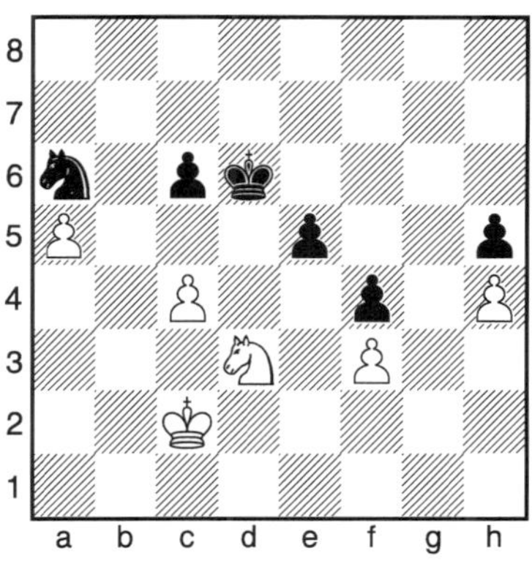

Weiß am Zug

Von dem fünften Weltmeister Mikhail Botwinnik stammt die Erkenntnis, dass Springerendspiele in etwa wie Bauernendspiele zu beurteilen sind, und entsprechend sollte Weiß hier angesichts seines entfernten Freibauern auf Gewinn stehen. Allerdings muss er auf dem Weg dorthin an dieser Stelle eine entscheidende Hürde nehmen.

42.♔c3!

Schwarz ist sowieso im Zugzwang, aber nach diesem präzisen Zug hat dieser fatale Folgen. Der entscheidende Unterschied besteht darin, dass der König nach dem Fehler 42.♔b3? in der Folge ein Feld zu weit von dem potenziellen Einbruchs- bzw. Durchbruchsfeld e4 entfernt ist, was in der folgenden Varianten veranschaulicht wird.

Hier kann Schwarz sich nach 42...c5 um Haaresbreite retten; z.B. 43.♘f2 ♘b4 44.♘e4+ ♔c7 45.♘xc5 ♘c6 46.a6 ♔b6 47.♘d7+ ♔xa6 48.♔c3 ♔b7 49.♔d3 ♔c7 50.♘f6 ♘e7 51.♘xh5 ♘f5=.

42...♘c7

1) Nun kann 42...c5 mit 43.♘f2 ♘b4 44.♘e4+ ♔c7 45.♘xc5 ♘c6 46.a6 ♔b6 47.♘d7+ ♔xa6 48.♔d3+– beantwortet werden.

2) 42...♘c5 43.♘xc5 ♔xc5 44.♔d3+–

3) 42...♔e6 43.♘b4 ♘xb4 44.♔xb4 e4 45.♔c3 exf3 46.♔d2+– bzw. 45...e3 46.a6+–

43.♘b4 c5

Auch die Alternativen verlieren:

– 43...e4 44.fxe4 ♔e5 45.♔d3 c5 46.♘c6+ ♔d6 47.♘b8+–

– 43...♔c5 44.a6 ♔b6 45.♘d3 ♘xa6 46.♘xe5 ♘c5 47.♔d4+–

44.♘d3 ♘a6 45.♘f2 ♔e7 46.♘e4 ♔d7 47.♔d2 ♔e6 48.♔c2 ♔d7

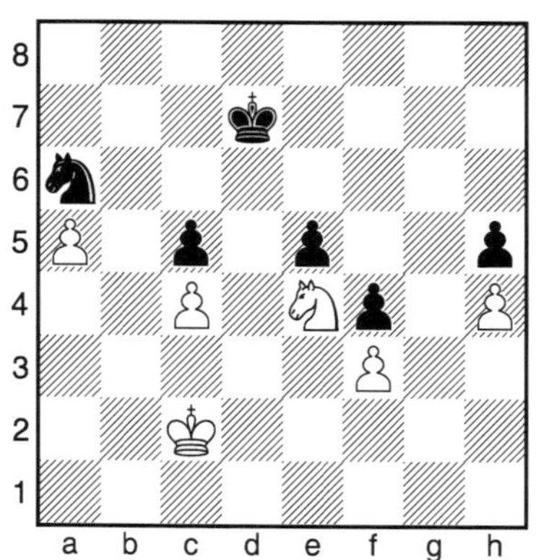

Verglichen mit der Ausgangsstellung ist der Zugzwang nunmehr tödlich, denn die Wirkung des Prachtspringers auf e4 erstreckt sich über das gesamte Brett. Schließlich beobachtet er nicht nur den Bauern auf c5 und gefährdet den auf h5, sondern er verhindert auch einen eventuellen Durchbruch mit e5-e4.

49.♔c3

Als ästhetische Zugabe bringt genau dieser Königszug die Entscheidung.

Hingegen würde der gierige Ansatz 49.♘f6+ ♔e6 50.♘xh5 nach 50...♔f5 51.♘g7+ ♔f6 52.♘e8+ ♔e7 53.♘g7 ♔f6= an einer sehenswerten Dauerverfolgung des Springers scheitern.

49...♔e6 50.♔b3

Nun überlastet der drohende Königseinmarsch am Damenflügel die Verteidigung endgültig.

50...♔d7 51.♔a4 ♔c6 52.♘f6 ♘c7 53.♘xh5 ♘e6

53...e4 54.fxe4 f3 55.♘g3 ♔d6 56.h5 ♔e5 57.h6 ♔f4 58.♘f1+–

54.♘f6 ♘d4 55.h5

Im Endspiel mit Springern lehrt die Erfahrung, dass diese kurzschrittige Figur am meisten Probleme im Kampf gegen einen Randbauern hat. Entsprechend gilt das geflügelte Wort: Der Randbauer ist der größte Feind des Springers.

55...♘xf3 56.♘e4 ♘h4 57.h6 f3 58.h7 ♘g6 59.♔b3 ♔c7 60.♔c3

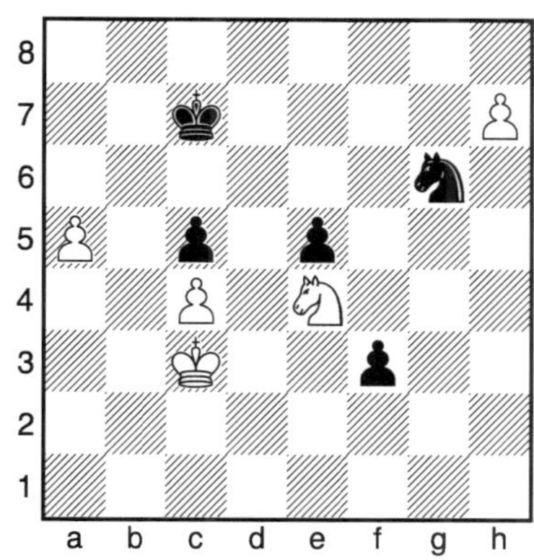

60...♔b7

60...♔c6 61.♔d3+–

61.♘xc5+ ♔a7 62.♔d3 e4+ 63.♔e3

63.♘xe4 ♔a6 64.♔e3 ♔xa5 65.♔xf3 gewinnt ebenfalls.

63...♘h8 64.♘xe4 ♔a6 65.♔xf3 ♔xa5 66.♔f4 ♔b4 67.c5 1–0, Svane – Huschenbeth, Magdeburg 2021

Beispiel 25

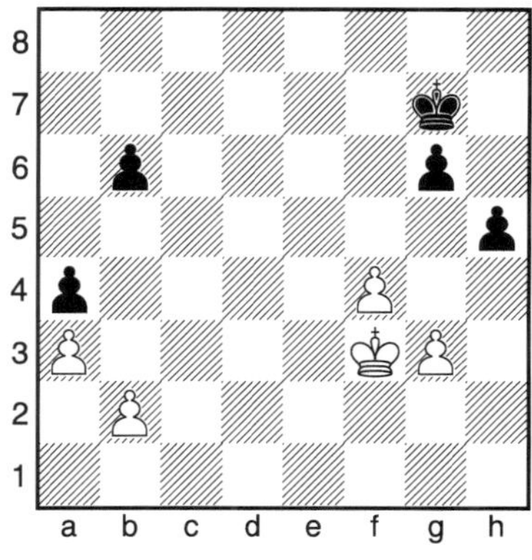

Schwarz am Zug

Schwarz verfügt über ein Reserve-Tempo am Damenflügel, aber wenn er nicht sorgsam damit umgeht, fällt dieser eigentliche Gewinnvorteil letztlich nicht ins Gewicht.

48...♔f7!

In weiser Voraussicht umgeht der König das Feld f6 und hält stattdessen die Fernopposition. Tatsächlich führt 48...♔f6? nach der Folge 49.g4 hxg4+ 50.♔xg4 ♔e6 51.♔g5 ♔f7 52.f5 gxf5 53.♔xf5 ♔e7 54.♔e5 usw. zum Remis.

49.g4 hxg4+ 50.♔xg4

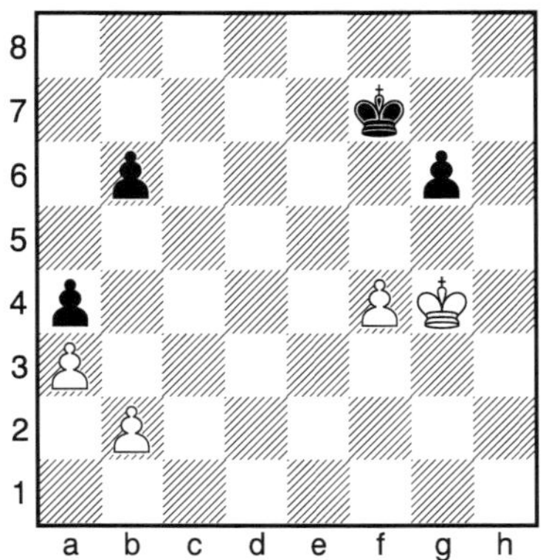

50...♔f6!

Im Vergleich zu obigem Fehlversuch wird dieselbe Stellung nunmehr mit *Weiß* am Zug erreicht, was zunächst zu Zugzwang und langfristig zum Gewinn führt.

51.♔g3 ♔e6 52.♔f2

Die Alternative 52.♔g4 hilft auch nicht: 52...♔d5 53.♔g5 ♔e4 54.♔g4

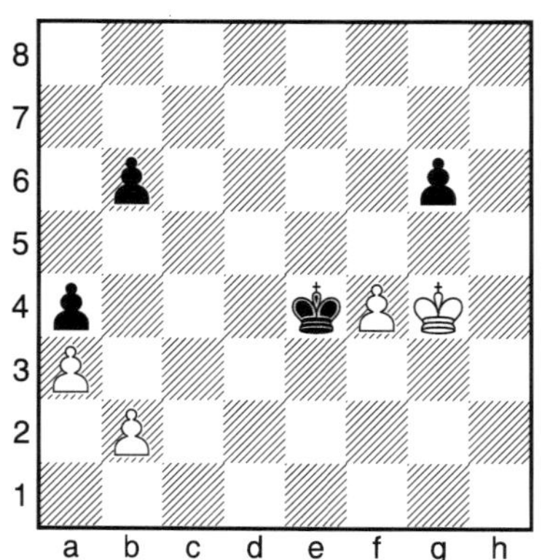

1) Nun jedoch nicht die verfrühte Ausführung des entscheidenden Reservezugs 54...b5?, weil dieses verfehlte Herangehen sich nach 55.♔g3 als folgenschwere Verschwendung herausstellt.

a) 55...♔e3 56.♔g4 ♔f2 57.♔h4 ♔f3 58.♔g5 ♔e4 59.♔g4=

b)55...♔d3 56.♔g4 ♔c2 57.♔g5 ♔xb2 58.♔xg6 b4 59.f5 bxa3 60.f6 a2 61.f7 a1♕ 62.f8♕=

2) Richtig ist hingegen 54...♔d3! mit Einsparung des Reservezuges für den erst später folgenden passenden Moment.

a) 55.♔h3 ♔d2 56.♔h4 ♔e2 57.♔g3 ♔e3 58.♔g4 ♔f2 59.♔h4 ♔f3 60.♔g5 b5−+

b) 55.♔g5 ♔e3 56.♔g4 ♔f2 57.♔g5 ♔f3 58.f5 gxf5 59.♔xf5 ♔e3 60.♔e5 ♔d3 61.♔d5 ♔c2 62.♔c4 ♔xb2 63.♔b4 b5 64.♔xb5 ♔xa3 65.♔c4 ♔b2−+

52...♔d5 53.♔e3 ♔c4 54.♔e4 b5 55.♔e5

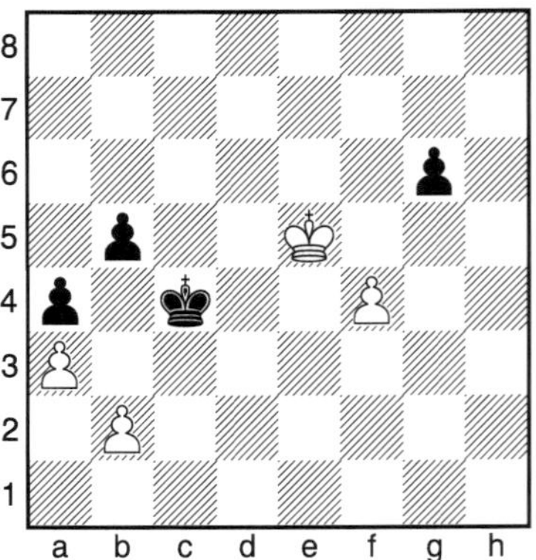

55...♔d3! 0–1, Blübaum – Kowalenko, Berlin 2021

Der König muss zunächst zum Königsflügel, um die Abschaffung der dortigen Bauern zu erzwingen; z.B. 56.♔f6 (56.♔d5 ♔c2−+) 56...♔e4 57.♔g5 ♔f3 58.f5 gxf5 59.♔xf5 ♔e3 60.♔e5 ♔d3 61.♔d5 ♔c2 62.♔c5 ♔xb2 63.♔xb5 ♔xa3 64.♔c4 ♔b2−+.

Übrigens hätte statt des präzisen Schlusszuges der Fehler 55...♔b3? doch noch alles zunichte gemacht. Denn nach 56.♔f6 ♔xb2 57.♔xg6 b4 58.f5 bxa3 59.f6 a2 60.f7 a1♕ 61.f8♕ ♕g1+ 62.♔h7= befindet sich der weiße König in der Haupt-Remiszone in der Nordostecke.

Kapitel 6

Durchbruch

Der Ausdruck *Durchbruch* bezieht sich auf die gewaltsame Öffnung eines Bereichs, der mit herkömmlichen Mitteln nicht zu öffnen wäre. Mit einem Durchbruch zielt man auf einen konkreten Vorteil ab, beispielsweise auf Raumgewinn oder auch die Kontrolle über eine Linie oder Diagonale. Dieses Motiv geht zumeist mit einem Bauernopfer einher und gewinnt im Endspiel besondere Bedeutung, wenn eine Seite auf die Schaffung eines Freibauern abzielt, auf den Zutritt zu Schlüsselfeldern oder die Schwächung der gegnerischen Stellung.

Beispiel 26

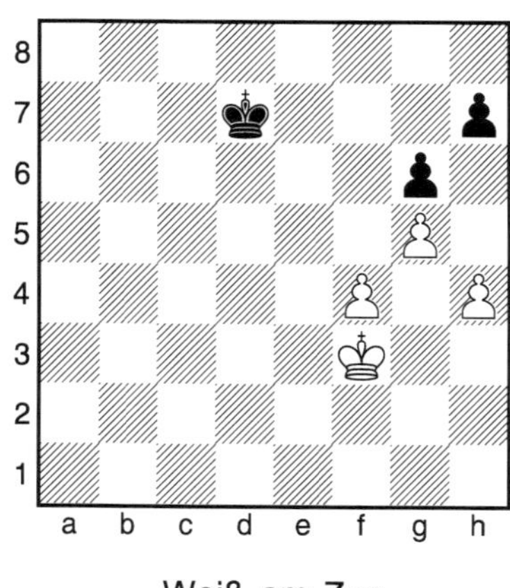

Weiß am Zug

82.h5!

Der richtige Startschuss.

1) Nach 82.f5? gxf5 83.h5 ♔e6 84.♔f4 ist sogar 84...h6 85.g6 ♔f6 spielbar. Denn Weiß kann zwar den Bauern f5, nicht jedoch die Partie gewinnen: 86.♔e3 ♔e7 87.♔d4 ♔e6 88.♔c5 ♔f6 89.♔d5 f4 90.♔e4 ♔e6 91.♔xf4 ♔f6 92.♔e4 ♔g7 93.♔e5 ♔g8 94.♔f6 ♔h8=.

2) Der Zug 82.♔e4? muss mit ...

a) 82...♔d6! 83.f5 gxf5+ 84.♔xf5 ♔e7=. beantwortet werden.

b) Denn 82...♔e6? scheitert an 83.h5 ♔d6 84.hxg6 hxg6 85.f5 ♔e7 86.f6+ ♔e6 87.♔d4 ♔f7 88.♔e5 ♔f8 89.f7 Der gedeckte Freibauer steht nur im Weg und muss geopfert werden, damit der König eindringen kann. 89...♔xf7 90.♔d6+−

82...♔d6

82...♔e6 83.hxg6 hxg6 84.♔e4 ♔f7 (84...♔d6 85.f5+−) 85.♔d5 ♔e7 86.♔e5! Opposition 86...♔f7 87.♔d6.

83.f5!

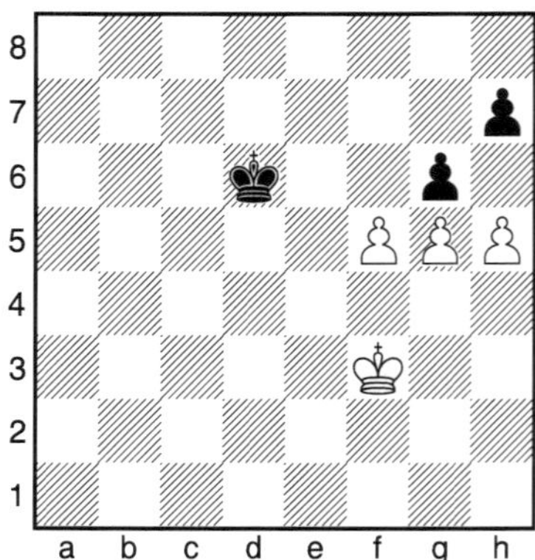

Der Ansatz des zweiten Hebels erzwingt die Aufgabe des Sperrsteins g6 und stellt somit endgültig die Weichen zum Gewinn.

83...gxh5

1) Nach 83...gxf5 84.g6 hxg6 85.h6+− befindet sich der schwarze König offensichtlich weit außerhalb des Quadrats des h-Bauern.

2) Und nach 83...♔e7 84.fxg6 hxg6 85.h6+− verschafft Weiß sich einen gedeckten Freibauern und gewinnt ganz einfach unter Einsatz von Zugzwang.

84.♔g3 ♔e5 85.f6 ♔e6 86.♔h4 h6 87.♔xh5 und **1–0** angesichts der nunmehr einfachen Folge 87...hxg5 88.♔g6! g4 89.f7 g3 90.f8♕ g2 91.♕f2+−, Bivol – Doroschenko, Sotschi 2021.

Beispiel 27

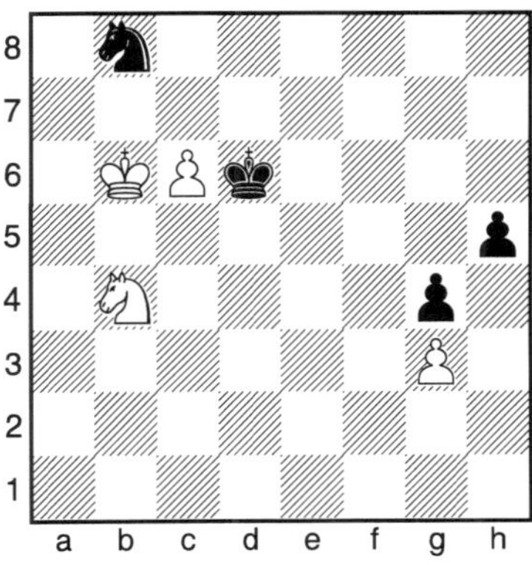

Schwarz am Zug

49...h4?

Dieser Durchbruch ist hier verfrüht und musste erst vorbereitet werden.

Richtig war zunächst die Eliminierung des wichtigsten weißen Gegenspielfaktors mit 49...♘xc6! 50.♘xc6.

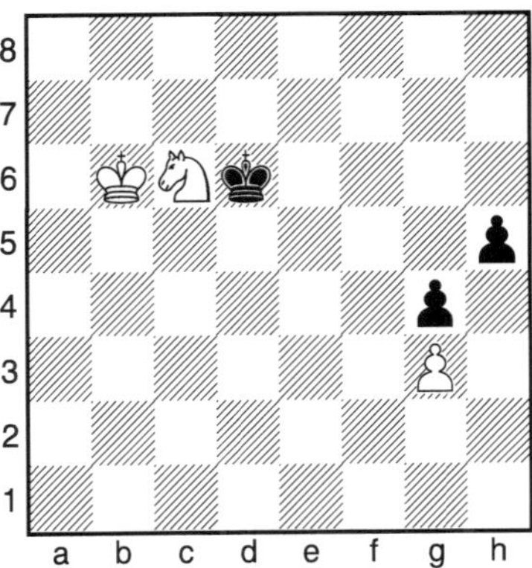

1) Allerdings wäre nun 50...h4? immer noch verfehlt, denn nach 51.gxh4 kann Schwarz so oder so nicht mehr gewinnen:

a) 51...g3 52.♘d4 g2 53.♘e2=

b) 51.♔d5 52.h5 g3 53.♘d4 ♔xd4 54.h6 g2 55.h7 g1♕ 56.h8♕+ ♔d5+ 57.♔b7=

2) Richtig ist 50...♔d5!, um dem Springer die Möglichkeit zu nehmen, über d4 den bedrohten Bereich in der Südostecke zu erreichen; z.B. 51.♘e7+

(51.♔b5 h4! 52.gxh4 g3 53.h5 g2 54.♘e7+ ♔e6–+)

a) Aber Vorsicht, denn nach dem kapitalen Bock 51...♔e6?? 52.♘g6 ♔f5 53.♘h4+ ♔e4 54.♔c6+– hätte Schwarz sich sogar noch in eine Verluststellung manövriert.

b) Richtig ist 51...♔e4! mit einfachem Gewinn nach den weiteren Zügen 52.♘g6 ♔f3 53.♘f4 h4 54.gxh4 ♔xf4 55.h5 ♔g5–+.

50.c7!

Nun sichert das Vorgehen des 'wichtigsten Gegenspielfaktors' das Remis, denn Schwarz hat keine andere Wahl, als sich ins Dauerschach zu retten.

50...♘d7+ 51.♔b7 ♘c5+ 52.♔b8 ♘d7+ 53.♔b7 ♘c5+ 54.♔b8 ♘d7+ ½–½, Sindarov – Radjabov, Jerusalem 2022

Beispiel 28

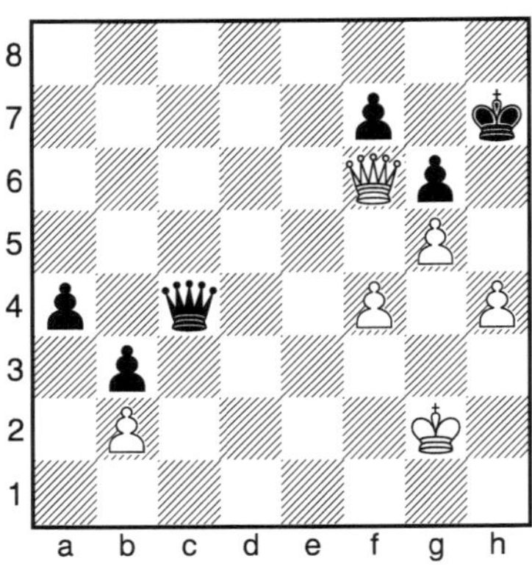

Weiß am Zug

In diesem Damenendspiel verfügt Schwarz offensichtlich über zwei gewaltige Vorteile. Während der eigene König sicher versteckt ist, kann die Erreichbarkeit des gegnerischen für allerlei von Schachgeboten begleitete Tempo-Damenmanöver genutzt werden. Und außerdem kann Schwarz sich bei passender Gelegenheit mittels Durchbruch einen Freibauern am Damenflügel verschaffen, was für Weiß natürlich das zusätzliche Problem mit sich bringt, dass er Damentausch auf jeden Fall vermeiden muss.

48.♔f3?

Nach diesem einfallslosen Tempoverlust ist der schwarze König nicht mehr mit einem Dauerschach-Angriff zu gefährden und der erwähnten Freibauernbildung steht nichts mehr im Wege.

Einzig mit der eigenen Durchbruchsmöglichkeit 48.h5! konnte Weiß sich ebenfalls Zugang zum gegnerischen König verschaffen und letztendlich das Remis sichern; z.B. 48...gxh5

(Ansonsten folgt 49.h6 mit unparierbarem Matt auf g7.)

49.f5 h4 50.g6+ fxg6 51.♕xg6+ mit nicht zu bändigendem Dauerschach-Angriff; z.B. 51...♔h8 52.♕h6+ ♔g8 53.♕g6+ ♔f8 54.♕d6+ ♔f7 55.♕g6+ ♔e7 56.♕g7+ ♕f7 57.♕e5+ ♔f8 58.♔h3= usw.

48...♕d3+ 49.♔f2 ♕f5 50.♕d4

50.♕xf5?? gxf5 51.♔e3 a3 52.bxa3 b2−+

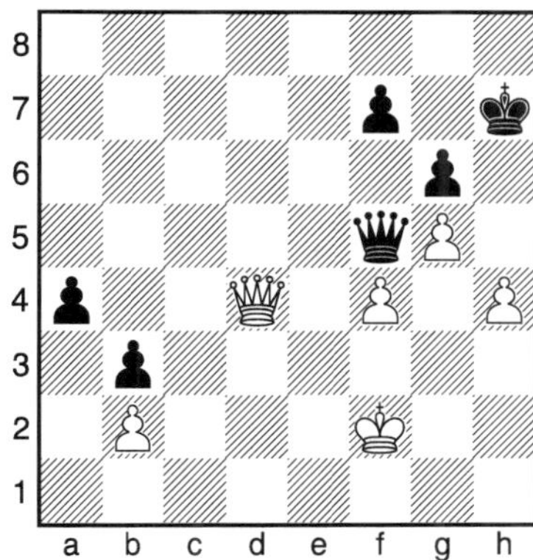

50...a3!

Endlich ist die Zeit für den entscheidenden Durchbruch am anderen Flügel gekommen.

51.bxa3

51.h5 gxh5 52.♔e3 a2 53.♕a7 ♔g6 54.♕b6+ ♕e6+ −+

51...♕c2+ 52.♔g3 b2 und **0–1** angesichts der möglichen Folge 53.♕f6 ♕b3+ 54.♔g2 b1♕−+, Bartel M. – Batsiashvili, Bydgoszcz 2022.

Beispiel 29

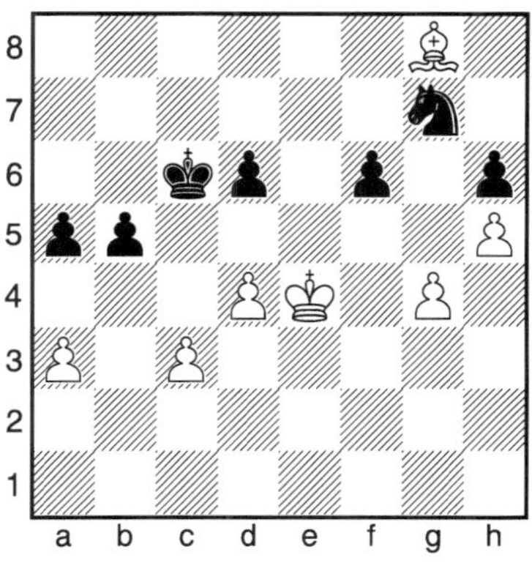

Weiß am Zug

Im Duell gegen einen Springer ist ein Läufer überlegen, wenn er sich an beiden Flügeln nützlich machen kann.

50.♗f7!

Ein Lasso für das Pferd! Oder um es in der Schachsprache auszudrücken: Der Springer wird dominiert. – Und ganz nebenbei wird dank der Deckung von h5 auch noch die Ausgleichsdrohung 50...f5+ pariert.

Hier ein Blick auf zwei krasse Fehlversuche:

1) Nach 50.d5+?? ♔c5 51.♔d3 b4= kann Schwarz die Bauern am Damenflügel abschaffen und den König danach in die eigene Stellung zurückholen.

2) Und nach dem Zwischenschach 50.♗d5+?? ♔d7 und erst jetzt 51.♗f7 ♔c6 hat Weiß statt den Gegner sich selbst in Zugzwang gebracht; z.B. 52.d5+ ♔c5 53.♔d3 b4 54.axb4+ axb4 55.cxb4+ ♔xb4= mit demselben Resultat wie in Variante 1.

50...♔c7

1) Nach 50...a4 51.d5+ entscheidet stets Zugzwang in Verbindung mit dem Hebel c3-c4 den Tag:

a) 51...♔c5 52.♔d3 f5 53.g5 ♘xh5 54.gxh6 ♘f6 55.♗g8+-

b) 51...♔c7 52.♔d4 ♔b6 53.c4 ♔a6 54.♗g6 ♔b6 55.cxb5 ♔xb5 56.♗f7+-

2) Und nach 50...♔d7 51.♔d5 ♔e7 52.♗g6 ♘e6 53.♔c6 b4 54.axb4 a4 55.b5 a3 56.♗b1+- zeigt sich, was eingangs mit der Formulierung 'sich an beiden Flügeln nützlich machen' gemeint war.

51.♔d5 ♔d7 52.♗g6 ♔c7 53.♗d3

Da sein König überlastet ist, muss Schwarz einen ersten Bauern preisgeben.

53...♔d7 54.♗xb5+ ♔c7

54...♔e7 55.♗d3 ♘e6 56.♗e4 ♘c7+ 57.♔c6 ♘e6 58.♔b5 ♘f4 59.♗f3+-

55.a4

Schwarz ist in tödlichem Zugzwang.

55...f5

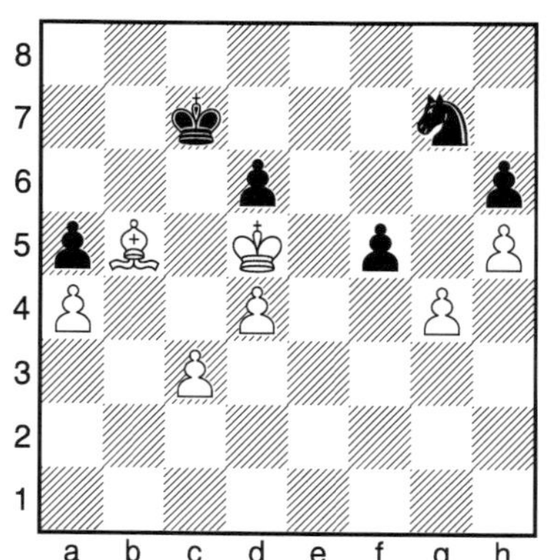

56.g5!

Der verzweifelte Versuch, die Bauern am Königsflügel abzuschaffen, gestattet nunmehr dem Weißen einen entscheidenden Durchbruch.

56...♘xh5

Nach 56...hxg5 57.h6 ♘h5 wird die letzte Feinheit 58.♔e6!+- erforderlich, denn 58.h7? ♘f6+ 59.♔e6 ♘xh7 60.♔xf5 d5 führt zum Ausgleich.

57.gxh6 ♘f4+ 58.♔c4 ♘g6 59.♗e8 ♘f8 60.♗f7 f4

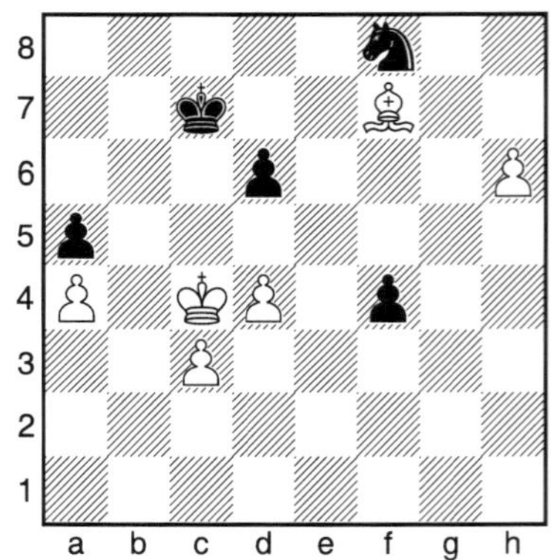

61.♔d3!?

Weiß übereilt nichts und behält die volle Kontrolle.

Allerdings hätte auch der direkte Ansatz 61.♔b5 mit der Folge 61...f3 62.♔xa5 f2 63.♗c4 d5 64.♗f1 gewonnen.

61...♔d7 62.♗g8 ♔e7 63.♔e4 ♔f6 64.♔xf4 ♘g6+ 65.♔e4 ♘e7 66.h7 ♔g7 67.♔d3 ♘c6 68.♔e4 und **1–0** angesichts der möglichen Folge 68...♘e7 69.c4 ♔h8 70.c5 dxc5 71.dxc5 ♔g7 72.♔e5+-, Gaboyan – Khachatryan, Jerewan 2021.

Beispiel 30

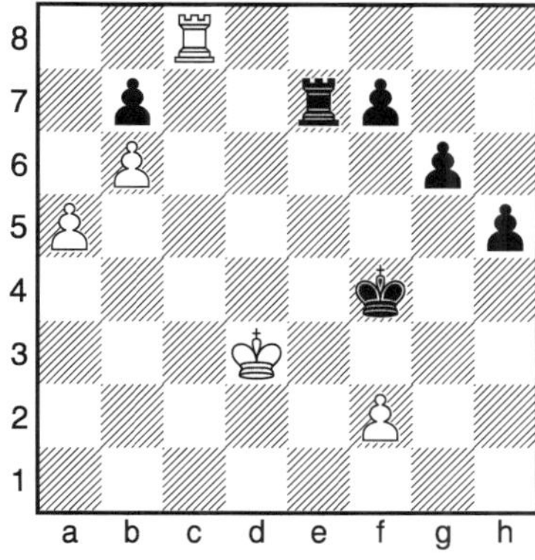

Schwarz am Zug

Konfrontiert mit der gefährlichen Drohung 43.♖c7, verfiel Schwarz auf die schlechte Idee, bei der bevorstehenden Bauernjagd wenigstens der Erste zu sein, der fette Beute macht.

42...♖e5?

Übersehen hatte er dabei allerdings, dass ein (eigentlich unübersehbarer) Durchbruch am Damenflügel dem Gegner einen schnellen Sieg ermöglicht. Mildernde Umstände mögen höchstens darin bestehen, dass es sich um eine Schnellpartie handelte und Schwarz wahrscheinlich in Zeitnot war.

1) Zum Verlust führt auch 42...♔e5? 43.♖c7 ♔d6 44.♖xe7 ♔xe7 45.a6+−.

2) Die einzige Rettung bestand darin, zunächst mit 42...f5! die Bauernmasse am Königsflügel zu schützen und erst nach 43.♖c7 mit 43...♖e5 auf Bauernjagd zu gehen:

a) Nach 44.a6? bxa6 45.b7 ♖b5−+ zeigt sich der gewaltige Unterschied, dass der weiße Turm nicht mehr auf der achten Reihe steht.

b) 44.♖xb7 ♖xa5 45.♔c4 ♖a1 46.♖h7 ♔f3 47.b7 ♖b1 48.♖d7 ♔xf2 49.♔c3 ♖b6! (49...h4?? 50.♖d2+ ♔g3 51.♖b2+−) 50.♖d2+ ♔g3 51.♖b2 ♖xb7 52.♖xb7 h4=

43.a6! bxa6 44.b7 ♖b5 45.b8♕+ ♖xb8 46.♖xb8 ♔f3

Es bleibt ein gewisser Verdacht, dass Schwarz all dies noch gesehen hatte und davon ausgegangen war, mit so vielen Bauern gegen den Turm müsse man einfach irgendwo ein Remis abstauben können. Das Problem besteht jedoch darin, dass er schon bald nur noch über Einzelbauern verfügen wird, die alle dem Turm zum Opfer fallen.

47.♖f8 f5

Nach 47...♔xf2 48.♖xf7+ ♔g3 49.♖g7 h4 spielt es auch keine Rolle mehr, dass Schwarz jetzt einen Zug lang über verbundene Bauern verfügt, weil der weiße König zu nah am Ort des Geschehens ist: 50.♔e2 h3 51.♖xg6+ ♔f4 52.♖xa6+−.

48.♖g8 ♔xf2 49.♖xg6 h4 50.♖h6 ♔g3 51.♖xa6 h3 52.♖g6+ ♔f2 53.♖h6 ♔g2 54.♔e2 h2 55.♖g6+ ♔h3

Mit dem f-Bauern gibt es keine Patt-Verteidigung: 55...♔h1 56.♔f2 f4 57.♖e6 f3 58.♖e1#.

56.♔f2 h1♘+ 57.♔f3 ♔h2 58.♖g5 f4 59.♔xf4 ♘f2 60.♔f3

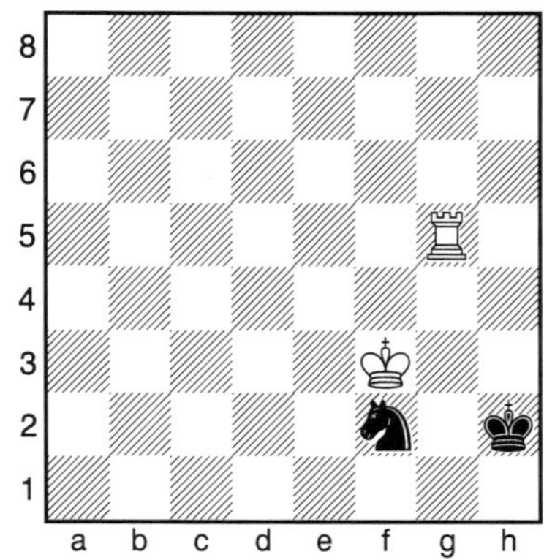

60...♘h1

60...♘d3 ist zwar zäher (60...♘h3 61.♖h5+−), bringt aber auch keine Rettung; z.B. 61.♖d5 ♘b4 62.♖d2+ ♔h3 63.♖d1 ♔h2 64.♔f2 ♔h3 65.♖d6 ♘c2 66.♖c6 ♘d4 67.♖c3+! ♔g4 68.♖c4+−.

61.♖g8 1–0, Mamedov – Suleimen, Rapid, Almaty 2022

Kapitel 7

Königsangriff

Ein ‘Königsangriff’ wird meistens mit dem Mittelspiel in Verbindung gebracht, aber auch im Endspiel sind nicht selten interessante und lehrreiche Beispiele anzutreffen.

Beispiel 31

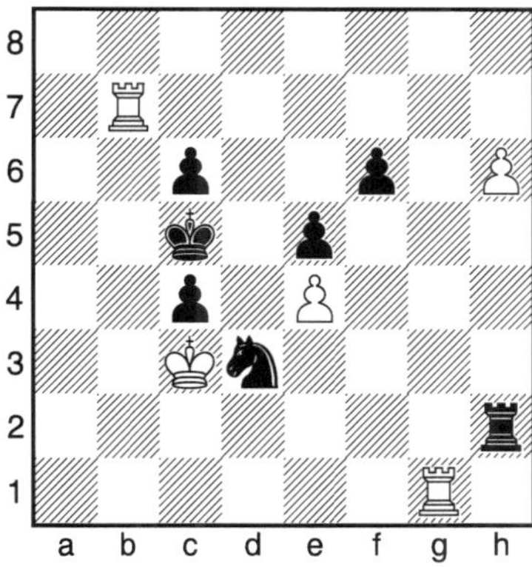

Weiß am Zug

38.h7?

Bei der allzu optimistischen Partiefolge hatte Weiß offenbar außer Acht gelassen, dass eine Pattstellung oft nur einen Zug von einer Mattstellung entfernt ist.

Um den verheerenden schwarzen Partiezug zu verhindern, war 38.♖a1! stärker, weil 38...♘b4? ja mit 39.♖a5+ +– widerlegt werden könnte. Und nach dem besseren Zug 38...♘f2 könnte die Partie etwa folgendermaßen den Remishafen ansteuern: 39.♖a5+ ♔d6 40.♔xc4 ♘xe4 41.♖aa7 ♖xh6 42.♖d7+ ♔e6 43.♖dc7 ♖h3 44.♖xc6+ ♔f5 45.♖a1 ♖c3+ 46.♔d5 ♖xc6 47.♖f1+ ♔g4 48.♔xc6 f5 49.♖e1=.

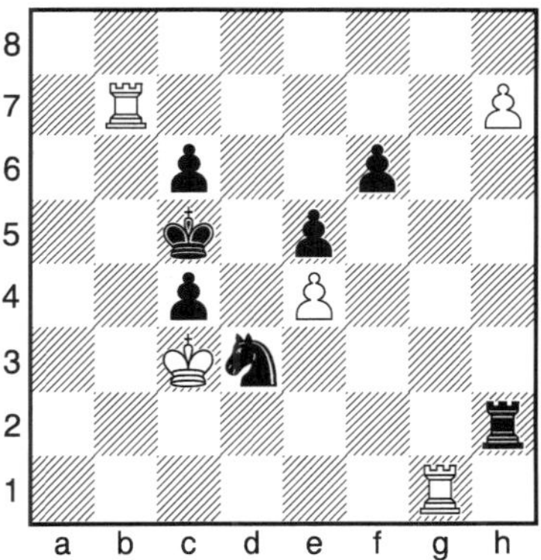

38...♘b4!

Dieses Scheinopfer (mit der gleich doppelten Mattdrohung 39...♖c2# und 39...♘a2#) hatte Weiß offenbar übersehen. Das folgende Qualitätsopfer ist also erzwungen und danach haben die schwarzen Mehrbauern leichtes Spiel.

39.♖xb4 ♖h3+ 40.♔c2 ♔xb4 41.♖g7 ♖h2+ 42.♔c1 ♔c3 43.♔d1 (43.♖g3+ ♔d4) **43...♔d3** und **0–1** angesichts der möglichen Folge 44.♖g3+ ♔xe4 45.♖g4+ ♔d5 46.♖g7 f5, Duda – Carlsen, Miami 2022.

Beispiel 32

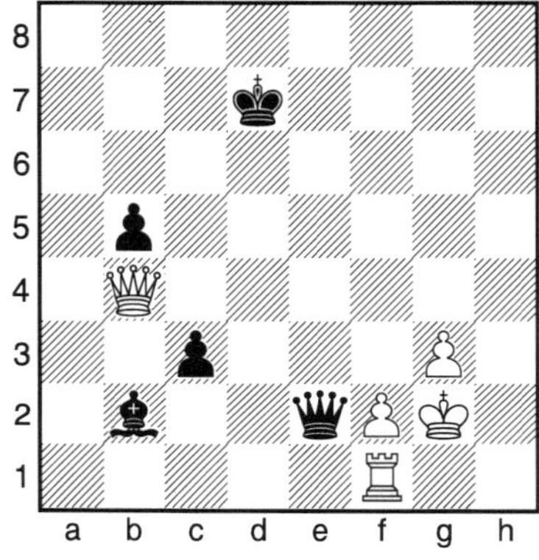

Schwarz am Zug

Angesichts seines weit vorgedrungenen und kräftig unterstützten Freibauern hat Schwarz durchaus noch dynamische Kompensation für die fehlende Qualität.

52...♕c4?

Mit diesem völlig verfehlten Herangehen überschätzte er allerdings seine defensiven Möglichkeiten. Und unter Großmeistern dürfte er wohl kaum darauf gehofft haben, dass sein Gegner jetzt die Damen abtauscht und wenige Züge später aufgibt.

Stattdessen hätte er mit dem studienartigen Zug 52...♕e5!! die Partie retten können. Denn auf diesem starken Zentralposten deckt die Dame nicht nur etliche potentielle Einbruchsfelder bei dem absehbaren gegnerischen Angriff, sondern ihre Röntgen-Deckung des Läufers bringt auch die Drohung 53...c2 mit sich. Hier ein Blick auf die möglichen Folgen:

1) 53.♖h1 ♕d5+ =

2) 53.♕g4+ ♔c7 54.♕g6 ♕d5+ 55.f3 ♕d4=

3) 53.♖d1+ ♔c6 54.♕g4 ♔b6 55.♕g6+ ♔c5 56.♖d8 ♔b4= und da der König inmitten seiner Figurenschar vollkommen sicher steht, ist das Endspiel ausgeglichen.

53.♖d1+ ♔c6 54.♕e7!

Nach dem verhängnisvollen gegnerischen Fehler organisiert Weiß in wenigen Zügen einen unwiderstehlichen Mattangriff.

Und wie bereits eingangs erwähnt: Auf 54.♕xc4+?? bxc4 55.♖d4 ♔c5−+ fällt man ab einem gewissen Niveau nicht mehr herein.

54...c2 55.♖d6+ ♔c5 56.♖d8+ ♔b6 57.♖b8+ ♔a5 58.♖a8+ ♔b6 59.♕a7+ ♔c6 60.♖c8+ ♔d5 61.♕d7+ und **1-0** angesichts der möglichen Abspiele:

– 61...♔e5 62.♖xc4 bxc4 63.♕g7+ +−

– 61...♔e4 62.♖e8+ ♗e5 63.f3+ ♔e3 64.♖xe5+ ♕e4 65.♖xe4#

Tabatabaei – L'Ami, Wijk aan Zee 2023

Beispiel 33

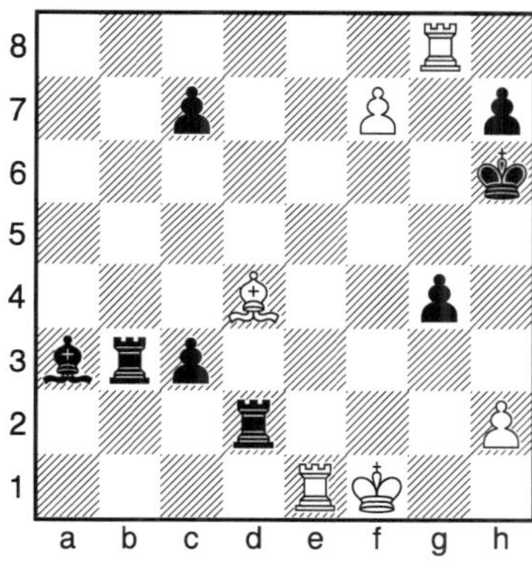

Weiß am Zug

In dieser äußerst zugespitzten Situation zieht es den Blick zuallererst auf die weit vorgedrungenen Freibauern, bevor man bemerkt, dass auch der am Rand eingesperrte schwarze König Aufmerksamkeit verdient.

40.♗e3+!

Dieser Angriff dient nicht etwa dem Qualitätsgewinn, sondern verfolgt ein viel höheres Ziel.

Nach dem einfallslosen Ansatz 40.f8♕+? ♗xf8 41.♗e3+ ♔h5 42.♖xf8 ♖xh2 verliert Weiß auch noch seinen letzten Bauern und kann nicht mehr gewinnen; z.B. 43.♖f5+ ♔g6 44.♖g5+ ♔f6 45.♖xg4 ♖h1+ 46.♗g1 h5 47.♖f4+ ♔g5 48.♖f2 ♖h3.

40...♔h5 41.♖g5+

41.♗xe3? dxe3 42.♖e5+ ♔h6 43.♔e2 ♖f3 44.♔xd2 ♖xf7 45.♖xg4 ♗d6 sollte höchstens noch mit viel Glück und Geduld zu gewinnen sein.

41...♔h4

Nach dem Schritt ins Abzugsschach 41...♔h6 gewinnt 42.♖b5+ ganz profan, während 42.♗f4! (Δ43.♖e6#) 42...♖b6 43.♖g8+ ♔h5 44.♖e5+ ♔h4 45.♗g3+ ♔h3 46.♖h5# sogar zum Matt führt.

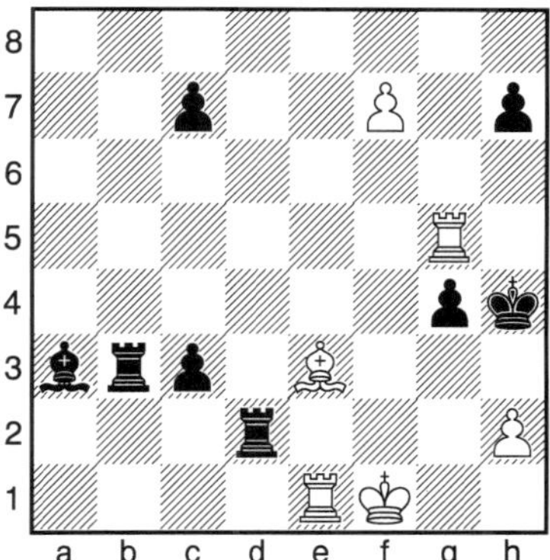

42.♖a5!

Dieser überraschende Turmschwenk (mit der Doppeldrohung 43.♖xa3 und 43.♗g5+) ist die eigentliche Pointe und führt zu einem klaren Gewinn.

Ganz anders zwei mehr oder weniger mangelhafte Alternativen:

1) 42.♖g7? h6

a) 43.♗g5+ ♔h5 44.♗xd2 cxd2 45.♖e5+ ♔h4 46.♔e2 ♗b4=

b) 43.♗xh6 ♖b5 44.♗xd2 cxd2 45.♖d1 ♖f5+ 46.♔e2 ♗b4=

2) 42.♖f5? ♖xh2 43.♗d4 ♖b6 44.♔g1 ♖hb2 45.♗xb6 cxb6 46.♖c1 ♖b3 47.f8♕ ♗xf8 48.♖xf8 b5 49.♔f2 ♖b2+ 50.♔e3 b4 51.♖b8 h5 mit kompliziertem Endspiel.

42...♖d7

42...♖xh2 43.♖xa3; 42...♗f8 43.♗g5+ ♔h3 44.♗xd2 Δ♖h5#

43.♗f2+ und **1–0** angesichts der Mattfolge 43...g3 44.♖e4+ ♔h3 45.♖h5#, Baramidze – Thiede, Deutschland 2019.

Beispiel 34

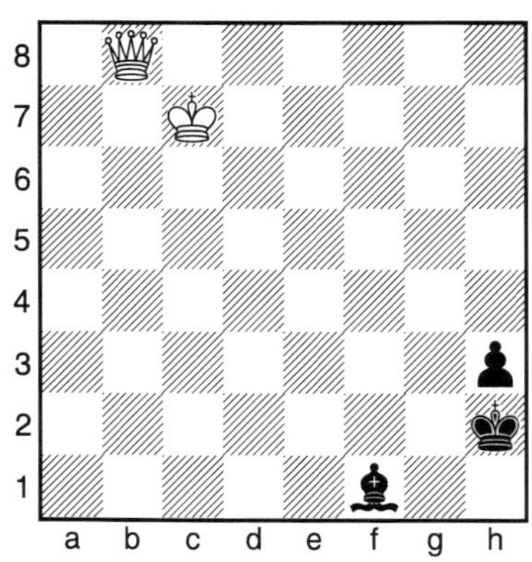

Weiß am Zug

Ohne den Läufer auf dem Brett würde Weiß natürlich ungeachtet seines weit entfernten Königs einfach gewinnen. Aber wie soll er dies *mit* dem Läufer auf dem Brett hinkriegen?

62.♔d6!

Nur durch diese präzise Königsführung kann Schwarz gewinnen (siehe dazu auch die Réti-Studie auf Seite 242).

Hier ein Blick auf zwei Fehlversuche, die beide an der Tatsache scheitern würden, dass da eben noch ein Läufer auf dem Brett ist:

– 62.♔d7+? ♔g1 63.♕g3+ ♗g2=

– 62.♔c6+? ♔g1 63.♕a7+ (63.♕g3+ ♗g2+ Δh2=) 63...♔g2 64.♕a2+ ♔g1 65.♕g8+ ♗g2+ Δh2=

62...♔g2 63.♕b2+ ♔g1 64.♕d4+ ♔g2 65.♕d2+ ♔g1

Nach 65...♔g3 66.♕e1+ ♔g2 67.♔e5 h2 68.♔f4 zeigt sich erstmals die Pointe der Königsannäherung mit ‘Rétis Siebenmeilenstiefeln’: das Epauletten-Matt 68...h1♕ 69.♕g3#!

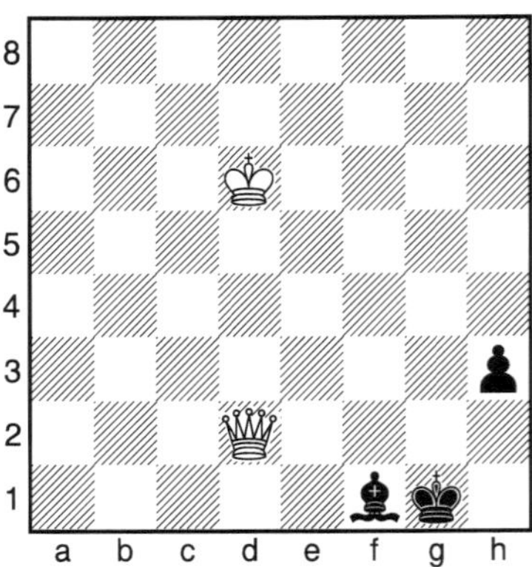

66.♕e3+

Es geht auch sofort 66.♔e5!? h2 67.♔f4 h1♕ 68.♕e3+ ♔h2 69.♕g3#.

66...♔g2 67.♔e5 h2 68.♔f4! h1♘

Die Unterverwandlung zögert das Unvermeidliche natürlich nur wenige Züge hinaus.

69.♕d2+ ♔g1 70.♔f3 und **1-0** angesichts der möglichen Folge 70...♗h3 71.♕d4+ ♔h2 72.♕h4 ♔g1 73.♕xh3 ♘f2 74.♕g2#, Smeets – Tischbierek, Deutschland 2019.

Beispiel 35

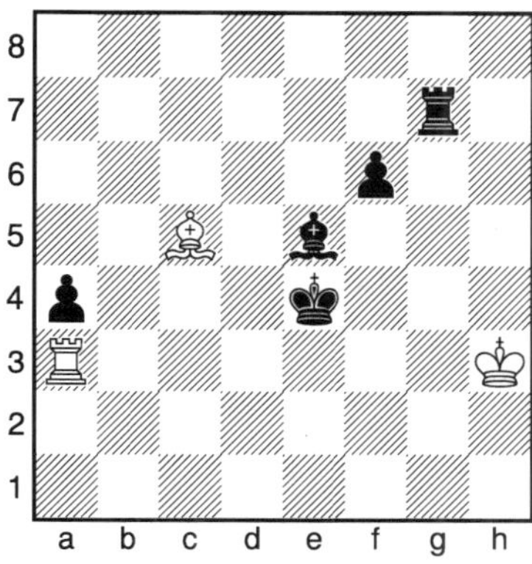

Schwarz am Zug

Mit zwei Mehrbauern sollte man eigentlich leicht gewinnen, wenn da nicht das Problem wäre, dass einer davon nicht zu halten ist.

62...♔f5!

Des Rätsels Lösung: ein Mattangriff! Dieser erinnert übrigens in seinen Grundzügen stark an Beispiel 33: Bei Weiß der auf der h-Linie eingesperrte König und bei Schwarz Turm und schwarzfeldriger Läufer als wichtigste Angreifer. Ach ja – und nach dem Textzug nunmehr auch der König!

Übrigens scheitert der Versuch der Tempoannäherung an den Bauern a4 mit 62...♔d5? an dem einzigen Zug 63.♗f2!, weil der Läufer nur auf diesem Feld vor weiteren Bedrängungen sicher steht. (63.♗b4? ♔c4!+- Δ64.♖xa4? ♔b5)

63.♖xa4 ♖g3+ 64.♔h4 ♖g2!

Die Mattdrohung auf h2 kann offenbar nur noch durch das Eingreifen des weißen Turms pariert werden.

65.♖a3

Der Fluchtversuch nach vorn mit 65.♔h5 kostet nach 65...♗f4! den Turm.

65...♖h2+ 66.♖h3

Nach Blockade des Rückzugfelds h3 lockt die Mattsetzung mit dem Turm von der anderen Seite der h-Linie, nur dass drei Züge ja zwei Züge zu viel sind. Es sei denn, man könnte diese zwei Züge unter Tempogewinn ausführen.

66...♖c2! 67.♖f3+

Denn auf einen Läuferzug wie z.B. 67.♗b6 treibt das Zwischenschach 67...♖c4+ den König noch ein Feld tiefer in den tödlichen Schacht, und nach 68.♔h5 ♖c8 69.♖f3+ ♗f4 ist wieder die Qualität fällig.

67...♔e4

Die Kalamität auf der h-Linie ist beseitigt, allerdings nur für einen Zug, denn jetzt kann der Doppelangriff auf beide weißen Figuren nur auf eine Weise pariert werden.

68.♖e3+ ♔f4 69.♗b6 ♖b2 70.♗a7

70.♗c5 ♖b5 71.♗a7 ♖b7−+ dauert nur einen Zug länger.

70...♖b7 und **0–1**, denn der zweite Tempogewinn bringt die entscheidende Doppeldrohung gegen Läufer und König mit sich, Niemann – Rapport, Online 2022.

Kapitel 8

Verteidigung

Wie in jeder anderen Spielphase kann man eine schwierige Stellung auch im Endspiel noch durch zähe Verteidigung retten.

Beispiel 36

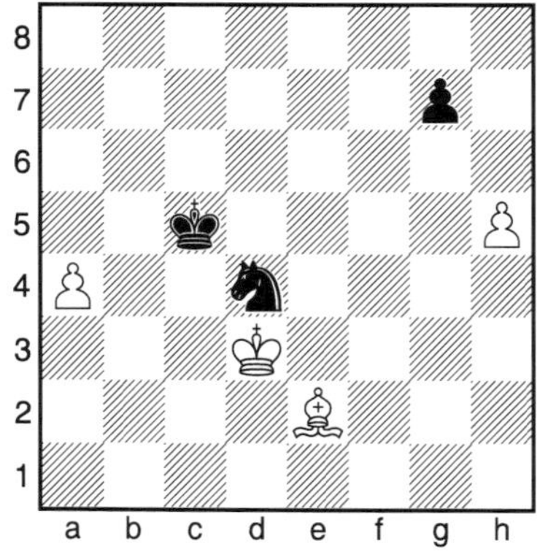

Schwarz am Zug

Weißer Mehrbauer in Form eines entfernten Freibauern, Läufer gegen Springer – das sieht für den Gegner nicht gut aus.

81...♘c6?

Die passive Verteidigung (Bremsung des Freibauern) führt zum Verlust.

Hingegen hätte der aktive Springereinsatz 81...♘f5! die Partie gerettet. Wenn nämlich der König Zutritt zum a-Bauern erhält, kann am anderen Flügel der Springer für den h-Bauern geopfert werden, wie folgende Varianten veranschaulichen:

1) 82.♔e4 ♘g3+ 83.♔e3 ♔b4 84.♗d1 ♘xh5! 85.♗xh5 ♔xa4=

2) 82.a5 ♘g3 83.a6 ♔b6 84.♔e3 ♘xh5=

3) Und wenn der weiße König seinem Kollegen mit 82.♔c3 den Zutritt zu b4 versperrt, so ist diese Sperre nicht dauerhaft aufrechtzuerhalten; z.B. 82...♘g3 83.♗g4 ♘e4+ 84.♔b3 ♘d2+ 85.♔a3 ♘c4+ und Weiß kann nicht gewinnen, denn erhält der schwarze König Zutritt zum a-Bauern, kehrt der Springer zwecks Eliminierung das h-Bauern zum anderen Flügel zurück.

82.♔e4 ♔d6 83.♗f3 ♔c5 84.♗e2 ♔d6

84...♘e7 bringt wegen der Folge 85.♔e5 ♘g8 86.♔f5 ♘f6 87.h6 gxh6 88.♔xf6+– keine Rettung.

85.♔f4 ♔c5 86.♔g5 ♘e7 87.a5 ♔c6 88.a6 ♔b6 89.♗c4 ♔a7 90.♔f4 ♔b6 91.♔e5 ♘c6+ 92.♔f5 ♘d4+

92...♘e7+ 93.♔e6 g6 94.h6!+–

93.♔g6 und **1-0** angesichts der möglichen Folge 93...♔g6 ♘e6 94.♗xe6 ♔xa6 95.♔xg7+–, Carlsen – Keymer, Online 2022.

Beispiel 37

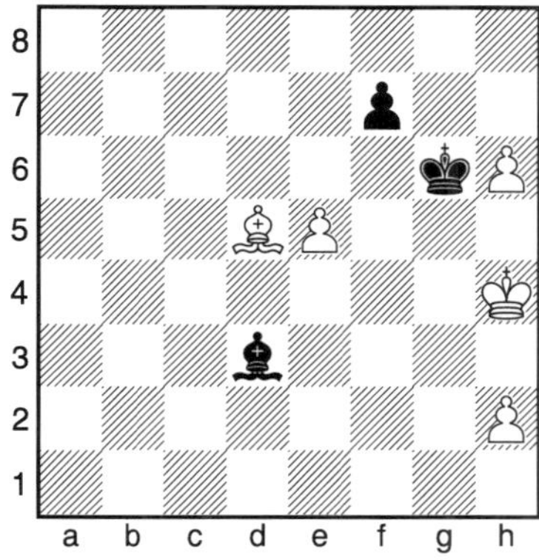

Schwarz am Zug

Mit zwei Minusbauern bei *gleichen* Läufern sieht die schwarze Stellung hoffnungslos aus, aber Schwarz fand eine feinsinnige Rettung.

80...f6!

80...♔xh6? 81.♗xf7 ♔g7 verliert, wie aus folgenden Abspielen hervorgeht:

1) 82.♗e8 ♔f8 83.♗h5 ♔e7 84.♔g5 ♔e6 85.♗g4+ ♔xe5 86.h4 ♗c2 87.h5 ♗d3 88.h6 ♗h7 89.♗h5 ♔e6 90.♗g6 ♗g8 91.♗f5+ ♔f7 92.♗c2 ♔f8 93.♔f6+−

2) Stark wäre auch 82.♗e6 ♔g6 83.♔g4 ♗e2+ 84.♔f4 ♗b5 85.♗f5+ ♔f7 86.♔g5 ♗e2 87.h4 ♗c4 88.h5 ♔g7 89.h6+ ♔f7 90.e6+ ♔e7 91.h7+−.

81.h7

81.e6 ♔xh6 82.e7 ♗b5 83.♔g4 ♗d7+ 84.♔f4 ♔g6=

81...♔xh7 82.exf6 ♔g6 83.f7 ♔g7 84.♔g5 ♗e4

Natürlich wäre auch 84...♗c2 gut genug.

Hingegen führt 84...♗g6? zum Verlust, denn nach 85.f8♕+ ♔xf8 86.♔xg6 hat der h-Bauer freie Bahn.

85.♗e6 ♗d3 86.h4 ♗c2 87.h5 ♗d3 88.h6+ ♔f8 89.♔f6 ♗e4 90.♗g4

90.♗f5 ♗xf5 91.♔xf5 ♔xf7=

90...♗d3 91.♗h5 ♗h7 92.♗g6

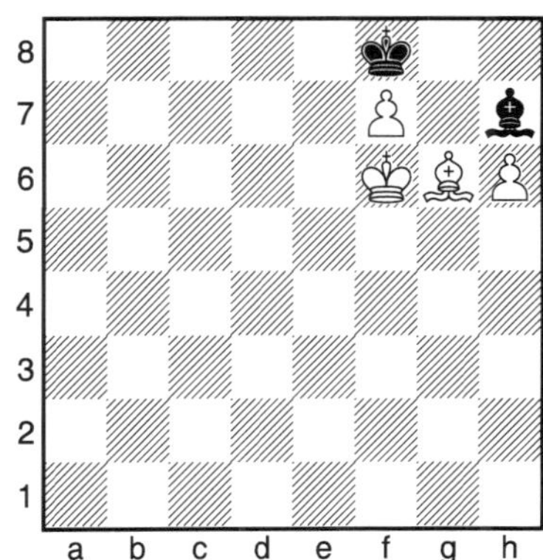

92...♗g8!

Mit diesem herrlichen Zug reizt Schwarz die Pattgefährdung seines Königs maximal aus.

93.♗f5

– Denn nach 93.fxg8♕+ ♔xg8 erreicht der König die rettende Ecke.

– 93.h7 ♗xh7 94.♗xh7 Patt!

93...♗h7 94.♗g4

94.♗xh7 Patt!

94...♗d3 95.♗e2 ♗e4 96.♗c4 ♗c2 97.♗a2 ♗d3 98.♗d5 ♗c2 99.♗f3 ♗d3 100.♗h1 ♗c2 101.♗a8 ♗d3 102.♗b7

♗c2 103.♗g2 ♗d3 104.♗h3 ♗c2 105.♗g4 ♗d3** ½–½, Vidit – Duda, chess24.com INT 2022

Beispiel 38

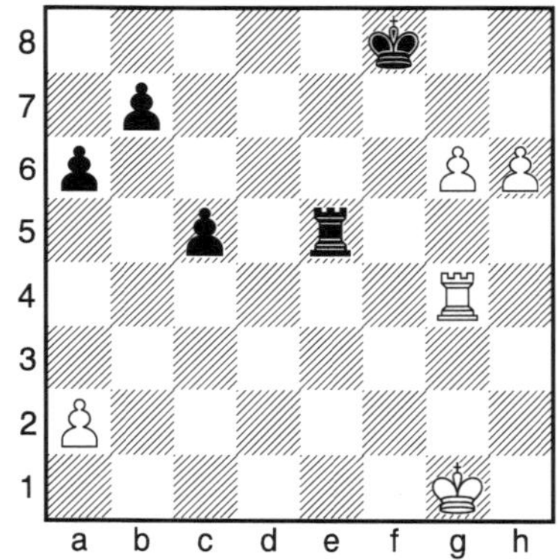

Schwarz am Zug

Ein berühmter Großmeister der Vergangenheit hat einmal die scherzhafte Faustregel formuliert: Alle Turmendspiele sind remis! – Mittlerweile haben Skeptiker sich allerdings die Mühe gemacht, einmal genau nachzuzählen, und sind zu dem Ergebnis gelangt, dass nur etwa 38% aller Turmendspiele remis enden.

In der Praxis besteht eine Hauptschwierigkeit für den Verteidiger oft in der Entscheidung, ob er aktiv oder passiv an seine Aufgabe herangehen soll. In der gegebenen Stellung muss Schwarz zunächst die sofortige Gewinndrohung 42.g7+ ♔g8 43.h7+ parieren.

41...♖h5?

Allerdings nicht so, sondern indem er seinen König in den Einzugsbereich *beider* Freibauern zieht. Nach 41...♔g8! könnte die Partie folgenden weiteren Verlauf nehmen: 42.g7 (42.h7+ ♔g7 43.♖h4 ♖e8=) 42...♖e8 43.♔f2 (43.♖g6 c4=) 43...b5 44.♔f3 c4 45.♖e4 ♖xe4 46.♔xe4 c3 47.♔d3 b4 48.a3 a5=.

42.g7+ ♔g8 43.♖g6!

Diesen tödlichen Zug, der sowohl den h-Bauern deckt als auch den Schwenk zur Mitte mit dem Endziel 'Grundlinie' droht, hatte Schwarz offenbar übersehen.

43...c4 44.♖d6 ♔h7 45.♖d8 ♖g5+ 46.♔f2 1–0, Mamedjarov – Dominguez Perez, Saint Louis Rapid 2022

Beispiel 39

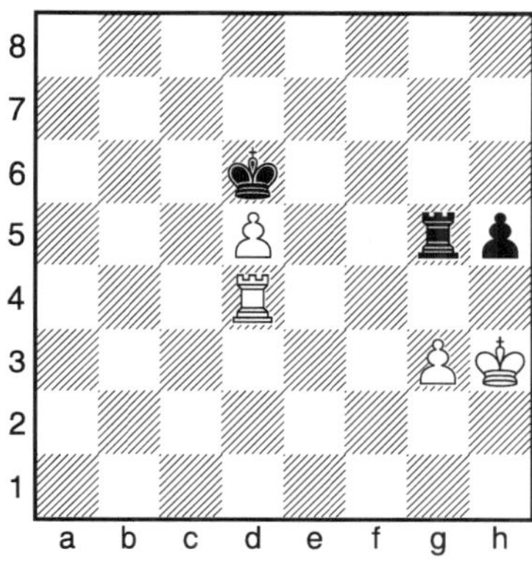

Schwarz am Zug

Da der weiße Freibauer sicher blockiert ist und die flexible Stellung des schwarzen Turms die gleichzeitige Wahrnehmung defensiver und offensiver Aufgaben gestattet, sollte der Mehrbauer nur im Falle fehlerhafter Verteidigung ins Gewicht fallen.

49...♔e5?

Wie beispielsweise mit diesem scheinaktiven Zug, bei dem Schwarz vermutlich den folgenden Gegenangriff übersehen hatte.

Zur Wahrung des Ausgleichs musste Schwarz sich auf eine Abwartestrategie verlegen – z.B. mit 49...♖f5 50.♔h4 ♖e5=, wonach Weiß seine Position nicht verstärken kann.

50.♔h4!

Man beachte, dass dieser Gegenangriff nicht nur den Turm auf g5 betrifft, sondern auch den h-Bauern! Und diese Tempoeinsparung macht sich in allen Varianten entscheidend bemerkbar.

50...♖f5

50...♖g8 51.♖d3! ♔e4 52.♖d1

– 52...♔e5 53.d6 ♖d8 54.♔xh5+−

– 52...♔f3 53.♔xh5 ♔e2 54.♖a1 ♖xg3 55.♖a2+ ♔e1 56.d6 ♖d3 57.♖a6+−

51.♖f4! und **1–0**, denn nach dem unvermeidlichen Turmtausch ist das Bauernendspiel leicht gewonnen, Van Foreest – Harikrishna, Online 2022.

Beispiel 40

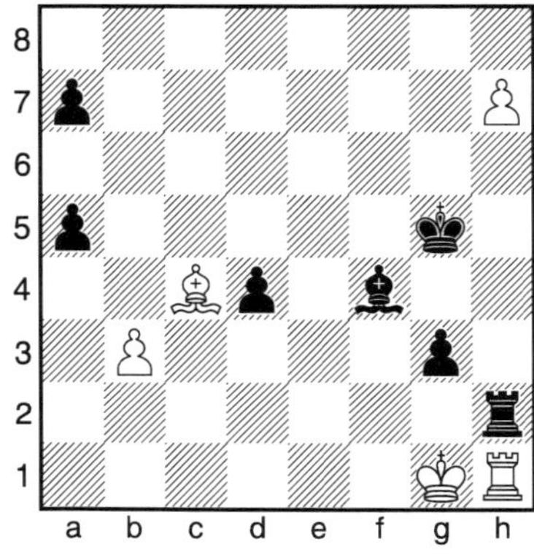

Weiß am Zug

Obwohl Weiß in dieser trickreichen Stellung sogar *zwei* Minusbauern hat, braucht er seine Hoffnungen noch nicht zu begraben, weil es ja im reinen Endspiel mit ungleichfarbigen Läufern bekanntlich eine große Remis-Tendenz gibt.

45.♖xh2?

Allerdings ist die Herbeiführung eines reinen Läuferendspiels hier ein entscheidender Fehler, weil Weiß darin keine Verteidigungsstellung mehr aufbauen kann.

Richtig war 45.♗d5!, um den König von der Bewachung des Feldes h1 zu entbinden und erst dann ♖xh2 folgen zu lassen. Hier ein Blick auf zwei aussagekräftige Abspiele:

1) Nach 45...♖xh1+ 46.♗xh1 ♗e5 47.♔f1 d3 48.♔e1 ♗c3+ 49.♔d1 ♔f4 50.h8♕ ♗xh8 51.♔d2 ♔g4 52.♗g2 ♔f4 53.♔xd3= wird der Weg zum Bauern g3 sicher blockiert.

2) Und auch nach 45...♗e5 und erst jetzt 46.♖xh2 gxh2+ 47.♔f2 kann Weiß sich verteidigen; z.B. 47...d3 48.♔e3= oder 47...♔f4 48.♔e2 ♔g3 49.♗h1 und Schwarz kann seine Stellung nicht verstärken.

45...gxh2+ 46.♔g2 ♗e5 47.♗d5 d3 48.♔f2

48.♗e4 d2 49.♗c2 ♔f4 50.♔xh2 ♔f3+ 51.♔h3 ♔e2−+

48...♔f4

Jetzt kann der König am rechten Flügel eindringen.

49.♗c6 ♗d4+ 50.♔e1 ♔e3 51.♔d1 ♗c3 52.♗b7 ♔f2 0–1, Djukic – Osmak, Mayrhofen 2022

Kapitel 9

Theoretische Turmendspiele

Da Turmendspiele in der Turnierpraxis sehr häufig vorkommen, sind sie von herausragender Bedeutung und erfordern umfangreiches konkretes Wissen, das vor allem durch das intensive Studium der umfangreichen Theorie erlangt werden kann. Dass die Behandlung dieser Endspiele zu Recht als besonders schwierig gilt zeigt sich oft schon in scheinbar einfachen Stellungen.

Beispiel 41

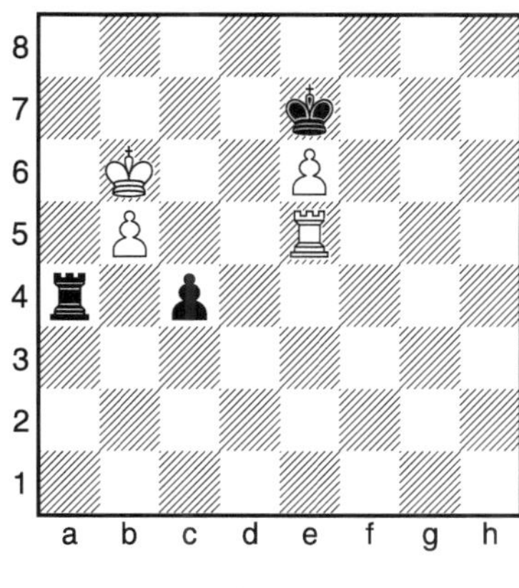

Weiß am Zug

Mehrbauer, zwei Freibauern mit massivem Begleitschutz – das sollte wohl ein Beispiel aus der Kategorie 'leichte Übung' sein.

77.♖e4!

Durch die Fesselung des c-Bauern wird die Mobilität des schwarzen Turms fast auf null reduziert. Allerdings muss erwähnt werden, dass der Partiezug nur der effektivste von insgesamt fünf Gewinnzügen ist.

77...♖a1

Auch 77...♖b4 78.♔c5 läuft nach Verschwinden des c-Bauer auf die sogenannte 'Lucena-Stellung' hinaus.

78.♖xc4 ♔xe6

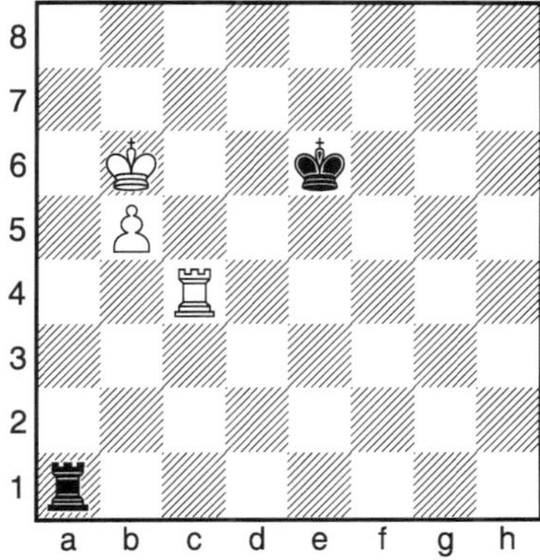

Die 'Lucena-Stellung' ist eine elementare Gewinnstellung im Turmendspiel, bei der die stärkere Partei mit Turm und Bauer gegen einen bloßen Turm spielt, weil der gegnerische König um mindestens eine Linie vom Ort des Geschehens abgeschnitten ist. Dabei kommt es im entscheidenden Stadium zum Bau einer sogenannten 'Brücke', um den König vor Störschachs zu schützen und so die Verwandlung des Bauern zu ermöglichen.

79.♖d4

Ein amüsantes Kuriosum! Schwarz bemerkt offenbar nicht, dass die Lucena-Stellung bereits auf dem Brett und der Brückenbau gar nicht mehr nötig ist. Mit einer quasi Über-Feinheit schneidet er mit dem Turm den feindlichen König noch eine Reihe weiter ab.

Dabei führt auch sofort 79.♔c6!? mit der möglichen Folge 79...♖h1 80.b6 ♖h8 81.b7 ♔e5 82.♖b4 ♖h6+ 83.♔c5+– zum Sieg.

79...♔e5 80.♖d2 ♖b1 81.♔c6 ♖c1+ 82.♔b7 ♖b1 83.b6 ♖c1 84.♔a7 ♖a1+ 85.♔b8 ♔e6 86.b7 ♔e7

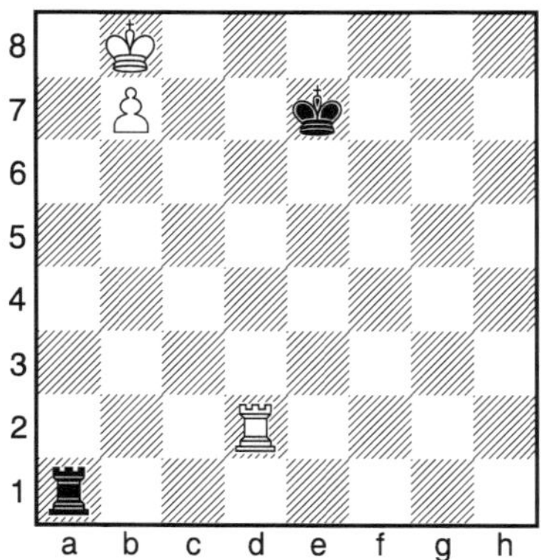

87.♖d4!

Der Turm wird auf richtigem Feld platziert, um die erwähnte 'Brücke' zu bauen. Für Weiß ist dies die 4. Reihe, während es für Schwarz entsprechend die 5. wäre.

87...♔e8 88.♔c7 ♖c1+ 89.♔b6 ♖b1+ 90.♔c6 ♔e7

90...♖c1+ 91.♔b5 ♖b1+ 92.♖b4+–

91.♖d5 ♔e8 92.♖b5 1–0, Polak – Kalod, Tschechien 2000

Beispiel 42

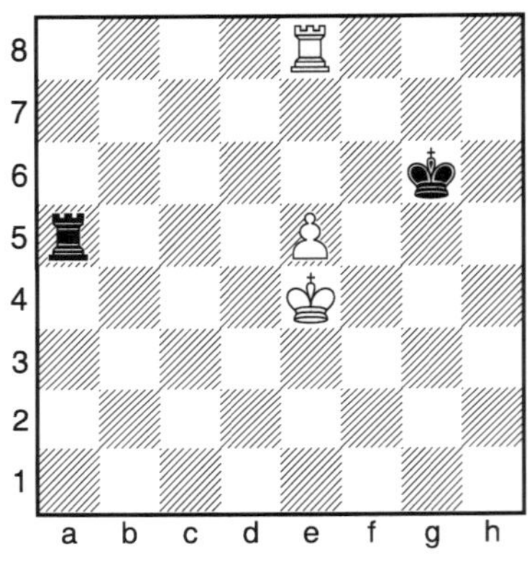

Schwarz am Zug

Eine elementare Verteidigungstechnik im Endspiel '♖ gegen ♖+♙' ist mit der sogenannten 'Philidor-Stellung' verbunden. Der verteidigende Turm wird auf der sechsten Reihe postiert (bzw. auf der dritten, falls Schwarz der Verteidiger ist), um den angreifenden König am Vorrücken zu hindern. Sobald jedoch der Bauer vorrückt, wird der Turm auf die Grundreihe verlegt, von wo aus er den König mit Störschachs verfolgen kann, sobald dieser die Rückendeckung seines Bauern aufgibt. Durch die korrekte Anwendung dieser Technik wird das Remis sichergestellt.

86...♔f7

Damit wählt Schwarz den anderen völlig ausreichenden Ausgleichsweg: die Postierung des Königs vor dem Freibauern. Angesichts des Partieausgangs hat er aber womöglich später bereut, sich hier nicht an das narrensichere Philidor-Verfahren gehalten zu haben – also 86...♖a6! mit der möglichen Remisfolge 87.♔d5 ♖a5+ 88.♔d6 ♖a6+ 89.♔d7 ♖a7+ usw.

87.♖b8 ♔e6

Am einfachsten ist 87...♖a6! 88.♔f5 ♔e7 89.♖b7+ ♔e8=.

88.♖b6+ ♔e7 89.♔f5 ♖a1 90.♖b7+ ♔e8 91.♔f6 ♖f1+ 92.♔e6

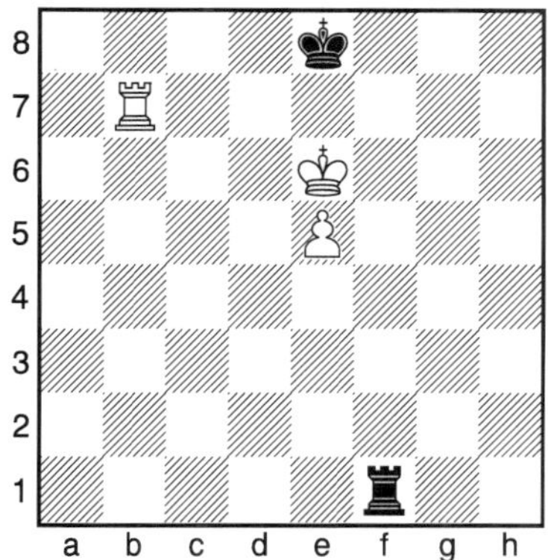

92...♔d8?

Offenbar ist Schwarz nicht mit der Regel vertraut, gemäß derer die Flucht vor der Mattdrohung auf die *kurze* Seite erfolgen muss. Und in deren Unkenntnis ist die Wahl der langen Seite gewissermaßen bestens verständlich, zumal der König danach doch 'mehr Platz' hat, um den Mattdrohungen auszuweichen. Tatsächlich geht es jedoch darum, dass der angreifende Turm auf der langen Seite 'mehr Platz' für das bald folgende entscheidende Gewinnmanöver hat.

Nach der richtigen Wahl 92...♔f8! könnte ein Weg zum Remis wie folgt aussehen: 93.♖b8+ ♔g7 94.♔d6 (94.♔e7 ♖a1=) 94...♖d1+ 95.♔e7 ♖a1 96.♖b7 ♖a8 97.e6 ♔g6 98.♔d7 ♔f6 99.e7 ♔f7=.

93.♖d7+

Zum Gewinn führt auch 93.♖b8+! ♔c7.

1) Allerdings nicht, wenn Weiß sich jetzt den Fehler 94.♖h8? zuschulden kommen lässt, denn nach 94...♖e1 95.♔d5 ♖d1+ 96.♔e4 ♔d7 97.♖h7+ ♔e6 98.♖h6+ ♔e7= kann er nicht mehr gewinnen.

2) Korrekt ist 94.♖b4 ♔d8 95.♖d4+ ♔e8 96.♖a4 ♔f8 97.♖a8+ ♔g7 98.♔d6 ♖d1+ 99.♔e7 ♖e1 100.e6 ♔g6 101.♔d7 ♔f6 102.♖f8+ ♔g7 103.e7+−.

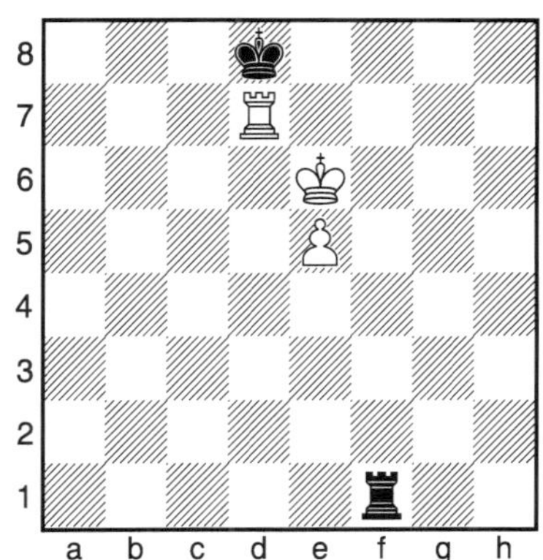

93...♔e8

Nach 93...♔c8 führt der Weg zum Gewinn über 94.♖d4 ♖h1 95.♔f7 ♖h7+

(95...♖f1+ 96.♔e7 ♖e1 97.e6+−)

96.♔g6 ♖h1 97.e6 und nach Erreichen der Lucena-Stellung kann es beispielsweise wie folgt weitergehen: 97...♖e1 98.♔f7 ♖f1+ 99.♔e8 ♖e1 100.e7

– 100...♔c7 101.♖f4 ♖h1 102.♖c4+ ♔d6 103.♔d8+–

– 100...♖f1 101.♖c4+ ♔b7 102.♔d7 ♖d1+ 103.♔e6 ♖e1+ 104.♔d6 ♖d1+ 105.♔e5 ♖e1+ 106.♖e4+–

94.♖a7 ♔d8

94...♔f8 95.♖a8+ ♔g7 96.♔d6+–

95.♖a8+ ♔c7

Da war doch diese Sache mit 'mehr Platz' auf der langen Seite: Da der Turm nicht angegriffen ist, kann Weiß seinen Plan ungestört verwirklichen.

96.♔e7 ♖h1 97.e6 ♖h7+ 98.♔f6 und **1–0** angesichts der möglichen Folge 98...♖h6+ 99.♔f7 ♖h7+ 100.♔g6 ♖e7 101.♔f6 ♖h7 102.e7+–, Jansa – Hlousek, CSSR 1970.

Beispiel 43

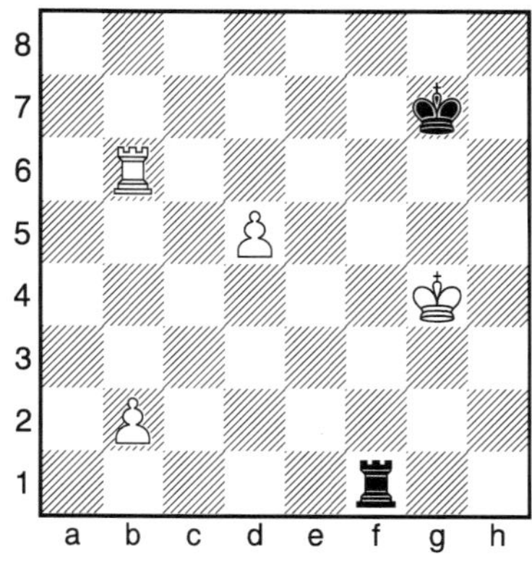

Weiß am Zug

Bei diesem Beispiel geht es nicht allein um die hinlänglich bekannte Faustregel, dass der Turm *hinter* den Freibauern gehört, sondern auch darum, dass man selbst im Mehrbesitz von zwei Freibauern häufig keine Fortschritte erzielen kann, wenn der eigene König vom Ort des Geschehens abgeschnitten ist.

57.b4?

Nach diesem Fehler kann der schwarze König sich den Bauern annähern, während der weiße abgeschnitten bleibt.

Zum Sieg führte 57.♖b4! mit der Drohung, den Turm hinter dem d-Freibauern zu postieren.

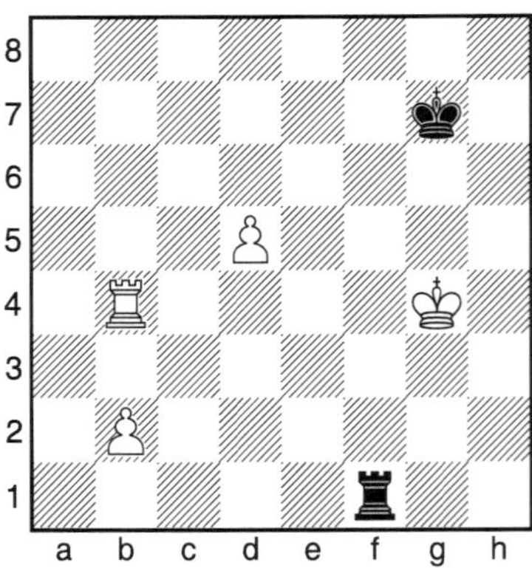

Danach kann Schwarz sich drehen und wenden, wie er will: Er ist rettungslos verloren.

1) 57...♖d1 ist die kritische Variante (57...♖g1+ 58.♔f5 ♔f7 59.♖b7+), weil damit ja eben verhindert wird, dass der weiße Turm hinter den d-Bauern gelangt. Danach besteht der überzeugendste Gewinnweg in dem gar nicht naheliegenden Bauernopfer zwecks Königsaktivierung 58.♔f5!

(Eine der ebenfalls zum Ziel führenden Alternativen besteht in 58.♖b5!?.)

58...♖xd5+ 59.♔e6 ♖d1 60.♖c4 ♔f8 61.b4 ♖b1 62.♔d7 ♔f7 63.♔c6 ♔e7 64.b5 ♔d8 65.♖h4+−

2) Nach 57...♔g6 (57...♔f6 58.♖f4+) 58.♖d4! erreicht der Turm hingegen die angestrebte Idealstellung, wonach es für Schwarz beispielsweise wie folgt zu Ende gehen kann: 58...♖g1+ 59.♔f4 ♔f7 60.♔e5 ♔e7 61.♖c4 ♔d7 62.b4 ♖d1 63.b5 ♖b1 64.♖h4 ♖xb5 65.♖h7+ ♔d8 66.♔e6+−.

57...♔f7

Natürlich muss der König sich bei erster Gelegenheit den Bauern annähern.

58.♖b7+ ♔f6 59.d6 ♔e6

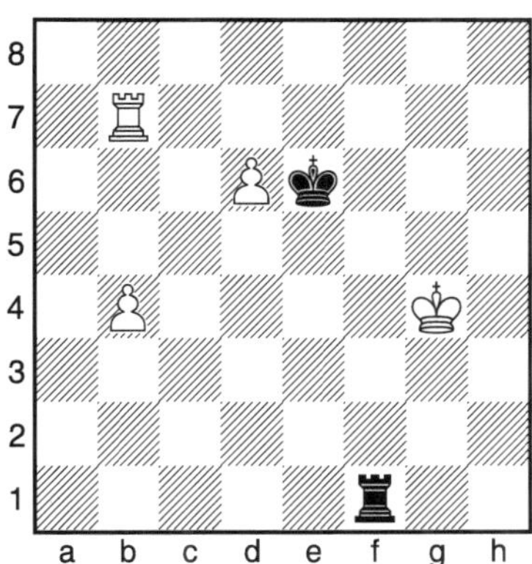

60.d7

Oder 60.♖b6 ♖d1 61.♔f4 ♖xd6 62.♖xd6+ ♔xd6 63.♔e4 ♔c6 64.♔d4 ♔b5 65.♔c3 ♔c6 66.♔c4 ♔b6 mit ausgeglichenem Bauernendspiel.

60...♖d1 61.♔f4 ♖xd7 62.♖b6+ ♔d5 63.b5 ♔c5 64.♖b8 ♖d6 65.♔e5 ♖b6 66.♖xb6 ♔xb6 ½–½, Vaishali – Gorjatschkina, Nur-Sultan 2022

Auch beim nächsten Beispiel geht es um die Faustregel: Der Turm gehört *hinter* den Freibauern.

Beispiel 44

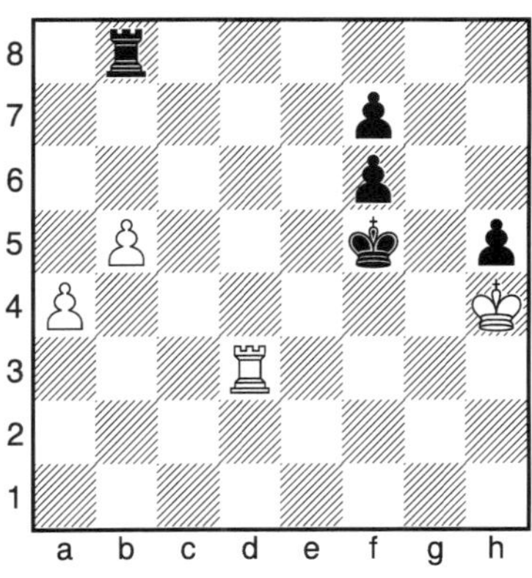

Weiß am Zug

45.♖d6?

Diese Fehlentscheidung ist schwer nachvollziehbar, zumal ja einfaches Abzählen zu dem eindeutigen Ergebnis führt, dass das geplante Manöver ♖a6, b6, a5, ♖a7, b7, a6, ♖a8 sieben Züge erfordert, während nach dem regelgerechten 45.♖b3! (Der Turm gehört hier *hinter* den Freibauern!) die fünf Züge b6, b7, a5, a6, a7 zur Entscheidung geführt hätten. Konkret hätte dies wie folgt vonstatten gehen können:

1) 45...♖a8 46.♖b4 ♔e6 47.b6 ♔d7 48.b7 ♖b8 49.a5 ♔c7 50.a6+−

2) 45...♔e5 46.a5 ♔d6 47.♔xh5

a) 47...♔c7 48.♖c3+ ♔b7 49.♖c6 ♖h8+ 50.♔g4 ♖h6 51.a6+ ♔a7 52.♖c7+ ♔b8 53.♖xf7 f5+ 54.♖xf5+−

b) 47...♔c5 48.b6 ♔c6 49.♔g4 ♔b7 50.♖c3 ♔a6 51.♖c5 ♖e8 52.♔f5 ♖e6 53.♖d5 ♖c6 54.♔e4

– 54...♖e6+ 55.♔d4 ♖c6 56.♖d8 ♔b7 57.♖d7+ ♔b8 58.♖xf7+−

– 54...♖c8 55.♔d4 ♔b7 56.♖c5 ♖d8+ 57.♔c4 ♔a6 58.♖c7 ♔xa5 59.♔c5 ♔a4 60.♖a7+ ♔b3 61.♖xf7+−

45...♔e5 46.♖a6 f5 47.b6 f4 48.a5 ♔d5 49.♖a7 ♔c6!

Der König kommt gerade rechtzeitig, um die weißen Bauern zu stoppen.

50.♖xf7

50.♔xh5 f3 51.♖xf7 ♔b5 52.♖f5+ ♔a6 53.♔g4 f2=

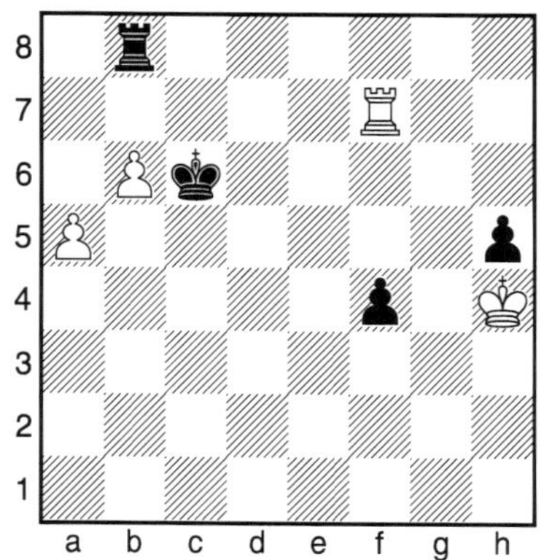

50...♔b5!

Natürlich nicht 50...♖a8? wegen der Folge 51.♖c7+ ♔d6 52.b7 ♖b8 53.♖h7 ♔c6 54.a6 ♔b6 55.♖h6+ ♔a7 56.♖c6 f3 57.♔g3 ♖g8+ 58.♔xf3 ♔b8 59.♖c4 h4 60.♖xh4 ♔a7 61.♖c4 ♔xa6 62.♖c8+−.

51.♖a7 ♔c6 52.♔h3 ♖g8 53.♖f7 ♔b5 54.♖xf4 ♔xa5 55.♖f5+ ♔xb6 ½–½, Bernadskiy – Garcia Ramos, Sitges 2022

Beispiel 45

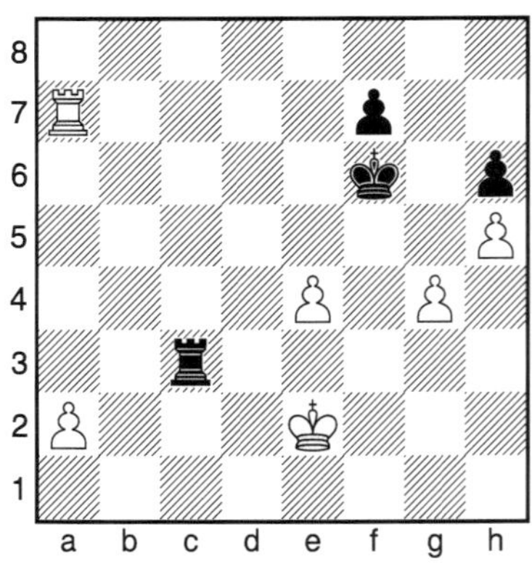

Schwarz am Zug

Zur Erinnerung: Im vorletzten Beispiel hieß es, '...dass man selbst im Mehrbesitz von zwei Freibauern häufig keine Fortschritte erzielen kann, wenn der eigene König vom Ort des Geschehens abgeschnitten ist.'

Entsprechend mag Schwarz sich bei diesem Beispiel in Sicherheit gewogen haben, weil der gegnerische König die dritte Reihe ja nicht überqueren kann. Dabei vergaß er allerdings, dass auch dem eigenen König der Zugang zum 'Ort des Geschehens' versperrt werden kann.

62...♖g3?

An diesem Herangehen ist nicht nur suspekt, dass es arg langsam ist, sondern auch, dass der geplante Bauerngewinn auf g4 die Einsperrung des weißen Königs aufhebt.

Obwohl auch die sofortige Königsaktivierung 62...♔g5! den Bauern g4 aufs Korn nimmt, hat Schwarz womöglich keinen Gedanken daran verschwendet, weil die irrationale Furcht, drei Bauern zurückzuliegen, ihn daran gehindert hat. Dabei hätte er in der Folge außer dem Bauern g4 auch den auf h5 oder a2 erobern und seinen materiellen Rückstand somit auf einen einzigen Minusbauern reduzieren können.

Hier ein Blick auf die wichtigsten Varianten:

1) 63.♖xf7 ♔xg4 64.♖f5 ♖c2+ 65.♔e3 ♖xa2=

2) 63.a4 ♔xg4 64.a5 ♔xh5 65.♖xf7 ♖a3 66.♖f5+ ♔g4 67.♖d5 h5 68.e5 ♔f5=

3) 63.♔d2 ♖f3= z.B. 64.a4 ♔xg4 65.♖a5 ♖a3

63.♖a5!

Eine schöne Bescherung: Nun ist auch der eigene König in der eigenen Hälfte eingesperrt!

63...♖xg4 64.♔e3 ♖g2 65.♖f5+ ♔e6 66.a4 ♖a2 67.a5

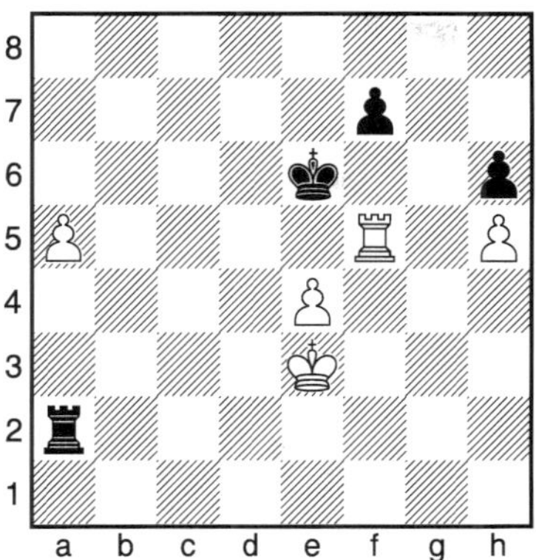

Wie sich das Bild gewandelt hat! Während der schwarze König eingesperrt ist, genießt der weiße seine Freiheit und der Freibauer ist bereits über die Mittellinie hinaus. Tatsächlich ist der Gewinn jetzt eine relativ leichte Übung und tatsächlich lässt Weiß sich die Butter nicht mehr vom Brot nehmen.

67...f6

67...♖a3+ 68.♔f4 ♖a1 69.♖b5 ♖f1+ 70.♔g4 ♖g1+ 71.♔f3

1) 71...♖a1 72.♔f4 ♖a3 73.♖b6+ ♔e7 74.a6 f6 75.♔f5 ♖a5+ 76.♔g6+−

2) 71...♖f1+ 72.♔e3 ♖e1+ 73.♔d4 ♖d1+ 74.♔c5 ♔e5 75.a6 ♔xe4 76.a7 ♖a1 77.♔b6 ♖xa7 78.♔xa7 f5 79.♖b6 f4 80.♖xh6+−

68.♖b5 ♖a1

Es verliert auch 68...♔d6 69.♖b6+ ♔e7 70.a6 ♖a4 71.♔d3 ♔f7 72.♖b7+ ♔e6 73.a7 ♔e5 74.♖e7+ ♔d6 75.♖g7 ♔e5 76.♔c3 ♖a1 77.♔c4 ♔xe4 78.♔b5 f5 79.♔b6 f4 80.♖g8+−.

69.♔d4 ♔d7 70.♖b7+ ♔c8

70...♔c6 71.♖b6+ ♔c7 72.♖xf6 ♖xa5 73.♖xh6+−

71.♖b5

Der schwarze König ist und bleibt vom a-Bauern abgeschnitten.

71...♔d7 72.♔d5 ♖d1+ 73.♔c5 ♔c7 74.a6 ♖c1+ 75.♔d5 ♖d1+ 76.♔c4

Schneller gewinnt 76.♔e6 ♖d6+ 77.♔f7 ♖xa6 78.♖f5 ♖a4 79.♖xf6 ♖xe4 80.♖xh6 ♔d7 81.♖f6+−.

76...♖c1+ 77.♔d4

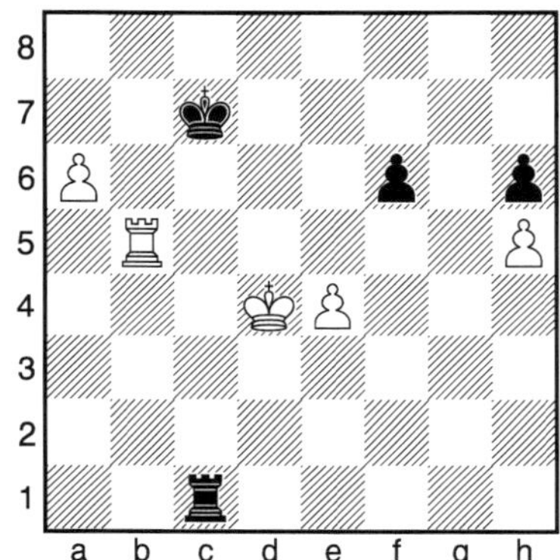

77...♖a1

77...♖d1+ bringt auch keine Rettung: 78.♔c3 ♖c1+ 79.♔d2 ♖a1 80.♖b7+ ♔c8 81.♖b6+− bzw. 80...♔c6 81.♖f7 ♖xa6 82.♖xf6+ ♔b5 83.♖xa6 ♔xa6 84.♔e3+−.

78.♖b7+ ♔c8 79.♖b6 ♖a5 80.♖xf6 ♖xh5 81.♖f8+ 1–0, Wagner – Kaschlinska, München 2023

Kapitel 10

Der Freibauer

Im Endspiel wächst die Bedeutung von Freibauern gewaltig an, zumal deren Verwandlung in greifbare Nähe rückt. Beim Spiel *gegen* Freibauern ist deren Kontrolle mittels Blockademaßnahmen wichtig, um die Umwandlung zu verhindern.

Beispiel 46

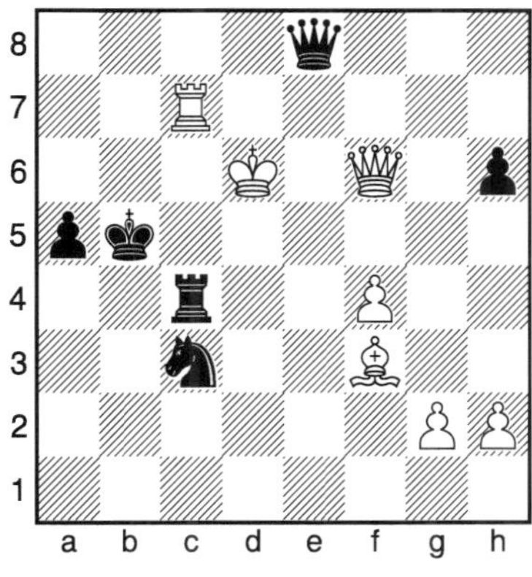

Weiß am Zug

Mit Damen auf dem Brett ist der weiße König in der gegnerischen Hälfte ein Risikofaktor – ohne Damen mutiert er zum wichtigsten Angreifer. Also ...

51.♕e5+ ♕xe5+ 52.fxe5

Damit hat der weiße Freibauer als erster die Demarkationslinie überschritten, und ganz gleich, ob mit oder ohne Turm: Der Läufer dominiert den Springer auf derart krasse Weise, dass Letzterer quasi nur *theoretisch* auf dem Brett ist.

52...♖xc7

52...♖d4+ 53.♔e7 ♘d5+ 54.♗xd5 ♖xd5 55.e6 a4 56.♔f6 ♖d2 57.e7 ♖f2+ 58.♔e6 ♖e2+ 59.♔d7 ♖d2+ 60.♔c8 ♖e2 61.♔d8 ♖d2+ 62.♖d7+–

53.♔xc7

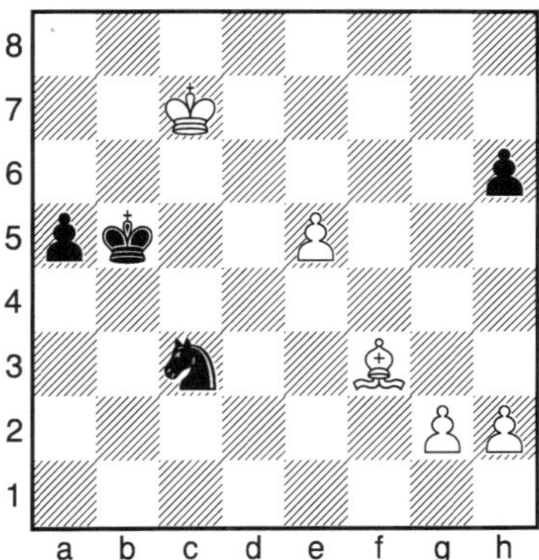

53...♔c5

Na schön, auch Schwarz verfügt über einen Freibauern, aber nicht von ungefähr werden Läufer den 'Langschrittlern' zugeordnet, und als solcher hat er keine Mühe damit, den a-Bauern rechtzeitig zu stoppen.

Und nach sogleich 53...a4 54.e6 a3 55.e7 a2 56.e8♕+ zieht die Dame mit Schach ein!

54.e6 ♘b5+

54...a4 55.e7 a3 56.e8♕ a2 57.♕e1 ♘b1 58.♕f2+ +–

55.♔d7 a4 56.e7 und **1-0** angesichts der möglichen Folge 56...♘d6 57.♗d1 a3 58.♗b3 h5 59.e8♕ ♘xe8 60.♔xe8 ♔b4 61.♗a2 ♔c3 62.♔f7+−, Caruana – Radjabov, Madrid 2022.

Beispiel 47

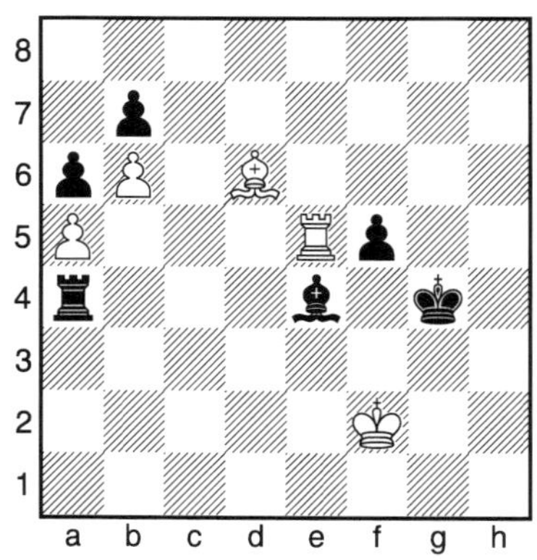

Schwarz am Zug

Die Parole 'Kandidat voran!' mag zwar politisch klingen, ist aber in Wirklichkeit eine mehr als ein Jahrhundert alte, prägnante Faustregel, die sich auf den Umgang mit Freibauern bezieht. Und diese im gegebenen Beispiel zu befolgen macht umso mehr Sinn, zumal der Freibauer hier ja auch zum Matthelfer mutieren kann, sodass seine Verwandlung unter Umständen gar nicht mehr erforderlich ist.

66...f4!

In der Folge haben beide Seiten auch etliche andere Züge, die jedoch nichts am Endergebnis ändern.

67.♖e7

67.♖c5 ♖a2+ 68.♔e1 f3 69.♖c4 f2+ 70.♔f1 ♔f5 71.♖c5+ ♔g6 72.♖c3 ♖d2 73.♗f4 ♗d3+ 74.♖xd3 ♖xd3 75.♔xf2 ♔f5−+

67...♗d5 68.♗c7

68.♖g7+ ♔f5 69.♖e7 ♖xa5−+

68...♖xa5 69.♖g7+ ♔f5 70.♖h7 ♖a2+ 71.♔e1 f3 72.♖h5+ ♔e4

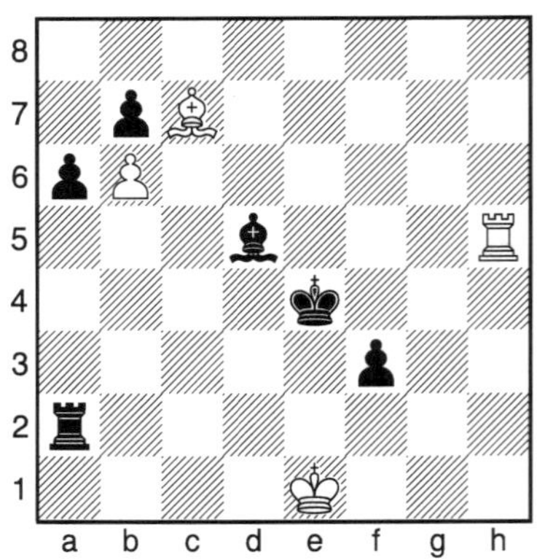

73.♖e5+

73.♖h2 ♖a1+ 74.♔f2 a5−+

73...♔d4 74.♖f5 ♔e3 75.♗f4+ ♔e4 76.♖e5+ ♔d4 77.♗g3 f2+ und **0-1** wegen 78.♗xf2+ ♔xe5−+, Mishra – L'Ami, Wijk aan Zee 2023.

Beispiel 48

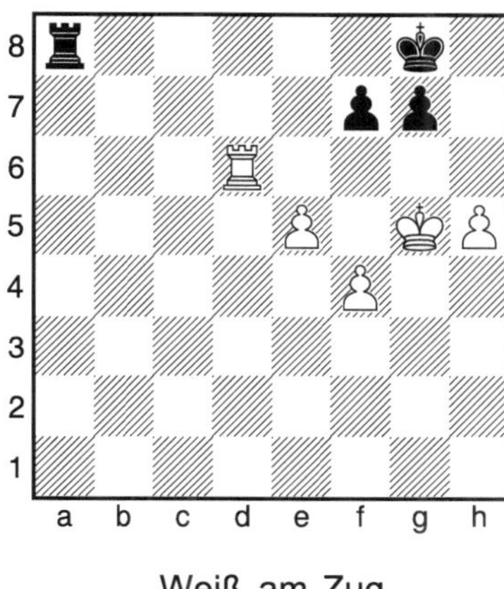

Weiß am Zug

In den meisten Fällen sind Turmendspiele mit einem Mehrbauern nicht zu gewinnen, wenn sich alle Bauern am selben Flügel befinden und es noch keinen Freibauern gibt. Hingegen ist die Verteidigung im gegebenen Beispiel hoffnungslos, weil alle weißen Figuren weit vorgedrungen, alle schwarzen jedoch auf den beiden letzten Reihen eingepfercht sind.

54.f5!

Nach diesem weiteren Vorstoß kommt hinzu, dass die Bildung eines Freibauern auf der e- oder h-Linie nicht mehr lange zu verhindern ist.

54...♔f8

Auch die wichtigste Alternative 54...♖a5 verliert nach der kompletten Abdrängung des Königs mit 55.♖d8+ ♔h7 und der möglichen Folge 56.♔f4 ♖a4+ 57.♔f3 ♖a3+ 58.♔e4 ♖a4+ 59.♖d4 ♖a1 60.e6 fxe6 61.fxe6 ♔h6 62.♔e5 ♔xh5 63.e7 ♖a8 64.♖d8 bzw. 63...♖e1+ 64.♖e4.

55.f6

Eine nicht minder starke Nebenlösung bestand in 55.h6 mit der Folge 55...♔g8 56.hxg7 ♔xg7 57.♖d7 Δe6 bzw. 55...gxh6+ 56.♔f6! Δ♖d7.

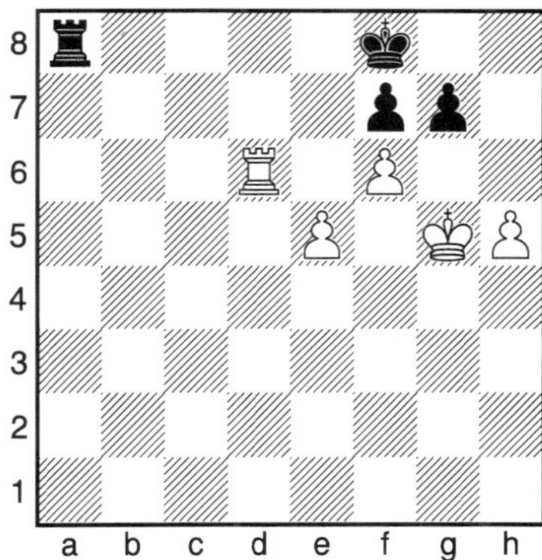

55...♔g8

Hier ein Blick auf die andere Verlustvariante 55...gxf6+ 56.♔xf6 ♔g8 57.h6 mit den Abspielen:

1) 57...♖b8 58.h7+! ♔xh7 59.♔xf7 ♖b7+ 60.♔f6 ♔g8 61.e6+−

2) 57...♖e8 58.♖c6 ♔h7 59.♖c7 ♔xh6 60.♖xf7 ♖a8 61.e6 ♖b8 62.e7 ♖b6+ 63.♔f5 ♖b5+ 64.♔e6 ♖b6+ 65.♔d5 ♖b5+ 66.♔c6 ♖b8 67.♖f8+−

56.fxg7 ♔xg7 57.h6+!

Der Freibauer wird den gegnerischen König vom Bauern f7 ablenken.

57...♔g8 58.♔f6 ♖a7 59.♖d8+ ♔h7 60.♖f8 ♖a6+ 61.♔xf7 ♔xh6 62.e6 ♔g5 63.e7 ♖a7 64.♖b8 1–0, Janik – Dzida, Bydgoszcz 2022

Beispiel 49

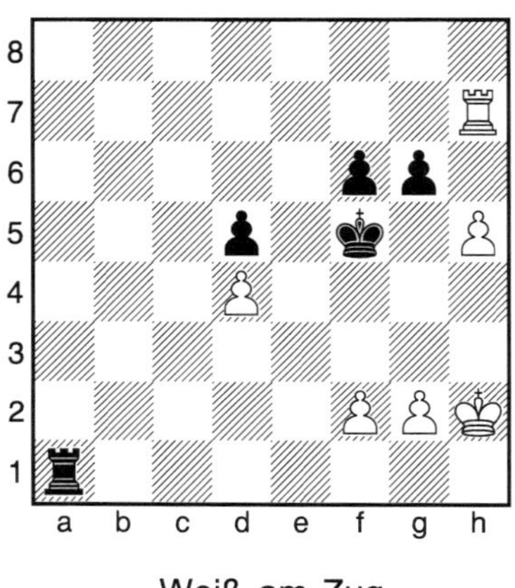

Weiß am Zug

Ohne die beiden d-Bauern würde hier das im letzten Beispiel Gesagte gelten: In den meisten Fällen sind Turmendspiele mit einem Mehrbauern nicht zu gewinnen, wenn sich alle Bauern am selben Flügel befinden und es noch keinen Freibauern gibt.

Denn im Gegensatz zu dort sind die schwarzen Figuren in dieser Stellung aktiv postiert. Allerdings geht es hier nach dem Vorstoß des h-Bauern um mögliche Freibauernbildung.

42.g4+!

Mit diesem (inakzeptablen) Bauernopfer löst Weiß den Turm von der Deckung des h-Bauern.

Hier ein Blick auf zwei naheliegende Verführungen:

1) 42.hxg6? ♔xg6 43.♖d7 ♖d1! Am einfachsten! 44.♖xd5 ♔f7 und nach der anschließenden Verfolgungsjagd ♔e6-♖e8-♔e7 usw. kann sich der Turm nicht auf der e-Linie halten.

2) 42.h6? (Δ♖g7+-) 42...♔g5 (Δ♖d1) 43.f4+ Δ43...♔xf4? 44.♖g7+-; ⌓43...♔h5!=

42...♔g5

Denn 42...♔xg4 verliert nach 43.hxg6 ♖a8 44.♖f7 ♔g5 45.g7 ♖g8 46.♔g3 ♔g6 47.♖d7 mit folgenden Abspielen:

1) 47...♖xg7 48.♖xg7+ ♔xg7 49.♔f4 ♔g6 50.f3 ♔g7 51.♔f5 ♔f7 52.f4 ♔g7 53.♔e6 ♔g6 54.♔xd5 ♔f5 55.♔c6 ♔xf4 56.d5+-

2) 47...♔h7 48.♔f4 ♖a8 49.♔f5 ♖a6 50.♖xd5 ♔xg7 51.♖d7+ ♔f8 52.♔g6 ♔e8 53.♖f7 ♖d6 54.♖xf6 ♖xd4 55.f4 ♖d2 56.♔g7 ♖g2+ 57.♖g6

a) 57...♖f2 58.♖e6+ ♔d7 59.♖e4 ♔d6 60.♔f6 ♔d5 61.♖e5+ ♔d6 62.f5+-

b) 57...♖xg6+ 58.♔xg6 ♔f8 59.f5 ♔g8 60.f6 ♔f8 61.f7 ♔e7 62.♔g7+-

43.♖g7 ♔xg4 44.h6

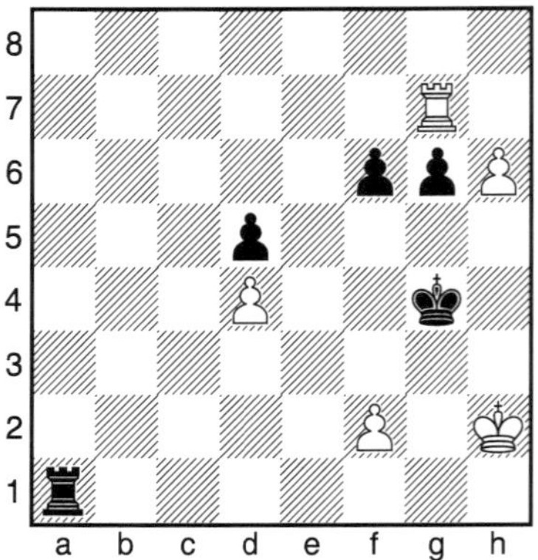

Somit hat Weiß sich einen starken Freibauern verschafft, der den Sieg zu einer rein technischen Routinesache macht.

44...♖a8

44...♖a3 45.♖xg6+ ♔h5 (45...♔f5 46.h7 ♖a8 47.♖g8+−) 46.h7 (46.♖xf6+−) 46...♔xg6 47.h8♕+−

45.♖xg6+ ♔f5 46.♖g7 ♖h8 47.h7 ♔e4 48.♔g3 ♔xd4

48...♔f5 49.♔h4 ♔f4 50.♔h5 f5 51.♔g6 ♔f3 52.♔xf5 ♔xf2 53.♔e5 ♔e3 54.♔xd5+−

49.♔f4 ♔d3 50.♖e7 d4 51.♔f5 ♔c2 52.♔xf6 d3 53.♔g7 d2 54.♖c7+ und **1–0** angesichts der möglichen Folge 54...♔b2 55.♖d7 ♖xh7+ 56.♔xh7 ♔c1 57.f4+−, Donchenko – Ivic, Wijk aan Zee 2023.

Beispiel 50

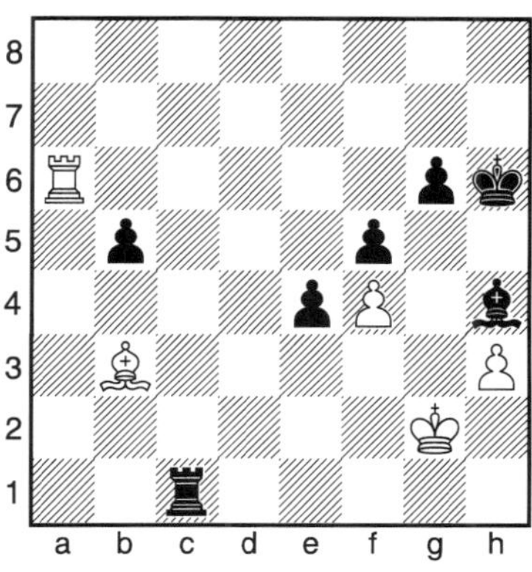

Schwarz am Zug

Bei einem der vorigen Beispiele wurde bereits erwähnt, dass Endspiele mit ungleichfarbigen Läufern zwar eine große Remis-Tendenz haben, dass sich das Bild jedoch beim Hinzukommen von Türmen vollkommen ändern kann. Da Schwarz hier jedoch nicht nur über einen, sondern sogar über *zwei* Mehrbauern in Form von Freibauern verfügt, versteht es sich von selbst, dass der in der Partie gewählte Gewinnweg bei Weitem nicht der einzige ist.

42...♖c3

42...♖b1 nebst raschem Vortrieb des b- und/oder e-Bauern ist sogar noch deutlich stärker.

43.♗e6

Die eigentlich naheliegendere Fortsetzung 43.♗f7 führt nach 43..♖c2+! und der Folge 44.♔f1 ♖f2+ 45.♔g1 e3! 46.♖xg6+ ♔h7 47.♖e6 zum Gewinn.

43...♖c2+

Viel einfacher gewinnt 43....♖g3+ 44.♔h2 e3 Δ45.♗xf5 e2 46.♖e6 e1♕ usw.

44.♔h1

Nach 44.♔g1 ist 44...♔g7 45.♖a7+ ♔f8 am einfachsten.

44...♗f6!?

Diese etwas verspielte Lösung ist zwar genau berechnet, sollte aber ebenfalls durch die einfachere Lösung 44...♔g7 45.♖a7+ ♔f8 ersetzt werden.

45.♗d7

Oder 45.♗xf5 gxf5 46.♖xf6+ ♔g7 47.♖xf5 e3 und nun 48.♖e6 e2 nebst ♖e1+ bzw. 48.♖xb5 e2 50.♖b1 ♖d2.

45...♔g7 46.♗xb5 ♖f2 47.♖a7+ ♔h6 48.♖a6 ♗d4 49.♗e8

49.♖d6 ist zäher, verliert aber nach 49...♗c5! 50.♖d1 ♔h5 ebenfalls.

49...e3 50.♖xg6+

50.♗xg6 e2 51.♖e6 ♗c3–+

50...♔h7 51.♖g1 e2 52.♗b5

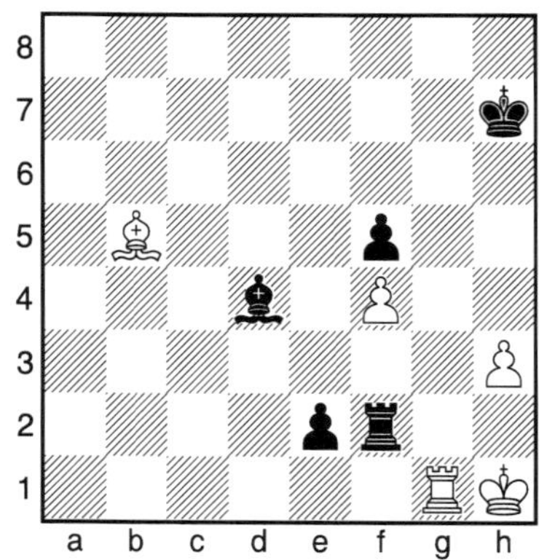

52...♖h2+! und **0-1** angesichts der schönen Schlusspointe 53.♔xh2 ♗xg1+ 54.♔xg1 e1♕+, Praggnanandhaa – Maghsoodloo, Wijk aan Zee 2023.

Kapitel 11

Mehrere Freibauern

Mehrere Freibauern auf dem Brett bedeuten ein entsprechendes Anwachsen der Dynamik. Besonders verbundene Freibauern führen in der Regel zu einer deutlichen Spielverschärfung, welche nur noch dadurch gesteigert werden kann, wenn *beide* Seiten über Freibauern verfügen.

Beispiel 51

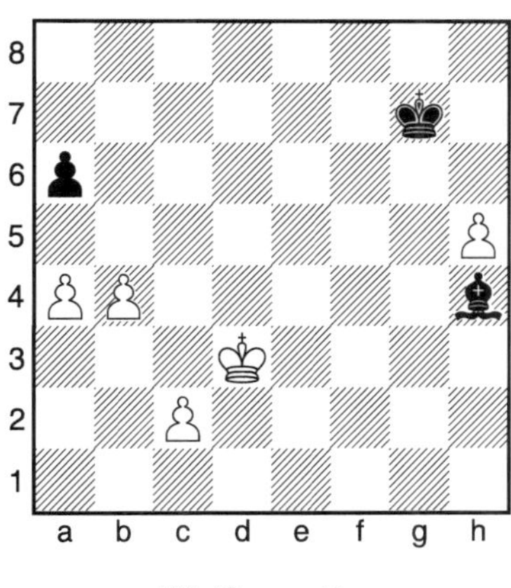

Weiß am Zug

Offenbar kann Weiß sich verbundene Freibauern verschaffen, während der schwarze König durch die nötige Eliminierung des h-Bauern abgelenkt ist. Dies heißt jedoch nicht, dass jede beliebige Zugfolge gewinnt.

57.♔d4!

Das ist der richtige Anfang, obwohl auch die Züge 57.♔e4, 57.♔c4 57.♔c3 und 57.c4 auf letztlich ähnliche Weise zum Ziel führen.

Verfrüht wäre hingegen der sofortige Vormarsch 57.b5?, weil der schwarze König in der Folge noch gerade rechtzeitig die Kurve kriegt; z.B. 57...axb5 58.axb5 ♔h6 59.b6 ♔xh5 60.♔e4 ♔g6 61.♔e5 ♔f7 62.♔d6 ♔e8 63.♔c7 ♗g3+ 64.♔c8 ♔e7 65.b7 ♔e6 66.c4 ♗f4 67.b8♕ ♗xb8 68.♔xb8 ♔d6 69.♔b7 ♔c5=.

57...♔h6 58.c4 ♔xh5 59.b5 axb5

59...a5 60.c5 ♔g6 61.c6 ♗d8 62.♔e5 ♔f7 63.♔d6+−

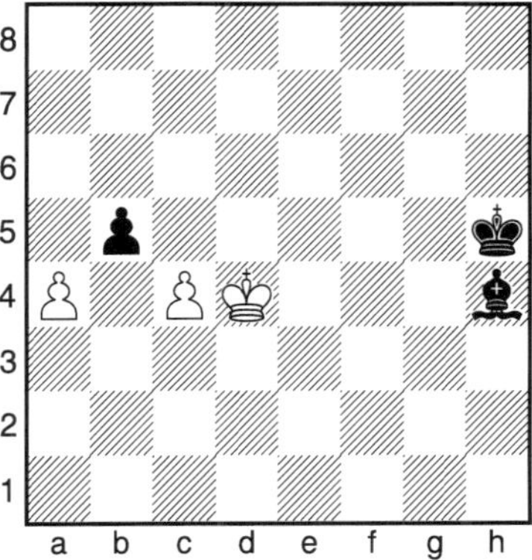

60.cxb5!

Hier gilt nicht etwa die Standardregel 'zum Zentrum hin schlagen', denn in der Folge müssen die Bauern so weit wie möglich vom schwarzen König entfernt laufen.

Entsprechend ungenau wäre 60.axb5? ♔g6 61.♔e5 ♔f7 62.♔d6 ♔e8 63.♔c7 ♗g3+ 64.♔c6 ♔d8 65.c5 ♔c8=.

60...♔g6 61.♔d5 ♔f7 62.a5 ♔e7

63.a6 ♗f2 64.♔c6 und **1–0** angesichts der möglichen Folge 64...♔d8 65.b6 ♔c8 66.a7+−, Niemann – Praggnanandhaa, Miami 2022.

Beispiel 52

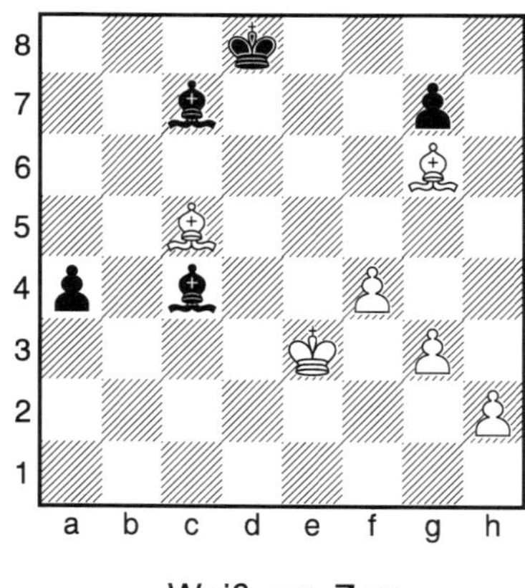

Weiß am Zug

46.♗d4!

In diesem äußerst einfachen Beispiel gewinnt Weiß den Bauern g7 und danach ist die Bauernlawine natürlich nicht mehr aufzuhalten.

46...a3

46...♔e7 47.♗xg7 ♗f7 48.♗xf7 ♔xf7 49.♗b2 ♗d6 50.g4 a3 51.♗c3 a2 52.g5 ♗f8 53.f5 ♗g7 54.g6+ ♔g8 55.f6+−

47.♗xg7 a2 48.h4 ♗d6 49.h5 ♗f8 50.♗a1 ♗c5+

50...♗e6 51.f5 ♗h6+ 52.♔e4 ♗b3 53.f6 ♔d7 54.♔e5 ♗c4 55.♗f5+ ♔e8 56.♗e6+−

51.♔e4 ♗b3 52.♔d3 ♗f8 53.g4 ♔e7 54.g5 ♗f7 55.♗xf7 ♔xf7 56.♔c2 und **1-0** angesichts der möglichen Folge 56...♔e6 57.h6 ♔f7 58.h7 ♗g7 59.h8♕+−, Carlsen – Anton Guijarro, Online 2022.

Beispiel 53

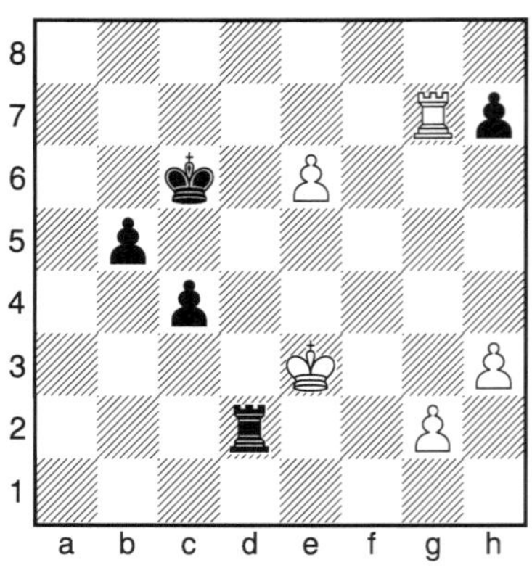

Schwarz am Zug

Schwarz hat zwei verbundene Freibauern im Rennen, aber deren weiterer Vormarsch musste mit einem präzisen Zug vorbereitet werden.

40...c3?

Nach der falschen Partiefolge kann Schwarz nicht mehr gewinnen.

Richtig war 40...♖d6! mit der möglichen Folge 41.e7 ♔d7 42.e8♕+ ♔xe8 43.♖c7 (43.♖xh7 c3−+) 43...♖d5 44.♔e4 ♔d8! 45.♖c6 (45.♖xc4 bxc4 46.♔xd5 c3−+) 45...♖d1 46.♖c5 (46.♖b6 c3−+) 46...♖b1

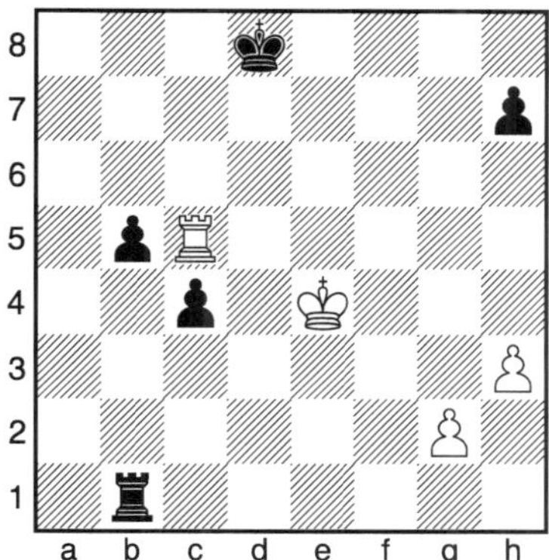

1) 47.g4 ♔d7

a) 48.h4 ♔d6 49.♖c8 ♖g1 50.♔f5 ♔d5 51.g5 b4 52.h5 b3 53.♖b8 c3 54.♖xb3 c2 55.♖c3 ♖f1+ 56.♔g4 c1♕ 57.♖xc1 ♖xc1−+

b) 8.♔e5 b4 49.♖xc4 b3 50.♔f6 b2 51.♖b4 ♖f1+ 52.♔g7 b1♕ 53.♖xb1 ♖xb1 54.♔xh7 ♖h1 55.g5 ♖xh3+ 56.♔g7 ♔e7−+

2) 47.♔d4 ♔e7 48.g4 ♔d6 49.♖c8 ♖d1+ 50.♔c3 ♖d3+ 51.♔b4 ♖b3+ 52.♔a5 c3 53.g5 ♔e5 54.h4 ♔f5 55.♖c7 b4 56.♖xh7 c2 57.♖c7 ♖c3−+

In der Partie beantwortete Weiß die gegnerische Ungenauigkeit mit einem präzisen Verteidigungszug.

41.♖g8! ♔d6

Zum Remis führt auch 41...♖d6 (41...b4? 42.e7+−) 42.e7 ♖e6+ 43.♔d3 ♖xe7 44.♔xc3=.

42.♖d8+ ♔xe6 43.♖xd2 cxd2 44.♔xd2 ♔f5 45.♔c3 ♔f4 46.♔b4 ♔g3 47.♔xb5 ♔xg2 48.h4!

Der einzige Rettungszug.

48...h5 49.♔c4 ♔g3 50.♔d3 ♔xh4 51.♔e2 ♔g3 52.♔f1 ♔h2 53.♔f2 h4 54.♔f1 h3 55.♔f2 ♔h1 56.♔g3 h2 57.♔f2 Patt, Le – Duda, San Francisco 2022

Beispiel 54

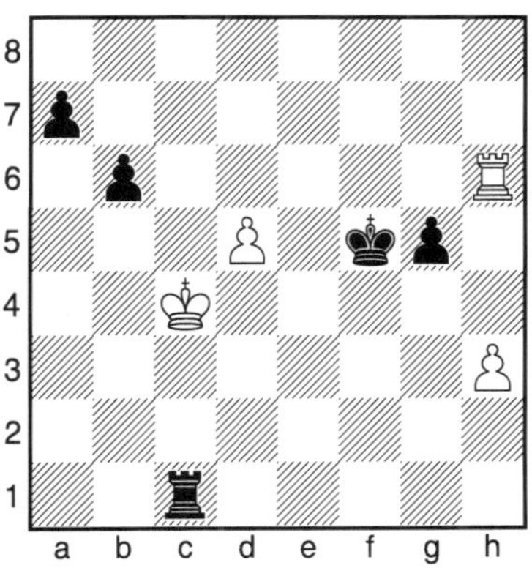

Weiß am Zug

Bei diesem Freibauern-Wettrennen 'weiter vorgedrungener gegen zwei verbundene noch in den Startlöchern' steht Weiß zunächst vor der Frage: Wohin mit dem König?

40.♔d4?

Der Partiezug erscheint logisch, ist jedoch in dieser konkreten Stellung verfehlt, was sich im weiteren Partieverlauf zeigen wird.

Richtig ist nur 40.♔b3!, um den absehbaren Vormarsch des gegnerischen Bauernpaars zu behindern. Nach der möglichen Folge 40...♖d1 41.d6 ♔e5 42.♖g6 ♖xd6 43.♖xg5+ können die Freibauern gestoppt werden; z.B. 43...♔d4 44.♖g7 a5 45.h4! (45.♖g4+? ♔c5−+)

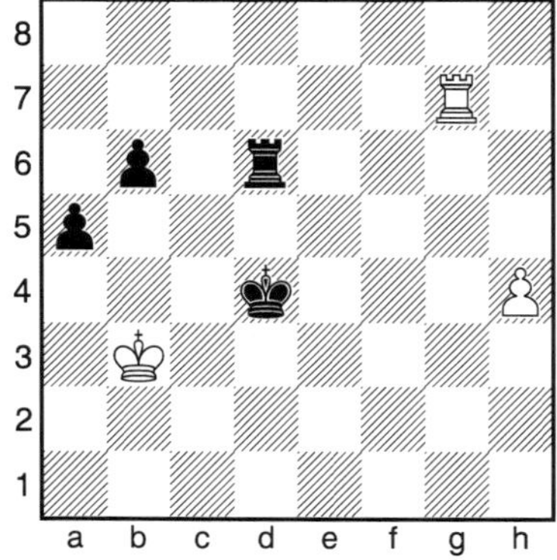

1) 45...b5

a) 46.♖g5 a4+ 47.♔b4 ♖d5 48.♖g4+ ♔e5 49.h5 ♔f5 50.♖g8=

b) 6.♖a7 a4+ 47.♔b4 ♖d5

– 48.♖g7 ♖h5 49.♖g1 ♖xh4 50.♖d1+ ♔e3+ 51.♔xb5=

– 48.♖c7 ♔d3 49.♖c3+ ♔d2 50.♖h3 ♖h5 51.♔a3=

2) 45...♔c5 46.♖g3! (46.h5? ♖d3+ 47.♔b2 ♖h3−+) 46...b5 47.h5 a4+ 48.♔c2 b4 49.♖h3 (49.♖g5+!? ♔d4 50.♖g4+ =) 49...♔c4 50.♖h4+ ♔b5 51.h6 b3+ 52.♔c1

a) 52...♖c6+ 53.♔b1 a3 54.♖h5+ ♔b4 55.♖h4+ ♔c3 56.♖h3+ mit Dauerschach.

b) 52...a3 53.♖h1!

(53.h7?? b2+ 54.♔c2 ♖c6+ −+)

53...b2+ 54.♔b1 ♖d8 55.h7 ♖h8 56.♔a2 ♔b4 Remis

40...♖d1+ 41.♔c4 b5+!

So gelingt Schwarz der Abtausch des gegnerischen Freibauern oder der Vormarsch des eigenen Duos.

42.♔c5

Nach 42.♔xb5 ♖xd5+ wird der Kampf am anderen Flügel entschieden; z.B. 43.♔a6 ♖d4 44.♖c6 (44.♔xa7 ♖h4−+) 44...♖d3 45.♖h6 ♖a3+ 46.♔b5 a6+ 47.♔c4 ♖f3−+.

42...b4 43.♖h8 b3

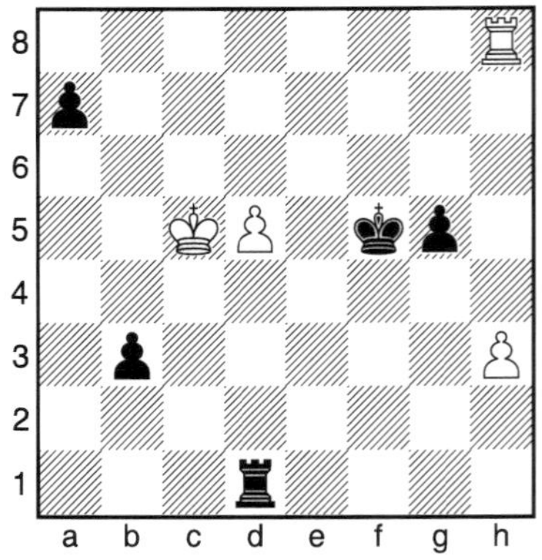

44.♖f8+

Dieser Tempoverlust zwingt den schwarzen König genau dorthin, wo er sowieso hin will – nämlich zum Damenflügel.

Allerdings ist die Partie auch mit der zäheren Alternative 44.♖b8 nicht mehr zu retten; z.B. 44...♔e4 45.♖b4+ ♔e5 46.♖xb3 ♖xd5+ 47.♔c4 ♖d1 48.♖e3+ ♔f5 49.♖e8 ♖d6! 50.♖f8+ ♖f6 51.♖h8

♖f7 52.♔d4 ♔f4 53.♔c4 a5 54.♔b5 ♖f5+ 55.♔a4 ♔g3 56.♖h7 ♖f4+ 57.♔xa5 ♖h4 58.♖g7 ♖h5 und nach Eroberung des Bauern h3 läuft der der schwarze g-Bauer durch.

44...♔e4! 45.♖e8+ ♔d3! 46.d6 b2 47.d7 ♔c2 und **0-1** angesichts der möglichen Folge 48.♖e2+

– 48...♔c1 49.♖e1 ♖xe1 50.d8♕ b1♕ −+

– 48...♔b3 49.♖e3+ ♔a2 50.♖e2 ♖xd7−+

Rapport – Abdusattorov, Wijk aan Zee 2023

Beispiel 55

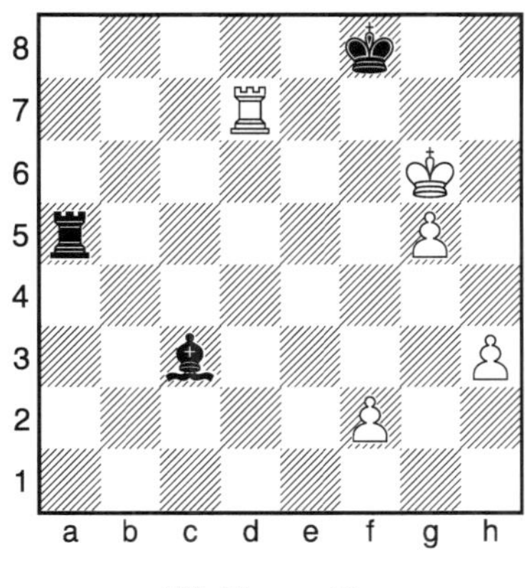

Weiß am Zug

Drei verbundene Freibauern, aktiver gegen passiven König – da mag selbst ein Topspieler dem Irrglauben erliegen, dass quasi jeder Zug gewinnt.

46.h4?

Der falsche Bauernvorstoß.

Nach der richtigen Folge 46.f4! kann Weiß die Stärke seiner Freibauern leicht unter Beweis stellen; z.B. 46...♖a6+ 47.♔h7 ♖a5 48.h4 ♖f5 49.♖d8+ ♔e7 50.♖d3 ♗b2 51.♖f3 ♖f8 52.h5 ♖h8+ 53.♔g6 ♖g8+ 54.♔f5 ♖f8+ 55.♔g4 ♖b8 56.h6 ♔f7 57.♖d3 ♖b4 58.♖d6

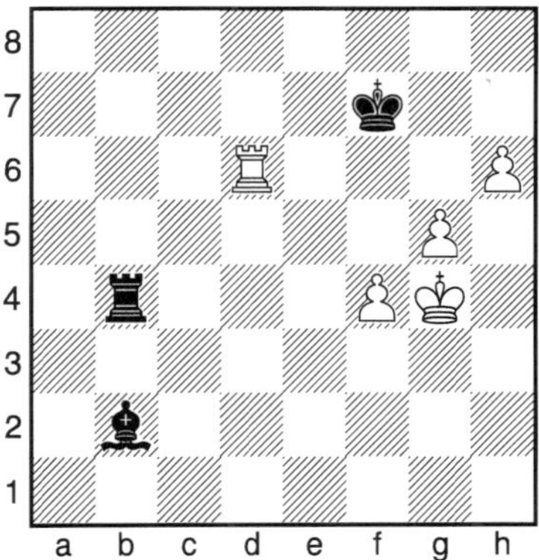

1) 58...♗e5 59.g6+

a) 59...♔e7 60.g7 ♖xf4+ 61.♔g5 ♖f1 62.♖g6+−

b) 59...♔f8 60.♖d8+ ♔e7 61.g7 ♖xf4+ 62.♔g5 ♗xg7 63.hxg7+−

2) 58...♔g8 59.♖d8+ ♔h7 60.♔h5 ♖b5 61.♖f8 ♗a3 62.♖f7+ ♔g8 (62...♔h8 63.f5+−) 63.♖g7+

a) 63...♔f8 64.♖a7 ♗b2 65.♖a8+ ♔f7 66.h7 ♖b4 67.f5+−

b) 63...♔h8 64.♖a7 ♗c1 65.♔g4 ♖b4 66.♖f7 ♖b6 67.f5 ♖b4+ 68.♔h5 ♗xg5 69.♔xg5 ♖b1 70.f6 ♖g1+ 71.♔f5

– 71...♖h1 72.♖e7 ♖xh6 73.♖e8+ ♔h7 74.f7+−

– 71...♖f1+ 72.♔e6 ♖e1+ 73.♔d7 ♖d1+ 74.♔e8 ♖e1+ 75.♖e7+−

46...♖a6+ 47.♔h7 ♖a4 48.h5 ♖f4?

Hier allerdings verpasst Schwarz die Remischance 48...♔e8! mit der möglichen Folge 49.♖c7 ♗d2 50.g6 ♖a5 51.h6 ♖h5=.

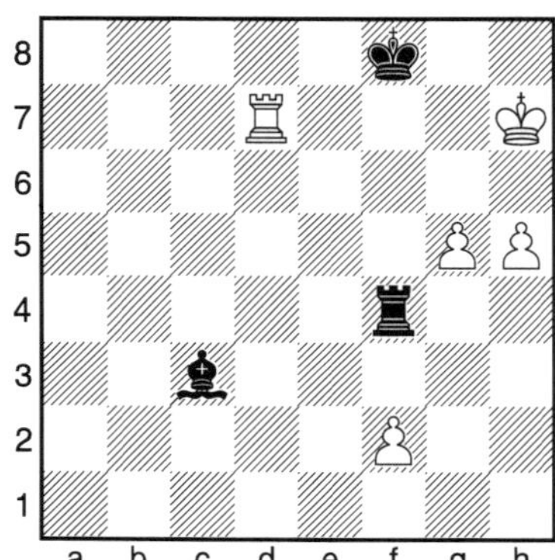

49.♖d3?

Weiß revanchiert sich mit einem Fehler statt 49.♖c7! mit den Gewinnvarianten:

1) 49...♖f7+ 50.♖xf7+ ♔xf7 51.g6+ ♔f8 52.h6+−

2) 49...♗b2 50.♖c8+ ♔e7 51.♖c2 ♖f5 52.♔g6 ♖b5 53.f4 ♔f8 54.f5+−

3) 49...♗e5 50.♖c8+ ♔e7 51.♖c5 ♔e6 52.♖xe5+ ♔xe5 53.g6 ♔f6 54.g7 ♖g4 55.h6 ♔f7 56.f4 ♖g1 57.f5 ♖g2 58.♔h8 ♖g1 59.f6 ♔xf6 60.g8♕+−

49...♖f7+! 50.♔g6 ♖g7+ 51.♔h6 ♖c7 52.f4 ♖c6+ 53.♔h7 ♖c7+ 54.♔g6 ♖c6+ 55.♔h7 ♖c7+ 56.♔h6 ♖c6+ 57.g6 ♗f6 58.♖a3 ♖c8 59.♖a6 ♗c3 60.♖a7 ♔g8 61.♔g5 ♖c5+ 62.♔g4 ♖c6 63.♖d7 ♗b2 64.♖d8+ ♔g7 65.♖d7+ ♔g8 66.♔g5 ♖c5+!

Nicht 66...♗f6+? wegen 67.♔f5 ♗c3 68.h6+−.

67.♔h6 ♗f6 68.♖f7 ♖c6 69.♖a7 ♖d6 70.♖a8+ ♖d8!

70...♗d8? 71.f5 ♔f8 72.f6 ♔e8 73.f7+ ♔f8 74.♔h7+−

71.♖a7 ♖d6 72.♖b7 ♖d8 73.f5 ♖d6 74.♖a7 ♖d8 75.♖a6 ♖f8 76.♖c6 ♗d8 77.♖e6 ♗f6 78.♖c6 ♗d8 79.♖e6 ♗f6 ½–½, Ding – Maghsoodloo, Wijk aan Zee 2023

Kapitel 12

Dauerschach

Dauerschach ist oft ein wichtiger Bestandteil von Kombinationen im Endspiel, um in schwieriger Stellung ein Remis zu erzielen.

Beispiel 56

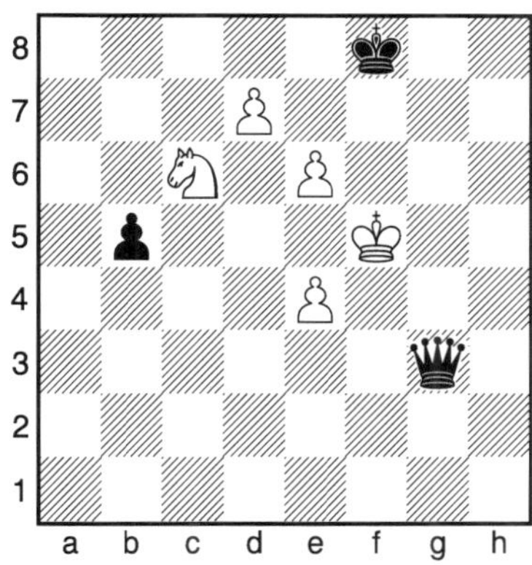

Schwarz am Zug

Angesichts der schrecklichen Maschinerie eines weit vorgedrungenen Freibauernpaars mit Springerunterstützung besteht kein Zweifel: Die Damenpartei muss ums Überleben kämpfen.

49...♕f2+!

Nach dieser richtigen Einleitung gibt es kein Versteck vor den weiteren Schachgeboten.

Hingegen würde 49...♕h3+? zum Verlust führen; z.B. 50.♔e5 ♕g3+ 51.♔d5 ♕d3+ 52.♔c5 ♕e3+ 53.♔d6 ♕d2+ 54.♔c7 ♕f4+ 55.e5 usw.

50.♔g4

50.♔e5 ♕c5+ 51.♔f6 ♕f2+ mit Dauerschach.

50...♕g2+ 51.♔f5 ♕f2+ 52.♔g4 ♕g2+ 53.♔f5 ♕f2+ ½–½, Firouzja – Shankland, Saint Louis Rapid 2022

Beispiel 57

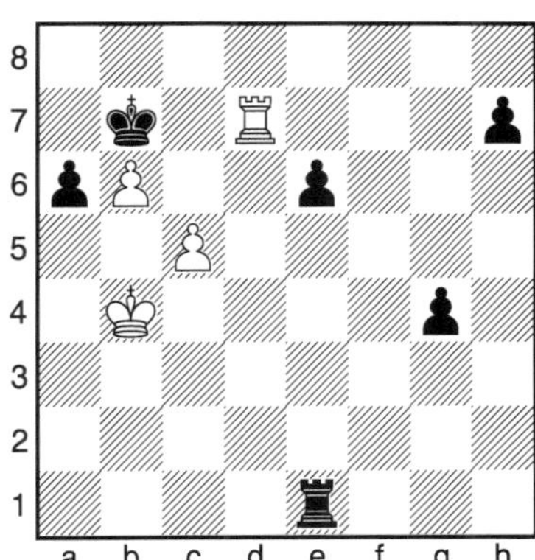

Schwarz am Zug

Gegen zwei weit vorgedrungene verbundene Freibauern mit massiver Figurenunterstützung und bei eventueller Mattgefahr sollte Schwarz (ungeachtet seiner doppelt so vielen Freibauern) mit einem Remis bestens bedient sein.

53...♔c6!

Die *aktive* Verteidigung ist in diesem Fall gleichzeitig die *einzige*.

Nach dem passiven Rückzug 53...♔c8? gewinnt Weiß beispielsweise wie folgt: 54.c6 ♖b1+ 55.♔c5 ♖b5+ 56.♔d6 ♖xb6 57.♖xh7 ♔b8 58.♔d7 ♔a7 59.c7 ♖b7 60.♔d8 g3 61.♖e7 g2 62.c8♕ ♖xe7 63.♕c5+ ♔a8 64.♔xe7+−.

54.♖c7+ ♔d5

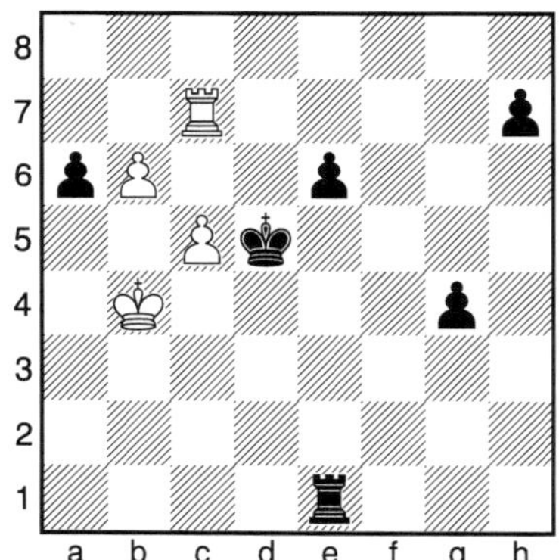

55.♖d7+!

Weiß muss das Remis erzwingen, denn 55.b7?? würde nach 55...♖b1+ 56.♔a5 g3 57.♔xa6 g2 58.♖g7 ♔c6 zum Verlust führen.

55...♔c6 56.♖c7+ ♔d5 57.♖d7+ ♔c6 ½–½, Prraneeth – Sadhwani, Chess24 2022

Beispiel 58

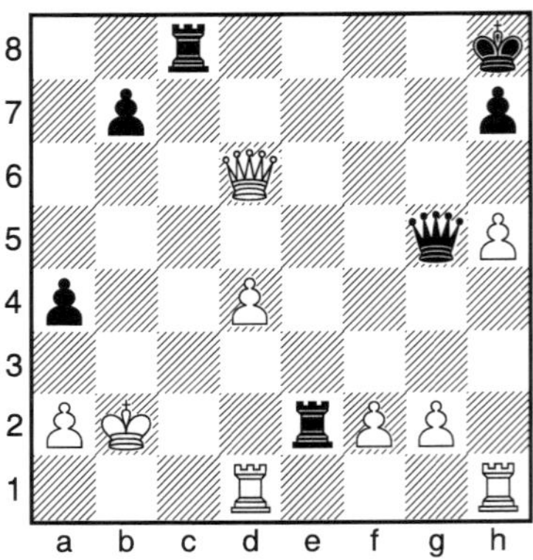

Weiß am Zug

Ungeachtet seiner zwei Mehrbauern kann Weiß angesichts der gegnerischen Initiative sowie der gefährdeten Königsstellung nicht gewinnen.

26.♔a1!

Der einzige Zug führt zwangsläufig zum Remis durch Dauerschach.

Nach 26.♔a3? ♕a5! (26...♖c3+? 27.♔b4 ♖c8 28.♖h3!±) mit der Drohung ♖c3# kommt bereits Matt in Sicht, denn nach 27.♕f6+ (27.♖d3 ♖c3+; 27.♖c1 ♖c3+) 27...♔g8 hat Weiß nicht einmal ein Dauerschach.

26...♖cc2!

Mit der Verdopplung auf der zweiten Reihe wird der Gegner zum Dauerschach gezwungen.

Hingegen würde 26...♕b5? wegen des

starken Ablenkopfers 27.♖d2!! (27.♖b1? ♕c4! 28.♕f6+ =) doch noch zum Verlust führen: 27...♖xd2 28.♕f6+ ♔g8 29.♕e6+ ♔f8 (29...♔g7 30.h6+) 30.♕xc8+ ♕e8 31.♕c5+ ♕e7 32.♖b1 ♖xf2 33.♕c8+ ♕e8 34.♕xb7+−.

27.♕f8+ ♕g8 28.♕f6+ ♕g7 29.♕d8+ ♕g8 30.♕f6+ ♕g7 31.♕d8+ ½–½, Duda – Aronian, Düsseldorf 2023

Beispiel 59

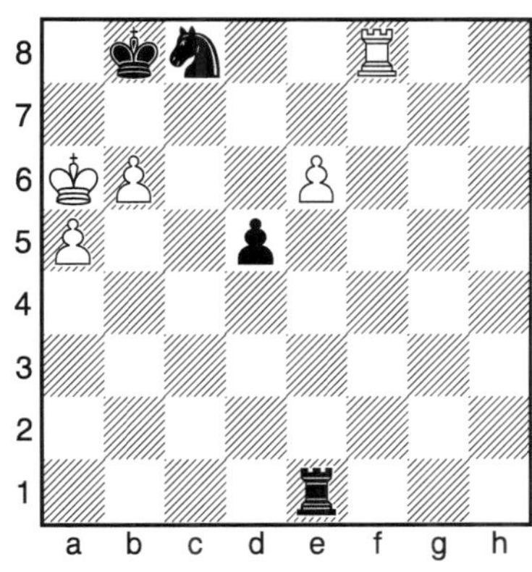

Weiß am Zug

Drei weit vorgedrungene Freibauern mit massiver Figurenunterstützung – und trotzdem nur Remis? Da muss offenbar ein schlimmer Fehler passiert sein.

72.♖f6?

Hier verpasste Weiß den folgenden spektakulären Sieg: 72.♖xc8+!! ♔xc8 73.♔a7 ♖b1 74.a6 d4 75.b7+ ♔c7 76.e7 ♔d7 77.♔a8 d3 78.a7 d2 79.b8♕ ♖xb8+ 80.axb8♕ d1♕ 81.e8♕#.

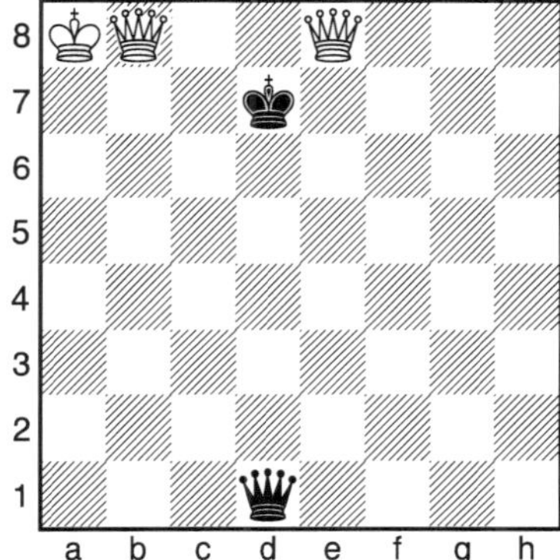

72...d4 73.b7 d3 74.bxc8♕+ ♔xc8 75.♖f8+ ♔c7 76.♖f7+ ♔c8 77.♖f8+ ♔c7 78.♖f7+ ♔c8 79.♖f8+ ½–½, Mishra – Tabatabaei, Wijk aan Zee 2023

Beispiel 60

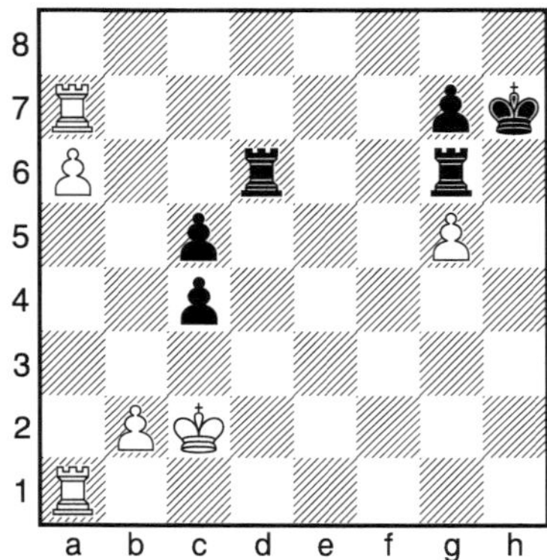

Schwarz am Zug

Wie groß ist die Gefahr, die von dem weißen Freibauern ausgeht? Interessanterweise gar nicht so überwältigend groß, wie es auf den ersten Blick den Anschein haben mag, denn der ♖a7 steht dem Bauern im Weg, die schwarzen Türme sind gut koordiniert – und vor allem: Die offene Stellung des weißen Königs lädt zu einem Dauerschachangriff ein.

38...♖ge6!

Nach dem gierigen 38...♖xg5? verlieren die Türme ihre Koordination, so dass Weiß dem Freibauern mit 39.♖b7 freie Fahrt geben und danach beispielsweise wie folgt gewinnen kann: 39...♖g2+ 40.♔c3 ♖dd2 41.♔xc4 ♖g4+ 42.♔xc5 ♖c2+ 43.♔b6 ♖xb2+ 44.♔a5 ♖g5+ 45.♔a4 ♖g4+ 46.♔a3 ♖f2 47.a7 ♖f8 48.♖h1+ ♔g6 49.♖b8 ♖f3+ 50.♔b2 ♖g2+ 51.♔b1+−.

39.♖a8 (39.♔c3 ♖e4=) **39...♔g6!**

Eine notwendige Prophylaxemaßnahme, denn direkt 39...♖d3? scheitert an 40.a7 ♖e2+ 41.♔b1 ♖b3 42.♖h8+ ♔xh8 43.a8♕+ ♔h7 44.♕h1+ ♔g6 45.♖a6+ ♔xg5 46.♕d5+ +−.

40.♖a5

40.a7 ♖a6 41.♖e8 ♖xa1 42.♖xe6+ ♔xg5=

40...♖d3

Damit ist das Dauerschachnetz unzerreißbar geknüpft.

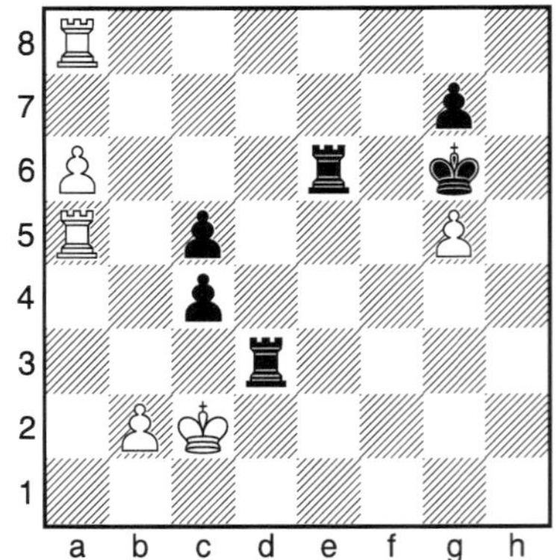

41.♖xc5

Nach 41.♖f8 ♖e2+ würde 42.♔b1? (□42.♔c1=) sogar völlig nach hinten losgehen: 42...♖d1+ 43.♔a2 ♖ee1 44.b3 ♖d2+ 45.♔a3 ♖a1#.

41...♖e2+ 42.♔c1

42.♔b1 ♖b3 43.♖xc4 ♖bxb2+ 44.♔c1 ♖a2 45.♔b1 ♖eb2+ 46.♔c1 ♖h2=

42...♖e1+ 43.♔c2 ♖e2+ 44.♔c1 ♖e1+ 45.♔c2 ♖e2+ ½–½, Kollars – Rogozenco, Deutschland 2020

Kapitel 13

Bodycheck

Bodycheck (oder zu Deutsch: Abdrängung) ist ein technischer Kniff aus dem Endspiel, bei dem ein König dem des Gegners den Zugang zu wichtigen Feldern verwehrt.

Beispiel 61

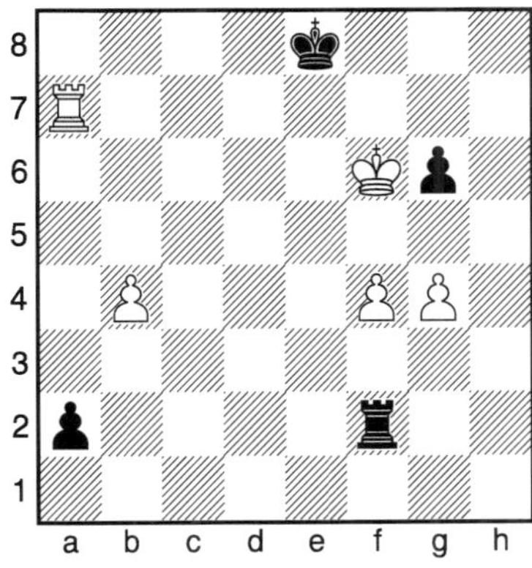

Weiß am Zug

Im Turmendspiel ist es oft wichtig, den König vor Störschachs verstecken zu können. Zu diesem Zweck wird häufig ein gegnerischer Bauer als nützlicher Helfer zweckentfremdet, in dem man ihn zu einem sogenannten 'Regenschirm' umfunktioniert.

52.f5!

Der unbedachte Abtausch 52.♔xg6? ♖xf4 führt nur zum Remis; z.B. 53.g5 ♖f2 54.b5 ♔d8 55.♔g7 ♔c8 56.g6 ♔b8 57.b6 ♖g2 (57...♖e2 58.♔f6 ♖f2+ =) 58.♔f6 ♖f2+ 59.♔e6 ♖g2 60.♔f7 ♖f2+ 61.♔g8 ♖g2 62.g7 ♖f2 63.♔h7 ♖h2+ =.

52...gxf5

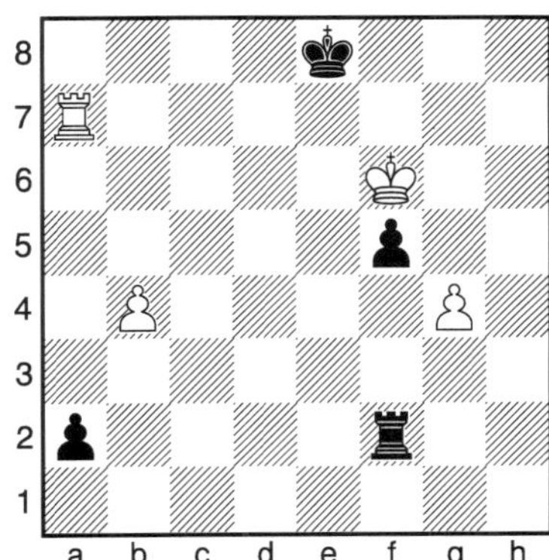

53.g5!

Somit hat Weiß seinem König auf der f-Linie einen schützenden Regenschirm verschafft.

Nach hingegen 53.gxf5? ♔d8 54.b5 ♔c8 55.♔g6 ♔b8 56.♖a6 ♖g2+ 57.♔f7 ♖f2 58.f6 ♔b7 59.♔g7 ♖g2+ 60.♔f8 ♖f2 61.f7 ♖e2 62.♔g7 ♖g2+ = könnte er den Schachregen mangels Regenschirm nicht gut stoppen.

53...f4 54.g6 ♖g2 55.g7 f3

Auch der Regenschirm ist ja ein Freibauer, nur ist er viel zu langsam.

56.♖xa2! f2 57.♖a1 ♖g3

57...♖g1 wird trotzdem mit 58.♖f1!!+− beantwortet.

58.♖f1 ♖f3+

58...♖g2 59.b5 ♔d7 60.♔f7+−

59.♔g6 ♖g3+ 60.♔h7 ♖h3+ 61.♔g6 ♖g3+ 62.♔f6 ♖f3+ 63.♔e6 ♖g3 64.♖xf2 ♖xg7 65.♔d6 ♖g6+

65...♖b7 66.♖f4+−

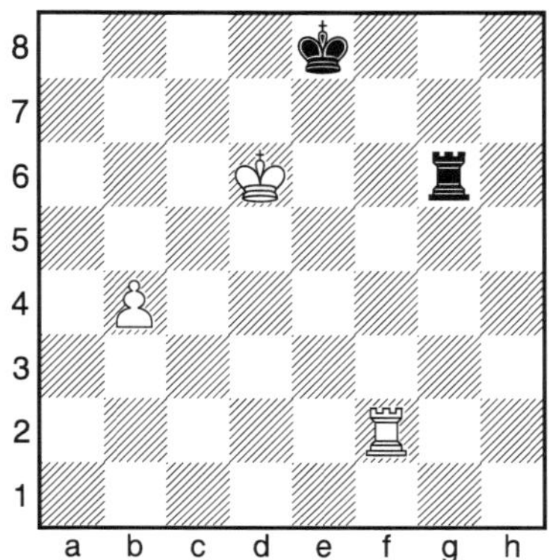

66.♔c7!

Erst dies ist der thematische Bodycheck, um dem gegnerischen König den Zugang zum Freibauern zu verwehren.

66...♖g7+ 67.♔c6 ♖g6+ 68.♔b7 ♖g7+ 69.♔a6 ♖g6+ 70.♔a5 ♔d7 71.♖c2!

Diese Absperrung entscheidet, weil der Bauer die Brettmitte überschreiten kann, wonach die Schachdistanz zu kurz ist (siehe nächste Anmerkung).

71...♖e6

1) Nach 71...♖c6 72.♖xc6 ♔xc6 73.♔a6!+− ist der weiße König auf ein Schlüsselfeld vorgedrungen.

2) Nach 71...♖g8 72.b5 ♖a8+ beträgt die Schachdistanz zwischen dem Turm und dem König nur *zwei* Felder und ist somit ein entscheidendes Feld zu kurz: 73.♔b6 ♖b8+ 74.♔a6 ♖a8+ 75.♔b7+−.

72.b5 und **1–0** angesichts der möglichen Folge 72...♖e8 73.♔a6 ♖a8+ (73...♖c8 74.♖xc8 ♔xc8 75.♔a7+−) 74.♔b7 ♖a1 75.b6 ♖a3 76.♖d2+ ♔e7 77.♔c7 ♖c3+ 78.♔b8 ♖c1 79.b7 ♖a1 und nun ist die Lucena-Stellung entstanden, in der Weiß mittels 'Brückenbau' gewinnt: 80.♖d4 ♖a2 81.♔c7 ♖c2+ 82.♔b6 ♖b2+ 83.♔c6 ♖c2+ 84.♔b5 ♖b2+ 85.♖b4+−, Huschenbeth – Buhmann, Deutschland 2011.

Beispiel 62

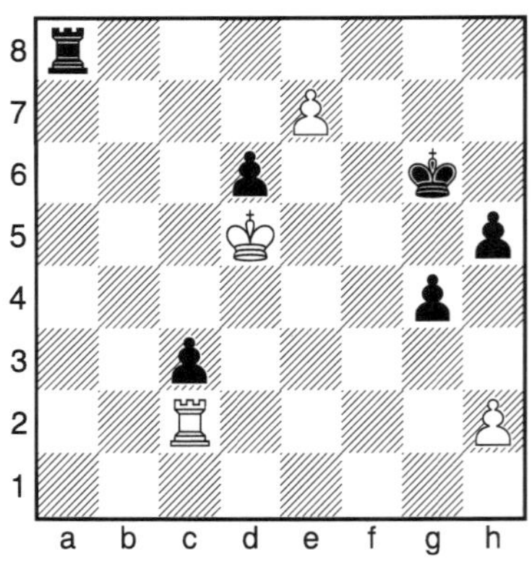

Weiß am Zug

Die zwei Mehrbauern dürfen nicht darüber hinwegtäuschen, dass Schwarz auf Verlust steht, denn der weiße Freibauer ist auch als Einzelkämpfer ein enorm starker Trumpf.

43.♔e6!!

Der König lässt den d-Bauern am Leben, um ihn als (diesmal seitlichen)

Regenschirm zu nutzen, und verpasst dem schwarzen König gleichzeitig einen Bodycheck (zum Ausschluss von ♔f7).

Hier ein Blick auf drei Fehlversuche:

– 43.♖xc3? ♔f7 44.♔xd6 ♖a6+ =

– 43.♔xd6? ♖a6+ =

– 43.♖f2? c2 44.♖xc2 ♔f7=

43...d5

Auf 43...h4 und auch auf 43...♖c8 gewinnt jeweils 44.♖xc3.

44.♖xc3 h4 45.♖a3 ♖b8

Nach 45...♖xa3 46.e8♕+ erfolgt die Umwandlung mit Schachgebot.

46.♖b3 ♖a8 47.♖a3 ♖b8 48.♖a4

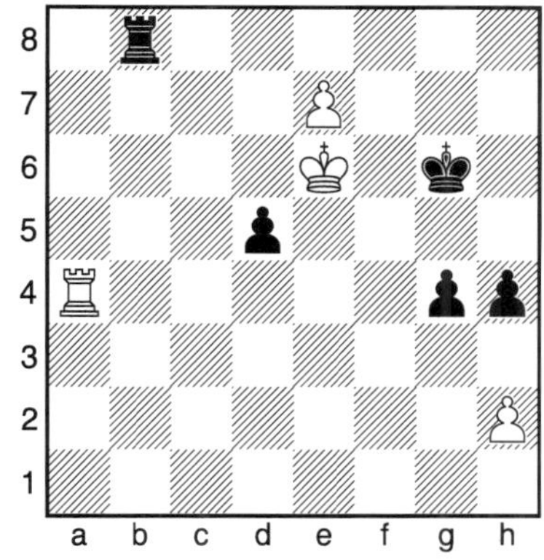

48...g3

48...♔g5 49.♖d4

– 49...♖b6+ 50.♔xd5 ♖b8 51.♔e6 ♖b6+ 52.♖d6 ♖b8 53.♖d8+–

– 49...♖a8 50.♖xd5+ ♔f4 51.♖d8+–

49.♖g4+ ♚h5 50.h3 ♖a8 51.♔f7 und **1-0** wegen 51...d4 52.♖xd4 g2 53.♖g4+–, Timman – Abdumalik, Hoogeveen 2019.

Beispiel 63

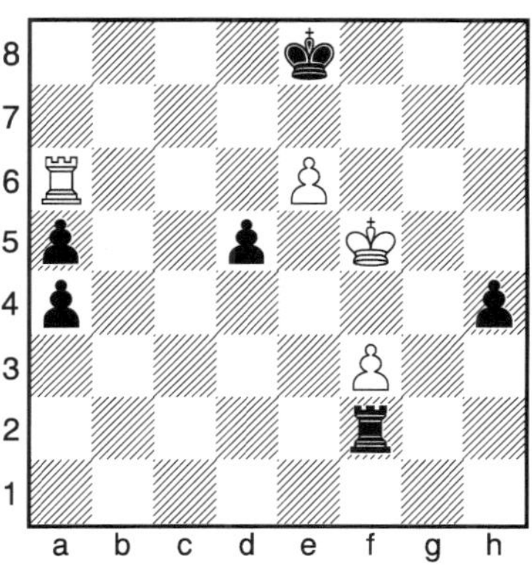

Weiß am Zug

Auch hier gilt in etwa das beim letzten Beispiel Gesagte: Die zwei Mehrbauern dürfen nicht darüber hinwegtäuschen, dass Schwarz auf Verlust steht. Denn der weiße Freibauer ist auch als (momentaner) Einzelkämpfer ein enorm starker Trumpf, zumal er nicht nur auf die Unterstützung des Königs, sondern auch auf die des Turms zählen darf.

39.♔e5!

Hier ist der Regenschirm bereits vorhanden und der König muss nur noch das Versteck d6 anstreben, wo ihn die Bauern d5 und e6 vor vertikalen oder horizontalen Schachgeboten schützen.

Hier ein Blick auf drei Fehlversuche, die nur zum Remis reichen:

1) 39.♖a8+? ♔e7 40.♖a7+ ♔d6 41.e7 ♖xf3+ 42.♔g6 ♖e3=

2) 39.f4? h3 40.♔e5 h2 41.♔d6 ♔f8 42.e7+ ♔f7 43.♖a8 ♖e2 44.♖h8 ♖xe7 45.♖xh2=

3) 39.♖xa5? ♖xf3+ 40.♔e5 h3 41.♔d6 ♔f8 42.♖a8+ ♔g7 43.e7 ♖e3 44.e8♕ ♖xe8 45.♖xe8 a3 46.♖e2 ♔f6 47.♔xd5 ♔f5 48.♖f2+ ♔g4 49.♔e4 ♔g3=

39...♔f8

39...♖xf3 40.♔d6 ♔f8 41.♖a8+ ♔g7 42.e7 ♖e3 43.e8♕ ♖xe8 44.♖xe8 ♔f6 45.♔xd5 ♔f5 46.♖h8 ♔g4 47.♔e4 ♔g3 48.♔e3 h3 49.♖g8+ ♔h2 50.♔f2 a3 51.♖g1+−

40.♖a8+ ♔e7 41.♖a7+ ♔f8 42.♖f7+ ♔g8

42...♔e8 43.♖c7 a3 44.♔d6 ♔f8 45.♖c8+ ♔g7 46.e7 ♖e2 47.e8♕ ♖xe8 48.♖xe8 ♔f6 49.♖e2 ♔f5 50.♖h2 a2 51.♖xa2 ♔f4 52.♖a4+ ♔xf3 53.♖xh4+−

43.♖f4!

Die weißen Kräfte haben alles im Griff, was von den schwarzen nicht behauptet werden kann.

43...h3

43...♔g7 44.♖g4+ ♔f8 45.f4 h3 46.♔f6

– 46...♖g2 47.♖h4 ♖g8 48.♖xh3+−

– 46...♖e2 47.♖h4 ♔g8 48.♖xh3+−

44.e7 ♖e2+

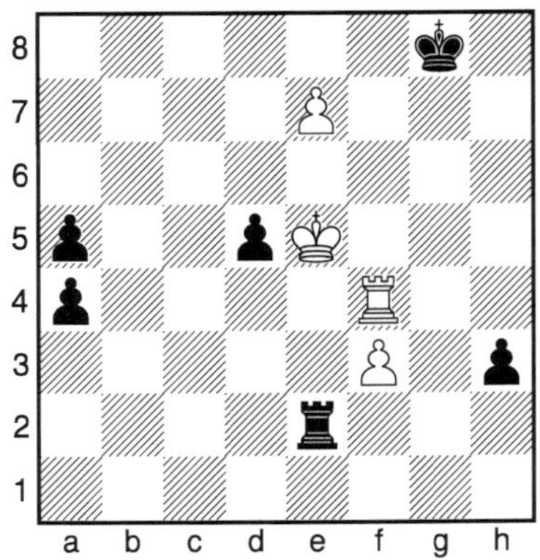

45.♔f6!

Erst dieser Bodycheck (zum späteren Ausschluss von ♔f7) stellt den Gewinn sicher, denn 45.♔d6? würde wegen 45...h2 46.♖h4 ♔f7 47.♖h7+ ♔f6= doch noch einen halben Punkt verschenken.

1-0 angesichts der möglichen Folge 45...h2 46.♖e4! ♖xe4 47.fxe4 h1♕ 48.e8♕+ ♔h7 49.♕g6+ ♔h8 50.♕g7#, Hebden – Batchelor, Wales 2017.

Reine Endspiele mit ungleichfarbigen Läufern haben bekanntlich eine sehr große Remis-Tendenz, wenn sich der Verteidiger auf der Felderfarbe seines Läufers verschanzen kann. Allerdings sind Festungen dieser Art keineswegs generell wasserdicht.

Beispiel 64

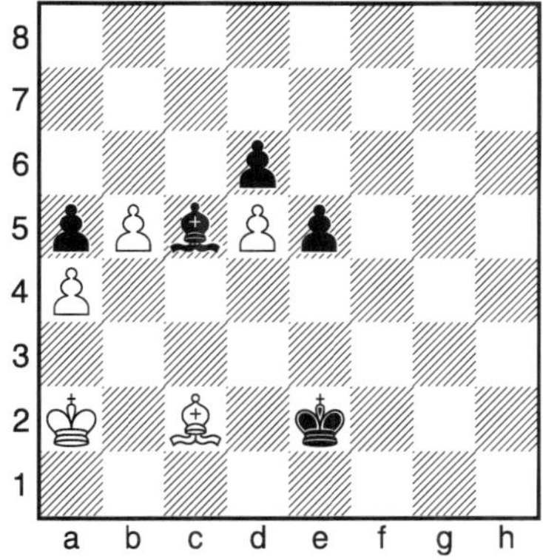

Schwarz am Zug

Zwar ist der Materialbestand gleich, die Läufer sind ungleich und beide Seiten verfügen über einen Freibauern, aber es gibt einen gravierenden Unterschied: Das schwarze Exemplar wird vom König unterstützt!

92...♔e3!

Nach den fehlerhaften Ansätzen 92...♔d2? 93.♔b3= bzw. 92...♔f3? 93.♔b2 e4 94.♗d1+ ♔f2 95.♔c3 e3 96.♔d3= hält die schwarze Festung.

93.♗g6

93.♔b2 scheitert an 93...♔d4 94.♗b3 ...

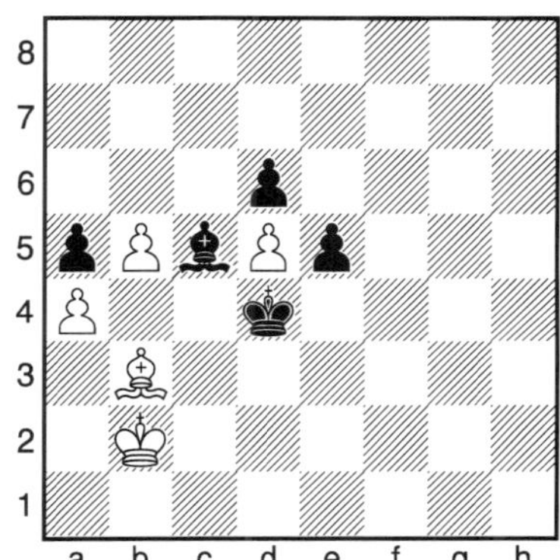

... mit folgenden Abspielen:

1) Der übereilte Versuch 94...e4? reicht nur zum Remis; z.B. 95.♔c2 e3 96.♗a2 ♗b6 97.♔d1 ♔d3 98.♗b1+ ♔c4 99.♗e4 ♔b3 100.♗c2+ mit Zugwiederholung.

2) Derweil geht es nach der richtigen Fortsetzung 94...♔d3 wie folgt voran:

a) 95.♔c1 ♔c3 96.♗c2 ♔c4 97.♗e4 ♔d4 98.♗g2 e4 99.♔d2 ♔xd5–+

b) 95.♗c2+ ♔c4 96.♗b3+ ♔b4 97.♗c2 ♗b6 98.♗d1 ♗d4+ 99.♔c1 ♔c4 100.♗f3 ♗b6 101.♔c2 ♔d4 102.♔b3 e4 103.♗g4 ♔xd5–+

93...♔d4 94.♗f7

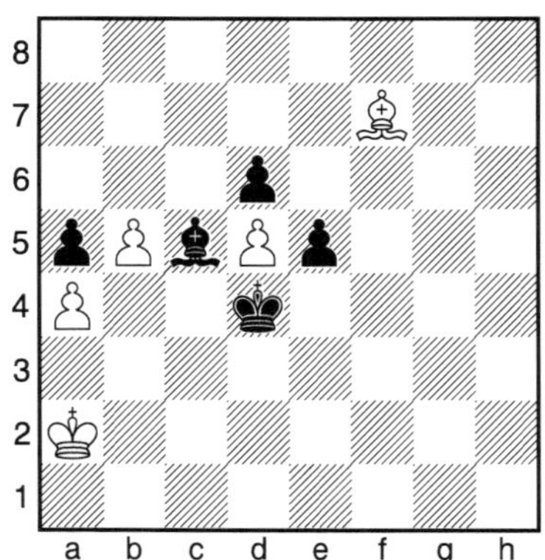

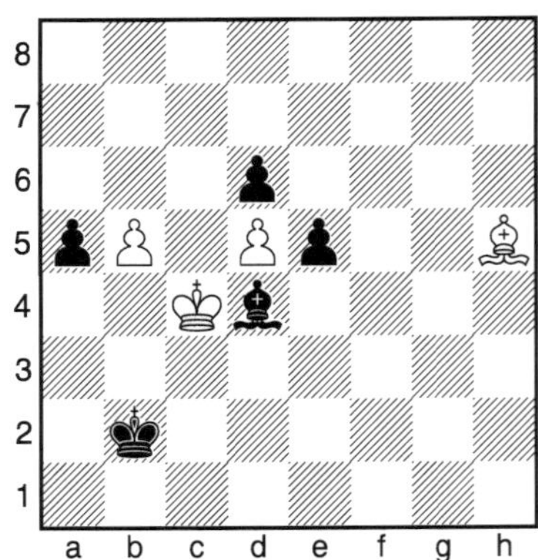

94...♔c3!?

Nach diesem starken Bodycheck (zum Ausschluss von ♔b2) erhält der König früher oder später Zutritt zum Bauern a4.

Der direkte Vorstoß 94...e4?! gewinnt allerdings ebenfalls: 95.b6 e3

(95...♗xb6? 96.♔b2 ♔d3 97.♔c1=)

96.b7 ♗a7 97.♗h5 ♔c3–+

95.♗g6 ♔c4 96.♗f7

96.♗e4 ♔d4 97.♗g2 e4 98.♔b3 ♔d3 99.♗f1+ ♔d2–+

96...♗b6!?

Schwarz stellt gute Technik unter Beweis, denn nach 96...♔b4?! 97.b6 ♗xb6 98.♗e8 ♔c4 ist der Gewinn etwas komplizierter.

97.♔b2

97.♔a3 e4 98.♗e6 e3 99.♗g4 ♔d3–+

97...♔b4 98.♗e8 ♔xa4 99.♔c3 ♔a3 100.♗h5 ♗d4+ 101.♔c4 ♔b2

102.b6

Auch die zähere Verteidigung 102.♗d1!? rettet nicht mehr; z.B. 102...♗b6 103.♔d3 ♔a3 104.♔c4 e4 105.♗c2 e3 106.♗d1 a4 107.♔c3 ♗a5+ 108.♔d3 ♔b4–+.

102...a4

Auch 102...♗xb6 Δ103.♔b5 ♗c5 104.♔xa5 e4 gewinnt.

103.b7 ♗a7 0–1, Meshkovs – Swiercz, Riga 2021

Beispiel 65

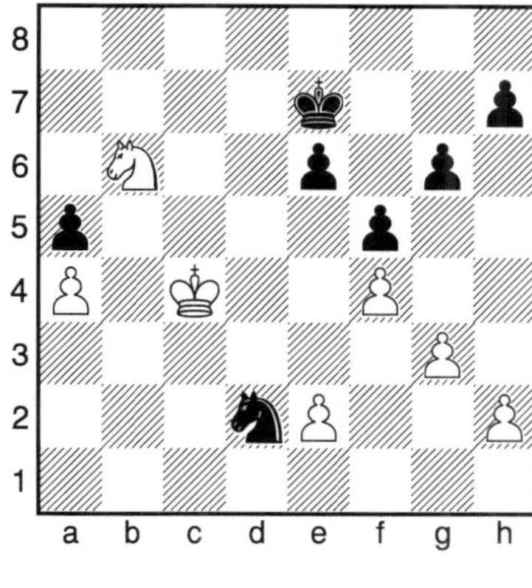

Weiß am Zug

Angesichts des aktiven weißen Königs wird nach Eroberung des Bauern a5 ein starker Freibauer mit maximaler Figurenunterstützung entstehen. Ein solch klarer Plan kann höchstens noch schiefgehen, wenn man die Dinge überstürzt.

37.♔b5?

So direkt geht es erstaunlicherweise nicht.

Der Bodycheck 37.♔c5!! (zum Ausschluss von ♔d6) gewinnt, wie aus folgenden Abspielen hervorgeht:

1) 37...♘b3+ 38.♔b5

a) 38...♘d4+ 39.♔xa5 ♘xe2 40.♘c4 ♔d7 41.♔b6+−

b) 38...♔d6 39.♘c4+ ♔d5 (39...♔c7 40.e3+−) 40.♘xa5 ♘c5 41.♔b4 ♘a6+ 42.♔a3 e5 43.fxe5 ♔xe5 44.♘c6+ ♔d6 45.♘d4 ♘c5 46.♔b4 ♔d5 47.♘f3+−

2) 37...♘f1 38.♘c4

a) 38...♘xh2 39.♔c6 ♔d8 40.♔b7 ♘f1 41.♘xa5 ♘xg3 42.♘c6+ ♔d7 43.a5+−

b) 38...♔d8 39.♔b6 ♔c8 40.♘xa5 ♘xh2 41.♘b7 ♘f1 42.a5 ♘e3 43.♘c5 ♘c4+ 44.♔b5 ♘e3

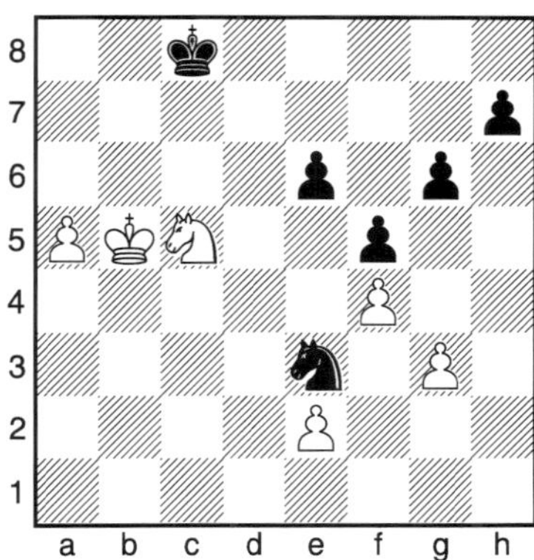

45.♔a6!!

Dieser Schritt *vor* den eigenen Freibauern (ein Bodycheck, um nach ♘xe6 die Annäherung ♔b7 zu vermeiden) stellt die eigentliche Pointe des Gewinnverfahrens dar.

45...♘d5 46.♘xe6 h6 47.♔b5 ♔b7 48.♘c5+ ♔a7 49.♔c4 ♘e3+ 50.♔d4 ♘f1 51.e4 fxe4 52.♘xe4 ♔a6 53.♔e5 ♔xa5 54.♔f6 g5 55.f5+−

37...♔d6 38.♔xa5

Das Bauernendspiel nach 38.♘c4+? ♘xc4 39.♔xc4 ist nur remis.

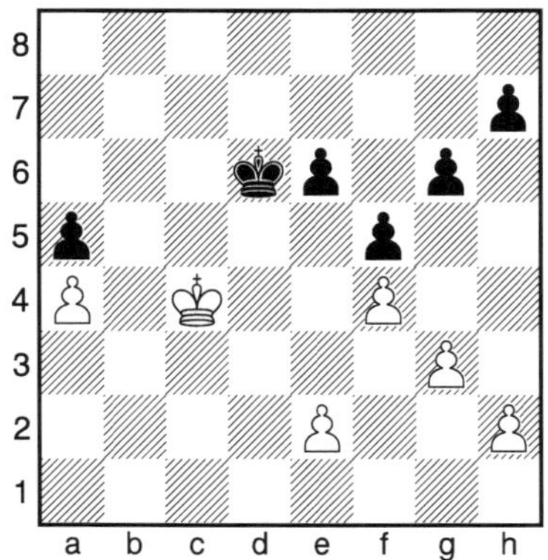

Denn im folgenden Tempokampf kann Schwarz das Gleichgewicht wahren; z.B. 39...♔c6 40.♔d4 ♔d6 41.e3 h6 42.h3 h5 43.h4 ♔c6 44.♔e5 ♔c5 45.♔xe6 ♔b4 46.♔f6 ♔xa4 47.♔xg6 ♔b5 48.e4 fxe4 49.f5 e3 50.f6 e2 51.f7 e1♕ 52.f8♕ ♕xg3+ 53.♔xh5=.

38...♔c7 39.♔b5 ♘f1 40.a5 ♘xh2 41.a6 ♔b8 (41...♘f1?? 42.a7) **42.♘c4**

Es ist wirklich verblüffend, wie zahnlos der weiße Angriff ist; z.B. 42.♘d7+ ♔a7 43.♘e5 ♘f1 44.♘c6+ ♔a8 45.♔b6 ♘e3 46.♘d4 ♘d5+ =.

42...♔a7 43.♘d6 ♘g4 44.♘c8+ ♔a8 45.♔b6 ♘f6 46.♘d6 ♘d5+ 47.♔a5 ♘c3 48.♘b5 ♘d5 49.♘d4 ♘c7 50.♔b6 ♘d5+ 51.♔a5 ♘c7 52.♔b6 ♘d5+ 53.♔b5 ♘c7+ 54.♔c6

Weiß gibt den a-Bauern auf, aber mittlerweile ist die Stellung ohnehin remis; z.B. 54.♔b6 ♘d5+ 55.♔c6 ♘e3 56.♘xe6 ♔a7 57.♔b5 h6 58.♘c5 g5 59.fxg5 hxg5 60.♘e6 g4=.

54...♘xa6 55.♘xe6

55.♔d6 ♔b7 56.♘xe6 ♘b4 57.♘f8 ♘a2 58.♔e5 ♘c1 59.e3 ♘e2 60.♘xh7 ♘xg3 61.♘f8 ♘f1 62.♔d4 ♔c7 63.♘xg6 ♔d6 64.♘h4 ♔e6=

55...♘b4+ 56.♔d6 ♘a2 57.♘c7+ ♔b7 58.♘d5 ♘c1 59.♘c3 ♔b6 60.e4 fxe4

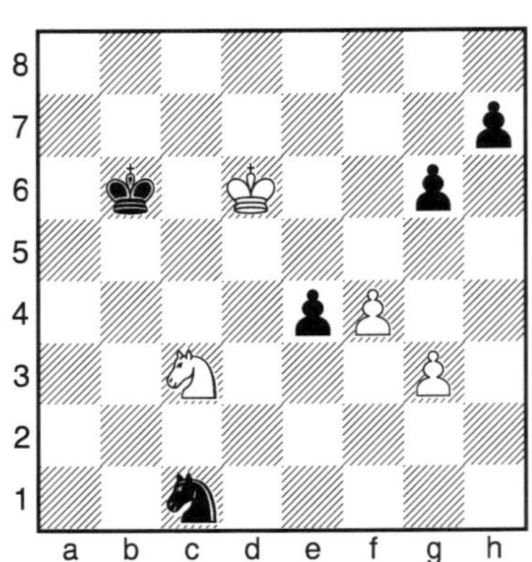

61.♘xe4

Auch direkt 61.g4 reicht nicht mehr zum Gewinn; z.B. 61...e3 62.f5 gxf5 63.gxf5 e2 64.♘xe2 ♘xe2 65.f6 ♘f4 66.f7 ♘g6 67.♔e6=.

61...♘e2 62.♔e5 h5 63.♔f6 h4!

Nun tauscht Schwarz einfach alle Bauern ab.

64.gxh4 ♘xf4 65.♔g5 ♘g2 66.♔xg6 ♘xh4+ 67.♔f6 ♘f5 68.♔xf5 ½–½, Van Foreest – Giri, Online 2021

Kapitel 14

Abwicklung

Eine Abwicklung ist ein forcierter Abtausch von Spielsteinen, wobei der Spieler, der diesen Vorgang herbeiführt, das Ziel verfolgt, eine für den angestrebten Spielausgang einfacher zu spielende Stellung zu erreichen. Diese Vereinfachung wird nicht allein durch den damit einhergehenden Materialabbau gekennzeichnet. Häufig kommt nämlich hinzu, dass dem Spieler der Weg zum Spielziel (Matt, Gewinn, Remis) in der angestrebten Stellung bekannt ist (z.B. aufgrund von Endspielkenntnissen) und entsprechend keine weiteren Berechnungen erfordert. Die Unterart von Abwicklungen, die auf mehr oder weniger massivem Einsatz taktischer Mittel beruht, wird als Kombination bezeichnet.

Beispiel 66

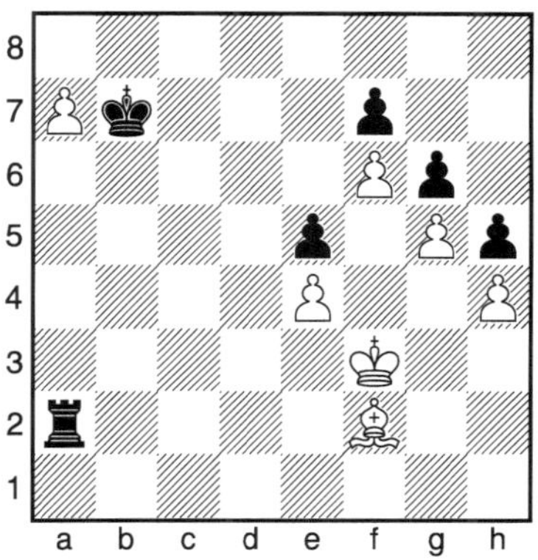

Schwarz am Zug

In diesem einfachen Beispiel kann Schwarz auf der Stelle zu einem gewonnenen Bauernendspiel abwickeln.

82...♖xf2+! 83.♔xf2 ♔xa7

Danach gewinnt Schwarz unter gezieltem Einsatz von Zugzwang zuerst den Bauern e4 und später die Partie.

84.♔e2 ♔b6 85.♔d2 ♔b5 86.♔d3 ♔b4

Somit hat der schwarze König im Oppositions-Kampf ein Schlüsselfeld erreicht.

87.♔d2 ♔c4 88.♔e3 ♔c3 und **0-1** angesichts der möglichen Folge 89.♔e2 ♔d4 90.♔f3 ♔d3 91.♔f2 ♔xe4 92.♔e2 ♔f4 93.♔f2 ♔g4 94.♔e3 ♔xh4 95.♔e4 ♔xg5 96.♔xe5 h4−+, Thorsteinsdottir – Hunt, Mayrhofen 2022.

Beispiel 67

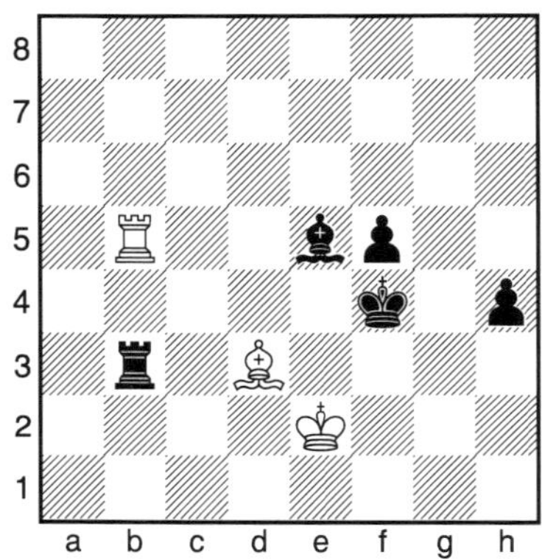

Schwarz am Zug

55...♖xd3!

Mit diesem Qualitätsopfer wickelt Schwarz zu einem leicht gewonnenen Endspiel ab, weil die verbliebenen gegnerischen Figuren zu weit vom Ort des Geschehens sind.

Natürlich nicht 55...♖xb5? 56.♗xb5 h3 57.♗c6=.

56.♔xd3 h3 57.♖b6 h2 58.♖h6

58.♖b1 ♔g3 59.♔e2 ♔g2−+

58...♔f3 59.♖h5 ♗f4 60.♔d4 ♗b8!?

Ein Beweis guter Technik, denn nach 60...♔g2 61.♖xf5 h1♕ 62.♖xf4 müsste Schwarz noch mit Dame gegen Turm gewinnen.

61.♖xf5+ ♔g4 62.♖f1 ♗a7+

Der Stich des Läufer-Skorpions.

63.♔e4 ♗g1 64.♖f4+ ♔g5 65.♖f5+ ♔g6 und **0–1**, denn nun ist gegen die Bauernumwandlung kein Kraut mehr gewachsen, Dgebuadze – Bogosavljevic, Deutschland 2022.

Beispiel 68

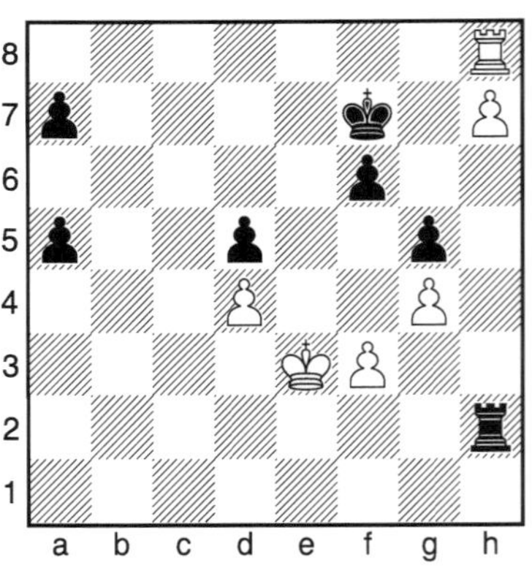

Weiß am Zug

Und hier eine weitere forcierte Abwicklung zu einem einfach gewonnenen Bauernendspiel.

50.♖a8! ♖xh7

Oder 50...♔g7 51.♖xa7+ mit den Abspielen:

51...♔h8 52.♖xa5 ♔xh7 53.♖xd5+−

51...♔g6 52.♖xa5 ♖xh7 53.♖xd5 ♖a7 54.♖c5 ♔f7 55.♔e4 ♔e6 56.d5+ ♔f7 57.♔f5 ♖d7 58.♖a5 ♔e7 59.♔g6+− bzw. 58...♖d6 59.♖a7+ ♔e8 60.♔g6+−

51.♖xa7+ ♔g6 52.♖xh7 ♔xh7 53.♔d3

Weiß gewinnt zuerst den Bauern a5 und später die Partie.

53...♔g7 54.♔c3 ♔f7 55.♔b3 ♔e7 56.♔a4 ♔d7 57.♔xa5 ♔c7 58.♔b5 ♔d6 59.♔b6 ♔d7 60.♔c5 ♔e6 61.♔c6 f5 62.♔c5 fxg4 63.fxg4 ♔e7 64.♔xd5 ♔d7 65.♔e5 1–0, Narayanan – Fressinet, Jerusalem 2022

Beispiel 69

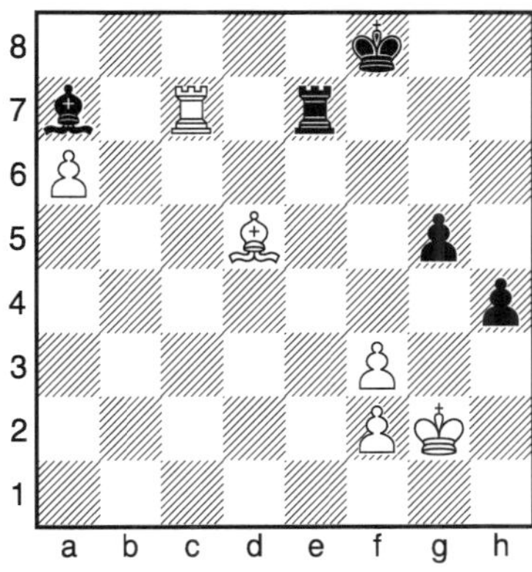

Weiß am Zug

Endspiele mit ungleichfarbigen Läufern haben eine große Remis-Tendenz, aber sobald Türme hinzukommen, tritt die Faustregel aus dem Mittelspiel in Kraft, gemäß derer diese Materialkonstellation die Seite begünstigen, die über die Initiative verfügt.

57.♖xa7!

Nach diesem Qualitätsopfer gerät der schwarze Turm in ein tragikomisches Gefängnis und muss hilflos mitansehen, was am anderen Flügel geschieht.

Nach der Alternative 57.♖c8+? ♔g7 58.♖c6 ♔f8 59.♖f6+ ♔g7 60.♖f5 ♔h6 ist die Stellung zwar besser für Weiß, aber objektiv weit weniger klar.

57...♖xa7 58.♗b7 ♔e7 59.♔h3 ♔f6 60.♔g4!

60.f4? ♔f5 61.fxg5 ♔xg5 62.f3 ♔f4 63.♔xh4 ♖xa6 64.♗xa6 ♔xf3=

60...♔e5 (60...♔g6 61.f4+–) **61.f4+!**

Ohne diesen Sprengungszug ist natürlich kein Fortschritt zu erzielen, denn die Alternative 61.♔xg5? reicht nur zum Remis; z.B. 61...h3 62.f4+ ♔e6 63.f5+ ♔f7 64.f6 h2 65.♔g4 ♔xf6 66.♔g3 ♖xa6 67.♗g2=.

61...gxf4 62.♔xh4 f3 63.♔g4 ♔f6 64.♔xf3 ♔f5 65.♔e3 ♔e5

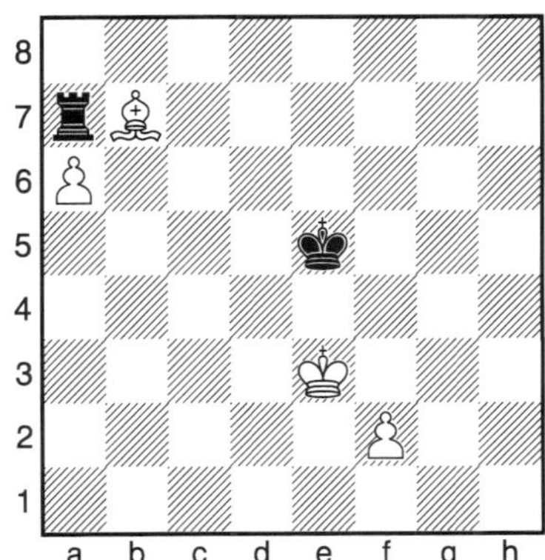

66.♔d3!?

Dieser präzise Zug beruht u.a. darauf, dass beim anschließenden Tempokampf Pattfallen durch Turmopfer auf a6 oder b7 vermieden werden müssen.

So scheitert der direkte Vorstoß 66.f4+? an 66...♔f5 67.♔f3 ♔f6 68.♔e4 ♔e6 69.f5+ ♔f6 70.♔f4 ♔f7 71.♔e5 ♔e7! 72.f6+ ♔f7 73.♔f5 ♔f8! 74.♔e6 ♔e8 75.f7+ ♔f8 76.♔f6 ♖xa6+ 77.♗xa6 oder auch 76...♖xb7 77.♗xb7 Patt.

66...♔f4

Nach 66...♔f5 67.♔c4 kommt der König gerade rechtzeitig zum Damenflügel: 67...♔f4 (Δ♖xa6 nebst ♔f3=) 68.♔b5 ♖xa6 69.♔xa6.

67.♔e2 ♚g5 68.♔e3 ♚f5 69.♔f3 und **1-0** angesichts der möglichen Folge 69...♔g5 70.♔e4 ♔f6 71.♔f4 ♔g6 72.♔e5 ♔f7 73.♔f5 ♔g7 74.♔e6 ♔f8 75.f4 ♔e8 76.f5 ♔f8 77.♔f6 ♔g8 78.♔e7 ♔g7 79.f6+ +−, Fedosejew – Tari, Douglas 2019.

Beispiel 70

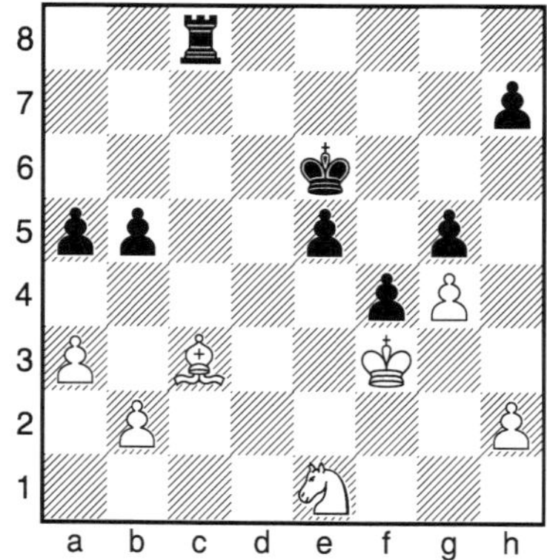

Schwarz am Zug

Mit Turm und zwei Bauern gegen zwei Leichtfiguren steht es hier rein materiell etwa gleich, allerdings handelt es sich bei den Mehrbauern um verbundene Freibauern, was den Gewinn eigentlich schon auf eine reine technische Übung reduziert.

37...♖xc3+!

Mit diesem Qualitätsopfer führt Schwarz eine Stellung herbei, in der der Springer den schwarzen Bauern hilflos ausgeliefert ist.

38.bxc3 ♚d5

So kann der König nicht nur dem zweiten Freibauern zum entscheidenden Schritt weiter vorwärts verhelfen, sondern er erhält auch Zutritt zum Feld c4 und somit zu den weißen Bauernleichen am Damenflügel.

39.♔e2 e4 40.♘c2

Es verliert auch 40.♔d2 ♔c4 41.♘g2 ♔b3 42.h4 f3 43.♘e3 gxh4 44.♘d1 h3 45.♘f2 ♔xa3 und nun:

– 46.♘xe4 h2 47.♘f2 b4 48.♔c2 ♔a2−+

– 46.♘xh3 ♔b2 47.♘g5 a4 48.♘xe4 a3 49.♘f2 a2 50.♘d3+ ♔b1−+

40...♔c4 41.♘d4 b4 42.axb4 axb4 43.♔d1 bxc3 44.♘c2 f3 45.h3 h6 46.♔e1 ♚b3 47.♔d1 f2 48.♘e3 c2+ und **0–1** wegen 49.♔c1 ♔c3 50.♘f1 ♔d3−+, Kempinski – Rogozenco, Hamburg 1999.

Kapitel 15

Festung

Eine Festung ist eine defensive Position, gegen die die Seite mit dem Materialvorteil keinen Sieg mehr erzwingen kann.

Beispiel 71

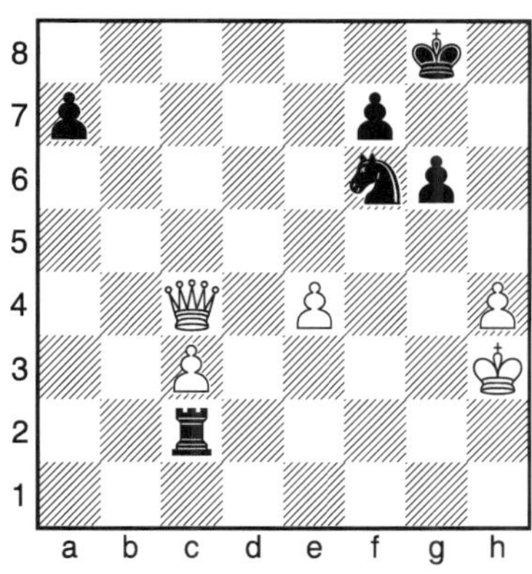

Schwarz am Zug

Gegen die weißen Drohungen 54.♕d3 und 54.e5 steht Schwarz ein einfacher Rettungsplan zur Verfügung, der auf der Errichtung einer Festung mit dem Turm gegen die Dame beruht.

53...♘xe4! 54.♕xe4

Nach 54.♕c8+ ♔g7 55.c4 ♘d6 Δ♘xc4 könnte Weiß natürlich auch nicht mehr gewinnen.

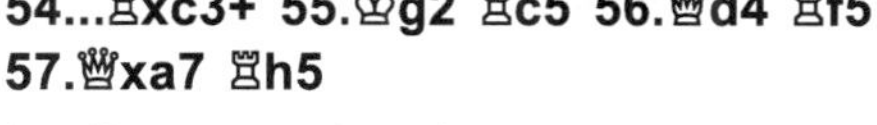

54...♖xc3+ 55.♔g2 ♖c5 56.♕d4 ♖f5 57.♕xa7 ♖h5

In dieser uneinnehmbaren Festung pendelt der Turm einfach zwischen den sicheren Feldern f5 und h5 hin und her, ½–½ im 65. Zug, Monsey – Haugsrud, Norwegen 2004.

Beispiel 72

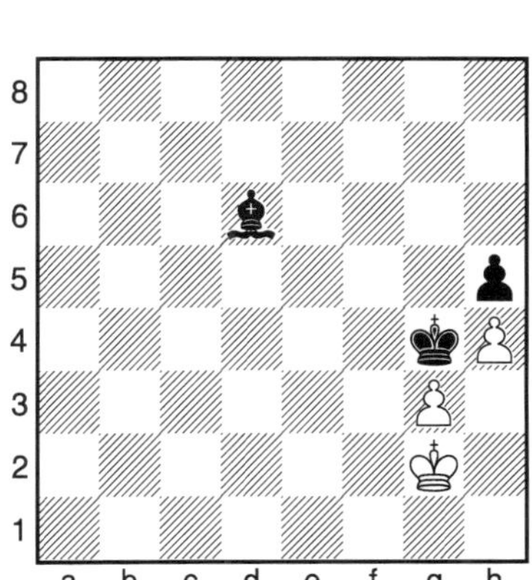

Weiß am Zug

Offenbar wäre die Stellung ohne die weißen Bauern remis, aber gerade wegen dieses Mehrbesitzes muss Weiß noch Vorsicht walten lassen.

63.♔h2!

Nur dieser Zug führt zu einer uneinnehmbaren Festung, denn nach dem bösen Fehler 63.♔g1? und der Folge 63...♔h3! 64.♔h1 ♗c5 müsste Weiß wegen Zugzwang mit 65.g4 hxg4!

66.h5 g3 67.h6 g2# Selbstmord begehen.

63...♔f3 64.♔g1 ♗c5+ 65.♔h2 ♔f2 66.♔h3 ♔f3 67.♔h2 ♗d4 68.♔h1 ♔f2 69.♔h2 ♔f1 70.♔h3 ½–½, Colak – Kilic, Türkei 2022

Beispiel 73

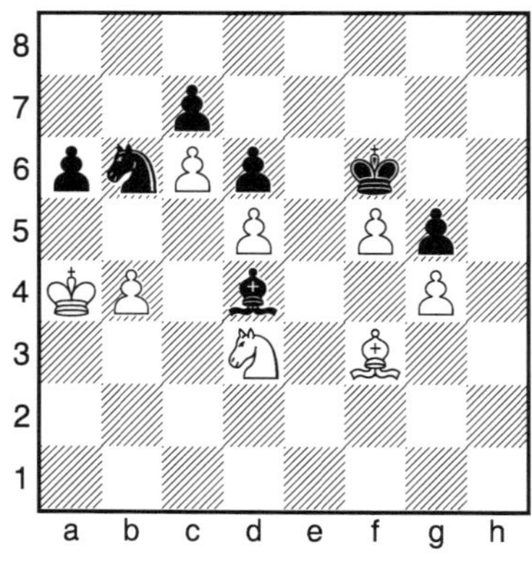

Weiß am Zug

In Endspielen mit ungleichfarbigen Läufern spielen Festungen eine Hauptrolle, aber im gegebenen Fall kann sie mit subtilen Mitteln letztlich doch erstürmt werden.

64.♔a5!

Danach kann Schwarz sich zwar durch Abtausch der Springer entlasten, aber überraschenderweise nützt das nichts. Nach hingegen 64.♔b3? ♔e7 ist nicht klar, ob Weiß noch durchbrechen kann. Und falls doch, wäre es auf jeden Fall viel komplizierter als in der Partie.

64...♘c4+

64...♔e7 65.♔xa6 ♘a4 66.♔b7 ♔d8 67.♘e1 ♗c3 68.♘c2 ♘b6 69.♘a3 ♗xb4 70.♘b5+-

65.♔xa6 ♘e5 66.♘xe5

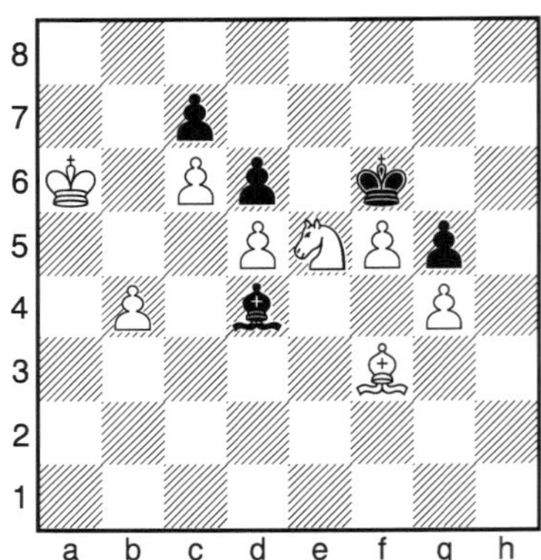

66...♔xe5

Auf den ersten Blick wirkt die schwarze Festung uneinnehmbar. Der König geht nach f6 und der Läufer nach b6 – und wie will man gegen die folgende Abwartestrategie bitteschön gewinnen? – Des Rätsels Lösung heißt 'Zugzwang', denn dank dessen Einsatz können die gegnerischen Figuren die genannten sicheren Felder eben nicht auf Dauer halten.

Übrigens scheiden die Alternativen 66...dxe5? 67.d6 und 66...♗xe5? 67.♔b7 natürlich vollkommen aus.

67.♔b7 ♗b6 68.♔c8 ♔f6

68...♔f4 69.f6 ♔xf3 70.f7+-

69.♔d8 ♔f7 70.♗e2 ♔f6 71.♗a6 ♔f7 72.♗c8 ♔f6 73.♗e6 und **1–0**, denn

Schwarz ist in tödlichem Zugzwang, Nepomnjaschtschi – Radjabov, chess24.com INT 2020.

Beispiel 74

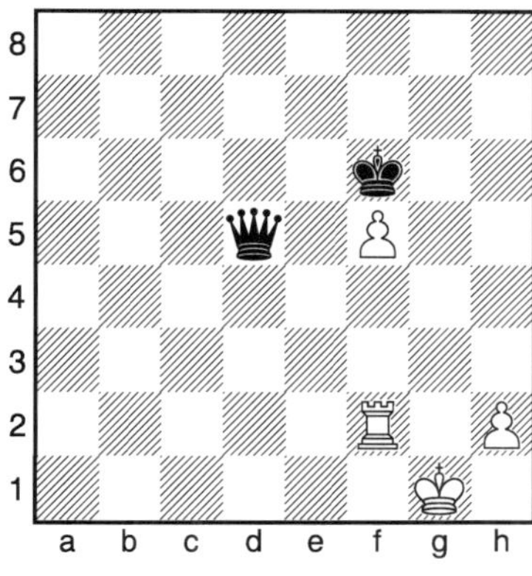

Weiß am Zug

In der gegebenen Festung scheint es angesichts des mit Rückenschub versorgten Freibauern völlig egal, was Weiß zieht. Dies ist allerdings ein Irrtum, denn oft ist es so, dass eine Festung nur auf eine einzige Weise ihren Zweck erfüllt.

59.♖f1?

Nach dem fehlerhaften Rückzug kann der schwarze König erfolgreich vordringen.

Nach hingegen 59.h3! bleibt das Feld g4 und somit das Burgtor zur Festung unter Kontrolle; z.B. 59...♔g5 60.f6 ♔h4 61.f7 ♔xh3 62.f8♕ ♕d1+ 63.♖f1 ♕g4+ 64.♔f2 ♕f4+! 65.♔e1 (65.♕xf4=) 65...♕e3+ 66.♔d1 ♕d3+ mit Dauerschach.

59...♔g5! 60.f6

60.♖f2 ist laut Tablebase weiter zäher. Schwarz gewinnt nach 60...♕d1+ 61.♔g2 ♕g4+ 62.♔f1 ♔f6 63.h4 ♕xh4 64.♔g2 ♕g5+ 65.♔h1 ♕g3 66.♖f1 ♕c3 67.♔g2 ♔g5 68.♖f2 ♕f6 69.♔g3 ♔h6–+ in 59 Zügen.

60...♔g4 61.♔f2 ♕d2+ 62.♔g1 ♕d4+ 63.♔g2 ♕e4+ 64.♔f2 ♔h3 65.f7 ♕e7!

Der einzige Gewinnzug.

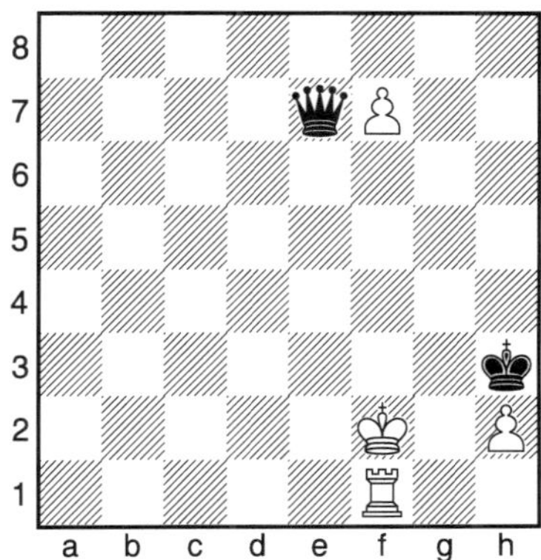

66.♔g1

Das verliert direkt. Allerdings gewinnt Schwarz auch nach 66.♖c1 ♕xf7+ 67.♔e3 ♔xh2–+.

66...♕e2 67.♖f2 ♕g4+ und **0-1** angesichts der Mattfolge 68.♔f1 ♕d1# bzw. 68.♔h1 ♕d1+ 69.♖f1 ♕xf1#, Edouard – Stevic, Deutschland 2022.

Beispiel 75

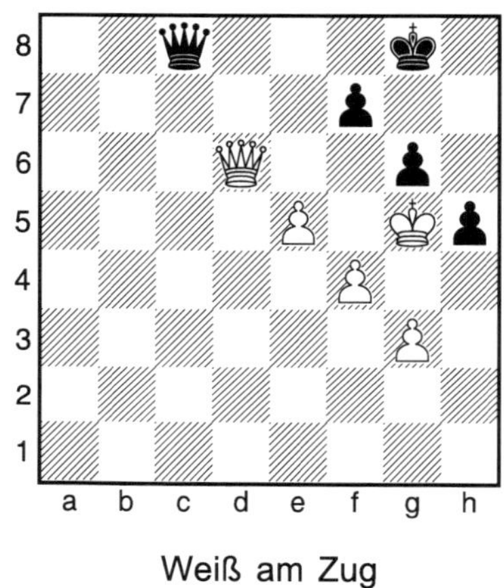

Weiß am Zug

52.e6!

Nach Einsatz dieses Sprengungszuges schlägt der Angriff durch. Dabei spielt der aktiv vorgedrungene König eine Hauptrolle, wie es im Endspiel so oft der Fall ist.

52...♔h7

52...fxe6

– 53.♔xg6? ♕c2+ 54.♔xh5 ♕h7+ =

– 53.♕e7 ♕f8 54.♕xf8+ ♔xf8 55.♔xg6+–

53.f5 ♕c2 54.♕d5!

Die Dame im Zentrum stoppt alles Gegenspiel.

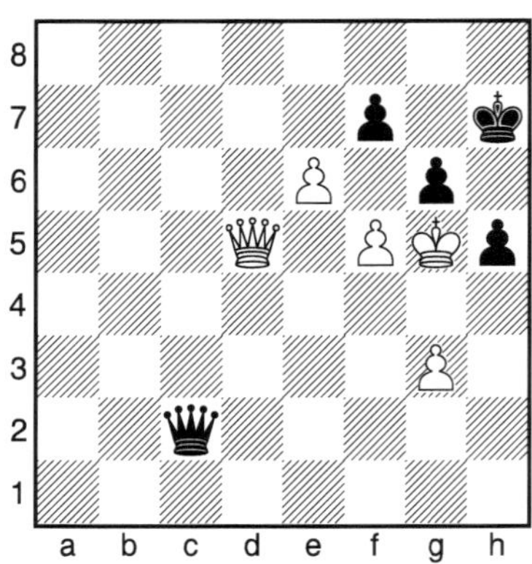

54...♔g7

Nach 54...♕c1+ (54...♕xf5+ 55.♕xf5 gxf5 56.e7) 55.♔f6 greift der König entscheidend ein:

– 55...♕c3+ 56.♔xf7 ♕g7+ 57.♔e8 ♕h8+ 58.♔d7+–

– 55...♕h6 56.♔xf7 ♕g7+ 57.♔e8 ♕h8+ 58.♔d7+–

55.♕e5+ ♔f8 56.♕h8+ ♔e7 57.♕f6+ 1–0, Svane – Krassowizkij, Deutschland 2022

Kapitel 16

Lehrreiche Endspiele

Endspiele sind voll von wichtigen Mechanismen und Motiven, die in der Praxis vielleicht nicht gerade oft vorkommen, die man aber dennoch kennen sollte. In diesem Kapitel stellen wir fünf Motive vor, die durchaus von praktischer Bedeutung sind.

Zwei Springer allein können bekanntlich nicht mattsetzen. Aber dies ändert sich, wenn der Gegner noch einen Bauern hat, weil dessen Anwesenheit auf dem Brett ein Patt ausschließt. In diesem Fall kann man oft ein Mattbild mit zwei Springern bestaunen. Hier ist ein lehrreiches Beispiel.

Beispiel 76

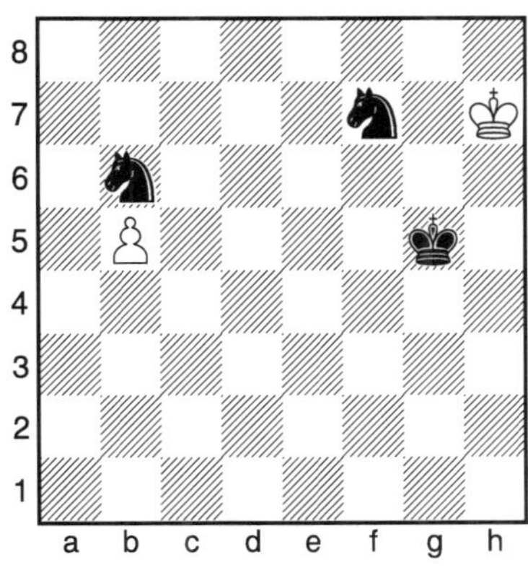

Weiß am Zug

70.♔g7?

Damit gerät Weiß auf Abwege.

Mit der richtigen Wahl 70.♔g8! und der möglichen Folge 70...♘d6 71.♔g7 konnte er hingegen wechselseitigen Zugzwang nebst Remisschluss herbeiführen.

70...♘d6 71.♔h7 ♘f5 72.♔g8 ♔f6!

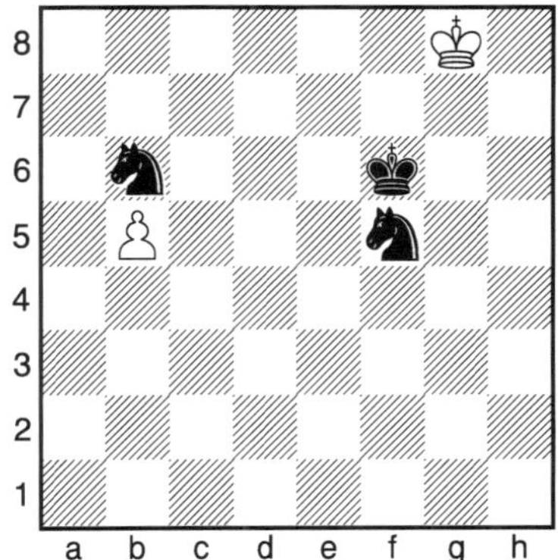

73.♔h7

Auch nach 73.♔f8 ♘g7 baut Weiß ein Mattnetz auf; z.B. 74.♔g8 ♘e6! 75.♔h7 ♔g5 76.♔g8 ♔g6 77.♔h8 ♘d7 mit den Abspielen:

– 78.♔g8 ♘f6+ 79.♔h8 ♘g5 80.b6 ♘f7#

– 78.b6 ♘f6 79.b7 ♘g5 80.b8♕ ♘f7#

73...♔f7 74.♔h8 ♘d7 und **1–0** angesichts der möglichen Folge 75.b6 ♘f8 76.b7 ♘e7 77.b8♕ ♘eg6#, Maghsoodloo – Harikrishna, Prag 2022.

Beispiel 77

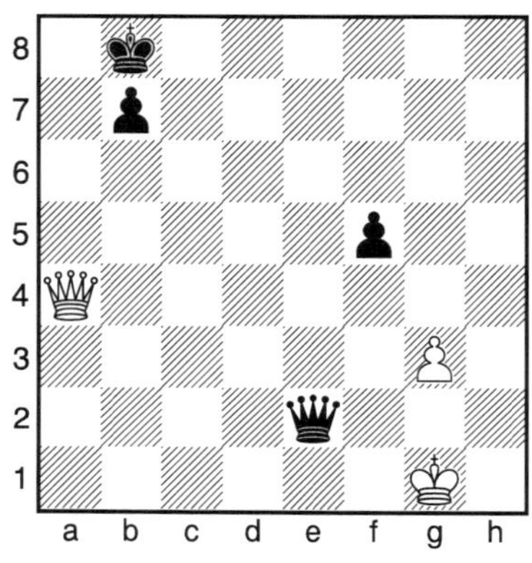

Schwarz am Zug

44...♕e5!

Im Damenendspiel ist eine zentrale Damenposition zumeist von entscheidender Bedeutung.

45.♔f2 b5 46.♕b4 ♔b7 47.g4 fxg4 48.♕xg4 ♔b6 49.♕g8 b4

Schwarz gewinnt, da der weiße König zu weit vom Damenflügel entfernt ist.

50.♔f3 ♔b5 51.♔g2

Oder 51.♕f7 ♕c3+ 52.♔g4 ♕c4+!−+ und nicht etwa 52...♔a4? 53.♕a7+ ♔b3 54.♔g5 ♔c2 55.♔g6 b3 56.♕f2+ ♔b1 57.♕g1+ ♕c1 58.♕d4 b2 59.♔g7 mit theoretischem Remis. Diese Variante zeigt, dass ein Mehrbauer nicht immer zum Gewinn reicht.

51...♕e2+ 52.♔g3 ♕e3+ 53.♔g2

53.♔h4 ♕e1+ 54.♔h5 ♕h1+ 55.♔g6 ♕g1+ 56.♔h7 ♕xg8+ 57.♔xg8 b3−+

53...b3 54.♕b8+ ♔c4 55.♕g8+ ♔c3 56.♕c8+ ♔d2 57.♕h8 ♔c2 58.♕c8+ ♔d1 59.♕h8 ♕d2+

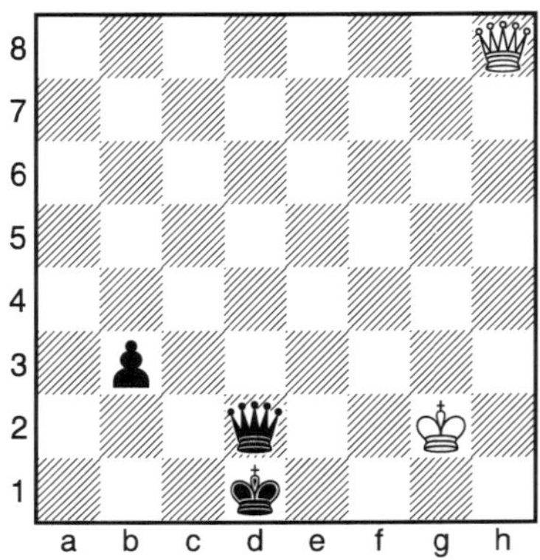

60.♔g3?!

Das macht Schwarz die Sache allzu leicht.

60.♔h1!? ist viel zäher. Der weiße König sollte so weit wie möglich entfernt sein, weil dadurch das Risiko verringert wird, dass ein Schach mit einem Gegenschach beantwortet und somit Damentausch erzwungen werden kann; z.B. 60...♕e1+ 61.♔h2 ♕e2+ 62.♔h1 b2 63.♕d4+ ♕d2 64.♕g4+ ♔c1 65.♕c4+ ♕c2 66.♕f4+ ♔b1 67.♕d4 ♕c6+ 68.♔g1 ♕f3 mit Gewinn in folgenden Abspielen:

1) 69.♔h2 ♔c2 70.♕c4+ ♕c3 71.♕e4+ ♕d3 72.♕a4+ ♔c1−+

2) 69.♕d2 ♕g4+ 70.♔h2 ♕h4+ 71.♔g1 ♕c4 72.♕a5 ♕d4+ 73.♔h1 ♕d1+ 74.♔h2 ♔c1 75.♕a3 ♕d4 76.♔h1 ♔c2 77.♕a2 ♕b4 78.♔h2 ♔c1−+

60...b2 und **0-1** angesichts der möglichen Folge 61.♕h5+ ♔c2 62.♕c5+

♕c3+ −+ bzw. 62.♕f5+ ♕d3+ −+, Carlsen – Abdusattorov, Wijk aan Zee 2023.

Im Endspiel 'Turm und Bauern gegen Dame' kommt dem Faktor 'Gegenspiel' entscheidende Bedeutung zu.

Beispiel 78

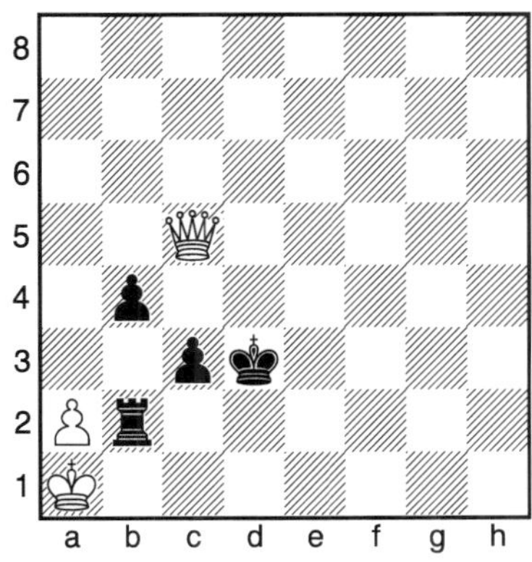

Schwarz am Zug

74...♔d2?

In der irrigen Annahme, er habe eine Festung, verhält Schwarz sich passiv. Tatsächlich kann Weiß nämlich Zugzwang einsetzen und die Einsperrung des Königs später mit dem Hebel a2–a3 aufbrechen.

1) Richtig war die aktive Alternative 74...♖e2!, denn die Mattdrohung auf der Grundreihe zwingt Weiß, Remis zu erzwingen, wie aus folgenden Varianten hervorgeht:

a) 75.♕g1 ♔d2 76.♕g5+ ♔c2 77.♕f5+ ♔d2 78.♕f4+ ♔c2=

b) 75.a3 ♖e1+ (75...b3!?) 76.♔a2 b3+ 77.♔xb3 ♖b1+ 78.♔a2 c2= bzw. 78.♔a4 c2=

c) 75.♕b5+ ♔d2

– 76.♕xb4?? ♖e1+ 77.♕b1 ♖xb1+ 78.♔xb1 c2+ 79.♔b2 c1♕+ −+

– 76.♕d5+! ♔c2 77.♕h1 ♔d2 78.♕h6+ ♔c2 79.♕h4 ♔d2 80.♕f4+ ♔c2 81.♕f1 ♔d2=

2) Schwach wäre hingegen auch 74...♔c2? 75.♕f5+ ♔d2 76.♕e4

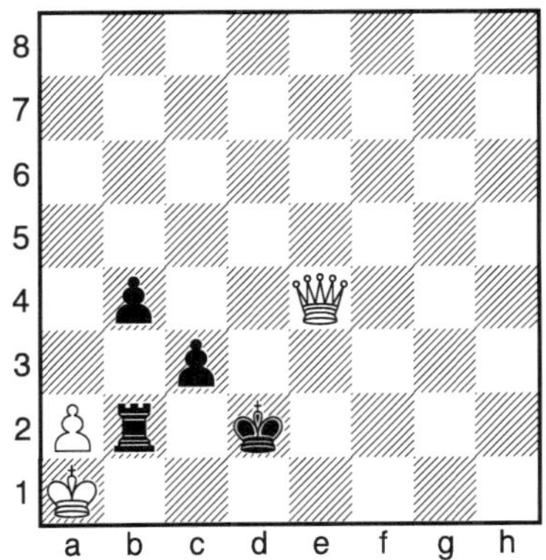

a) 76...♖c2

– 77.♕d4+ ♔e2 78.♔b1 ♖b2+ 79.♔c1+−

– 77.♕g2+ ♔d3 78.♕d5+ ♔e2 79.a3 ♖c1+ 80.♔a2 ♖c2+ 81.♔b1 ♖b2+ 82.♔c1 bxa3 83.♕c4+ ♔f2 84.♕xc3+−

b) 76...♔d1 77.♕e3 ♔c2 78.♕e2+ ♔c1 79.♕d3 ♖f2 80.♕b1+ ♔d2 81.a3 c2 82.♕xb4+ ♔d1 83.♕d4+ ♖d2 84.♕g1+ ♔e2 85.♔b2+−

75.♕f2+ ♔d3 76.♕f1+ ♔d4

76...♖e2 77.♔b1 ♔d2 78.♕f4+ ♔d3 79.♕d6+ ♔e3 80.♔c1 ♖e1+ 81.♔c2 ♖e2+ 82.♔b3 ♖b2+ 83.♔c4+−

77.♕f3 ♔c4 78.♕e4+ ♔c5 79.♕d3 ♖d2 80.♕e3+ ♔b5 81.♔b1 ♖d1+ 82.♔c2 ♖d2+ 83.♔c1 (83.♔b3?? ♖b2#) **83...♔c4**

83...♖xa2 84.♕e8+ ♔c5 85.♕e5+ ♔c4 86.♕e6+ +−

84.♕b6 ♖b2 85.♕c6+ ♔d4 86.♕b5 ♔e4 87.♕c5 ♔d3 88.♕d5+ ♔e3 89.♕c4 ♔f2 90.a3 bxa3 91.♕xc3 ♖e2

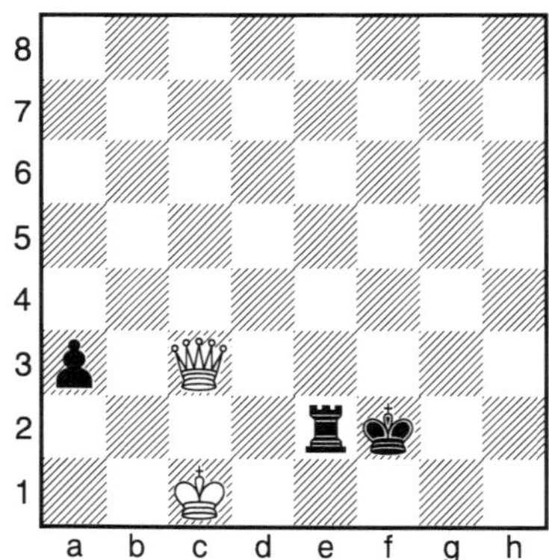

92.♕c5+!

Und nicht 92.♕xa3? wegen 92...♖e1+ 93.♔d2 ♖e2+ mit Dauerschach.

92...♔g2 93.♕xa3 ♔f2 94.♕c5+ ♔f3 95.♔d1 ♖f2 96.♕f5+ ♔e3 97.♕e5+ ♔f3 98.♔e1 ♖g2 99.♕f5+ ♔e3

Nun geht der Turm direkt verloren.

Allerdings war dieses Resultat sowieso nicht lange aufzuschieben; z.B. 99...♔g3 100.♔f1 ♖h2 101.♕e5+ ♔h3 102.♕d6 ♖h1+ 103.♔f2 ♖h2+ 104.♔f3+−.

100.♕h3+ 1–0, Warmerdam – Michalik, Prag 2022

Ein Springer hat gegen zwei verbundene Freibauern nur dann eine Chance, wenn die Bauern blockiert werden können. Andernfalls gewinnen die Bauern, wie das folgende Beispiel zeigt.

Beispiel 79

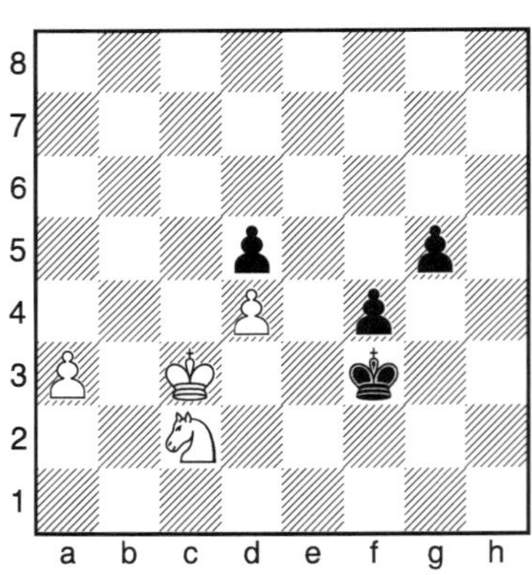

Schwarz am Zug

63...♔e2!

Nun hat der f-Freibauer freie Bahn.

Hier ein Blick auf einige mehr oder weniger krasse Fehlversuche:

1) 63...g4? 64.a4 g3 65.a5 g2 66.♘e1+ ♔e4 67.♘xg2 f3 68.a6 fxg2 69.a7 g1♕ 70.a8♕ ♕xd4+ 71.♔c2=

2) 63...♔f2? 64.a4

a) 64...g4? 65.a5 g3 66.a6 g2 67.a7 g1♕ 68.a8♕+−

b) 64...♔e2 65.a5 f3 66.a6 f2 67.a7 f1♕ 68.a8♕ ♕f3+ 69.♔b4 g4=

3) 63...♔e4?? 64.a4 g4 65.a5 g3 66.a6 g2 67.a7 g1♕ 68.a8♕ ♕g3+ 69.♔b2+-

4) 63...♔g2?? 64.a4 f3 65.♘e1+ ♔g3 66.♘xf3 ♔xf3 67.a5 g4 68.a6 g3 69.a7 g2 70.a8♕ g1♕ 71.♕xd5+ +-

64.♘b4

64.a4 f3 65.a5 f2 66.a6 f1♕ 67.a7 ♕f8 −+

64...f3 65.♘d3 g4 66.♘f4+ ♔e1

66...♔f1 67.♘h5 f2 68.♘g3+ ♔g2 69.♘f5 f1♕ 70.♘e3+ ♔f2 71.♘xf1 ♔xf1 72.a4 g3−+

67.♘d3+ (67.a4 g3−+) **67...♔f1 68.♘e5 g3! 69.♘xf3 g2 70.♔b4 ♔f2 71.♘g5**

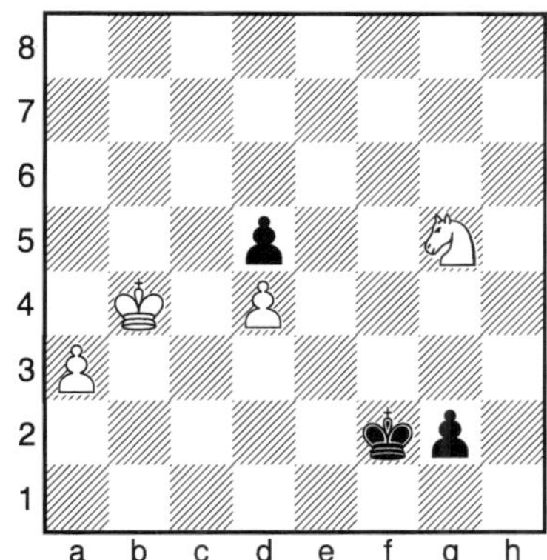

71...♔g3!

Endlich hat der König den Springer ausgetanzt.

71...g1♕?? 72.♘h3+ ♔e3 73.♘xg1 ♔xd4 74.♘e2+ ♔e3 75.♘c1+−

72.♔c5 g1♕ 73.♔xd5 ♕h1+ 74.♔d6 ♔f4 75.♘e6+ ♔e4 76.d5 ♕h2+ 77.♔c6 ♔e5 78.♘c7 ♕c2+ 79.♔d7 ♕a4+ 80.♔e7 ♕xa3+ 81.♔d7 ♕d6+ 82.♔c8 ♕e7 0–1, Ju – Dzagnidze, Lausanne 2020

Das Endspiel '♖+♗ gegen ♖' ist nicht leicht zu verteidigen. Eine Methode besteht in der Anwendung der sogenannten '2. Reihe-Verteidigung' (bzw. 7. Reihe-Verteidigung), wobei der Verteidiger versucht, beide Figuren so lange wie möglich auf der 2. Reihe (bzw. 7. Reihe) zu halten. Diese basiert auf einer Patt-Pointe (siehe Partiefolge), ist allerdings etwas passiv und erfordert große Genauigkeit. Diesbezüglich ist das folgende Beispiel sehr lehrreich.

Beispiel 80

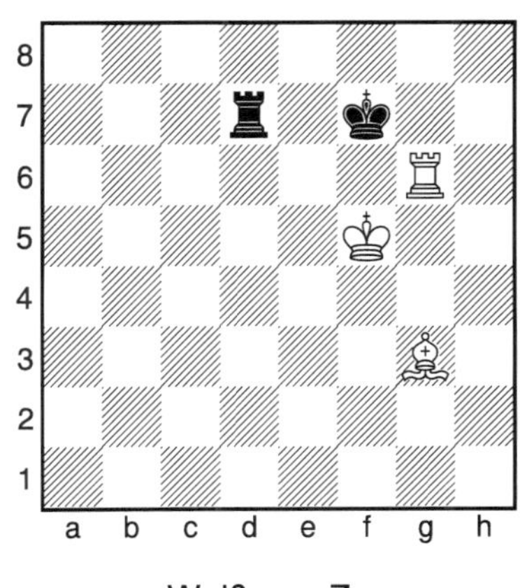

Weiß am Zug

69.♗e5

69.♗d6 ♖a7 70.♖f6+ ♔g7 71.♗e5 ♖f7= bzw. 71.♗f8+ ♔g8 72.♔g6 ♖g7+! 73.♔f5 ♖f7=

69...♖e7 70.♗d6 ♖d7 71.♖f6+ ♔g7 72.♗f8+ ♔g8

Stark ist 72...♔h7!? 73.♔e6 ♖d1 74.♔f7 ♖d7+ 75.♗e7 mit den Abspielen:

– 75...♖d1? 76.♖f3 ♖h1 77.♗g5 ♖h2 78.♖e3 ♖h1 79.♗f6 ♔h6 80.♖e8+−

– 75...♖d5! 76.♔e6 ♖d1=.

73.♔e6 ♖a7 74.♖f1 ♖a2 75.♗d6 ♖g2 76.♗e5 ♔h7 77.♔f5 ♔g8 78.♔f6

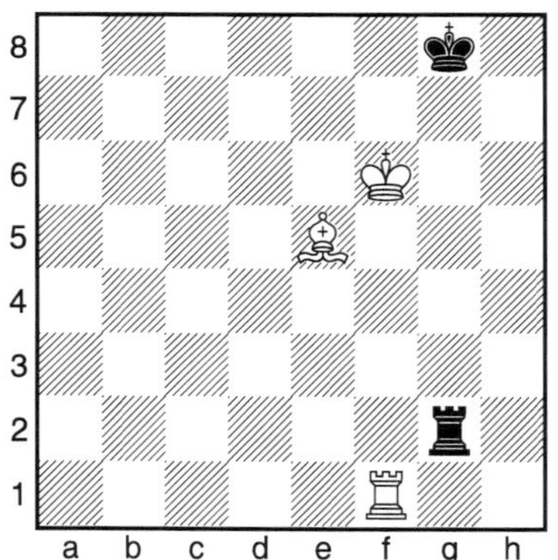

78...♖g6+!

Der einzige Rettungszug. Dieses Verteidigungsmotiv sollte man sich merken!

79.♔e7

79.♔xg6 Patt!

79...♔h7 80.♔f7 ♖g7+! 81.♔f6

81.♗xg7 Patt!

81...♖g6+! 82.♔f5 ♔g8 83.♖a1 ♖b6

Eine starke Alternative war 83...♖h6!? 84.♖a7 ♖h7 mit der Idee, sich erneut auf die '7. Reihe-Verteidigung' zu verlegen.

84.♖a7 ♔f8 85.♗f6 ♖b3 86.♔g6

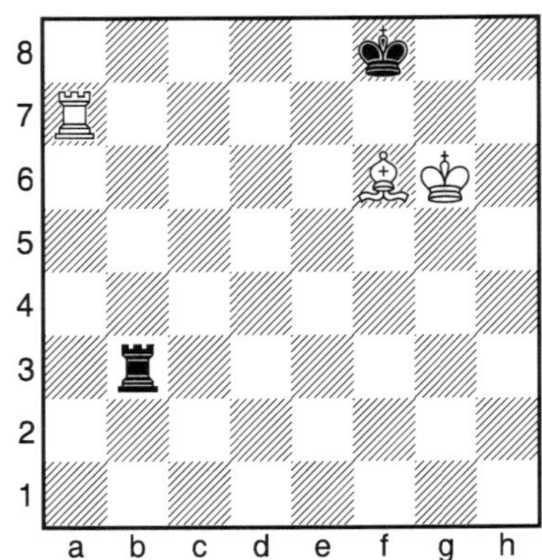

86...♖g3+?

Bisher hat Schwarz sich korrekt verteidigt, aber der Partiezug verliert.

Mit 86...♖e3! hätte er sich immer noch retten können; z.B. 87.♖a8+ ♖e8 88.♖a7 ♖c8 89.♖h7 ♔e8=.

87.♗g5 ♔e8 88.♖e7+ ♔f8 89.♖e1

89.♖d7!? gewinnt sofort.

89...♖b3

Nach 89...♖g2 lautet eine lehrreiche Variante 90.♖e4 ♖g1 91.♖e2 ♖g4 (91...♖g3 92.♖d2+−) 92.♖f2+ ♔e8 (92...♔g8 93.♖d2+−) 93.♖d2 nebst Matt.

90.♗h6+ 1-0, Malakhow – Krylow, Moskau 2008

Kapitel 17

Verpasste Gewinnchancen

Kompliziertere Endspielen erfordern oft höchste Konzentration und gute Technik, um den Positions- oder Materialvorteil in einen Sieg zu verwandeln. Die folgenden Beispiele zeigen Partiefragmente, in denen eine Seite einen halben Punkt weniger erzielt, weil gegebene Gewinnmöglichkeiten aufgrund von Fehlern ungenutzt bleiben.

Beispiel 81

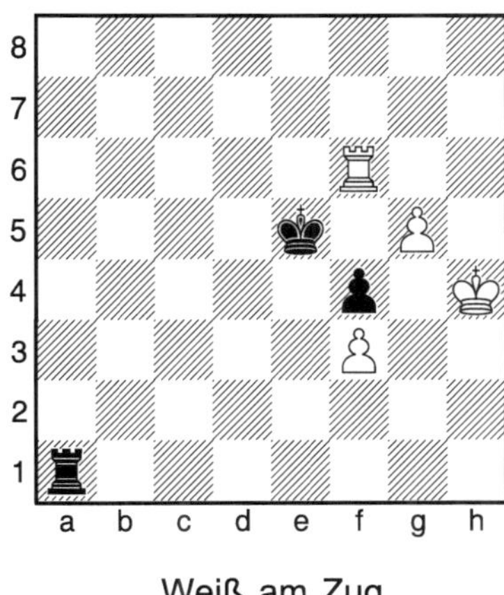

Weiß am Zug

Weiß steht auf Gewinn, aber angesichts der Gefährdung des Bauern f3 muss er präzise vorgehen

80.♖b6?

Statt dieses Fehlers sollte Weiß die Abschneidung des gegnerischen Königs mit 80.♖f8! aufrechterhalten. Hier ein Blick auf die möglichen Konsequenzen:

1) 80...♖f1 81.♔g4 ♖g1+ 82.♔h5 ♖f1 83.♔g6+−

2) 80...♖g1 81.♔h5 ♖g3 82.♔g6 ♖xf3 83.♖e8+

a) 83...♔d6 84.♖e4 ♖f1 85.♔f6 f3 86.g6 f2 87.♖f4 oder 87.♖e2+−

b) 83...♔d5 84.♔f5 ♖f1 (84...♖e3 85.♖d8+ +−) 85.♖e4 f3 86.♖f4 ♔d6 87.♔f6 ♔d7 88.g6+−

3) 83...♔d4 84.♔f5 ♖f1 85.♖e4+ ♔d5

a) 86.♖xf4? ♖xf4+ 87.♔xf4 ♔e6=

b) 86.g6! f3 87.g7 ♖g1 88.♖g4 ♖xg4 89.♔xg4 f2 90.g8♕+ +−

80...♖h1+ 81.♔g4 ♖g1+ 82.♔h5 ♖g3 83.♖b3 ♔f5!

Nun kann der König aktiviert werden.

84.♖b5+ (84.♔h4 ♔g6=) **84...♔e6 85.g6**

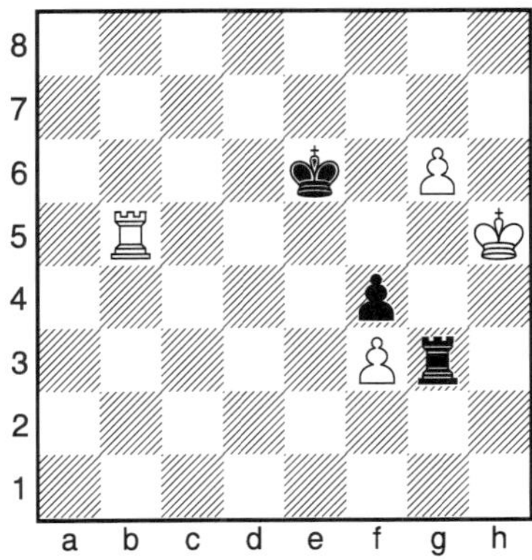

85...♖xf3

Zum Ausgleich führt auch 85...♔f6!? mit der möglichen Folge 86.♖b6+ ♔g7

87.♖b7+ ♔f6 88.♖f7+ ♔e5 89.g7 ♖xf3 90.g8♕ ♖h3+ 91.♔g6 ♖g3+ 92.♔h7 ♖xg8 93.♔xg8 ♔e4=.

86.g7 ♖g3 87.♔h6 f3 88.♖b8!

Vorsicht! 88.♖g5?? ♖xg5 89.♔xg5 ♔f7 90.♔h6 ♔g8−+ würde völlig nach hinten losgehen.

88...♖h3+ 89.♔g6 und ½–½ angesichts der möglichen Folge 89...♖g3+ 90.♔h7 ♖h3+ 91.♔g8 ♔e5 92.♔f7 ♖g3 93.g8♕ ♖xg8 94.♖xg8 f2 95.♖g5+ ♔e4 96.♖g4+ ♔e3 97.♖g3+ ♔f4 98.♖g6=, Keymer – Abdusattorov, Wijk aan Zee 2023.

Beispiel 82

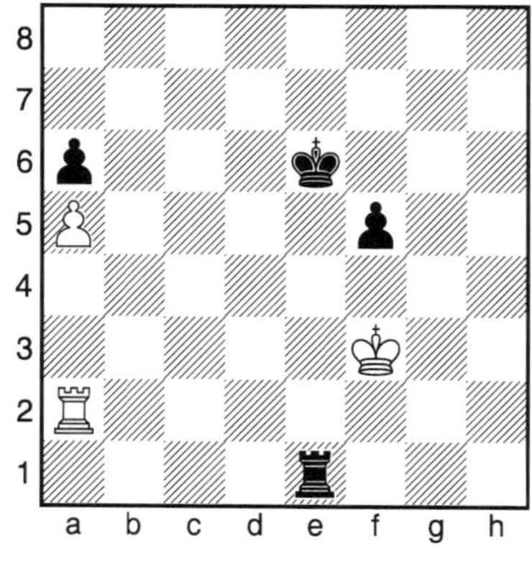

Schwarz am Zug

67...♖e5?

Statt dieses Fehlers sollte Schwarz unverzüglich weiter mit dem König vordringen. Richtig war also 67...♔e5! mit folgenden Abspielen:

1) 68.♖b2 ♖a1 69.♖e2+ ♔f6 70.♖b2 ♖xa5 71.♔f4 ♖a4+ 72.♔f3 a5 73.♖b5 ♔g5−+

2) 68.♖e2+ ♖xe2 69.♔xe2 ♔e4 70.♔f2 ♔f4−+

3) 68.♖a3 f4 69.♖c3 ♖f1+ 70.♔e2 ♖a1 71.♖c5+ ♔e4 72.♖c4+ ♔f5 73.♖c5+ ♔g4−+

68.♖a4!

Weiß wählt die einzig richtige Fortsetzung und verteidigt sich auch in der Folge ganz hervorragend.

68...♖b5 69.♔f4! ♔d6 70.♖a1 ♖c5 71.♖b1! ♖xa5 72.♖b6+! ♔c5

72...♔c7 73.♖f6 ♔b7 74.♖xf5=

73.♖f6! ♔c4 74.♖c6+ ♔b5

74...♔d5 75.♖f6 ♖a1 76.♖xf5+ ♔d4 77.♔g3! a5 78.♔g2=

75.♖f6 ♖a4+

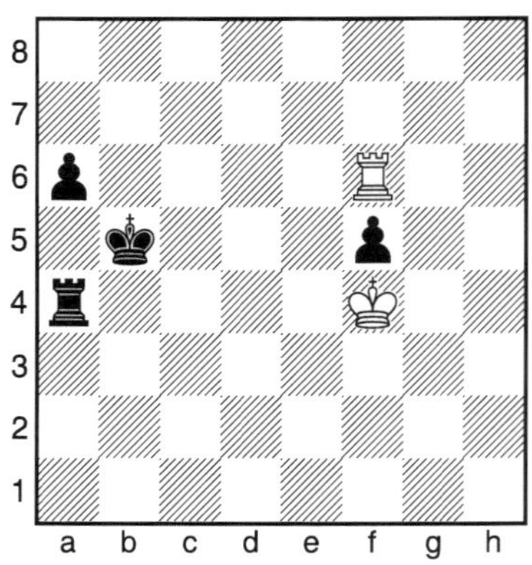

76.♔f3!

Wieder der einzige Zug.

Es verliert 76.♔xf5? a5 77.♖f8 ♖h4 78.♔g5 ♖c4−+, da der weiße König entlang der 4. Reihe abgeschnitten wird.

76...♖a3+ 77.♔e2 ♖a2+ 78.♔e1 ♖a1+ 79.♔e2 ♖a2+ 80.♔e1 ♖c2 81.♖xf5+ ♔b4 82.♔d1 ♖c4 83.♖f8 a5 84.♖b8+ ♔a3 85.♖b5 a4 86.♔d2 ♔a2 87.♖b8 ♖h4 88.♔c2 ♖h2+ 89.♔c1 a3 90.♖b7 ♖b2 91.♖c7 ♖b6 92.♖c2+ ♔a1 93.♖c3 ♔a2 94.♖c2+ ♔b3 (94...♖b2 95.♖c3=) **95.♔b1 ♖d6 96.♖b2+!**

So nimmt die Partie ein schönes Ende!

96...axb2 Patt, Van Foreest – Keymer, Wijk aan Zee 2023

Beispiel 83

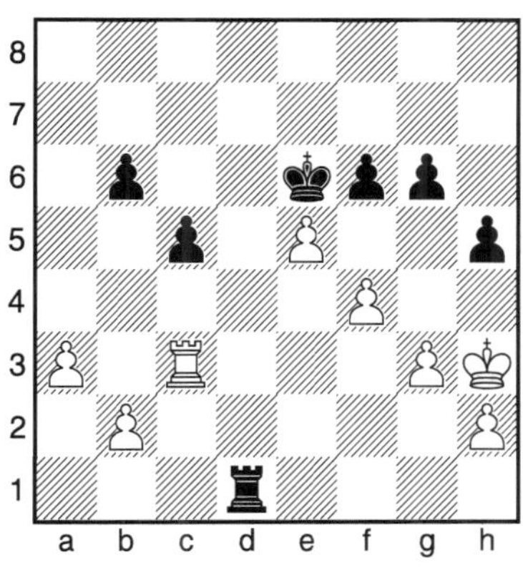

Weiß am Zug

48.♖b3?

Statt dieses Fehlers hätte nur 48.exf6! ♔xf6 und erst jetzt 49.♖b3 zum Ziel geführt; z.B. 49...♖d6 50.♔h4 ♔f5 51.h3 ♖e6 52.♖b5 ♖d6 53.a4 mit folgenden Abspielen:

1) 53...♖c6 54.b4 ♔f6 55.a5 bxa5 56.bxc5 ♖a6 57.♖b6+ +–

2) 53...♔f6 54.g4 ♖c6 55.♔g3 ♖d6 56.♔f3 hxg4+ 57.hxg4

a) 57...♔e7 58.♖b3 ♔f6 59.♔e4 ♖d4+ 60.♔e3 ♖xa4 61.♖xb6+ ♔g7 62.b3 ♖d4 63.♖b5 ♖d5 64.b4+–

b) 57...♖e6 58.b4 cxb4 59.g5+ ♔f7 60.♖xb4 ♔g7 61.♖e4 ♖c6 62.♔e3 ♔f7 63.♖b4 ♔e6 64.♔e4 ♖d6 65.♖c4 ♔e7 66.♖c7+ ♔e6 67.♖g7+– bzw. 66...♔f8 67.♔e5 ♖d1 68.♖b7 ♖b1 69.♔f6+–

48...fxe5 49.♖xb6+ ♔f5 50.♖c6

50.fxe5 ♖d2 51.a4 g5=

50...♖c1 51.fxe5 ♖c2 52.a4 g5

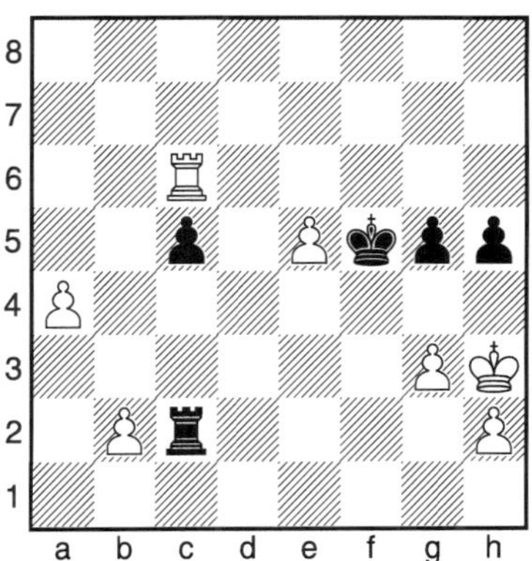

53.g4+

Achtung! Nach dem groben Fehler 53.a5?? und der Folge 53...g4+ 54.♔h4 ♖xh2# würde das Partieergebnis völlig auf den Kopf gestellt.

53...hxg4+ 54.♔g3 ♖xb2 55.e6 ♖b3+ 56.♔f2 ♖b2+ 57.♔e3 ♔f6 58.♖xc5 ½–½, Keymer – Ding, Wijk aan Zee 2023

Beispiel 84

Weiß am Zug

80.♔a7?

Statt dieses Fehlers hätte 80.h4! in folgenden Abspielen zum Gewinn geführt:

– 80...♖g4 81.♖xf2+ ♔xf2 82.b8♕+−

– 80...♖h8 81.h5 ♔g2 82.♖xf2+ ♔xf2 83.♔a7 ♔g3 84.b8♕+ +−

80...♖g1!

Nach dem Gegenfehler 80...♔g2? und der Folge 81.♖xf2+! ♔xf2 82.h4 usw. würde Weiß doch noch gewinnen.

81.♖xf2+ (81.b8♕? ♖xf1=) **81...♔xf2 82.b8♕** und ½–½ angesichts der möglichen Folge 82...♖a1+ 83.♔b7 ♖b1+ 84.♔c8 ♖xb8+ 85.♔xb8 ♔g3=, Topalow – Wang, Stavanger 2022.

Beispiel 85

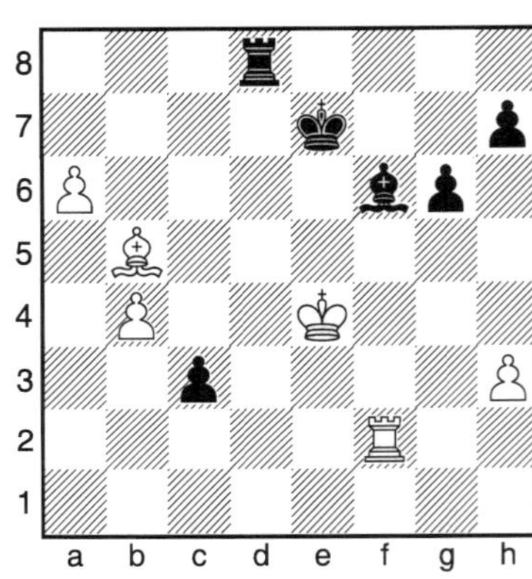

Schwarz am Zug

In diesem Beispiel, geht es einmal mehr um die Kraft weit vorgerückter Freibauern.

50...♖b8?

Nach diesem Fehler läuft Schwarz in einen gewaltigen Konter.

Hingegen hätte er sich nach 50...♗d4! 51.♖c2 ♗b6 52.♖xc3 ♖d4+ 53.♔e5 ♖xb4 über Wasser halten können.

51.♔d3!!

Nach diesem Läuferopfer kontrolliert Weiß den gegnerischen Freibauern, während sein Freibauern-Duo nun den Tag entscheiden wird.

51...♖xb5

Schwarz hatte vermutlich ganz richtig erkannt, dass der Turm selbst nach Annahme des Opfers rechtzeitig auf die Grundreihe zurückkehren kann, dabei jedoch eine weitere taktische Überraschung übersehen.

51...♖d8+!? war zäher, sollte aber auf lange Sicht auch nicht retten; z.B. 52.♔c2 g5 (52...♗d4 53.♖f4 ♗b6 54.♔xc3+-) 53.♗c4 h5 54.b5 ♗d4 55.♖g2 ♔f6 56.♖e2 g4 57.hxg4 hxg4 58.b6 g3 59.b7 ♗a7 60.♔xc3+-.

52.a7 ♖d5+ 53.♔c2 ♖d8

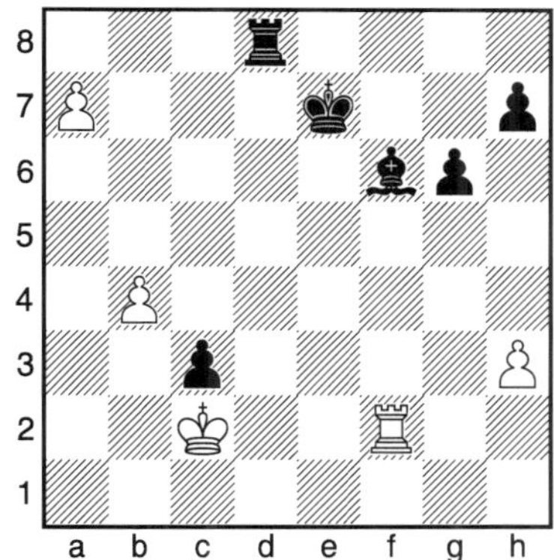

54.♖xf6!!

Von dieser weiteren taktischen Überraschung war die Rede: Nach Weglenkung des gegnerischen Königs benötigt das Freibauern-Duo überhaupt keine Unterstützung von Figuren mehr.

54...♖d2+

Die Ablehnung des Opfers ist noch die einzige Chance.

Hier ein Blick auf zwei Verlustvarianten:

1) 54...♖a8 55.♖a6 ♔d7 56.♔xc3 ♔c7 57.♔d4 ♔b7 58.♖a5

a) 58...♖d8+ 59.♔e4 ♔a8 60.♖a6 ♖d1 61.b5 ♖b1 62.b6 ♖b5 63.h4 h6 64.♔d4 g5 65.h5 g4 66.♔e3 ♖b3+ 67.♔e2 g3 68.♔f1 ♖b2 69.♔g1 g2 70.♔h2+-

b) 58...♖xa7 59.♖xa7+ ♔xa7 60.♔e5 ♔b6 61.♔f6 ♔b5 62.♔g7 ♔xb4 63.♔xh7 ♔c5 64.♔xg6 ♔d6 65.h4 ♔e7 66.♔g7+-

2) 54...♔xf6 55.b5 ♖a8 56.b6 ♔e7 57.b7 ♖xa7 58.b8♕ ♖d7 59.♔xc3 ♖d5 60.♕c7+ ♔f6 61.♕xh7 ♖h5 62.♕d7+-

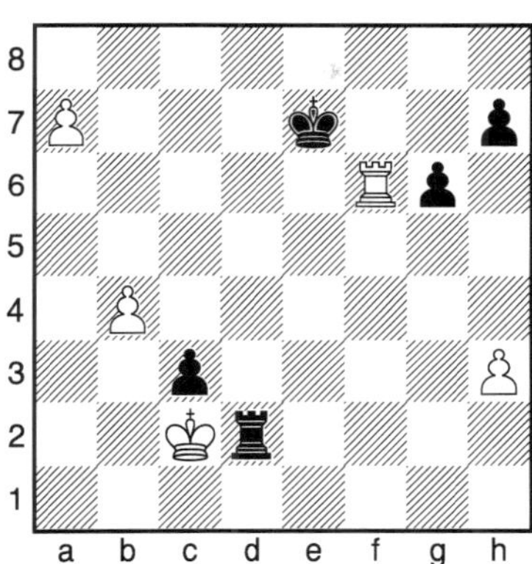

55.♔xc3?

Nach diesem Fehler gelangt der Turm hinter den a-Bauern und Schwarz rettet einen halben Punkt.

Zum Ziel führte nur 55.♔b3!! mit den möglichen Abspielen:

1) 55...♖b2+ 56.♔a3 ♖b1 57.♖f2 ♖a1+ 58.♖a2+-

2) 55...♔xf6 56.a8♕ c2 57.♕f3+ +-

3) 55...c2

a) 56.a8♕+-

– 56...c1♕ 57.♕f8+ ♔d7 58.♖f7+ ♔c6 59.♕e8+ mit schnellem Matt.

– 56...♔xf6 57.♕f3+ ♔g5 58.♕e3+ +-

b) Es gewinnt auch 56.♖c6!? ♖d8 57.♖xc2 ♖a8 58.♖c7+ ♔d6 59.♖xh7 ♔c6 60.♖g7 ♔b6 61.♖xg6+ ♔xa7 62.♖h6+-.

55...♖a2

Nun ist für Schwarz wieder alles im Lot.

56.♖f3 ♖xa7 57.♔c4 ♔d6 58.♖d3+ ♔c7 59.♔b5 ♖b7+ 60.♔c5 ♔c8 61.b5 ♔b8 62.b6 ♖f7 63.♔c6 ♖f6+ 64.♔b5 ♖f8 65.♖d7 h5 66.♔a6

66.♖g7 ♖f3 67.h4 ♖f4 68.♔c6 ♖c4+ =

66...g5 67.♖g7 g4!

Da gegen einen Springerbauern passive Verteidigung ausreicht, kann Schwarz einfach die Beseitigung aller Königsflügelbauern anstreben.

68.hxg4 hxg4 69.♖xg4 ♖h8 70.♖g7 ½–½, Kozul – Barseghyan, Deutschland 2022

Kapitel 18

Verpasste Remischancen

Ging es im vorigen Kapitel um aufgrund fehlerhaften Spiels verpasste *Gewinnchancen*, so folgen hier Beispiele, in denen Fehler zum Verlust von *Remis*stellungen führen.

Beispiel 86

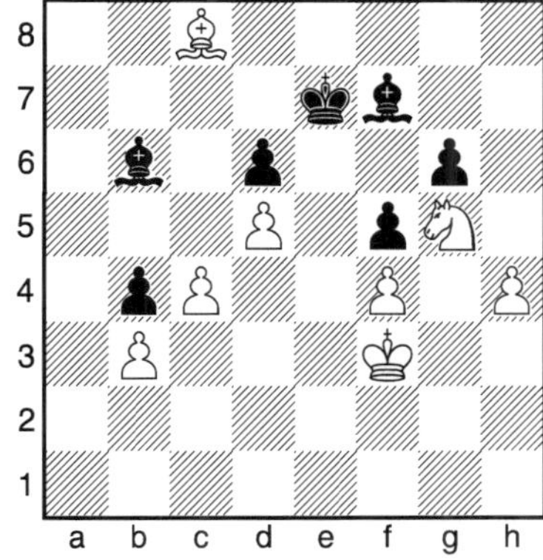

Schwarz am Zug

65...♗e8?

Nach diesem Fehler gelingt Weiß der entscheidende Durchbruch.

Ungeachtet seiner schwierigen Stellung konnte Schwarz die Partie noch retten; und zwar mit 65...♔f6! und der möglichen Folge 66.♘h3 ♗e8 67.♘f2 ♗a4! Ein nicht einfach vorherzusehendes Ablenkopfer!

68.bxa4 ♗xf2 69.♔e2 (69.♔xf2?? b3 −+) 69...♗xh4 70.a5 b3 71.♔d3 ♗f2 72.a6 b2 73.♔c2 ♗d4=.

66.h5!

Der Rammbock öffnet die Tore, denn nach dem Fall des Bauern f5 erhält der Springer das Riesenfeld e4.

66...gxh5

1) 66...♔f6 67.h6 ♗d4 68.♗e6 ♗c3 69.c5 dxc5 70.d6+−

2) 66...♗d4 67.♗e6 ♗f6 68.♔e3 ♗g7 69.♗c8 ♗f7 70.♔f3 ♗e8 71.♔e2 ♗f7 72.♗e6 ♗e8 73.♔e3 ♗h6 74.hxg6 ♗xg6 75.♘f3 ♗g7 76.♘d4 ♔f6 77.♗c8 ♗f8 78.♗d7 ♗g7 79.♘c6+−

67.♗xf5 ♗d4 68.♘e4

Was für ein mächtiger Springer!

68...♗f7 69.♗h7 ♗e8

69...h4 70.♗f5 ♗e8 71.♗g4 ♗f7 72.♔g2 ♗e3 73.f5 ♗d4 74.♔h3+−

70.♔g3 ♗f7 71.♔h3 ♗e8 72.f5 ♗b2 73.♗g6

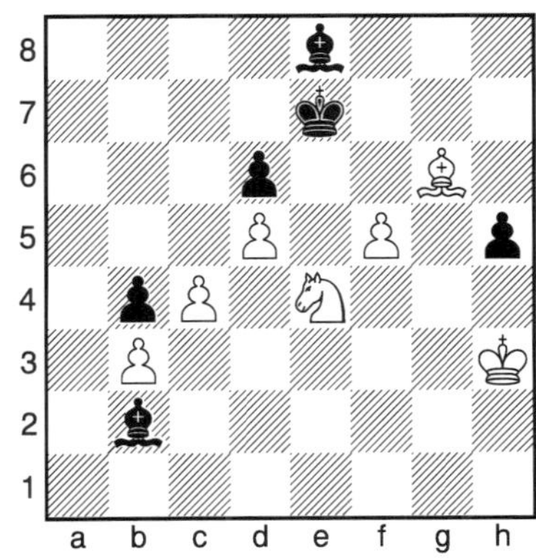

73...♗d7

Es verliert auch 73...♗xg6 74.fxg6 ♗f6 75.♘xf6 ♔xf6 76.c5 dxc5 77.d6 c4 78.d7 ♔e7 79.g7 cxb3 80.d8♕+ ♔xd8 81.g8♕+.

74.♔h4 ♗d4 75.♔xh5 ♗c8 76.♔g5 ♗e3+ 77.♔g4 ♗d4 78.♗h7 ♗f6 79.♗g8 und **1–0** angesichts der möglichen Folge 79...♗a6 80.♗e6 ♗b7 81.c5! ♗e5 82.cxd6+ (82.c6!?+−) 82...♗xd6 83.f6+ ♔f8 84.♘xd6 ♗xd5 85.♔f5!+−, Aronian – Keymer, Wijk aan Zee 2023.

Beispiel 87

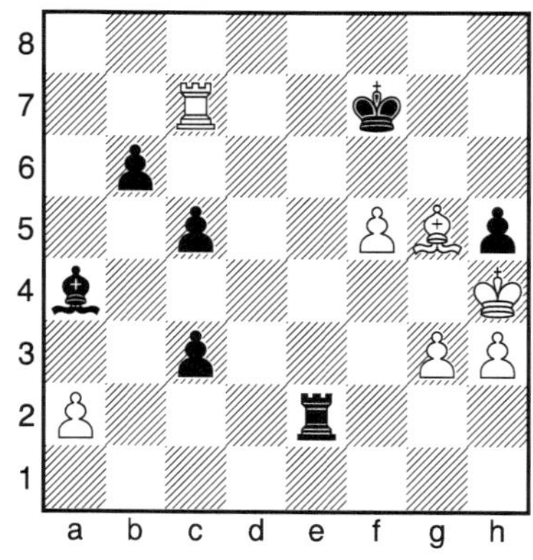

Schwarz am Zug

Ein weiteres Beispiel dafür, dass Endspiele mit ungleichfarbigen Läufern keine große Remis-Tendenz mehr haben, sobald Türme hinzukommen.

36...♔f8?

Der fehlerhafte Partiezug führt zur Niederlage.

1) Ebenfalls verfehlt ist 36...♔e8? wegen 37.♔xh5 c2 38.♔g6 ♖e5 39.g4 ♗b5 40.♖b7 ♗f1 41.♖xb6 ♗xh3 42.♖d6 ♖e7 43.f6 ♖f7 44.♖e6+ +−.

2) Nur mit 36...♔g8! hätte Schwarz die Partie retten können, denn nach 37.♔xh5 ♗e8+ 38.♔h6 c2! sorgt der Freibauer für genügend Gegenspiel.

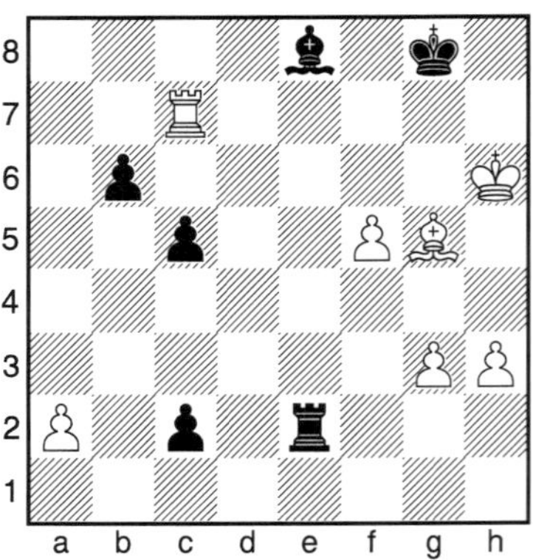

a) 39.♖g7+

– 39...♔h8?? 40.♗f6 c1♕+ 41.♖g5#

– 39...♔f8! 40.♖b7 ♖e1 41.♖xb6 c1♕ 42.♗xc1 ♖xc1 43.g4=

b) 39.♗f4 ♖e1 40.♖g7+ ♔h8 (40...♔f8?? 41.♗d6+ +−) 41.g4 ♖h1 42.♖e7 ♖xh3+ 43.♔g5 ♗b5 44.♖b7 ♖f3

– 45.♗e5+ ♔g8 46.♗b2 ♖f1 47.♔f6 ♗d3 48.♖xb6 ♖b1 49.g5 ♗xf5! 50.♖b8+ ♔h7 51.♖b7+ =

– 45.♗c1 ♖f1 46.♔f6 ♗c4=

36...♔f8? 37.♗h6+ ♔g8 38.f6 ♖f2 39.♖g7+ ♔h8

39...♔f8 40.♖a7+ ♔e8 41.♖xa4 ♖xf6 42.♗g5+−

40.f7 c2

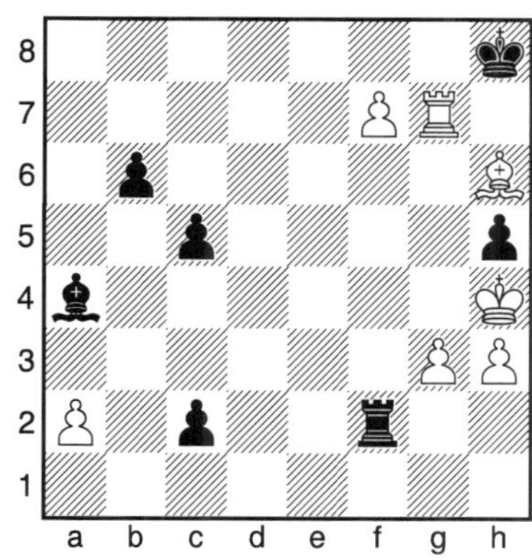

41.♖g8+!

Auf keinen Fall 41.♔xh5? ♖xf7 42.♖xf7 ♗e8 43.♔g6 ♔g8=.

41...♔h7 42.♗f4!

Nach dem kapitalen Bock 42.f8♕?? und der Folge 42...♖xf8 43.♖xf8 ♔xh6 44.♖f1 b5−+ würde das Partieergebnis auf den Kopf gestellt.

1–0 angesichts der möglichen Folge 42...c1♕ 43.f8♕+− bzw. 42...♖xf4+ 43.gxf4 c1♕ 44.f8♕ ♕e1+ 45.♖g3+−, Ivic – Pechac, Wijk aan Zee 2023.

Beispiel 88

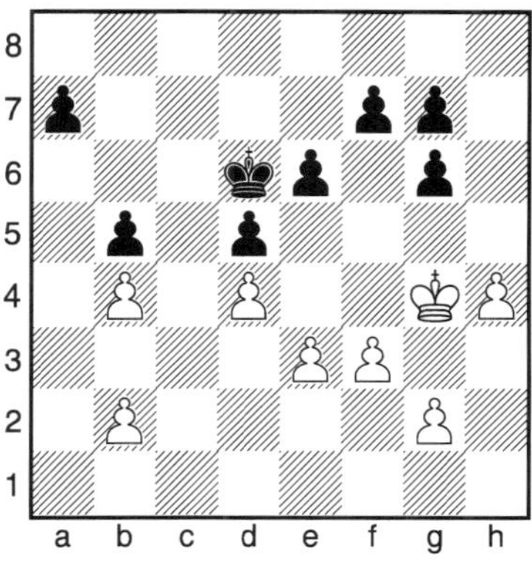

Schwarz am Zug

In unverlierbarer Stellung unterläuft Schwarz ein entscheidender Fehler.

28...f6?

Danach kann der weiße König doch noch in die vorher hermetisch abgeriegelte Stellung eindringen.

Die Rettung bestand in abwartendem Verhalten und der Verlegung des Königs zum Königsflügel; z.B. 28...♔e7! 29.♔g5 ♔d7 30.g4 ♔e7 31.h5 gxh5 32.gxh5 ♔f8 33.h6 ♔g8 34.hxg7 ♔xg7 35.e4 f6+ 36.♔f4 dxe4 37.♔xe4 (37.fxe4 ♔f7=) 37...♔f7 38.f4 ♔g6 39.♔e3 ♔f5 40.♔f3 e5 41.dxe5 fxe5 42.fxe5 ♔xe5 43.♔e3 ♔d5 44.♔d3=.

29.h5!

Der Dosenöffner.

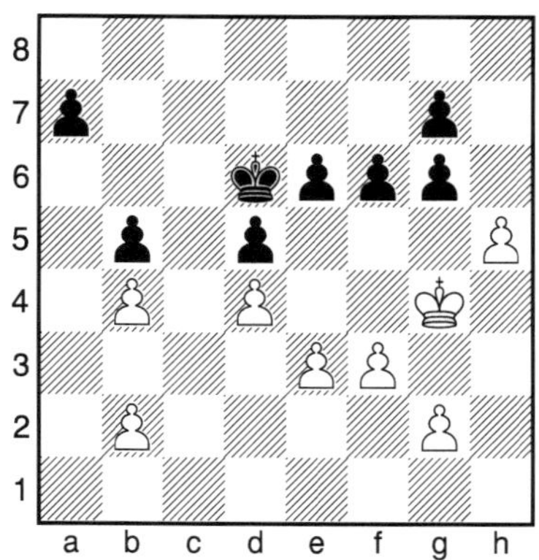

29...gxh5+

1) Auf 29...g5 folgt 30.h6! gxh6 31.♔h5 mit den Abspielen:

a) 31...e5 32.♔xh6 ♚e6 33.♔g6+−

b) 31...f5 32.♔xh6 f4 33.exf4 gxf4 34.♔g5 e5 35.♔f5 exd4 36.♔xf4 ♚e6 37.♔g3 d3 38.♔f2 ♚e5 39.♔e3 d2 40.♔xd2 ♚d4 41.b3 ♚e5 (41...a6 42.g4+−) 42.♔e3+− Zugzwang!

2) 29...♚e7 30.hxg6 ♚d6 31.f4

a) 31...♚e7 32.f5

– 32...e5 33.♔h5 ♚d6 34.g4 ♚d7 35.g5 ♚e7 36.gxf6+ ♚xf6 37.♔g4+−

– 32...♚d6 33.fxe6 ♚xe6 34.♔f4 ♚d6 35.♔f5 ♚e7 36.e4 dxe4 37.♔xe4 ♚e6 38.d5+ ♚d6 39.♔d4 f5 40.g3 a6 41.b3+− Zugzwang!

b) 31...f5+ 32.♔g5 ♚e7 33.g3 ♚d6 34.g4 fxg4 35.♔xg4 ♚e7 36.♔g5 ♚d7 37.f5 exf5 38.♔xf5 ♚d6 39.e4 dxe4 40.♔xe4 ♚e6 41.d5+ ♚f6 (41...♚d6 42.♔d4+−) 42.♔d4 ♚xg6 43.♔c5 ♚f7 44.♔c6 g5 45.d6 g4 46.d7 g3 47.d8♕+−

30.♔xh5 ♚e7

30...g5 31.♔g6 ♚e7 32.g4 a6 33.b3+− Zugzwang!

31.♔g6 ♚f8 32.g4 ♚g8 33.f4 a6 34.g5

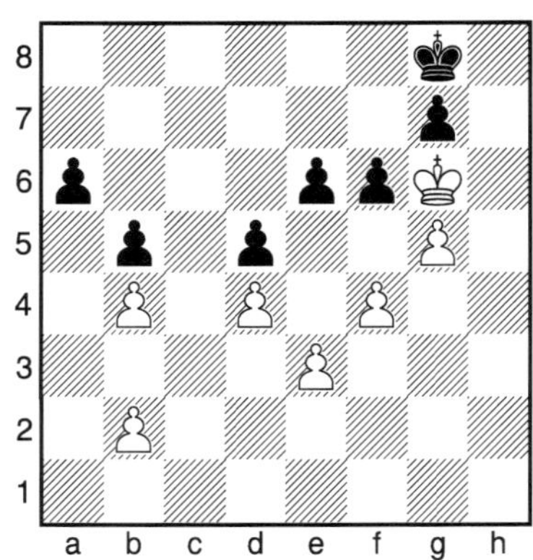

34...fxg5

Es verliert auch 34...f5 35.b3 ♚f8 36.♔h7 ♚f7 37.♔h8 ♚g6 38.♔g8+−.

35.fxg5 ♚f8

35...♚h8 36.♔f7 ♚h7 37.g6+ ♚h8 38.♔xe6+−

36.♔h7 ♚f7 37.g6+ ♚f6 38.b3 und **1–0** wegen entscheidendem Zugzwang, Tabatabaei – Beerdsen, Wijk aan Zee 2023.

Beispiel 89

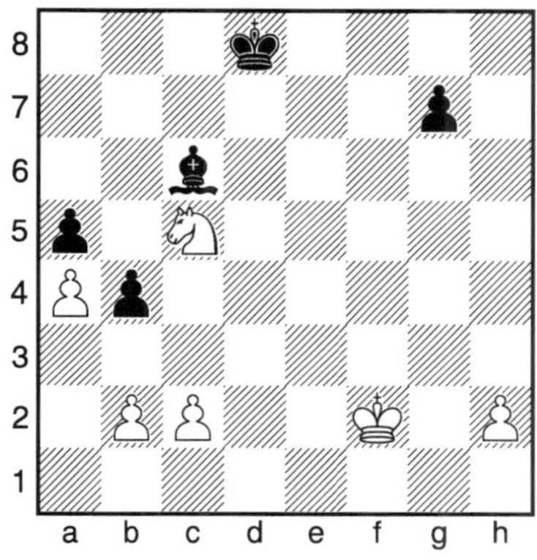

Schwarz am Zug

40...♔e7?

Statt dieses Fehlzugs hätte 40...♔c7! in folgenden Varianten zum Remis geführt:

1) 41.♔e3 ♗e8 42.♔d4 ♔b6 43.b3 ♗g6 44.♘d3 ♗f5 45.h4 ♔c6 46.♘e5+ ♔b7 47.c3 bxc3 48.♔xc3 ♔b6 49.b4 axb4+ 50.♔xb4 ♔a6=

2) 41.♘e6+ ♔b6 42.♘xg7 ♗xa4 43.b3 ♗b5 44.h4 a4 45.bxa4 ♗xa4 46.h5 ♗xc2=

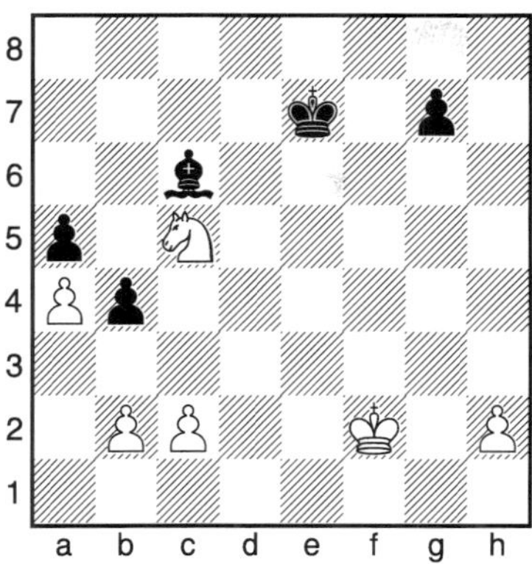

41.b3?

Weiß revanchiert sich mit einem Gegenfehler. Statt dieses Zeitverlusts hätte der sofortige Vormarsch 41.♔e3! den Sieg garantiert, wie aus folgenden Varianten hervorgeht:

1) 41...♔d6 42.♔d4

a) 42...♗e8 43.♘b7+ +−

b) 42...♗f3 43.♘b3 ♗c6 44.♘xa5 ♗xa4 45.♘c4+ ♔e6 46.b3 ♗b5 47.♘e5 ♗e2 48.♘d3+−

c) 42...g6 43.b3 ♗f3 44.♘d3 ♗d1 45.♘b2 ♗xc2 46.♘c4+ ♔c6 47.♘xa5+ ♔b6 48.♘c4+ ♔c6 49.♘d2 ♔b6 50.♔c4 ♔a5 51.♔c5 ♗d1 52.♘c4+ +−

2) 41...♔f6 42.♔d4 ♔f5 43.b3 ♔g4 44.♘d3 ♔h3 45.♔c5 ♗a8 46.♔b5 ♔xh2 47.♔xa5 g5 48.♔xb4 g4 49.a5 g3 50.♘f4+−

41...♔d6!

Jetzt führt die Aktivität des schwarzen Königs zum Remis.

42.♘d3 ♗e4 43.♔e3

Oder 43.♘b2 ♗xc2 44.♘c4+ ♔c5 45.♘xa5 ♗e4 46.♘c4 ♗d5 47.♘d2 ♔d4 48.♔e2 ♔c3 49.a5 ♗b7=.

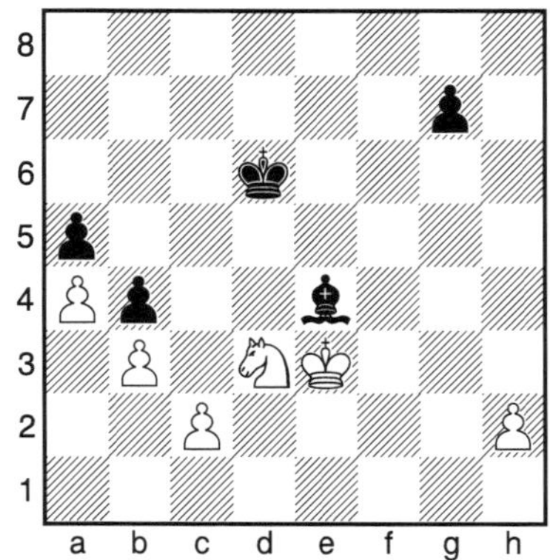

43...♔d5!

Der aktive König sichert das Remis.

44.♘f4+ ♔e5 45.♘d3+ ♔d5 46.♔d2 ♔d4 47.♘f4 ♔e5 48.♘h3 ♗d5 49.♘g1 g5 50.♘h3 g4 51.♘f2 ♔f4 52.♔e2 ♗c6 53.♘d3+ ♔e4 54.♘f2+ ♔f4 55.♘d3+ ♔e4 56.♘b2 ♗d5 57.♘d1 ♔d4 58.♔d2 ♗e6 59.♘f2 ♗f5 60.♘h1 ♗e4 61.♘f2 ♗f5 62.♘d3 ♔e4 63.♔e2 ♔d4 64.♔d2 ♔e4 65.♘e1 ♔d4 66.♘g2 ♔e4 67.♘e3 ♗e6 68.♔e2 ♔d4 69.♔f2 ♔e4 70.♘f1 ♔d4 71.♘e3 ♔e4 72.♘g2 ♔d4 73.♘e3 ♔e4 ½–½, Adhiban – Mishra, Wijk aan Zee 2023

Von einer Turm-Batterie auf der 7. Reihe geht fast immer enorme Kraft aus, aber zum Gewinn braucht sie gelegentlich doch noch eine helfende Hand.

Beispiel 90

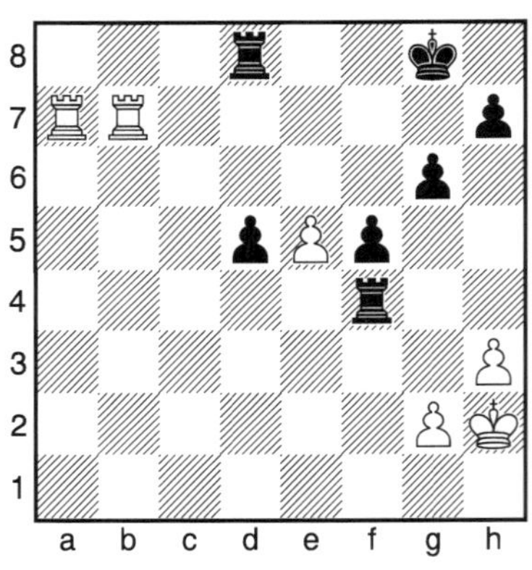

Schwarz am Zug

37...♖e4?

Für diese Bauernjagd hat Schwarz keine Zeit.

1) Ebenfalls zum Verlust führt 37...d4? mit der möglichen Folge 38.♖g7+ ♔h8 39.♖xh7+ ♔g8 40.♖ag7+ ♔f8 41.e6 ♖e4 42.e7+ ♖xe7 43.♖xe7 d3 44.♖d7 ♔e8 45.♖a7+−.

2) Nach der erzwungenen Fortsetzung 37...♖h4! sollte Schwarz sich verteidigen können, wie die folgenden Computeranalysen zeigen: 38.♔g3 (38.g3 ♖h6=) 38...g5 39.♖g7+ ♔h8 40.♖xg5

♖b4 41.♖xf5 (41.♖gg7 ♖g8=) 41...♖g8+ 42.♔f3 ♖b3+ 43.♔f4 ♖b4+ 44.♔e3 d4+ 45.♔f3 ♖b3+ 46.♔e4 ♖xg2 47.♔xd4 ♖b8 48.♖h5 ♖g7 49.♖xg7 ♔xg7=.

38.♖g7+ ♔f8

Nach 38...♔h8 39.♖xh7+ ♔g8 40.♖he7 d4 41.e6! gibt der Bauer den Türmen die zum Gewinn erforderliche helfende Hand; z.B. 41...d3 42.♖g7+ ♔h8 43.♖h7+ ♔g8 44.♖ag7+ ♔f8 45.♖xg6 ♖xe6 46.♖xe6 ♔g8 47.♖ee7 d2 48.♖eg7+ ♔f8 49.♖h8+ ♔xg7 50.♖xd8+−.

39.♖af7+ ♔e8 40.♖xh7 ♖h4!?

Ein guter Versuch, aber natürlich ist Weiß nicht an Turmtausch interessiert.

Auf 40...♖xe5 folgt 41.♖a7+−.

41.♖e7+ ♔f8 42.♖hf7+ ♔g8 43.♖g7+ ♔h8 44.♖xg6 d4 45.♖d6

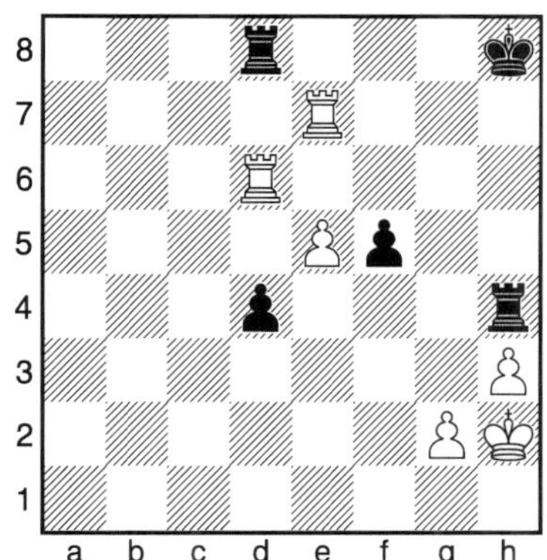

45...♖c8

Die Reduzierung des Angriffspotentials mit 45...♖xd6 leistet nichts gegen die Folge 46.exd6 d3 47.d7 ♖d4 48.♖e8+ ♔g7 49.d8♕ ♖xd8 50.♖xd8+−.

46.♖f7 ♖f4

46...♖e4 47.♖xf5 ♖c5 48.♖f8+ ♔g7 49.♖fd8 ♖cxe5 50.♖xd4+−

47.e6 ♔g8 48.♖dd7 und **1–0** angesichts der möglichen Folge 48...♖h4 49.♖g7+ ♔h8

(49...♔f8?! 50.♖df7+ ♔e8 51.♖g8#)

50.♔g3

(50.e7 ♖e8 51.♖f7 ♔g8 52.♖xf5+−)

50...♖h6 51.e7 ♖e8 52.♖f7 ♔g8 53.♖xf5 ♖g6+ 54.♔h2 ♖g7 55.♖f8+ ♖xf8 56.exf8♕+ ♔xf8 57.♖xg7 ♔xg7 58.♔g3 ♔f6 59.♔f4+−, Aronian – Giri, Düsseldorf 2023.

Kapitel 19

Taktische Tricks

Nicht nur in Eröffnung und Mittelspiel, sondern auch im Endspiel gilt: Wer die dort üblichen und typischen taktischen Tricks kennt, wird es leichter haben, diese zu verhindern bzw. sie zu seinen Gunsten einzusetzen.

Beispiel 91

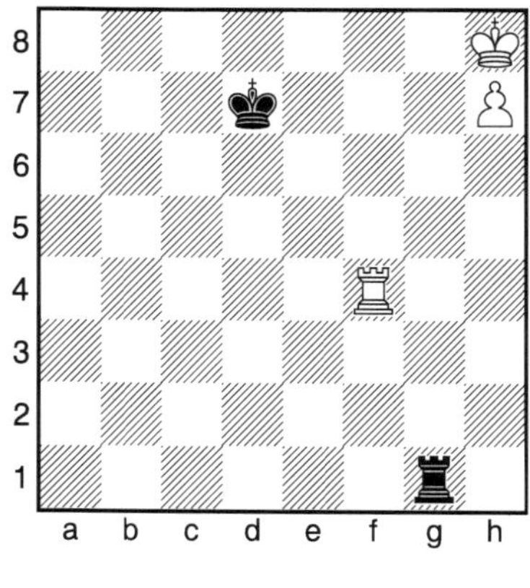

Weiß am Zug

Hier geht es offenbar darum, den buchstäblichen Eckensteher auf h8 zu befreien, wobei die Frage ist, ob dies am besten über die 7. oder die 8. Reihe geschehen sollte.

66.♖f8!

Durch diese hohle Gasse muss er kommen!

Nicht jedoch 66.♖f7+?, denn nach 66...♔e6

(66...♔e8 67.♖g7 ♖f1 68.♖g8+ ♔f7=)

67.♖g7 ♖a1 ist die Gasse nicht gangbar: 68.♔g8? (⌓68.♖g8 ♔f7=) 68...♖a8#.

66...♔e6

Das schließt wenigstens die Fluchtroute zum Damenflügel hin.

Nach 66...♔e7 67.♖g8 ♖h1 mit der möglichen Folge 68.♔g7 ♖g1+ 69.♔h6 ♖h1+ 70.♔g6 ♖g1+ 71.♔f5+− kann der weiße König sofort entkommen.

67.♖g8 ♖h1 68.♔g7 ♖g1+ 69.♔f8 ♖f1+ 70.♔e8 ♖a1 71.♖g6+

71.♔d8? ♖a8+ 72.♔c7 ♖a7+ =

71...♔f5

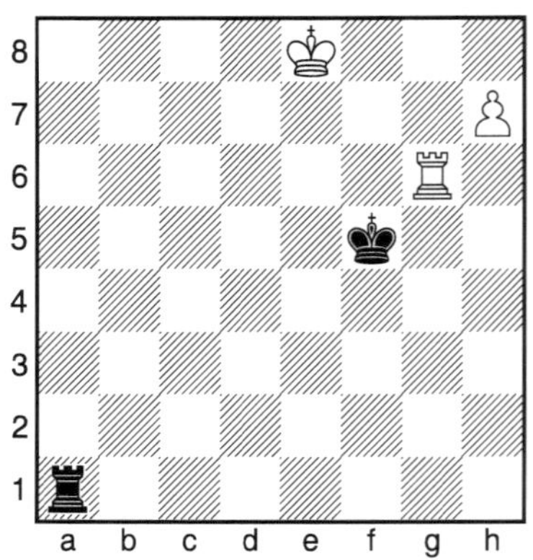

72.♖f6+!

Mit diesem Lenkungsopfer vermeidet Weiß das Malheur 72.h8♕? ♖a8+.

72...♔e5

72...♔g5 73.♖f8 ♖a8+ 74.♔f7 ♖a7+ 75.♔g8 ♔g6 76.h8♕+−

73.♖f8 ♔e6 74.♖f6+ ♔e5 75.♖f1

75.♖h6 war viel genauer, denn nach 75...♖a8+ 76.♔f7 ♖a7+ 77.♔g6 ♖a6+ 78.♔g5+− kommt es gar nicht zum Endspiel '♕ gegen ♖'.

75...♖xf1 76.h8♕+ ♔e4 77.♔e7 ♖f5 78.♕h4+ ♔e5 79.♕c4 ♖g5 80.♕c5+ ♔f4 81.♕d4+ ♔f3 82.♔f6 ♖g4 83.♕d3+ ♔f4 84.♕f5+ ♔g3 85.♔e5

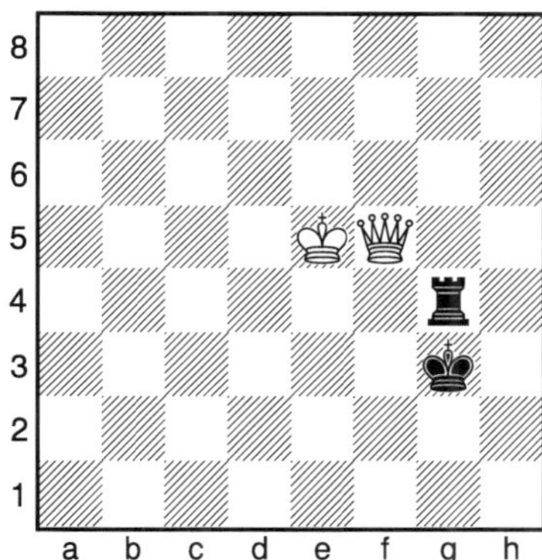

85...♖g8

Nun geht der Turm sofort verloren.

85...♔h4!? war zäher; z.B. 86.♕f2+ mit den Abspielen:

1) 86...♔g5 87.♕d2+ ♔h4 88.♔f5+−

2) 86...♔h3 87.♕e1 ♖g2 88.♔e4

a) 88...♔h2 89.♔f3 ♖c2 90.♕g3+ ♔h1 91.♕g6 ♖c3+ 92.♔f2+−

b) 88...♖g6 89.♕h1+ ♔g4 90.♕g2+ ♔h5 91.♕h3+ ♔g5 92.♔e5 ♖g7 93.♕g3+ ♔h6 94.♕h4+ ♔g6 95.♔e6 ♖g8 96.♕e4+ ♔g7 97.♔e7 ♔h6 98.♔f7 ♖g7+ 99.♔f6 ♖g5 100.♕e3+−

86.♕d3+ ♔f2

– 86...♔g2 87.♕d5+ +−

– 86...♔h4 87.♕h7+ +−

87.♕c2+ ♔g1 88.♕b1+ ♔h2 (88...♔g2 89.♕a2+) **89.♕h7+ 1–0**, Flear – Jones, Online 2021

Im reinen Endspiel mit ungleichfarbigen Läufern sind wegen der großen Remis-Tendenz mitunter radikale Maßnahmen nötig, um doch einen vollen Punkt einzustreichen.

Beispiel 92

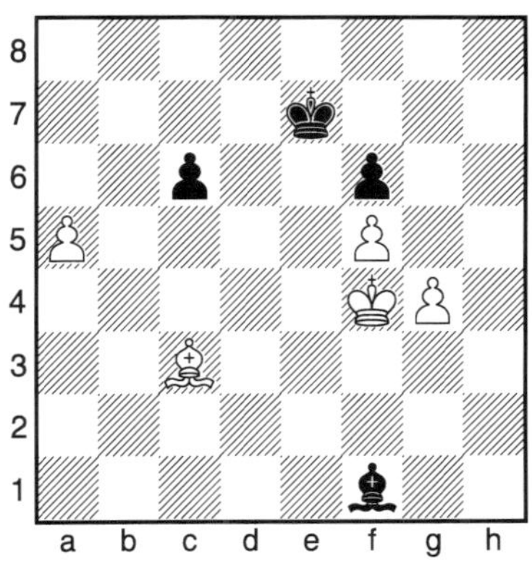

Weiß am Zug

77.♗xf6+!!

Nach diesem brillanten Opfer sind die schwarzen Figuren schon bald mit der Bewachung dreier entfernt voneinander laufender Freibauern überfordert.

1) Nach 77.♗b4+?! muss der Läufer gleich wieder umkehren, um es im zweiten Anlauf besser zu machen:

a) 77...♔d7 78.♗c3 ♔e7 79.♗xf6+ +−

b) 77...♔f7 78.♔e4 ♗e2 79.♔d4 ♗xg4 80.a6 c5+ 81.♔e4 ♗h3 82.♔f3 ♗xf5 83.a7+−

2) Nach 77.g5? fxg5+ 78.♔xg5 bleibt nicht mehr genug Gewinnpotenzial; z.B. 78...♔d7 79.f6 ♗c4 80.♔g6 ♔c7 81.f7 ♗xf7+ 82.♔xf7 ♔b7=.

3) Und nach 77.♗d4? ♗c4 reicht auch das Läuferopfer nicht mehr zum Gewinn: 78.♗xf6+ ♔xf6 79.g5+ ♔f7! 80.♔e5 c5 81.♔d6 ♗d3 82.♔xc5 ♗xf5=.

77...♔xf6 78.g5+ ♔e7

Auch 78...♔f7 hilft nicht: 79.♔e5 c5 80.♔d5

– 80...c4 81.♔d4 ♗d3 82.a6 ♗xf5 83.a7+−

– 80...♗d3 81.f6 c4 82.♔d4+−

79.♔e5 ♗d3

1) 79...c5 80.g6 c4 81.f6+ ♔f8 82.♔d4 ♗d3 83.g7+ ♔f7 84.a6 ♗f1 85.a7 ♗g2 86.♔xc4+−

2) 79...♔f7 80.g6+ ♔g7 81.f6+ ♔xg6 82.♔e6 c5 83.♔e7 ♗c4 84.a6+−

80.g6 ♔f8

80...c5 81.f6+ ♔d7 82.g7 ♗c4 83.a6 ♔c7 84.a7 ♔b7 85.♔d6+−

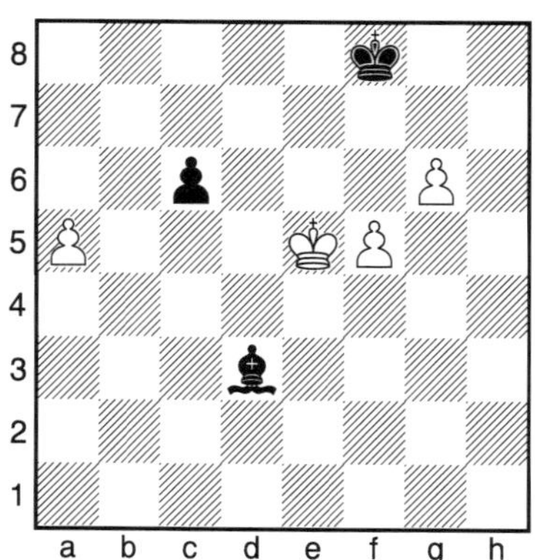

81.f6!

Diesen entscheidenden Zug musste Weiß bereits bei seinem Opfer vorhersehen, denn ohne ihn wäre die Stellung immer noch remis; z.B. 81.♔d6? ♗xf5 82.a6 c5 83.♔d5 ♗h3=.

81...c5 (81...♗xg6 82.a6+−) **82.g7+ ♔f7 83.♔d6 ♗h7**

83...c4

1) 84.a6? c3 85.a7 ♗e4 86.g8♕+ ♔xg8 87.♔e7 c2 88.f7+ ♔h7=

2) △84.g8♕+ ♔xg8 85.♔e7 ♗g6 86.a6 c3 87.a7 c2 88.a8♕+ ♔h7 89.♕h1+ ♔g8 90.♕h6+−

84.a6 c4 85.a7 ♗e4 86.g8♕+ und **1–0** angesichts der möglichen Folge 86...♔xg8 87.♔e7 ♗d5 88.f7+ +−, Oparin – Lomasov, Moskau 2017.

Beispiel 93

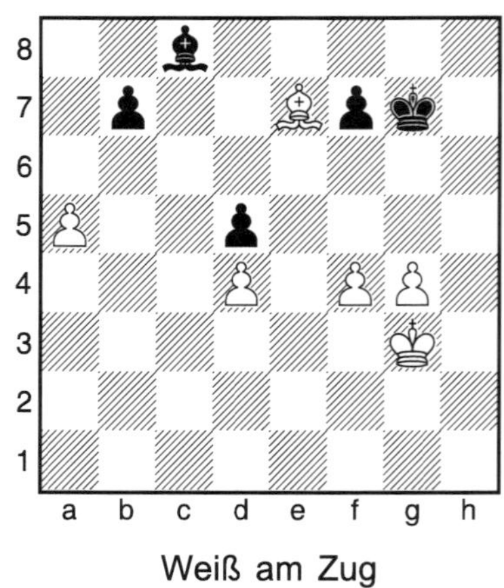

Weiß am Zug

64.f5!

Nach diesem Vorstoß werden die schwarzen Figuren maximal eingeschränkt und der weiße König liebäugelt mit dem Einbruchsfeld e5.

64...f6

Die Versiegelung des besagten Einbruchsfeldes kann Weiß auch nicht mehr aufhalten.

Die Läuferaktivierung 64...♗d7!? 65.♔f4 ♗b5 verliert allerdings ebenfalls; z.B. 66.♔e5 ♗c4 67.♔d6 ♔g8 68.♔d7 ♔g7 69.g5 ♗d3 70.♔c7 ♗a6 71.♗c5 ♔g8 72.♔d6 ♗c4 73.♔e7 ♔g7 74.♗d6 ♗d3 75.♗e5+ ♔g8 76.g6 fxg6 77.f6+−.

65.♔f4 ♔f7

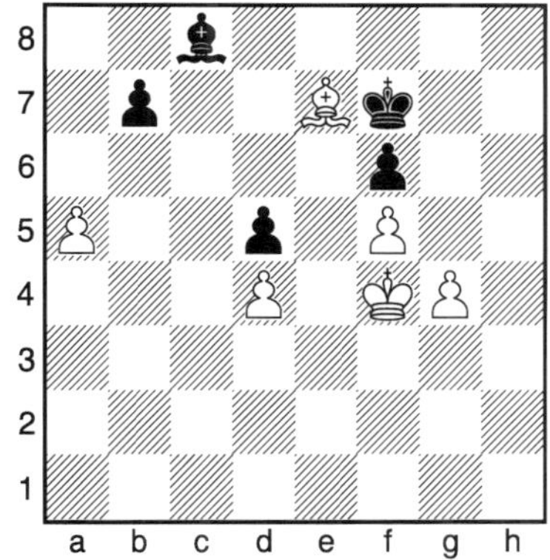

66.♗xf6!

Wie sich die Bilder gleichen! Das entstehende Freibauern-Duo bindet den schwarzen König und unter Nutzung des Einbruchsfeldes e5 gewinnt dessen weißer Kollege zunächst den Bauern auf d5 und zum guten Schluss auch noch den auf b7.

66...♔xf6 67.g5+ ♔f7 68.♔e5 ♗d7 69.f6 ♗g4 (69...♗c6 70.♔d6+−) **70.♔xd5 ♗f3+ 71.♔e5 ♗e2**

71...♗h5 72.d5 ♔e8 73.♔f5 ♔f7 74.d6 ♗g6+ 75.♔e5 ♔e8 76.♔e6 ♗f7+ 77.♔f5 ♔d7 78.g6+−

72.g6+ ♔xg6 73.♔e6 ♗c4+ 74.d5 ♗b3 75.f7 ♗xd5+ 76.♔xd5 ♔xf7 77.♔d6 und **1–0** angesichts der möglichen Folge 77...♔d6 ♔e8 78.♔c7 ♔e7 79.♔xb7+−, Tomashevsky – Franco Alonso, Eilat 2012.

Und hier gleich noch ein weiteres Beispiel zum Thema: Gewinnen kann man nur unter Läuferopfer, um sich ein, zwei brandgefährliche Freibauern zu verschaffen.

Beispiel 94

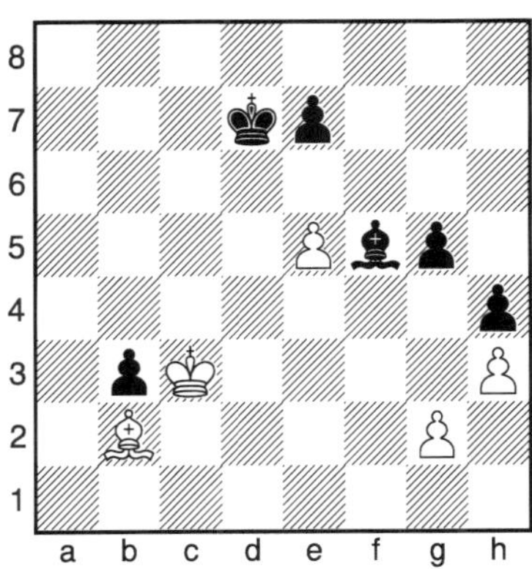

Schwarz am Zug

43...♗xh3!!

Dieses Opfer basiert auf folgender Erkenntnis: Der etwas bedeppert dastehende weiße Läufer kriegt zwar noch schnell genug die Kurve auf die Diagonale h2-b8, aber da der weiße König für eine Weile am Damenflügel beschäftigt ist, kann sein Kollege am anderen Flügel ungehindert vordringen. Danach kann der Läufer zwar den vorderen h-Bauern eliminieren, aber zum guten Schluss gibt's ja auch noch den hinteren.

Hingegen wäre 43...♗e4? nach den weiteren Zügen 44.♗c1 g4 45.hxg4 ♗xg2 46.♔xb3 ♔e6 47.♗f4 ♔d5 48.g5 nur remis; z.B. 48...♔e4 49.♗h2 ♗h3 50.g6 ♗e6+ 51.♔b4 ♔f3 52.♔c5 ♔g2 53.♗f4 h3 54.♔c6 h2 55.♗xh2 ♔xh2 56.♔c7=.

44.gxh3 g4 45.♗c1 gxh3 46.♗f4 ♔e6

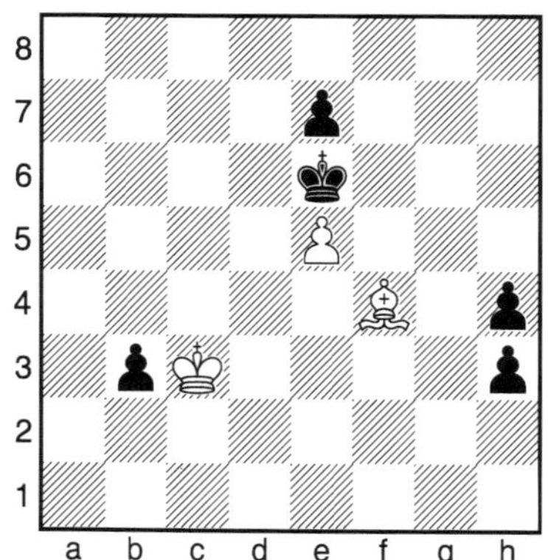

47.♔xb3

Die trickreiche Verschonung des Bauern mit 47.♔b2!? hätte zu studienartigen Wendungen geführt; z.B. 47...♔f5 48.♗h2

1) Nach 48...e6? 49.♔xb3 ♔e4 50.♔c2 ♔f3 51.♔d2 ♔g2 52.♔e2 ♔xh2 53.♔f2= ist der schwarze König für immer eingesperrt.

2) Und nach 48...♔e4 49.e6 gibt es nur einen überraschenden Gewinnzug.

a) Denn nach 49...♔f3? 50.♗d6 ♔g2 51.♗xe7 h2 52.♗xh4 h1♕ 53.e7= ist die schwarze Dame dominiert und kann den e-Bauern nicht aufhalten.

b) Hingegen gerät Weiß nach dem Riesenzug 49...♔e3!! und der Folge 50.♗d6 ♔f3 in Zugzwang; z.B. 51.♗xe7 h2 52.♗xh4 h1♕ 53.e7 ♕g2+ −+.

47...♔f5 48.♗h2 ♔e4 49.e6 ♔f3 und **0–1** angesichts der möglichen Folge 50.♗d6 ♔g2 51.♗xe7 h2 52.♗xh4 h1♕ 53.e7 ♕d1+ 54.♔c4 ♕d7−+, Psomiadis – Skembris, Halkidiki 2009.

Und mit dem letzten Beispiel in diesem Kapitel nehmen wir Abschied von dem Thema: Viele Bauern sind des Läufers Tod!

Beispiel 95

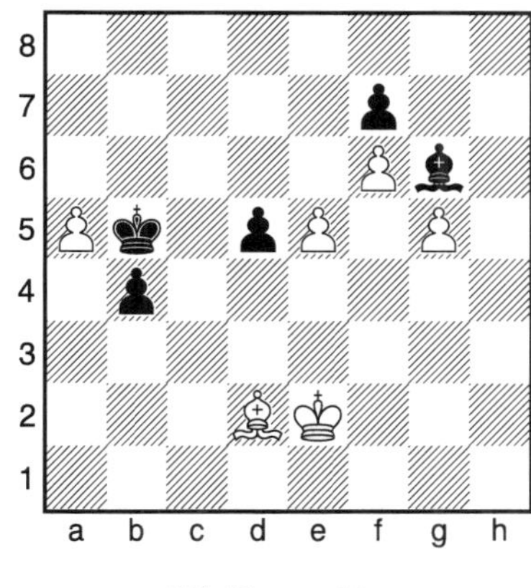

Weiß am Zug

87.♗xb4!

Nach dem Studium der vorangegangenen Beispiele dürfte dieser Donnerschlag eigentlich schon keine ganz so große Überraschung mehr darstellen.

Hier ein Blick auf zwei Fehlversuche:

– 87.e6? fxe6 88.♗xb4 d4=

– 87.♔e3? ♔xa5 88.♔d4 ♔b6 89.♔xd5 b3 90.♗c3 ♔c7 91.e6 ♔d8 92.e7+ ♔e8=

87...d4

Nach 87...♔xb4 88.a6 d4 89.a7 ♗e4 90.e6 kann Schwarz nicht alle Bauern stoppen und sein Gegenspiel reicht auch nicht aus; z.B. 90...♔c3 91.exf7 d3+ 92.♔e3 d2 93.f8♕ d1♕ 94.♕c5+ ♔b3 95.♔xe4 ♕g4+ 96.♔d5 ♕xg5+ 97.♔c6 ♕xf6+ 98.♕d6 ♕c3+ 99.♔b6 ♕e3+ 100.♔b7 ♕e4+ 101.♕c6 ♕e7+ 102.♔a6 ♕a3+ 103.♔b6+−.

88.♗d2 ♔c5 89.♔f3 ♔d5 90.♔f4

90.e6!? gewinnt auch direkt.

90...♔c6

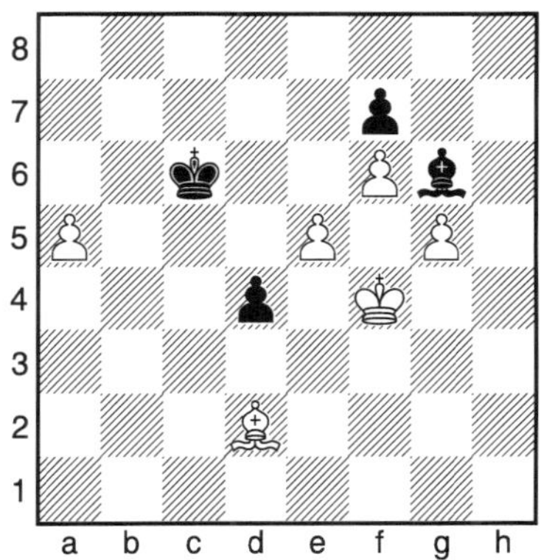

91.e6

Dieser Durchbruch überlastet die Verteidigung in typischer Manier.

91...♔d6

91...fxe6 92.♔e5 ♗f7 93.♔xd4+−

92.e7 ♔d7 93.a6 1–0, Sonis – Koellner, Online 2021

Kapitel 20

Verschiedene Motive

In diesem Kapitel stellen wir Ihnen den gezielten Einsatz von fünf Taktikmotiven vor, die einem speziell auch in der Endspiel-Praxis begegnen und mit deren Mechanismen man unbedingt vertraut sein sollte.

Als *Hinlenkung* bezeichnet man die Lenkung einer Figur auf ein bestimmtes Feld, wonach man aus deren dortiger Position auf die ein oder andere Weise Nutzen ziehen kann.

Beispiel 96

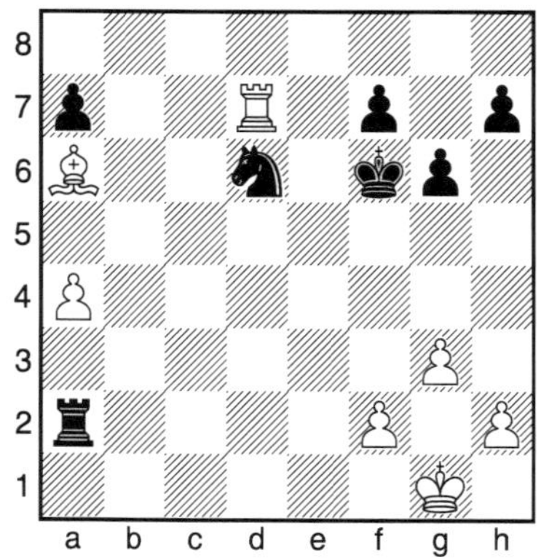

Schwarz am Zug

31...♖xa4?

Statt dieses Fehlers hätte 31...♔e5! die Partie noch retten können; z.B. 32.f4+ ♔e6 33.♖xa7 ♖a1+

(33...♖xa4?? 34.♗c8+ ♘xc8 35.♖xa4+−)

34.♔f2 ♖a2+ 35.♔e3 ♖xh2 36.♗d3 ♖g2 37.♔f3 ♖d2 38.♔e3 ♖g2=

32.♖xd6+ ♔e7

32...♔e5 33.♖c6 ♔d5 34.♗b7+−

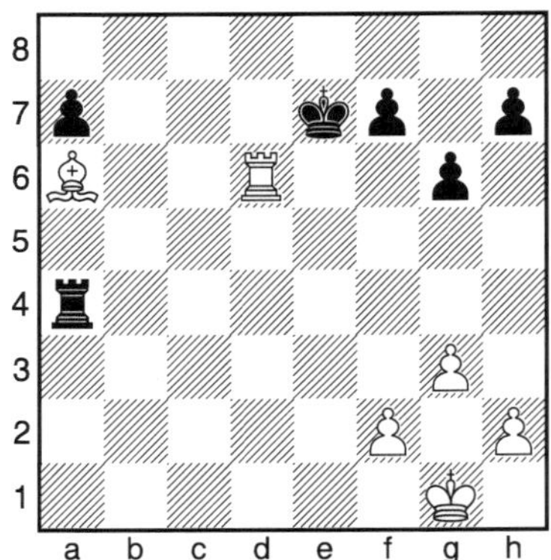

33.♖d7+! Eine Hinlenkung mittels Turmopfer.

1–0 angesichts der möglichen Folge 33...♔xd7 (33...♔e6 34.♖xa7+−) 34.♗b5+ ♔d6 35.♗xa4 a5 36.♗b3 f6 37.♔g2 ♔c5 38.♔f3 ♔b4 39.♗g8 h6 40.♗f7 g5 41.♔g4+−, Ju – Shankland, Online 2022.

Als *Ablenkung* bezeichnet man die Lenkung einer gegnerischen Figur weg von ihrem Standort, sodass diese ihre ursprüngliche Funktion nicht mehr erfüllen kann. Eine Ablenkung erfolgt durch Zwangsmittel wie Schachgebot, Drohung oder Opfer. Die Ablenkung von Schutzfiguren gehört zu den elementarsten Motiven.

Hier ein Beispiel aus dem Endspiel. Hat eine Seite im Bauernendspiel einen entfernten Freibauern, so wird der gegnerische König im geeigneten Moment vom Hauptkampfplatz abgelenkt, indem der entfernte Freibauer vormarschiert und seine Umwandlung androht. Da der verteidigende König zu ihm eilen und ihn abfangen muss, kann der angreifende Kollege am anderen Flügel Bauern schlagen und die Partie somit entscheiden.

Beispiel 97

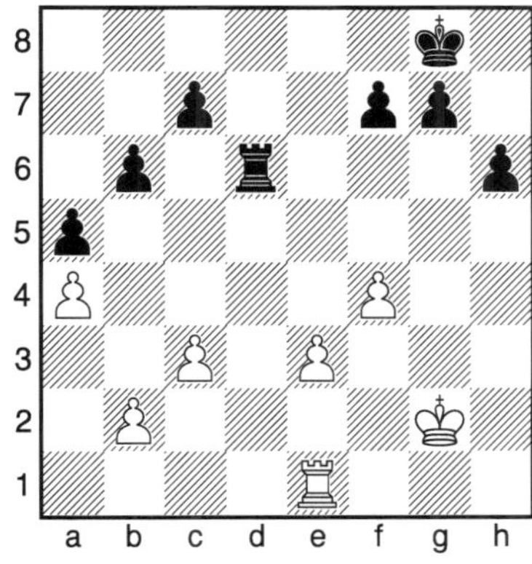

Weiß am Zug

Zwar zeichnen sich Turmendspiele durch eine große Remis-Tendenz aus, aber hier hat Schwarz – wie man scherzhaft sagt – sowohl den Mehrbauern als auch Kompensation in Form von Aktivität. Aber ganz ohne Scherz gesagt: Er hat Gewinnvorteil und verwertet diesen auch absolut sicher.

34.♔f3 ♖d2 35.♖b1 g6 36.b4 axb4 37.♖xb4

37.cxb4 ♖a2 38.♖c1 ♖xa4 39.b5 ♖b4 40.♖xc7 ♖xb5–+

37...♖a2 38.♔e4

38.c4 wird mit 38...♖c2! beantwortet; z.B. 39.♔e4 h5 40.♔d3 ♖c1 41.♔d2 ♖a1 42.c5 bxc5 43.♖c4 h4 44.♖xc5 h3–+.

38...h5 39.♔d5 ♖c2

Sofort 39...h4 gewinnt ebenfalls.

40.♖b3

40.♖c4 scheitert an 40...h4 41.♖xc7 h3–+.

40...h4 41.♔c6 h3 42.♔xc7 h2 43.♖b1 ♖xc3+ 44.♔xb6

44.♔b7 ♖xe3 45.♖h1 ♖e2 46.♔xb6 ♖b2+ 47.♔c5 ♖a2 48.♔b5 ♔g7 49.a5 ♔f6 50.a6 ♔f5 51.♔b6 ♔xf4 52.a7 ♔g3–+

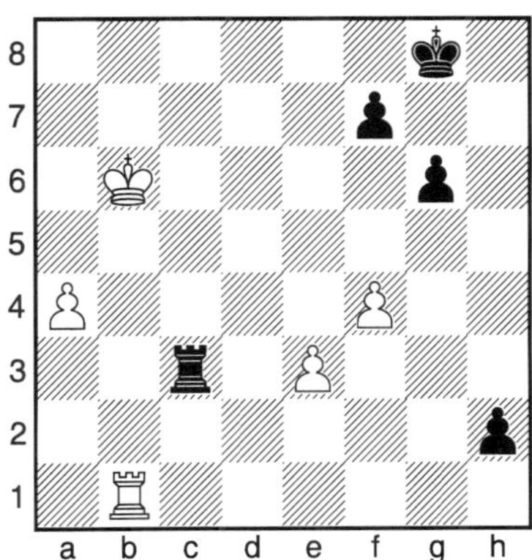

44...♖b3+!

Diese Ablenkung beruht darauf, dass der Turm von der Bewachung des Feldes h1 regelrecht weggezerrt wird.

45.♖xb3 h1♕ 46.a5 ♕e4!

Nach diesem sehr starken Zug ist absolut klar, dass Schwarz gewinnt.

47.♔a7

47.a6?! ♕e6+ −+ ist die Pointe.

47...♕e7+ 48.♔a8 ♔g7 49.♖b6 ♕c5 und **0–1** angesichts der möglichen Folge 50.♖a6 ♕xe3 51.♖c6 ♕d3 52.a6 ♕b5 53.♖d6 ♕c5 54.♖d1 ♕b6 55.a7 ♕c7−+, Nepomnjaschtschi – Carlsen, Dubai 2021.

Und damit zu dem taktischen Werkzeug, das als *Gabel* bezeichnet wird. Eine Gabel hat mehrere Zinken, und während selbst ein Bauer es fertigbringt, zwei gegnerische Wertgegenstände gleichzeitig aufzugabeln, bringen der Springer, die Dame und – last but not least – der König es (rein theoretisch) auf sage und schreibe *acht*!

Beispiel 98

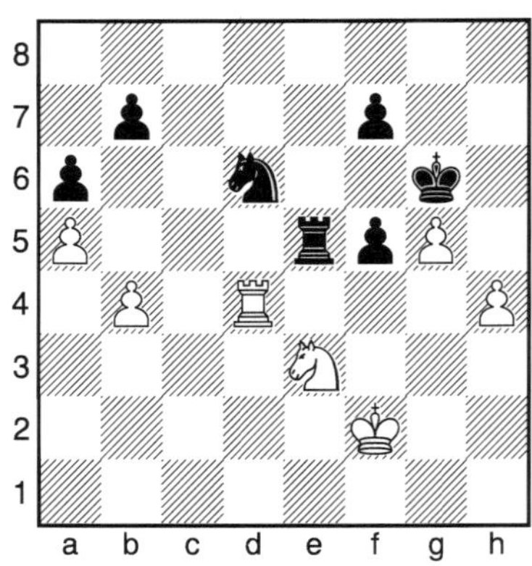

Schwarz am Zug

58...♖e6?

Statt dieses Fehlers konnte Schwarz mit 58...♘b5! Δ59.♖d7 ♖e4 bzw. 59.♖d8 ♖e4 60.♘d5 f4 ausgleichen.

59.♘d5 ♘e4+ 60.♔f3 ♔g7 61.♘e3

61.♖d3! war stärker, wie aus folgenden Abspielen hervorgeht:

1) 61...♔h7 62.♘f4 ♖c6 63.♖d7 ♖c3+ 64.♔e2 ♔g8 65.♖xb7+-

2) 61...♖d6 62.♔f4 ♘c3 63.♔e5 ♖xd5+ 64.♖xd5 ♘xd5 65.♔xd5 ♔g6 66.♔e5 ♔h5 67.♔xf5 ♔xh4 68.g6 fxg6+ 69.♔xg6 ♔g4 70.♔f6 ♔f4 71.♔e6 ♔e4 72.♔d6 ♔d4 73.♔c7 ♔c4 74.♔xb7 ♔xb4 75.♔xa6+-

61...♘d6?

Auch nach der zäheren Verteidigung mit 61...♔g6 gewinnt Weiß langfristig; z.B. 62.♘d5 ♔g7 63.♖d3 usw.

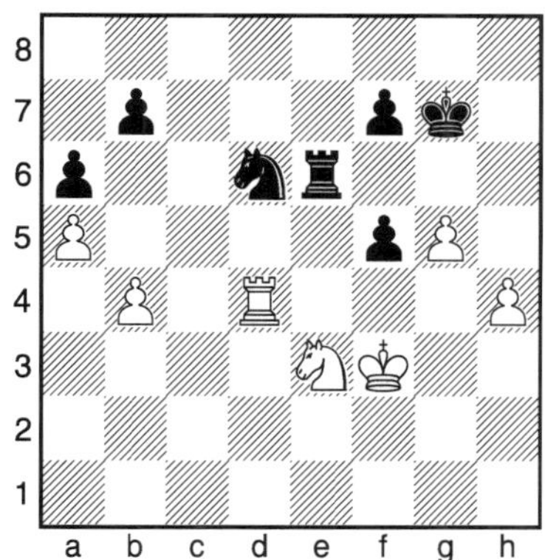

62.♖xd6! und **1–0**, denn nach 62...♖xd6 und der Gabel 63.♘xf5+ ♔g6 64.♘xd6 hat Weiß einen ganzen Springer mehr, Rapport – Shankland, Rapid Baku 2022.

Mit einer *Fesselung* werden gegnerische Figuren mehr (echte Fesselung) oder weniger (unechte Fesselung) in ihrer Beweglichkeit eingeschränkt.

Beispiel 99

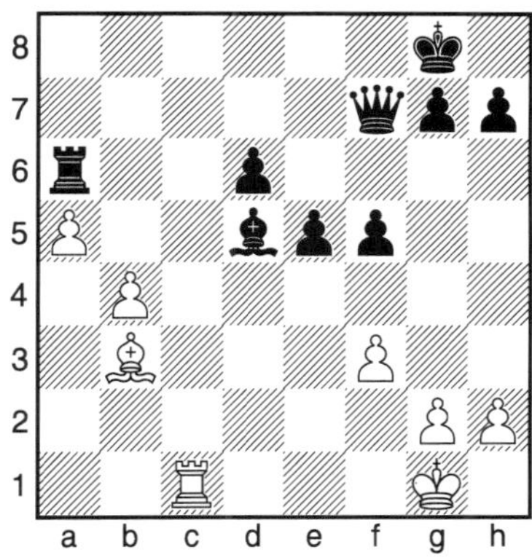

Weiß am Zug

Weiß nutzt das gegebene Fesselungsmotiv auf der Diagonale a2-g8 ebenso verblüffend wie überzeugend aus.

32.♖c8+ ♕e8 (32...♕f8 33.♗xd5+) **33.♖xe8+** (33.♗xd5+?? ♔f8–+) **33...♔f7 34.♖a8!** und **1–0** wegen 34...♖xa8 35.♗xd5+ mit Materialvorteil, Karjakin – Kosteniuk, Brissago 2003.

Die Blockade ist ein strategisches Werkzeug, um gegnerische Bauern an einer Vorwärtsbewegung zu hindern. Dies wird im Endspiel besonders wichtig, wenn zur Umwandlung strebende gegnerische Freibauern blockiert werden müssen.

Beispiel 100

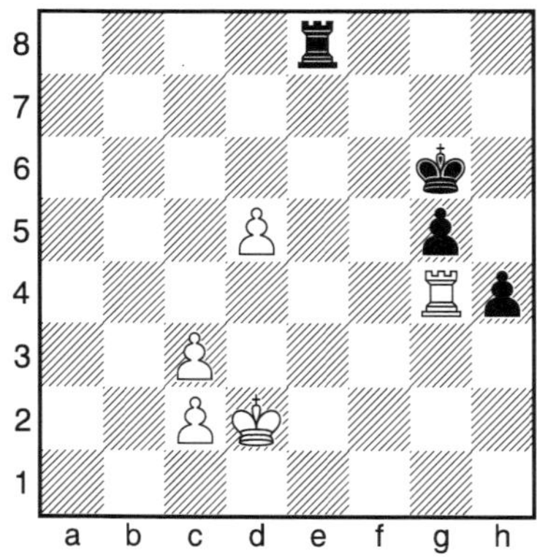

Weiß am Zug

Verglichen mit dem weißen Freibauern-Duo wird das schwarze offenbar vom König unterstützt. Entsprechend muss Weiß äußerst präzise vorgehen, denn es gibt nur einen einzigen Zug, um die gegnerischen Bauern rechtzeitig zu stoppen.

45.d6?

Mit diesem überstürzten Herangehen verschenkt Weiß einen halben Punkt. Nur mit dem Rückzug 45.Tg1! war die Partie noch zu retten, wie aus den folgenden Varianten hervorgeht:

1) 45...h3 46.d6 Td8 47.Ke3 Txd6 48.Tg3 h2 49.Th3=

2) 45...Kh5 46.Td1

a) 46...h3 47.d6 Kg4 48.c4=

b) 46...g4 47.d6 g3 48.d7 Td8 49.Ke2 Kg4 50.Kf1 h3 51.Kg1 Kf3 52.Td3+ Kg4 53.c4 Th8 54.Td4+ Kf3 55.Td3+ usw.

45...Kh5!

Der König bricht die Blockade auf.

46.Td4

Auch 46.Tg1 bringt keine Rettung angesichts der Folge 46...Td8 47.c4 Txd6+ 48.Kc3 h3 49.c5 Tc6 50.Kd4 g4 51.Kd5 Tc8 52.c6 h2 53.Th1 g3 54.Ke4 Kg4−+.

46...h3 47.d7 Td8 48.Ke3 h2 49.Td1

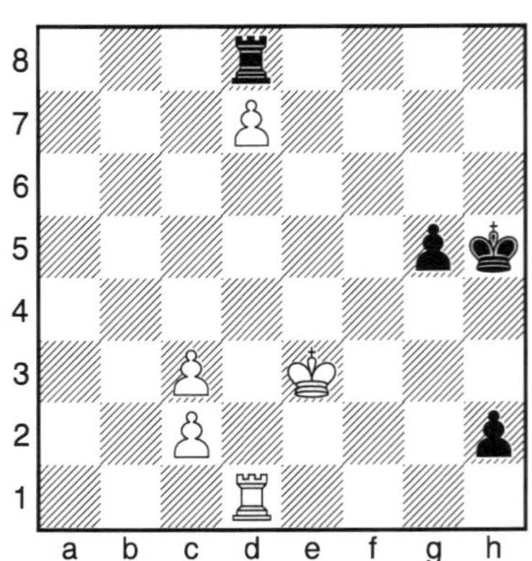

49...Kg4!

Dank der nun drohenden Ablenkung 50...Txd7 (49...Txd7? 50.Txd7 h1D 51.Th8+−) kommt der König gerade rechtzeitig.

50.♔f2 ♖xd7! **51.♖e1 ♖d2+** und **0–1** angesichts der möglichen Folge 52.♔e3 ♖g2 53.♖h1 ♔g3 54.c4 ♖g1 −+, Shankland – Duda, Online 2022.

Teil II

Übung macht den Meister

Übung 1

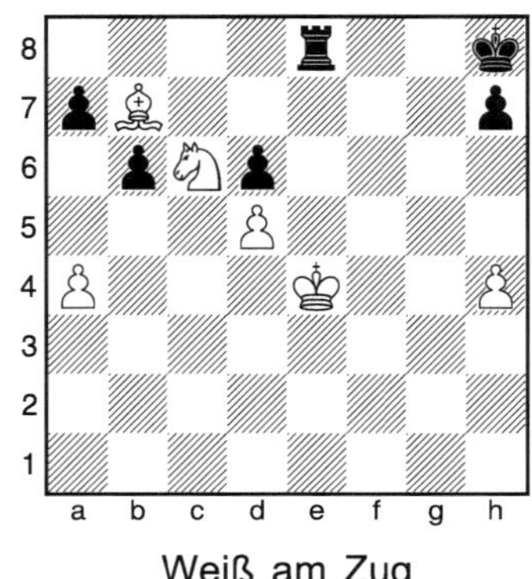

Weiß am Zug

a) Weiß gewinnt nach 1.♔f5.
b) Weiß gewinnt nach 1.♔d3.
c) Beide Züge gewinnen.

Übung 2

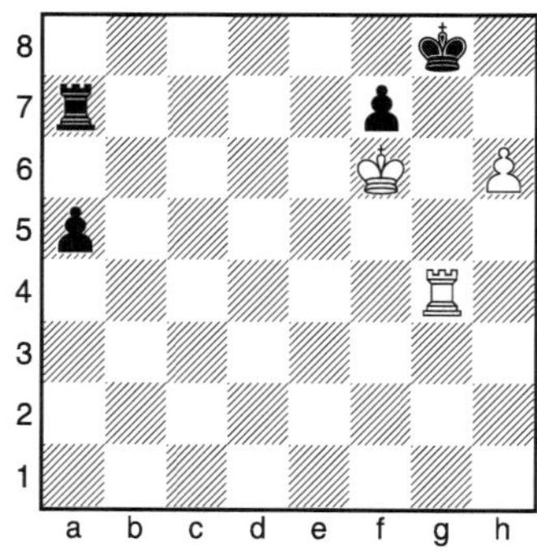

Schwarz am Zug

a) ♔h8 ist gut genug zum Gewinn.
b) ♔h7 ist besser.
c) Beide Züge gewinnen.

(Lösungen ab Seite 176)

Übung 3

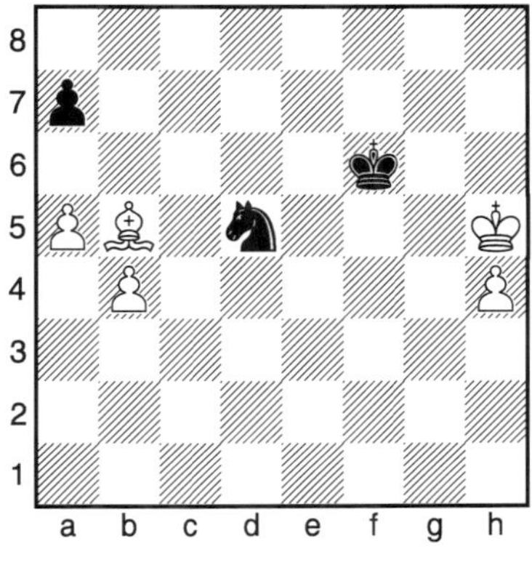

Schwarz am Zug

a) ♘xb4 führt zum Remis.
b) ♔g7 führt zum Remis.
c) Beide Züge remisieren.

Übung 4

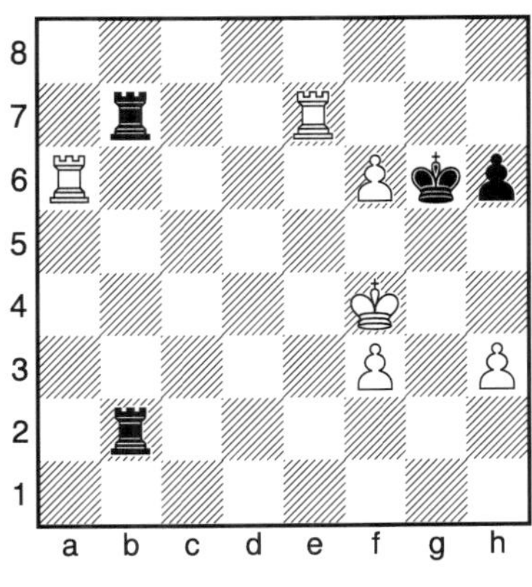

Schwarz am Zug

a) ♖2b4+ remisiert.
b) Eine andere Fortsetzung remisiert.

(Lösungen ab Seite 177)

Übung 5

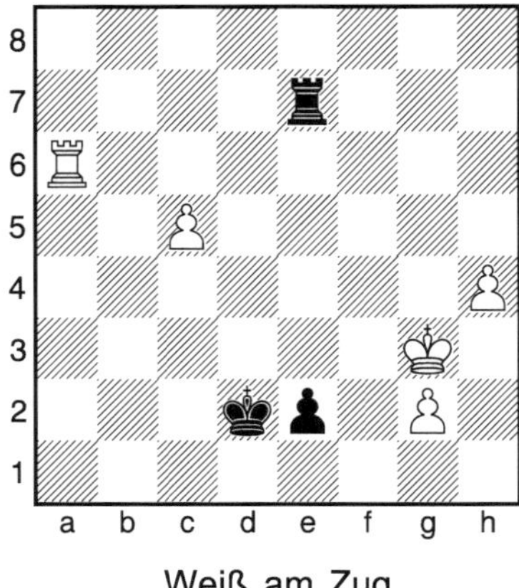

Weiß am Zug

a) Nach ♖a1 kann Weiß sich retten.
b) Nach ♖a2+ kann Weiß sich retten.
c) Weiß ist rettungslos verloren.

Übung 6

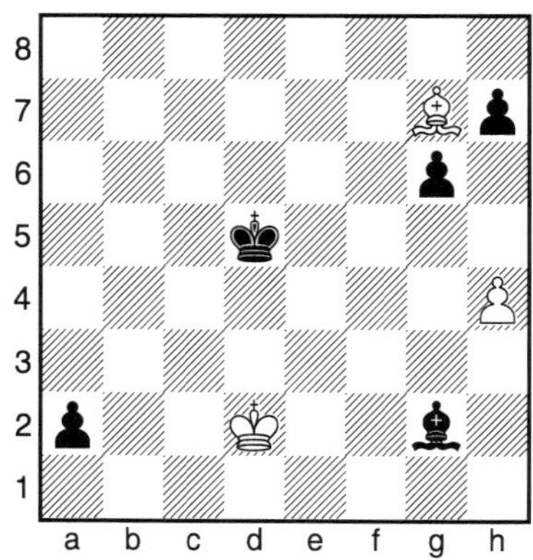

Schwarz am Zug

a) Nach ♔e4 gewinnt Schwarz.
b) Nach h5 gewinnt Schwarz.
c) Das Endspiel ist remis.

(Lösungen ab Seite 178)

Übung 7

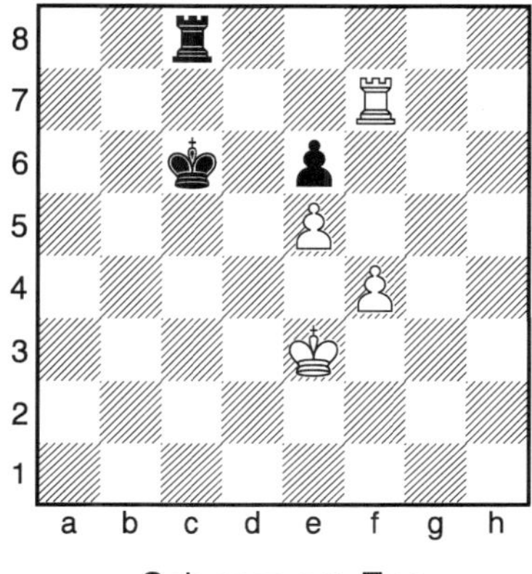

Schwarz am Zug

a) ♖d8 remisiert.
b) Ein anderer Rettungszug muss her.

Übung 8

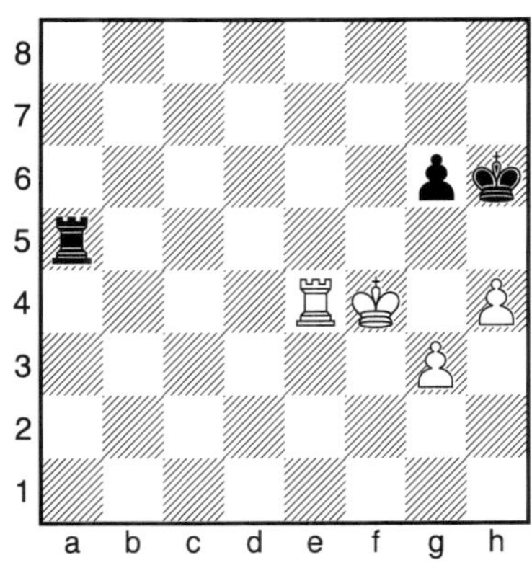

Schwarz am Zug

a) g5+ verliert.
b) ♔h5 verliert.
c) Beide Züge remisieren.

(Lösungen ab Seite 179)

Übung 9

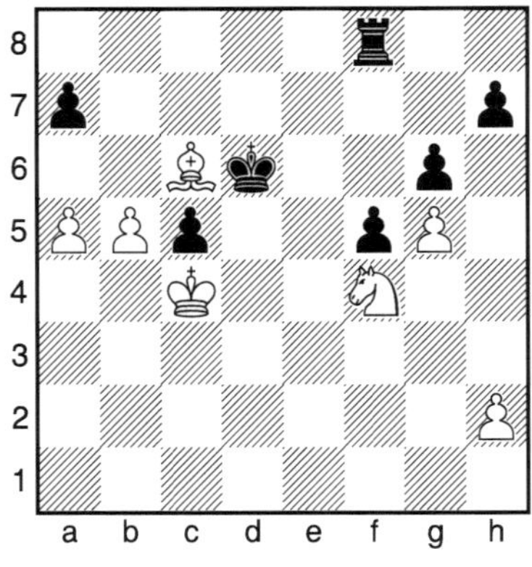

Schwarz am Zug

a) ♔e5 gewinnt.
b) ♔e5 verliert.
c) Nach h6 ist das Endspiel ausgeglichen.

Übung 10

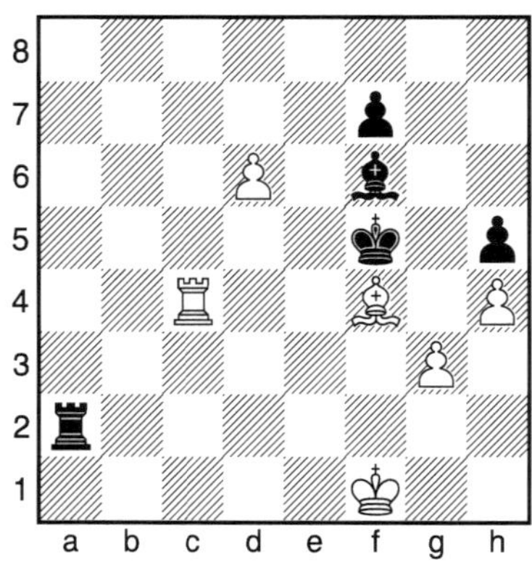

Schwarz am Zug

a) ♗e5 führt zum Remis.
b) ♖a5 führt zum Remis.
c) ♖a3 führt zum Remis.

(Lösungen ab Seite 180)

Übung 11

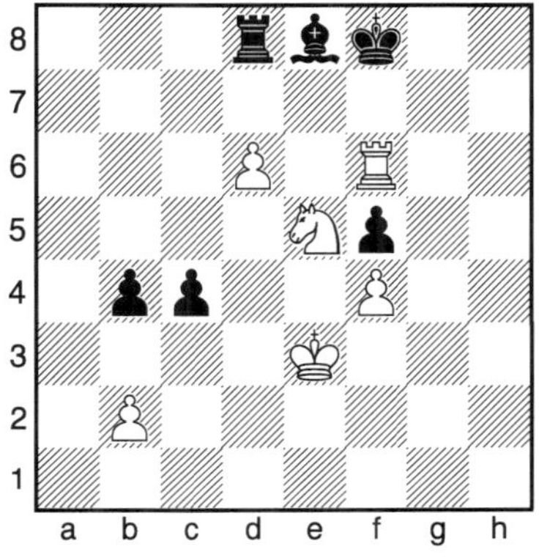

Schwarz am Zug

a) ♔g8 remisiert.
b) ♔g7 remisiert.
c) Beide Züge verlieren.

Übung 12

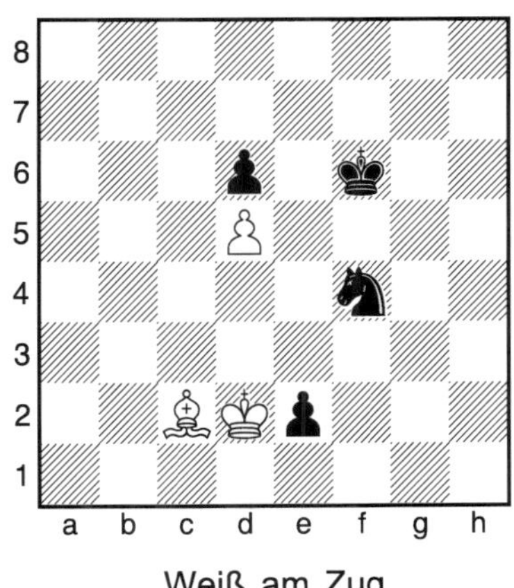

Weiß am Zug

a) ♗b3 reicht zum Remis.
b) ♗b3 verliert; ein anderer Zug remisiert.

(Lösungen ab Seite 182)

Übung 13

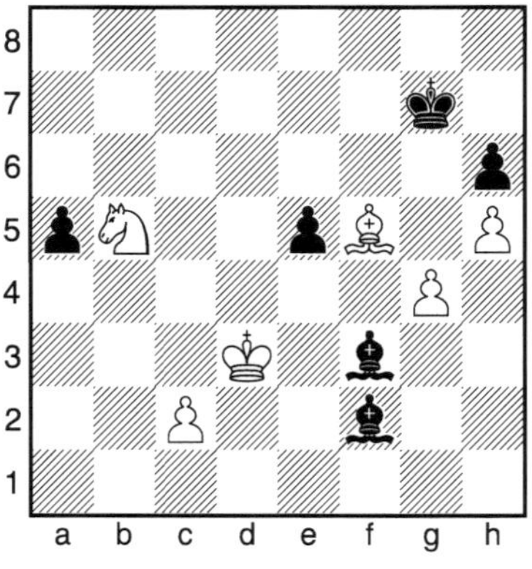

Schwarz am Zug

a) ♔f6 gewinnt.
b) a4 gewinnt.
c) Beide Züge gewinnen.

Übung 14

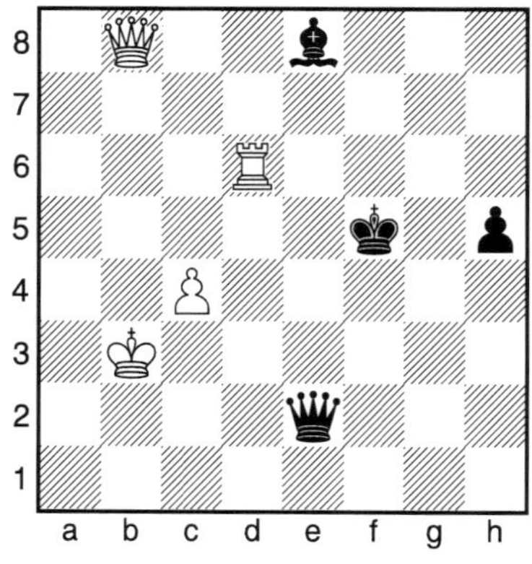

Schwarz am Zug

a) Nach ♗a4+ kann Schwarz sich retten.
b) Nach ♕e3+ kann Schwarz sich retten.
c) Schwarz ist in allen Varianten verloren.

(Lösungen ab Seite 182)

Übung 15

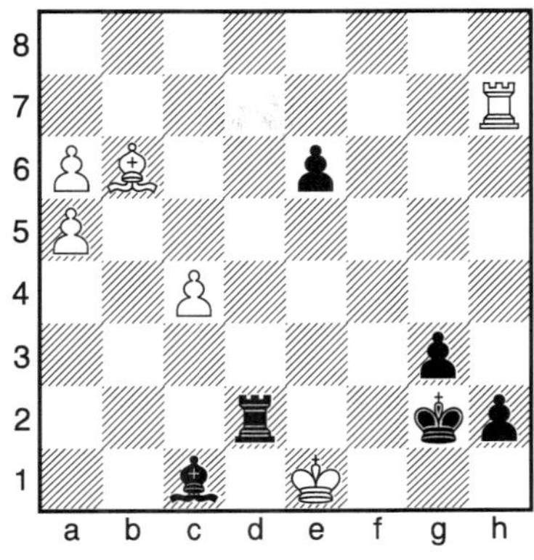

Schwarz am Zug

a) Schwarz verliert, denn die Drohung a7–a8♕+ kann nicht mehr pariert werden.
b) Schwarz gewinnt, denn die Drohung a7–a8♕+ kann noch pariert werden.

Übung 16

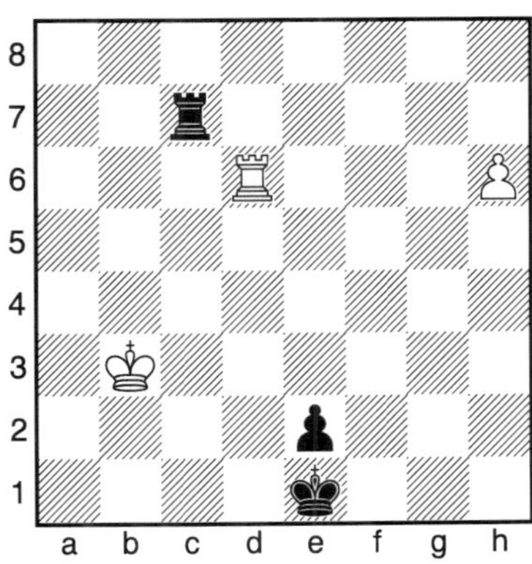

Weiß am Zug

a) ♖e6 führt zum Remis.
b) ♖f6 führt zum Remis.
c) Beide Züge verlieren.

(Lösungen ab Seite 183)

Übung 17

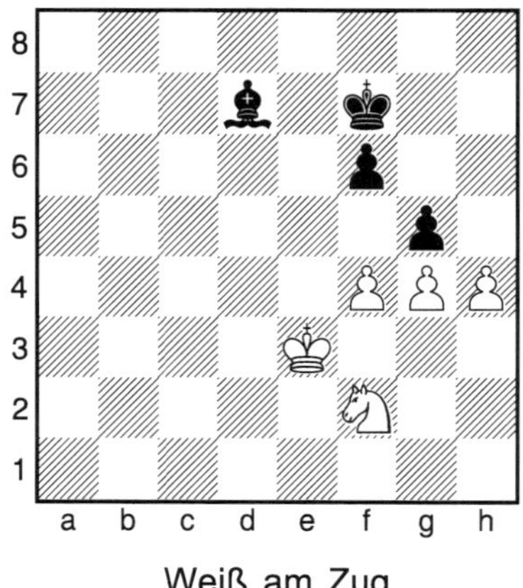

Weiß am Zug

a) hxg5 gewinnt.
b) fxg5 gewinnt.
c) Die Stellung ist nicht zu gewinnen.

Übung 18

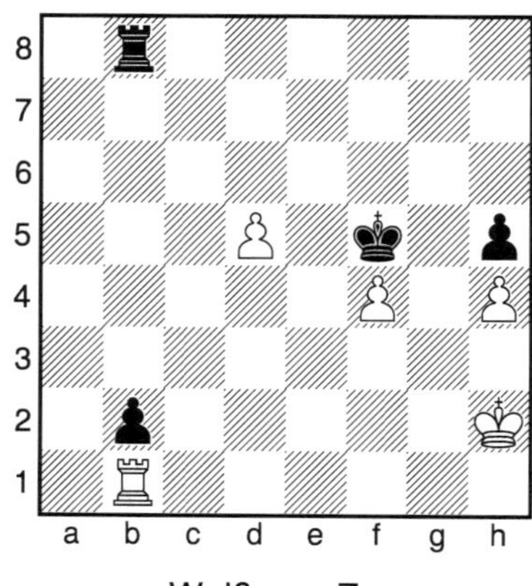

Weiß am Zug

a) 64.♔h3 remisiert.
b) 64.♔g3 remisiert.
c) 64.d6 remisiert.

(Lösungen ab Seite 184)

Übung 19

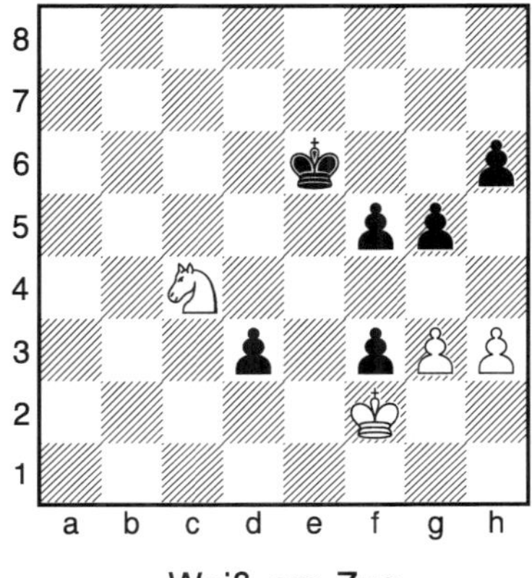

Weiß am Zug

a) ♔xf3 gewinnt.
b) ♔e3 gewinnt.
c) Beide Züge gewinnen.

Übung 20

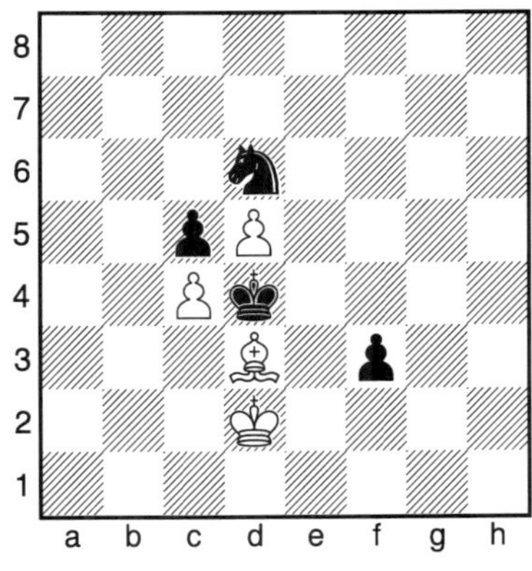

Schwarz am Zug

a) ♘f7 gewinnt.
b) f2 gewinnt.
c) Beide Züge gewinnen.

(Lösungen ab Seite 185)

Übung 21

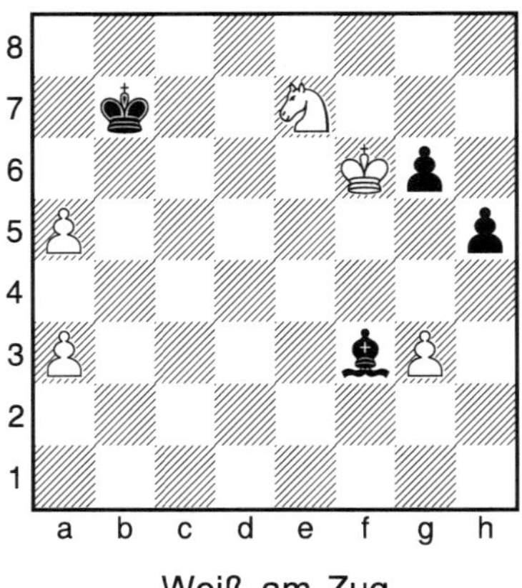

Weiß am Zug

a) ♘xg6 gewinnt.
b) ♔xg6 gewinnt.
c) Beide Züge führen nur zum Remis.

Übung 22

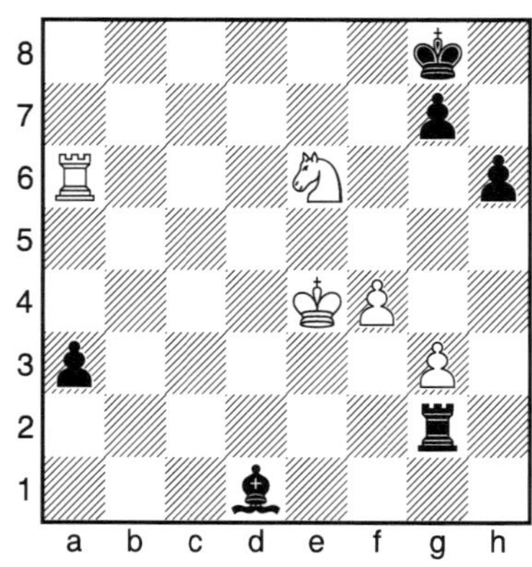

Schwarz am Zug

a) Der sofortige Vorstoß a2 gewinnt.
b) Der sofortige Vorstoß a2 verliert.
c) Es gewinnt nur 49...♖xg3.

(Lösungen ab Seite 187)

Übung 23

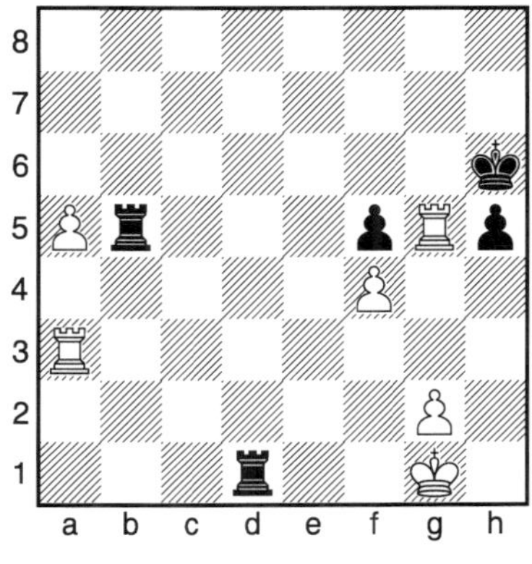

Weiß am Zug

a) ♔f2 gewinnt.
b) ♔h2 gewinnt.
c) Beide Züge führen zum Gewinn.

Übung 24

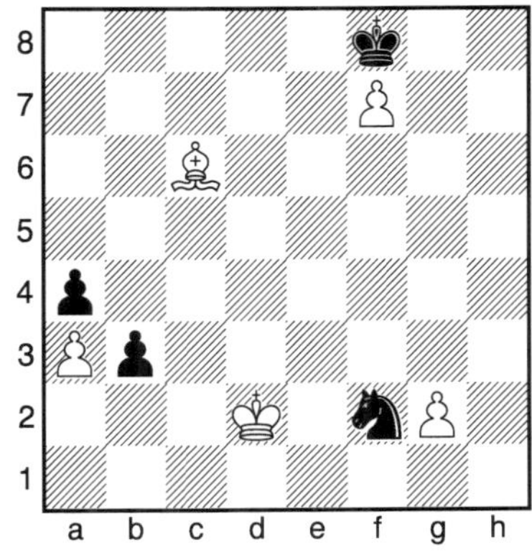

Schwarz am Zug

a) Nach b2 gewinnt Schwarz.
b) Nach ♔xf7 gewinnt Schwarz.
c) Beide Züge verlieren.

(Lösungen ab Seite 189)

Übung 25

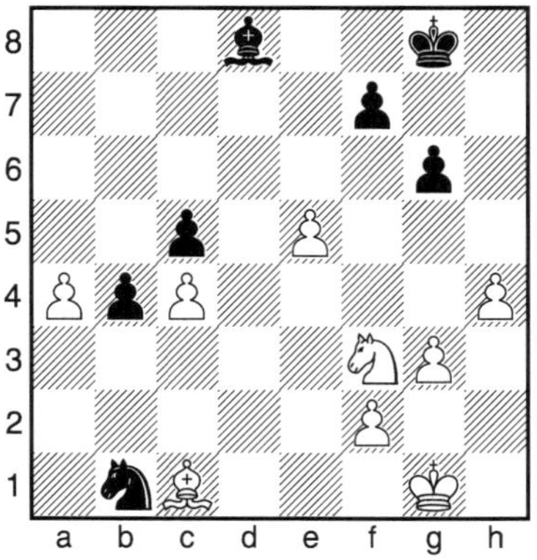

Schwarz am Zug

a) b3 remisiert.
b) ♘c3 remisiert.
c) Schwarz ist rettungslos verloren.

Übung 26

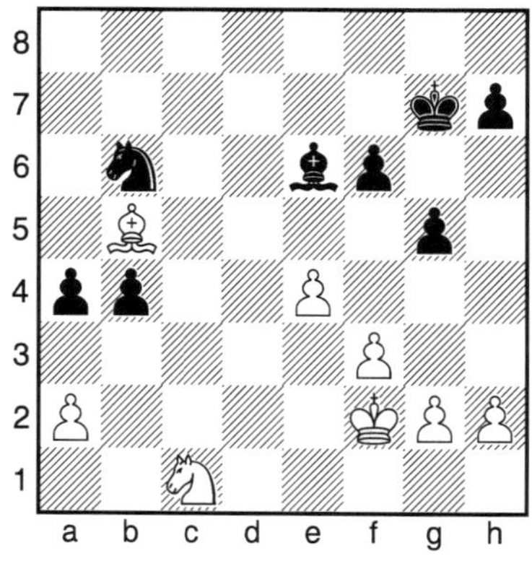

Schwarz am Zug

a) Schwarz kann auf zwei Arten gewinnen.
b) Schwarz kann nur mit b3 gewinnen.
c) Schwarz kann nicht gewinnen.

(Lösungen ab Seite 190)

Übung 27

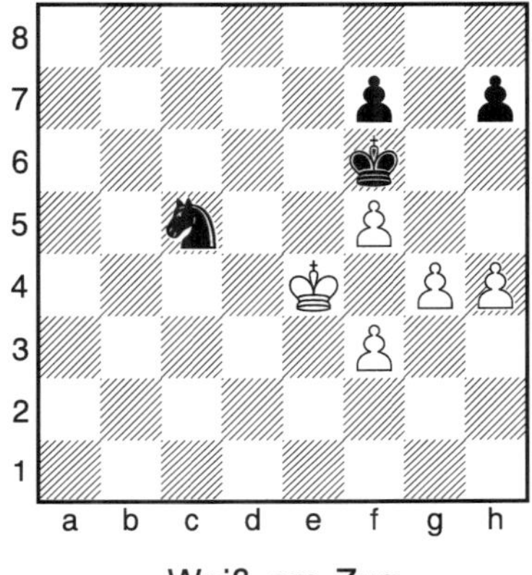

Weiß am Zug

a) ♔d4 remisiert.
b) ♔f4 remisiert.
c) Beide Züge verlieren.

Übung 28

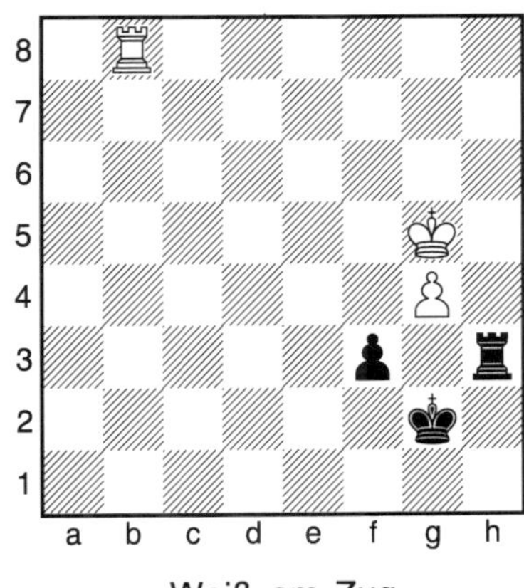

Weiß am Zug

a) Mit ♔g6 kann Weiß sich retten.
b) Mit ♔f4 kann Weiß sich retten.
c) Mit ♔f6 kann Weiß sich retten.

(Lösungen ab Seite 192)

Übung 29

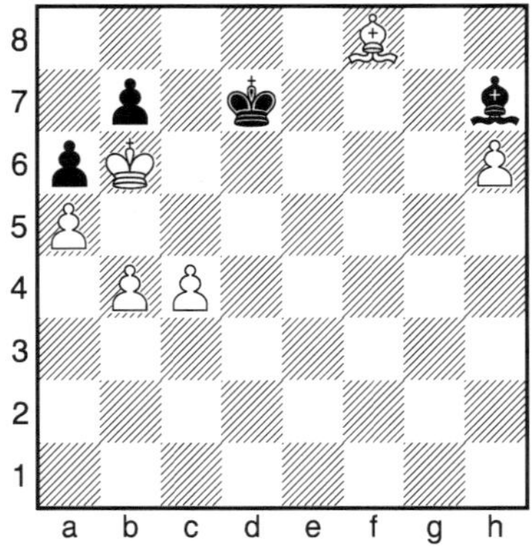

Schwarz am Zug

a) Schwarz ist verloren.
b) Er remisiert nach ♔c8.
c) Er remisiert nach ♗e4.

Übung 30

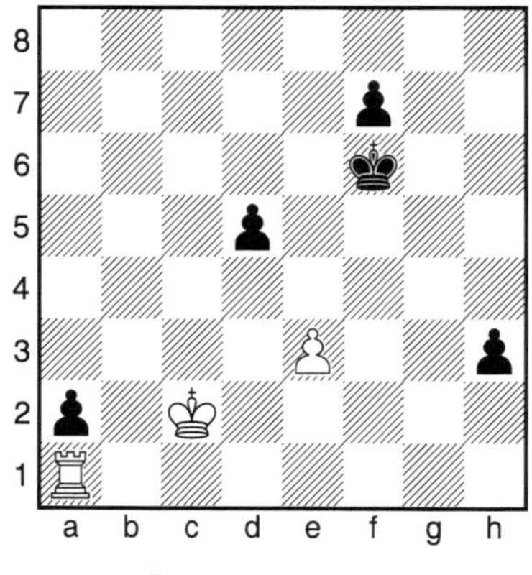

Schwarz am Zug

a) Nach h2 kann Schwarz sich retten.
b) Nach ♔g5 kann Schwarz sich retten.
c) Ein anderer Zug bringt Rettung.

(Lösungen ab Seite 193)

Übung 31

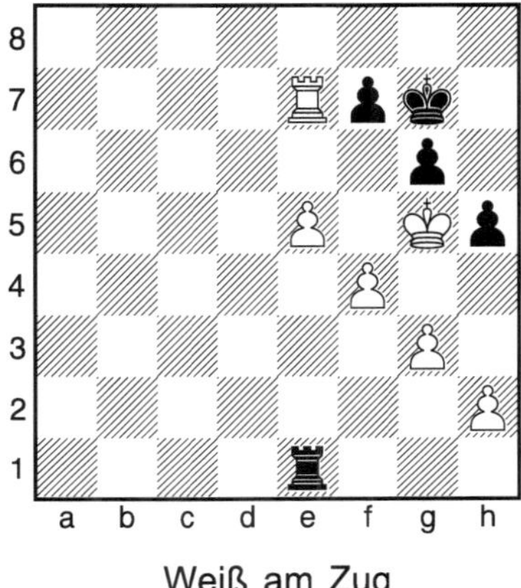

Weiß am Zug

a) Weiß gewinnt.
b) Weiß kann nicht gewinnen.

Übung 32

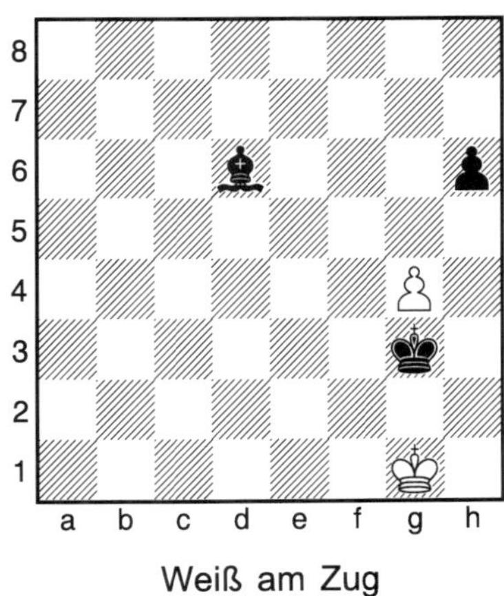

Weiß am Zug

a) Weiß remisiert nach ♔f1.
b) Weiß remisiert nach ♔h1.

(Lösungen ab Seite 195)

Übung 33

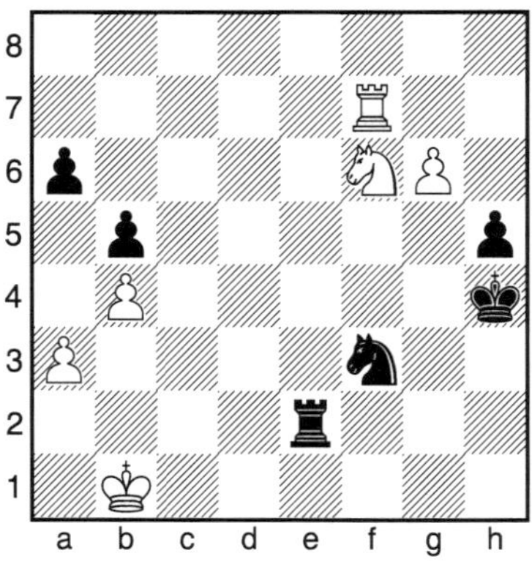

Schwarz am Zug

a) Weiß gewinnt.
b) Schwarz kann ein Remis erreichen.
c) Weiß verliert.

Übung 34

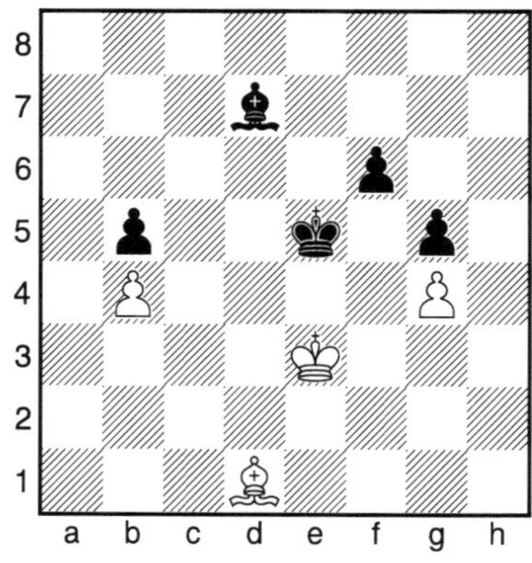

Schwarz am Zug

a) Nach f5 hat Schwarz Gewinnchancen.
b) Nach ♔d5 hat Schwarz Gewinnchancen.
c) Schwarz hat keine Gewinnchancen.

(Lösungen ab Seite 196)

Übung 35

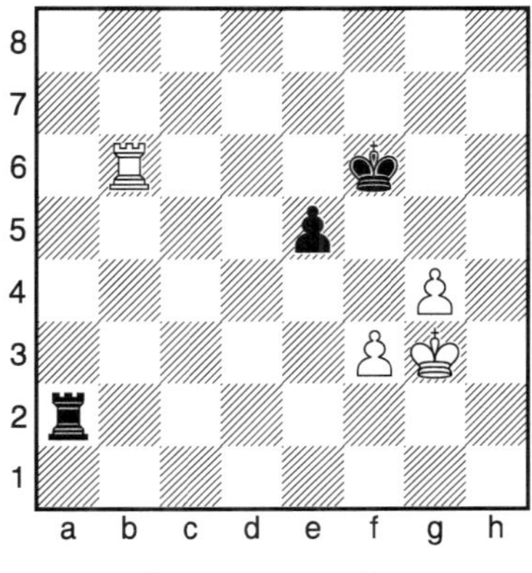

Schwarz am Zug

a) ♔g5 remisiert.
b) ♔f7 remisiert.
c) Beide Züge remisieren.

Übung 36

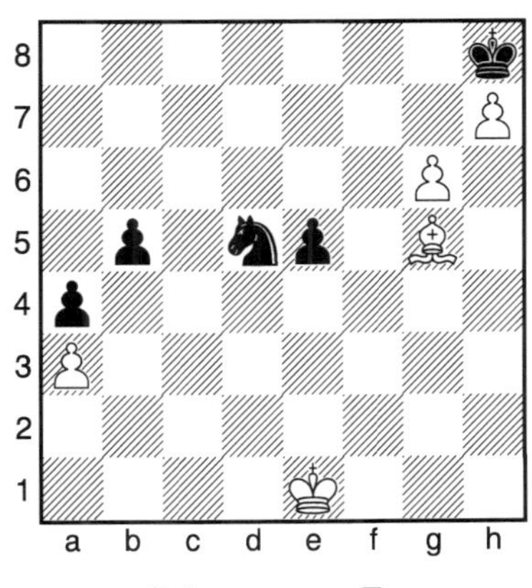

Schwarz am Zug

a) ♔g7 gewinnt.
b) ♔g7 remisiert.
c) ♔g7 verliert; Schwarz muss eine andere Rettung suchen.

(Lösungen ab Seite 197)

Übung 37

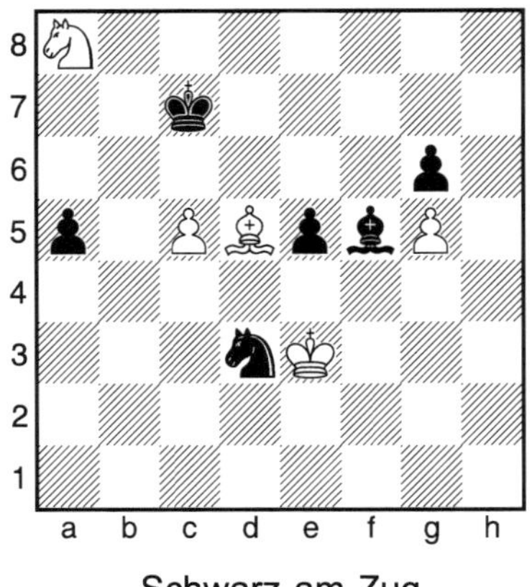

Schwarz am Zug

a) Nach ♔b8 hat Schwarz Gewinnchancen.
b) Nach ♔c8 hat Schwarz Gewinnchancen.
c) Nach ♔d7 hat Schwarz Gewinnchancen.

Übung 38

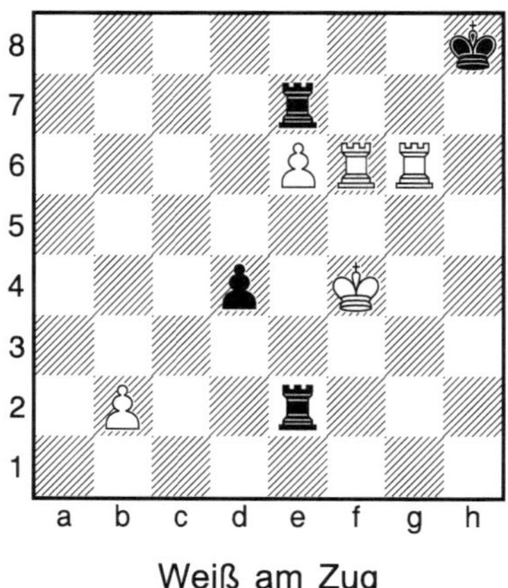

Weiß am Zug

a) b4 gewinnt.
b) Ein anderer Zug gewinnt.

(Lösungen ab Seite 199)

Übung 39

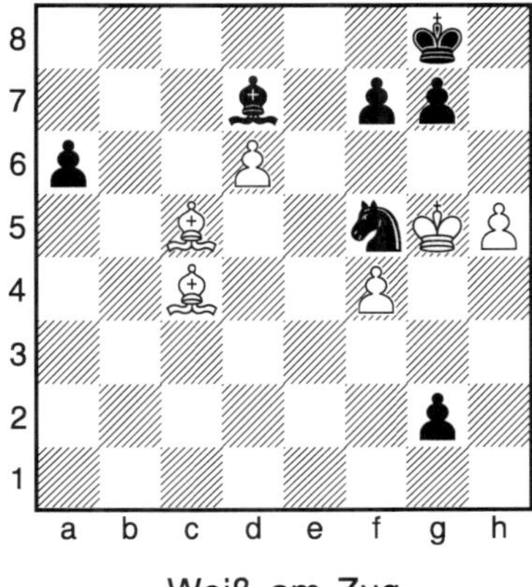

Weiß am Zug

a) ♗xa6 gewinnt.
b) ♗xa6 remisiert.
c) ♗xa6 verliert.

Übung 40

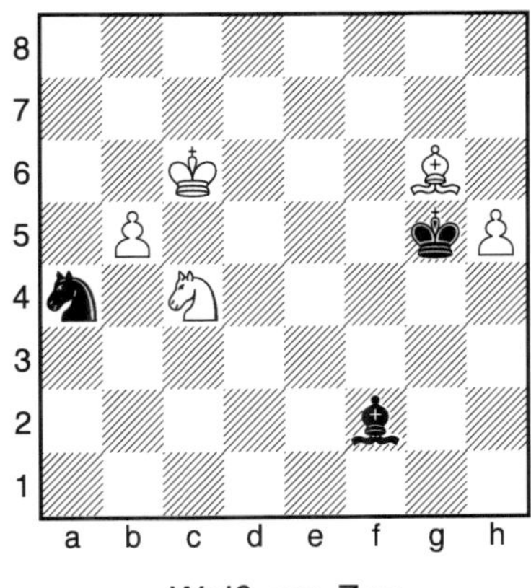

Weiß am Zug

a) b6 gewinnt.
b) ♘e5 gewinnt.
c) Die Stellung ist nicht zu gewinnen.

(Lösungen ab Seite 200)

Übung 41

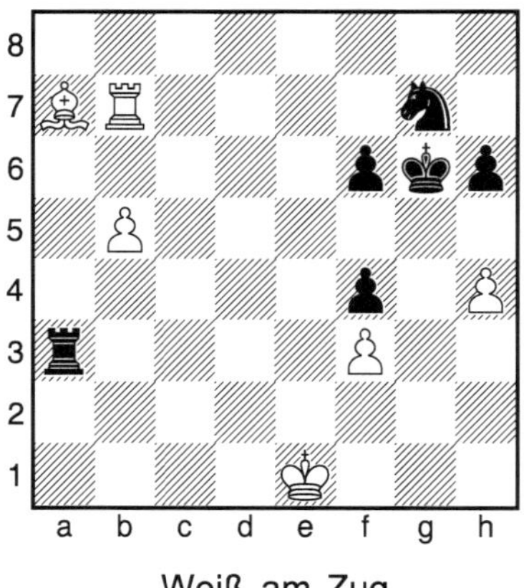

Weiß am Zug

a) Mit 45.h5+ kann Weiß gewinnen.
b) Mit 45.b6 kann Weiß gewinnen.
c) Beide Züge gewinnen.

Übung 42

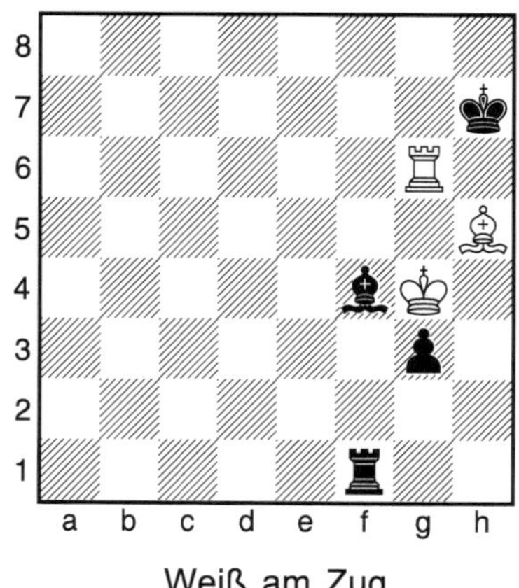

Weiß am Zug

a) Mit 1.♔f5 kann Weiß sich retten.
b) Mit 1.♔h3 kann Weiß sich retten.
c) Weiß ist rettungslos verloren.

(Lösungen ab Seite 201)

Übung 43

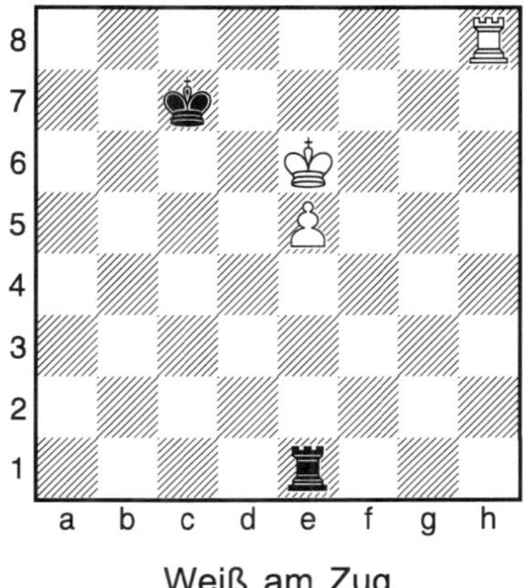

Weiß am Zug

a) Weiß kann gewinnen.
b) Weiß kann nicht gewinnen.

Übung 44

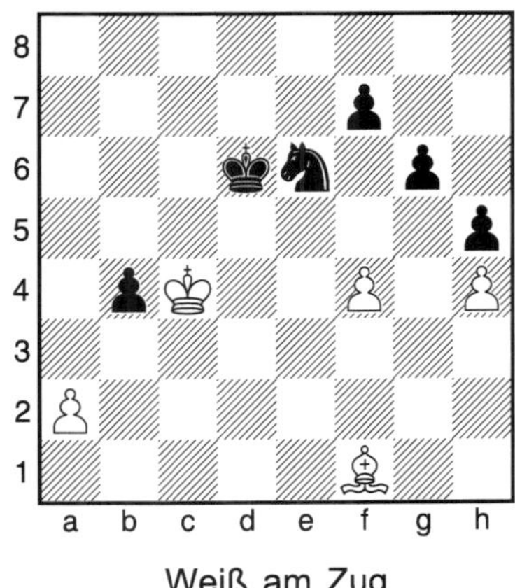

Weiß am Zug

a) Nach 43.f5 kann Weiß sich retten.
b) Nach 42.♔xb4 kann Weiß sich retten.
c) Beide Züge führen zum Remis.

(Lösungen ab Seite 203)

Übung 45

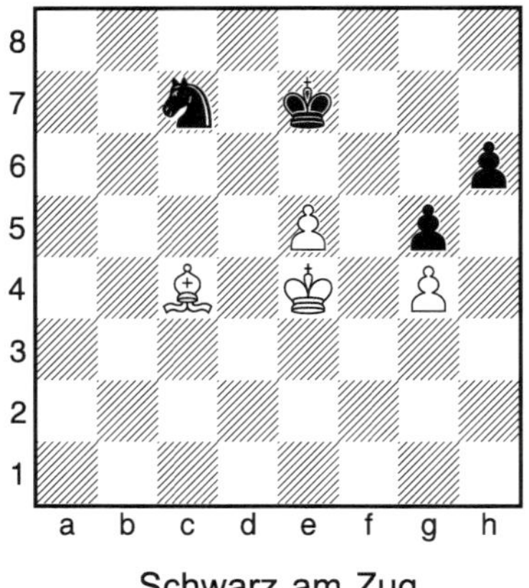

Schwarz am Zug

a) ♘e8 führt zum Remis.
b) ♘e8 verliert, aber andere Züge können die Partie retten.

Übung 46

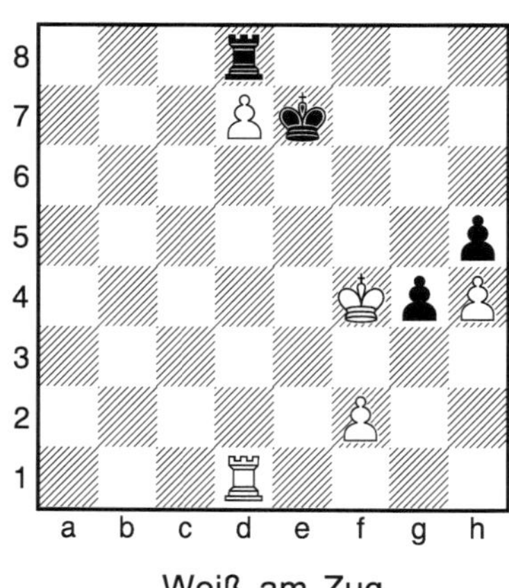

Weiß am Zug

a) Weiß verliert den d-Bauern aber gewinnt die Partie.
b) Die Stellung ist ausgeglichen.

(Lösungen ab Seite 205)

Übung 47

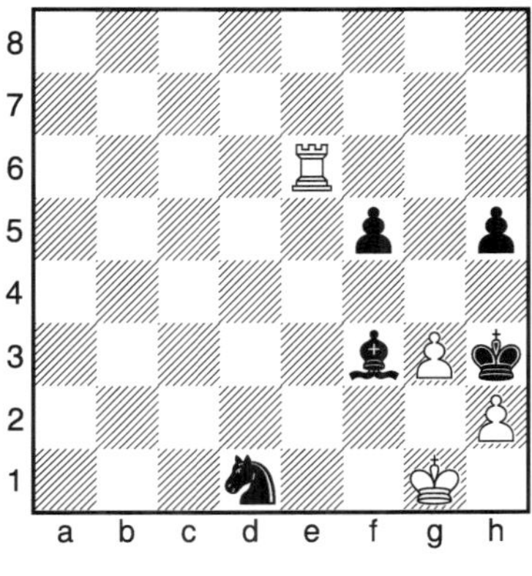

Weiß am Zug

a) ♖d6 gewinnt.
b) ♖d6 remisiert.
c) ♖d6 verliert, aber ein anderer Zug remisiert.

Übung 48

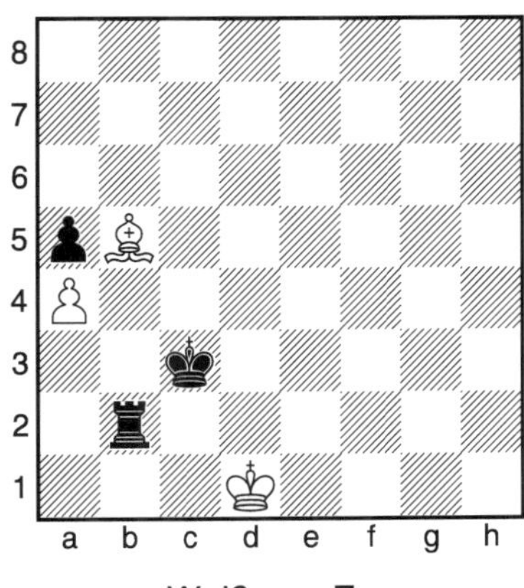

Weiß am Zug

a) Nach ♔e1 kann Weiß sich retten.
b) Nach ♔c1 kann Weiß sich retten.
c) Beide Züge garantieren den Ausgleich.

(Lösungen ab Seite 206)

Übung 49

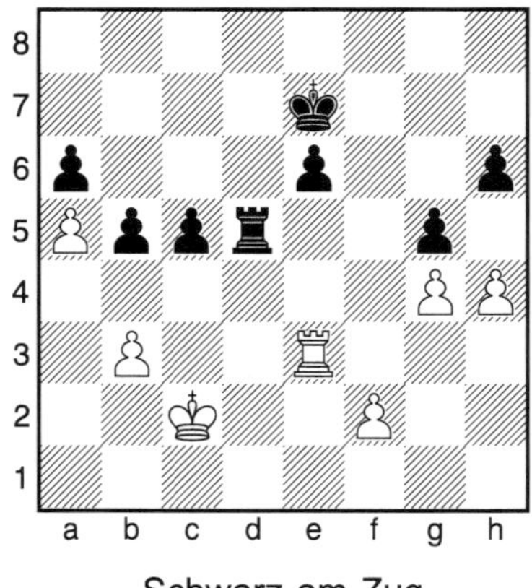

Schwarz am Zug

a) Schwarz gewinnt.
b) Weiß kann remisieren.

Übung 50

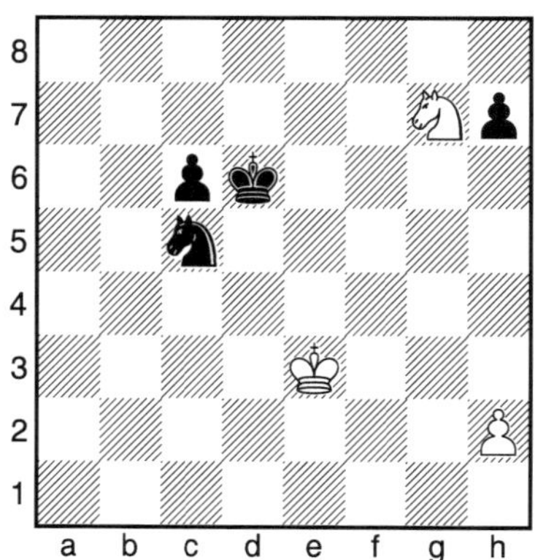

a) ♔f4 remisiert.
b) ♘f5+ remisiert.
c) Beide Züge verlieren, aber es gibt eine andere Rettung.

(Lösungen ab Seite 208)

Übung 51

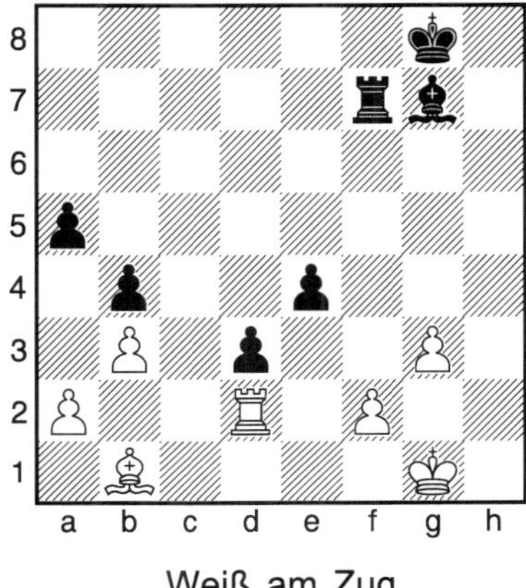

Weiß am Zug

a) Nach Eliminierung der schwarzen Zentrumsbauern kann Weiß remisieren.
b) Die weiße Stellung ist nicht zu retten.

Übung 52

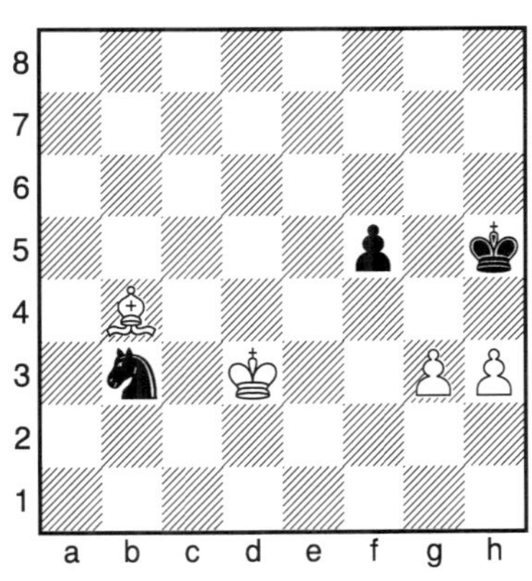

Schwarz am Zug

a) Nach ♘c1+ ist die Partie nicht mehr zu retten.
b) Nach ♔g5 ist die Partie nicht mehr zu retten.
c) Nach ♔g6 ist die Partie nicht mehr zu retten.

(Lösungen ab Seite 209)

Übung 53

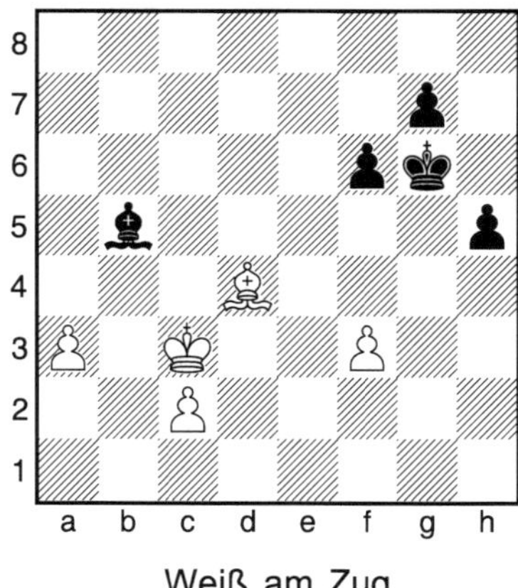

Weiß am Zug

a) ♔b4 verliert, aber ein anderer Zug remisiert.
b) ♔b4 remisiert.
c) ♔b4 gewinnt.

Übung 54

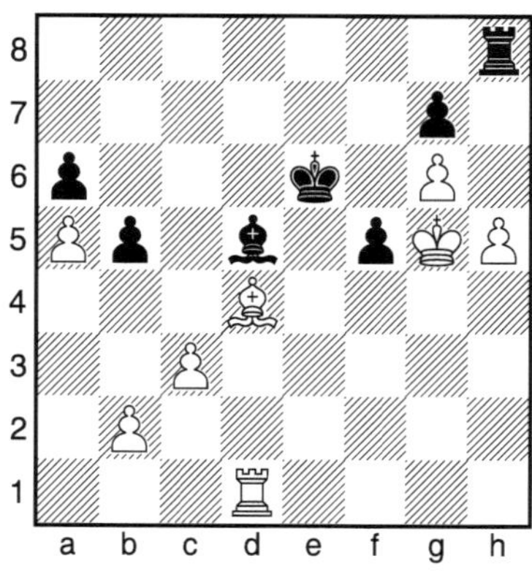

Schwarz am Zug

a) ♖xh5+ remisiert.
b) ♗f3 remisiert.
c) Beide Züge verlieren.

(Lösungen ab Seite 211)

Übung 55

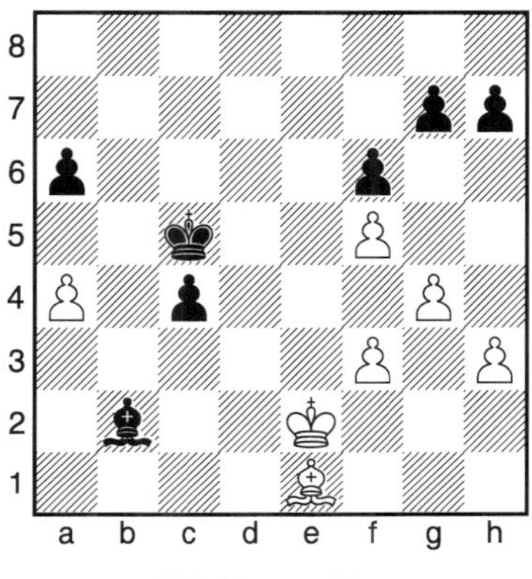

Weiß am Zug

a) Weiß verliert.
b) Weiß gewinnt.
c) Die Stellung ist völlig ausgeglichen.

Übung 56

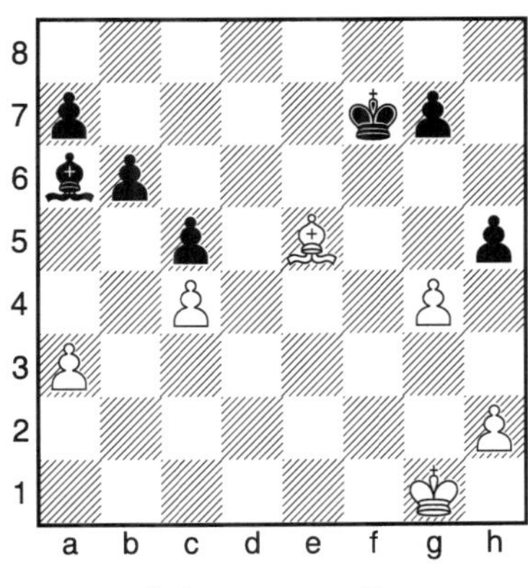

Schwarz am Zug

a) Das Endspiel ist ausgeglichen.
b) Nach ♔e6 kann Schwarz gewinnen.
c) Nach einem anderen Zug kann Schwarz gewinnen.

(Lösungen ab Seite 212)

Übung 57

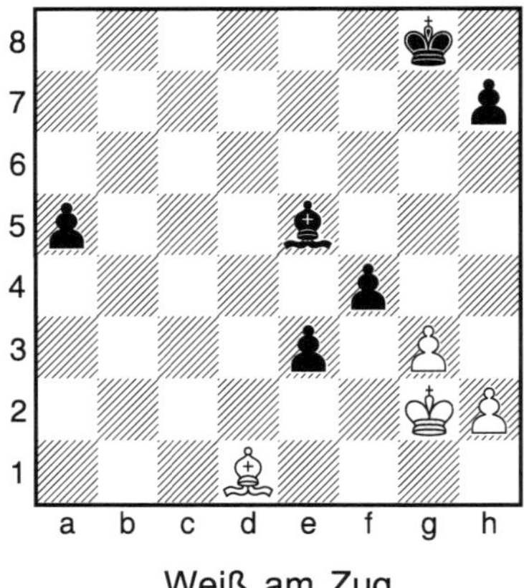

Weiß am Zug

a) gxf4 remisiert.
b) ♔f3 remisiert.
c) Beide Fortsetzungen remisieren.

Übung 58

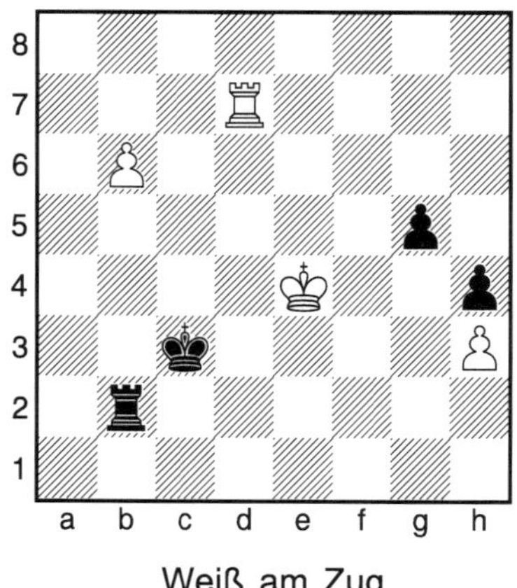

Weiß am Zug

a) Weiß gewinnt nach 67.b7.
b) Weiß gewinnt nach 67.♖c7+.
c) Beide Züge gewinnen.

(Lösungen ab Seite 214)

Übung 59

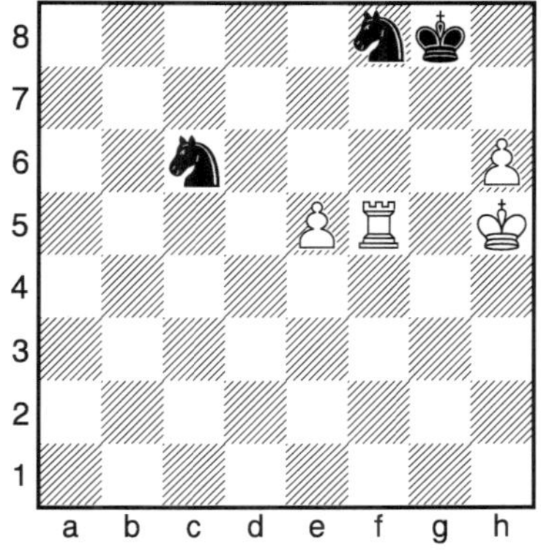

Schwarz am Zug

a) ♘d7 remisiert.
b) ♘b8 remisiert.
c) Schwarz ist nicht zu retten.

Übung 60

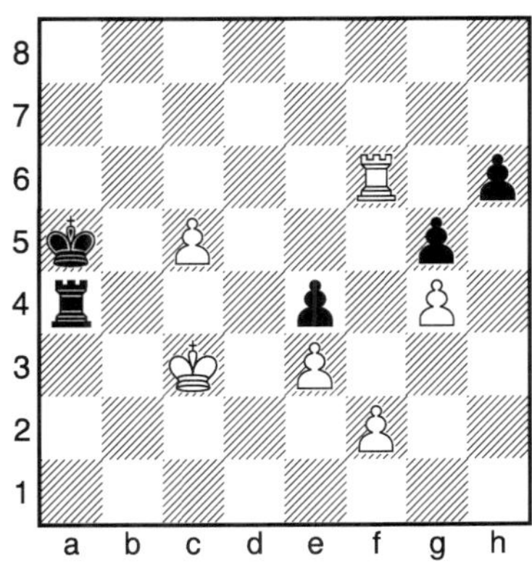

Weiß am Zug

a) ♖b6 gewinnt.
b) ♖xh6 gewinnt ebenfalls.
c) Beide Züge führen nur zum Remis.

(Lösungen ab Seite 215)

Übung 61

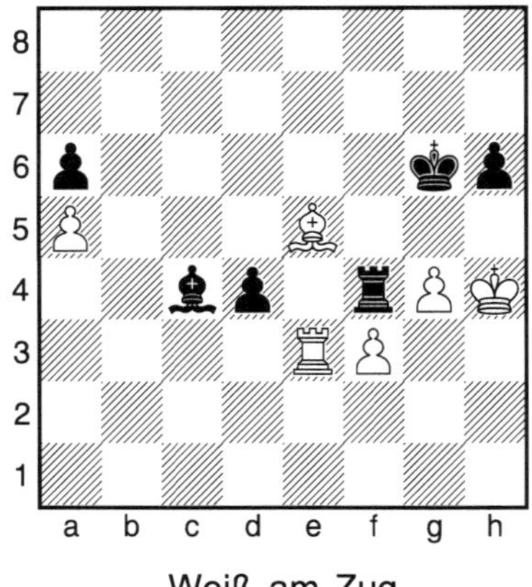

Weiß am Zug

a) ♖a3 gewinnt.
b) ♖a3 reicht nur zum Remis aus.
c) Zum Gewinn führt nur 58.♗xf4.

Übung 62

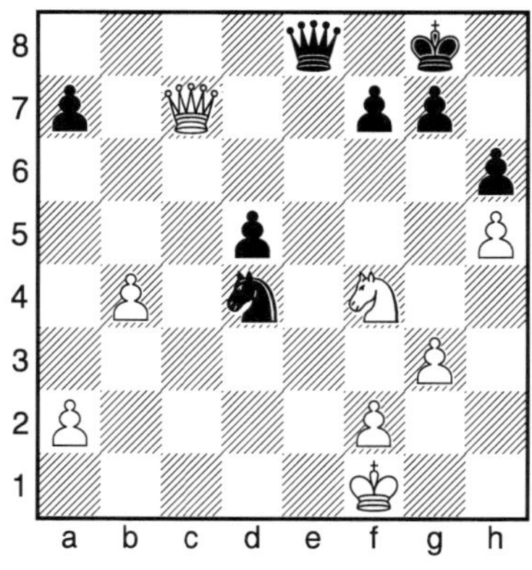

Schwarz am Zug

a) ♘e6 gewinnt.
b) Besser ist ♘f3.
c) Beide Züge bringen keinen Vorteil.

(Lösungen ab Seite 216)

Übung 63

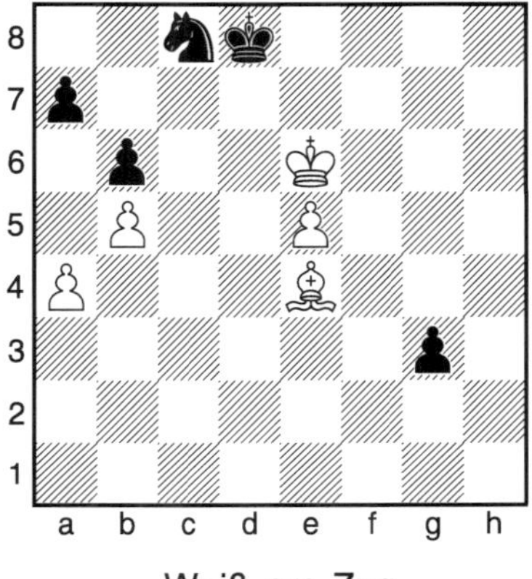

Weiß am Zug

a) ♔f7 gewinnt.
b) ♔d5 gewinnt.
c) Die Stellung ist ausgeglichen.

Übung 64

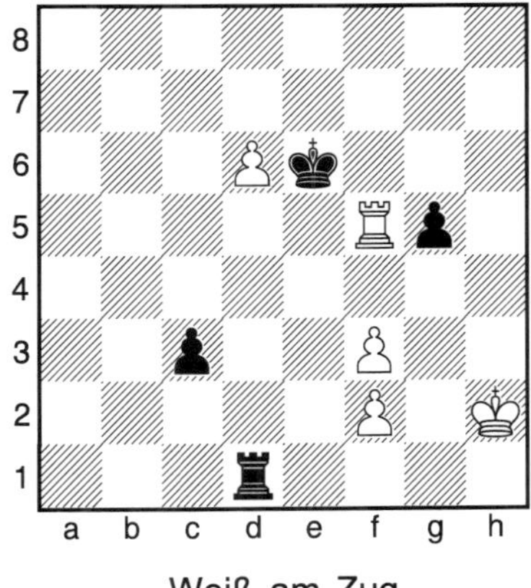

Weiß am Zug

a) ♖c5 gewinnt.
b) ♖c5 führt nur zum Remis.

(Lösungen ab Seite 218)

Übung 65

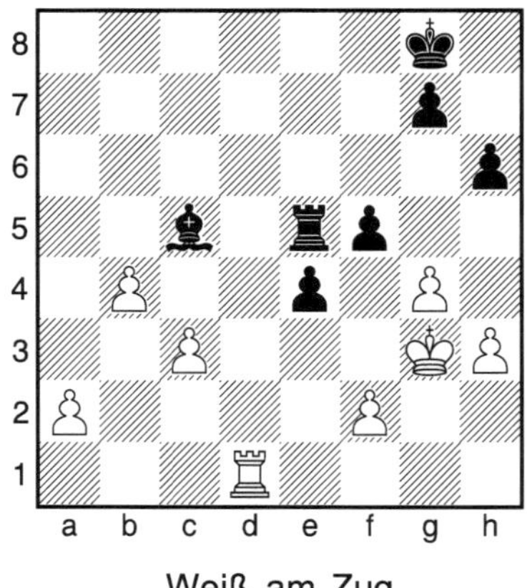

Weiß am Zug

a) ♔f4 gewinnt.
b) bxc5 gewinnt.
c) Beide Züge führen zum Sieg.

Übung 66

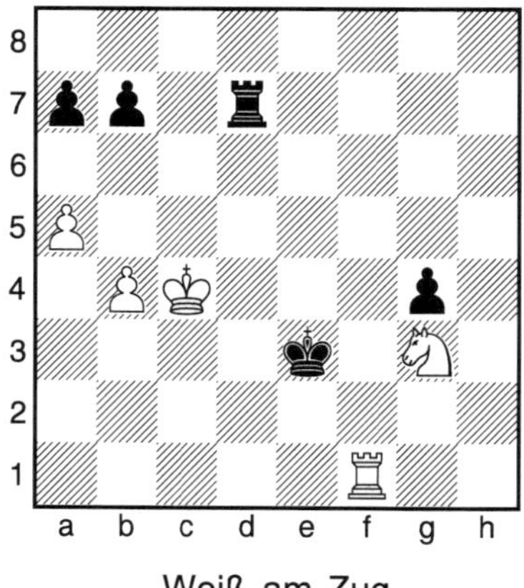

Weiß am Zug

a) ♖f6 gewinnt.
b) b5 gewinnt.
c) Die Stellung ist ausgeglichen.

(Lösungen ab Seite 219)

Übung 67

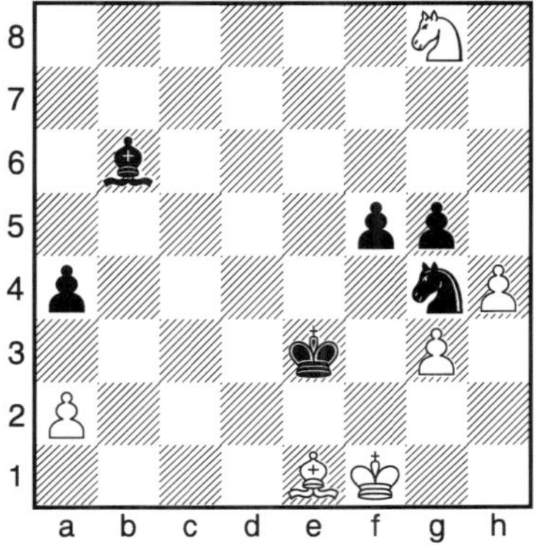

Weiß am Zug

a) hxg5 gewinnt.
b) Weiß steht auf Verlust.
c) Mit ♘h6 oder ♘f6 ist die Partie zu retten.

Übung 68

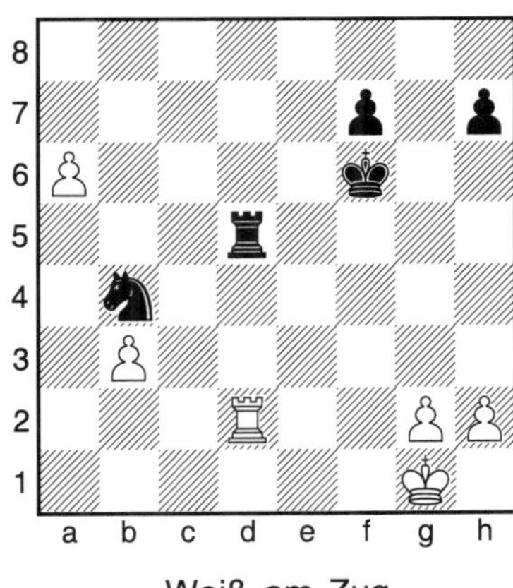

Weiß am Zug

a) Weiß gewinnt ganz einfach.
b) Im Gegenteil, er verliert.
c) Remis ist ihm sicher.

(Lösungen ab Seite 220)

Übung 69

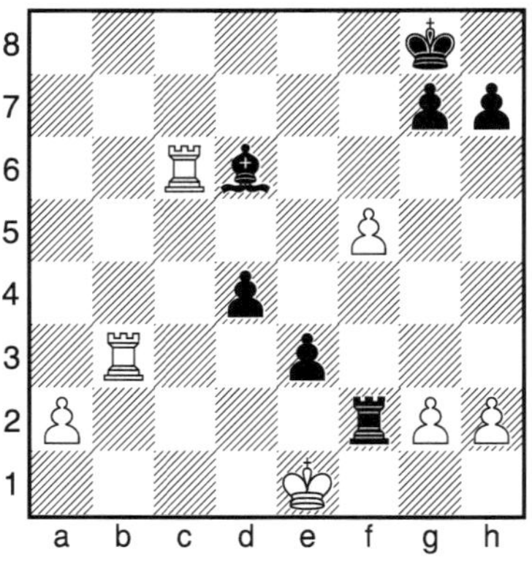

Schwarz am Zug

a) ♗xh2 gewinnt.
b) ♗xh2 führt nur zum Ausgleich.
c) ♗xh2 verliert; eine andere Fortsetzung remisiert.

Übung 70

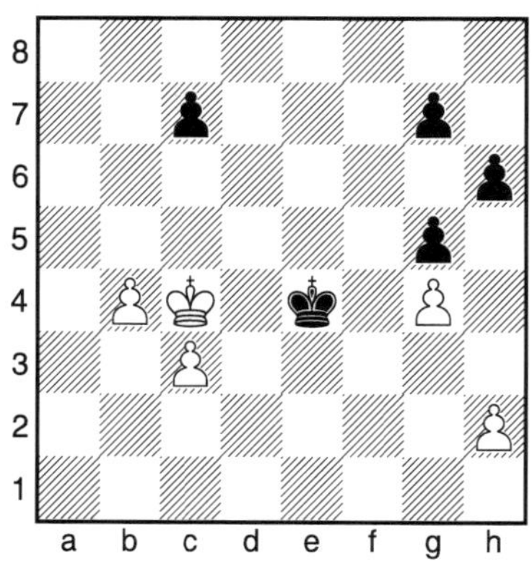

Schwarz am Zug

a) Nach g6 nebst h5 gewinnt Schwarz schnell.
b) Alternativ führt ♔f3 (bzw. ♔f4) zum Remis.
c) Schwarz verliert.

(Lösungen ab Seite 221)

Übung 71

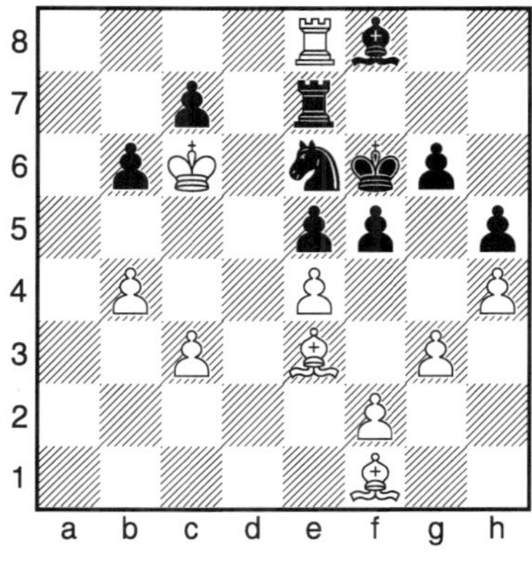

Weiß am Zug

a) Weiß gewinnt.
b) Die Stellung ist remis.

Übung 72

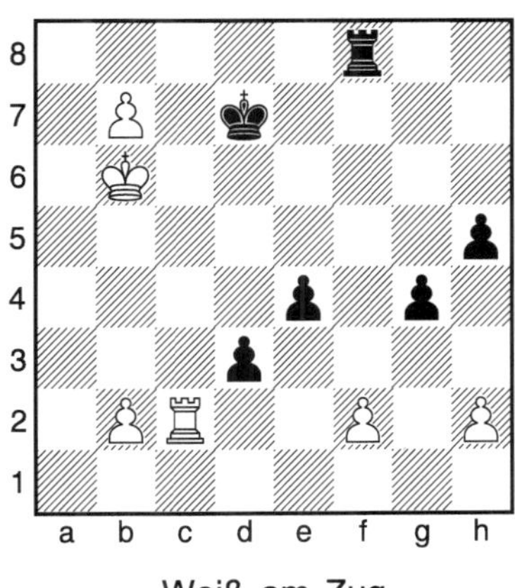

Weiß am Zug

a) Weiß gewinnt.
b) Die Stellung ist ausgeglichen.

(Lösungen ab Seite 223)

Übung 73

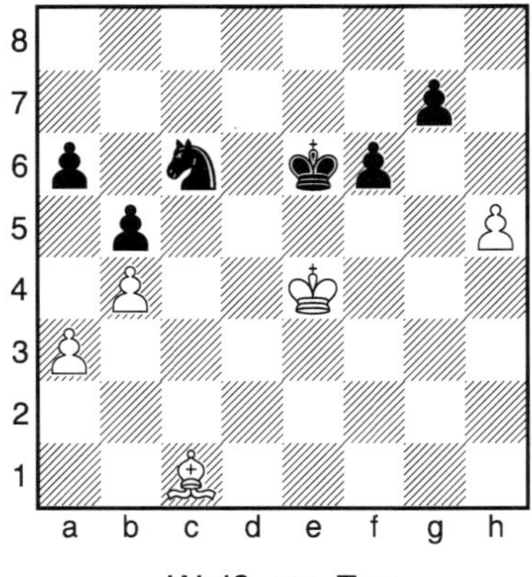

Weiß am Zug

a) ♗e3 remisiert.
b) ♗d2 remisiert.
c) Beide Züge remisieren.

Übung 74

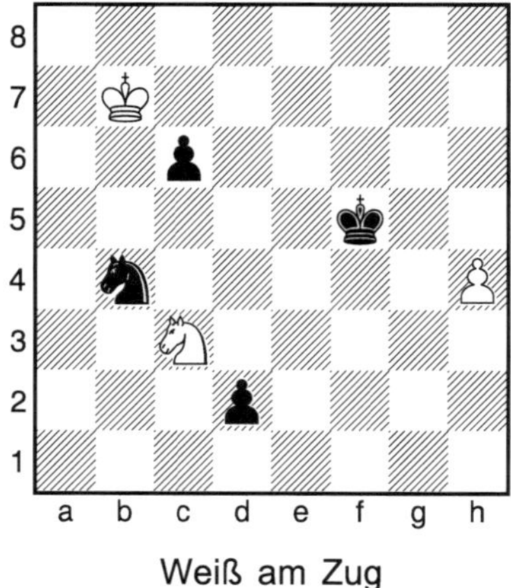

Weiß am Zug

a) ♘d1 remisiert.
b) Weiß ist verloren.

(Lösungen ab Seite 224)

Übung 75

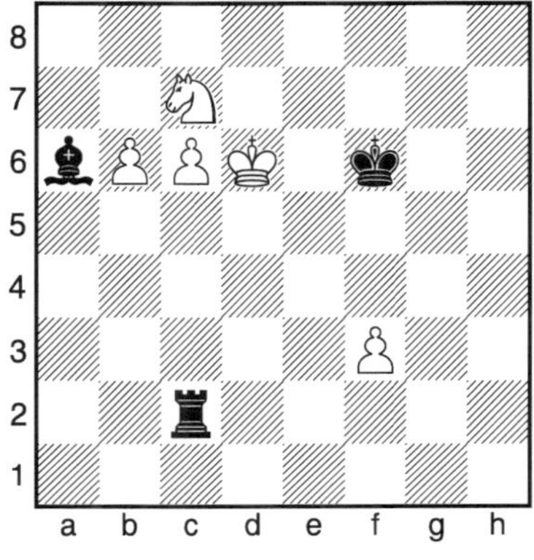

Schwarz am Zug

a) ♖d2+ remisiert.
b) ♖b2 remisiert.
c) Beide Züge remisieren.

Übung 76

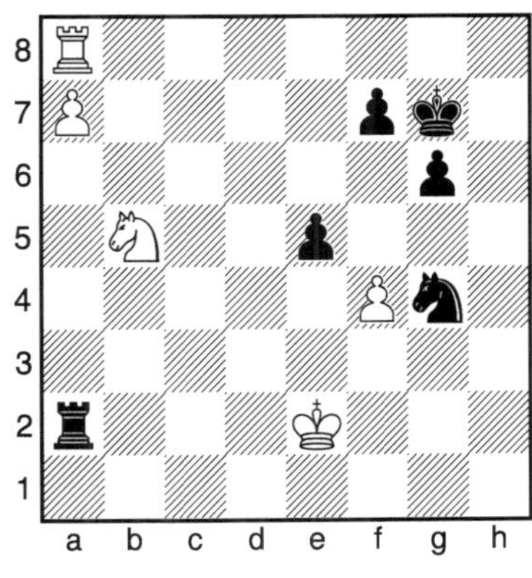

Weiß am Zug

a) ♔d3 gewinnt.
b) ♔f3 gewinnt.
c) Die Stellung ist nicht zu gewinnen.

(Lösungen ab Seite 225)

Übung 77

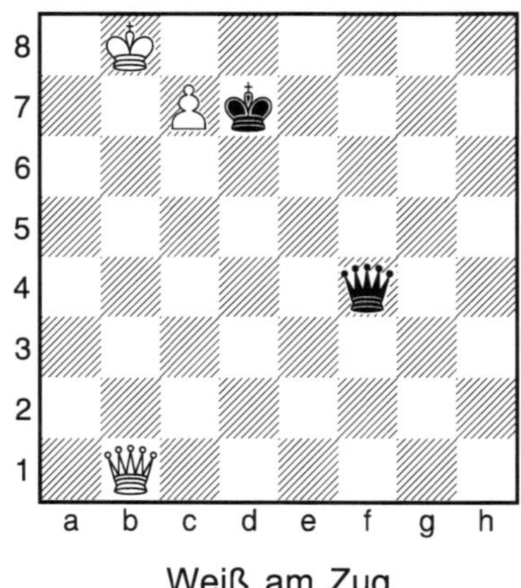

Weiß am Zug

a) Weiß kann sofort die Kapitulation erzwingen.
b) Der Gewinn dauert länger.

Übung 78

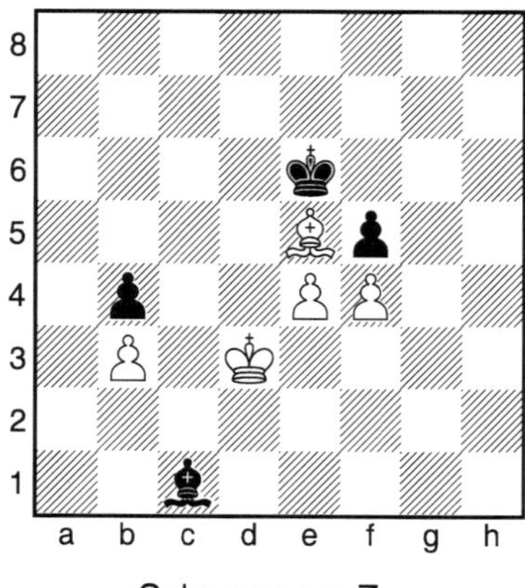

Schwarz am Zug

a) ♗a3 remisiert.
b) Schwarz ist verloren.

(Lösungen ab Seite 226)

Übung 79

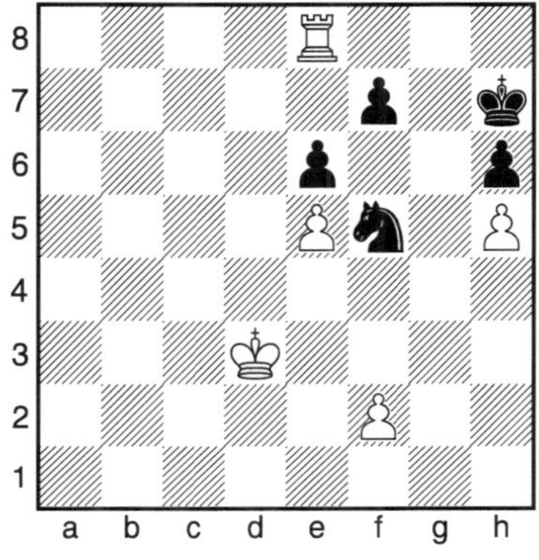

Schwarz am Zug

a) ♘g7 remisiert.
b) ♘h4 remisiert.
c) Schwarz ist verloren.

Übung 80

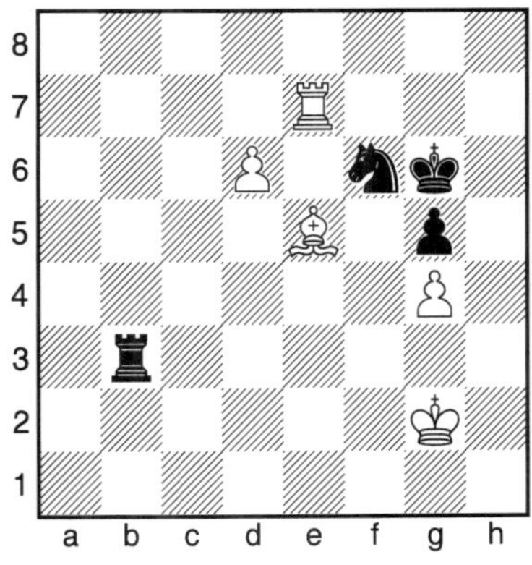

Schwarz am Zug

a) ♘xg4 remisiert.
b) Ein anderer Zug remisiert.

(Lösungen ab Seite 227)

Übung 81

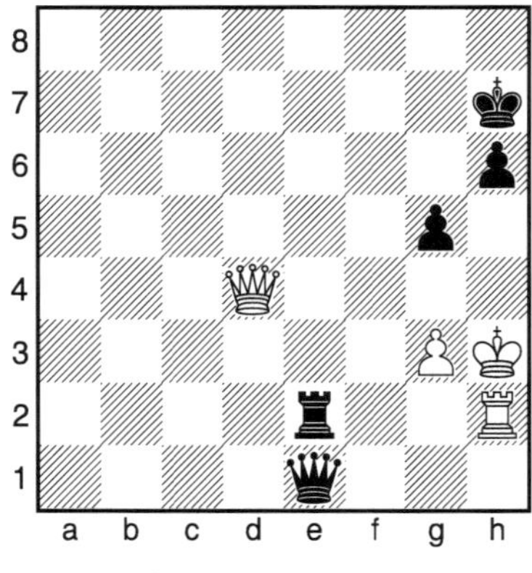

Schwarz am Zug

a) ♕f1+ gewinnt.
b) g4+ gewinnt.

Übung 82

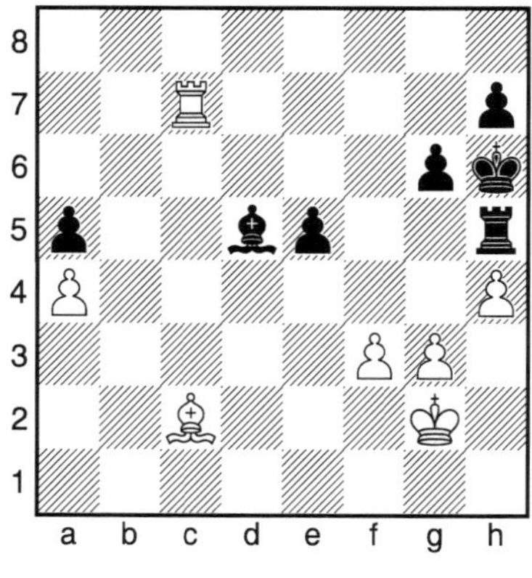

Schwarz am Zug

a) ♗g8 remisiert.
b) e4 remisiert.
c) Schwarz ist verloren.

(Lösungen ab Seite 228)

Übung 83

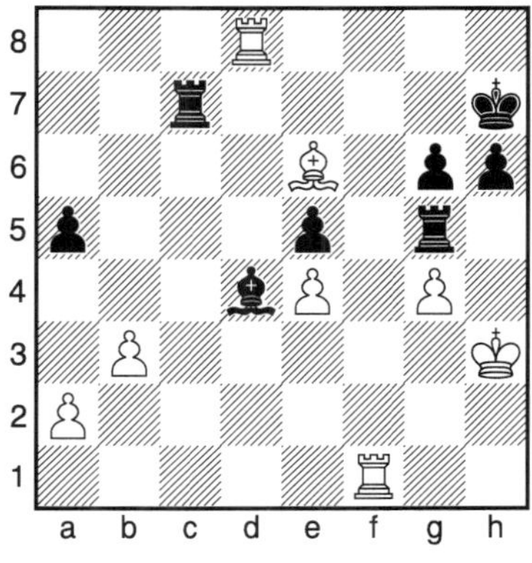

Schwarz am Zug

a) ♖c3+ remisiert.
b) ♗e3 remisiert.
c) Weiß ist verloren.

Übung 84

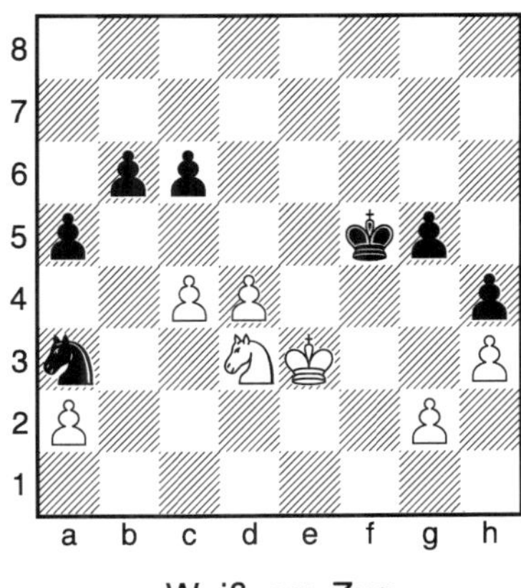

Weiß am Zug

a) Mit ♘e5 kann Weiß sich retten.
b) Mit einem anderen Zug kann Weiß sich retten.
c) Weiß ist rettungslos verloren.

(Lösungen ab Seite 229)

Übung 85

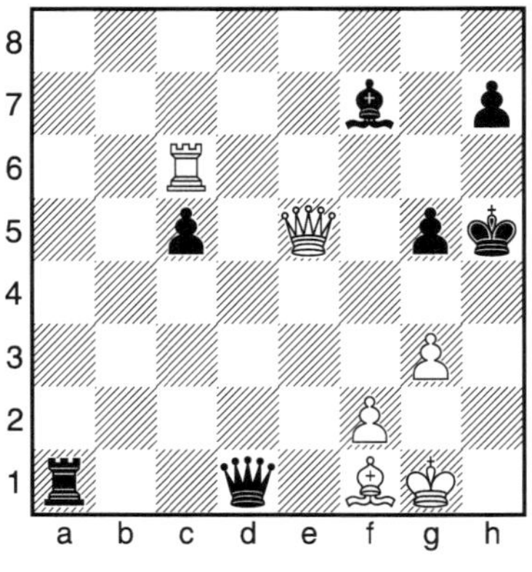

Weiß am Zug

a) Weiß verliert.
b) Weiß hat einen Remis-Trick.
c) Weiß hat einen Gewinn-Trick.

Übung 86

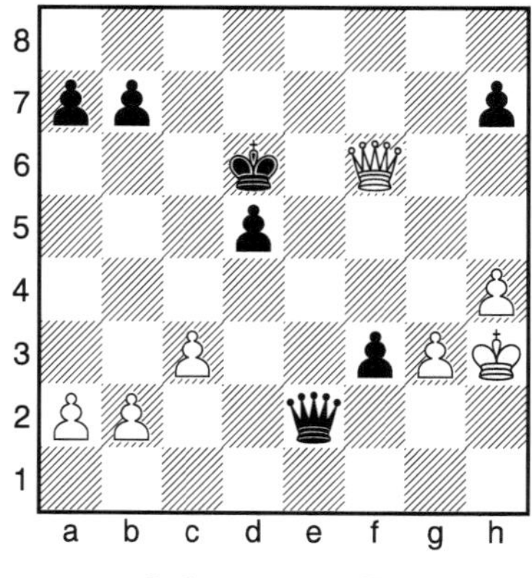

Schwarz am Zug

a) ♔c5 gewinnt.
b) ♕e6+ führt zu einem gewonnenen Bauernendspiel.
c) Das Bauernendspiel ist ausgeglichen.

(Lösungen ab Seite 231)

Übung 87

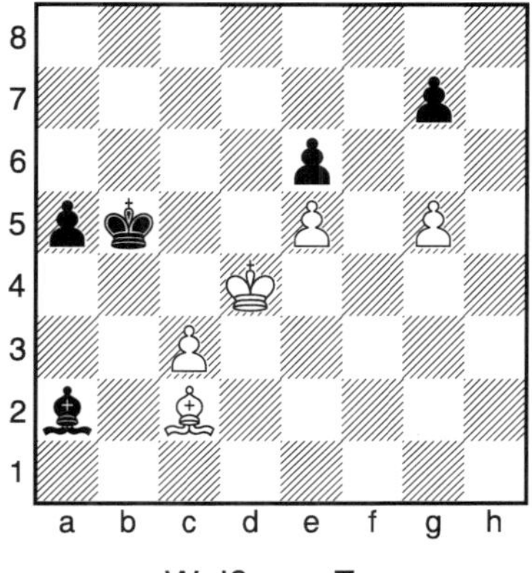

Weiß am Zug

a) ♗d3+ remisiert.
b) ♗g6 remisiert.
c) Beide Züge remisieren.

Übung 88

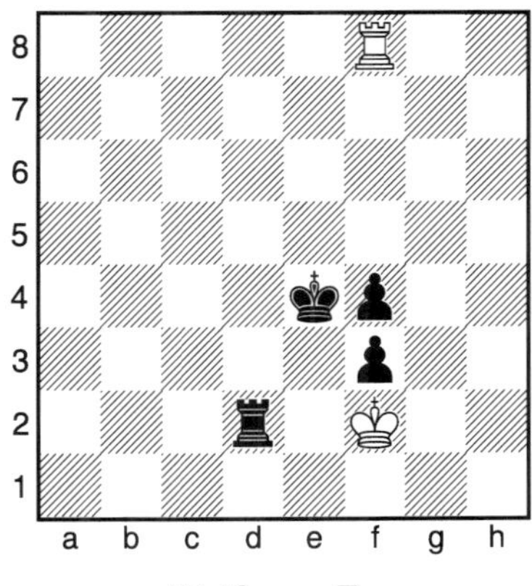

Weiß am Zug

a) ♔e1 remisiert.
b) ♔f1 remisiert.
c) ♔g1 remisiert.

(Lösungen ab Seite 232)

Übung 89

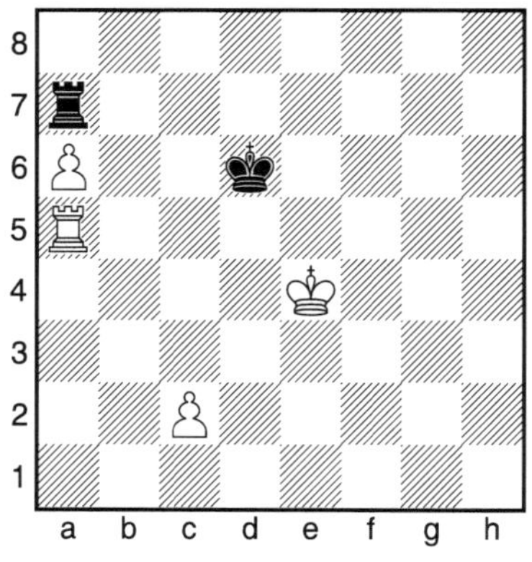

Weiß am Zug

a) ♔d4 gewinnt.
b) c4 gewinnt.
c) Beide Züge gewinnen.

Übung 90

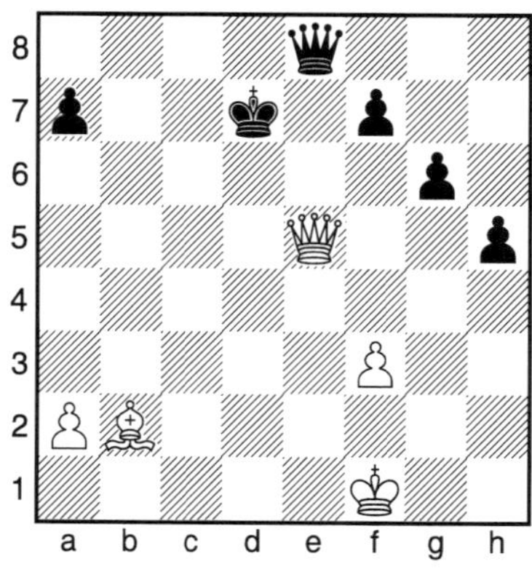

Weiß am Zug

a) ♕xe8+ gewinnt.
b) Besser ist ♕b5+.
c) Die Stellung ist ausgeglichen.

(Lösungen ab Seite 233)

Übung 91

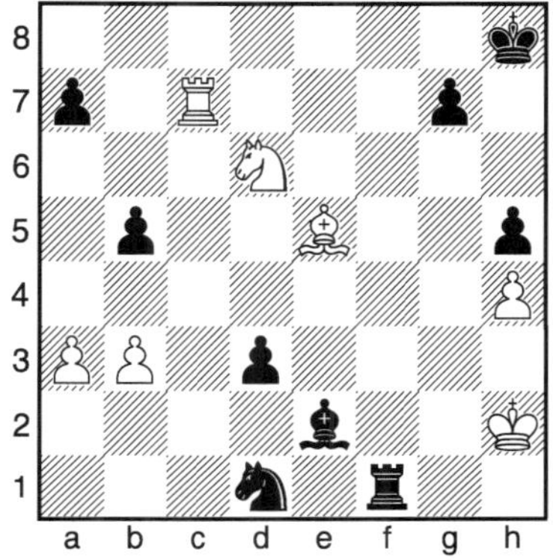

Schwarz am Zug

a) Weiß gewinnt in Königsangriff.
b) Der Angriff reicht nur zum Remis.
c) Weiß ist verloren.

Übung 92

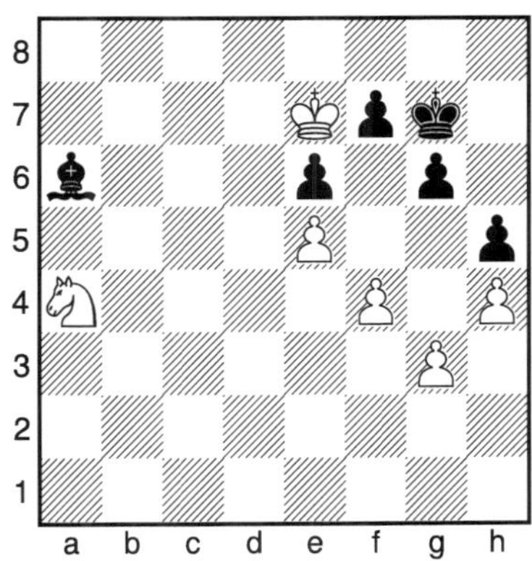

Schwarz am Zug

a) ♗b5 bringt Rettung.
b) ♗c4 bringt Rettung.
c) Schwarz ist nicht zu retten.

(Lösungen ab Seite 235)

Übung 93

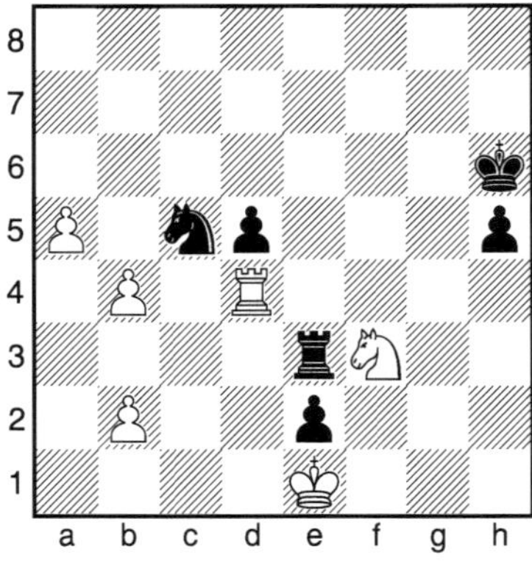

Schwarz am Zug

a) ♘d3+ gewinnt.
b) ♘e6 gewinnt.
c) Beide Züge gewinnen.

Übung 94

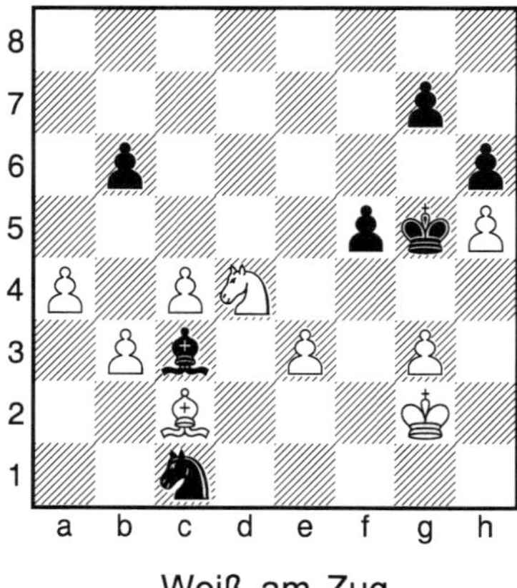

Weiß am Zug

a) ♘xf5 gewinnt.
b) ♘e6+ gewinnt.
c) Beide Züge gewinnen.

(Lösungen ab Seite 236)

Übung 95

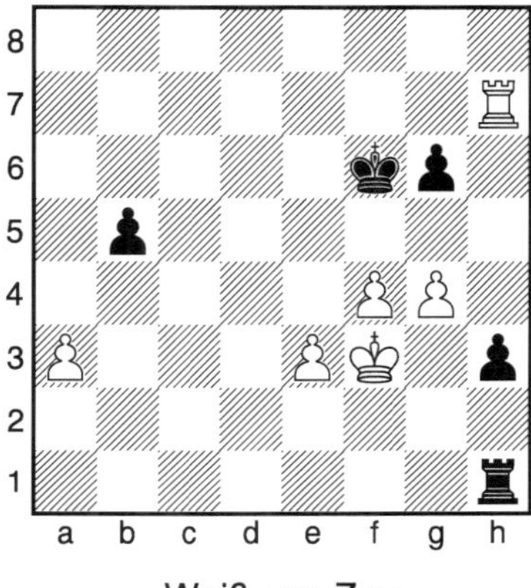

Weiß am Zug

a) g5+ gewinnt.
b) e4 gewinnt.
c) Beide Züge führen nur zum Remis.

Übung 96

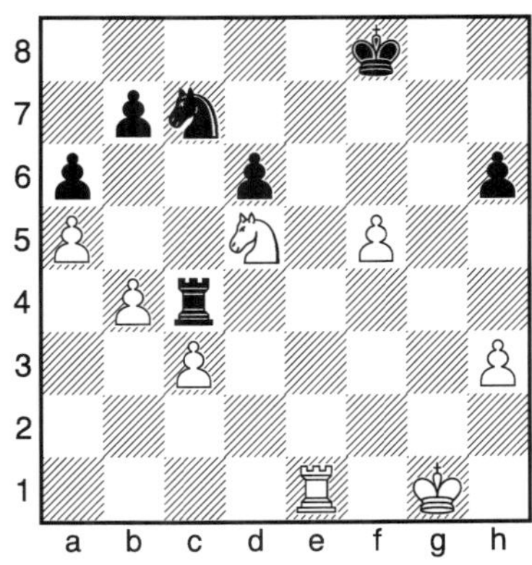

Weiß am Zug

a) ♘xc7 gewinnt.
b) ♘b6 gewinnt.
c) Die Stellung ist ausgeglichen.

(Lösungen ab Seite 237)

Übung 97

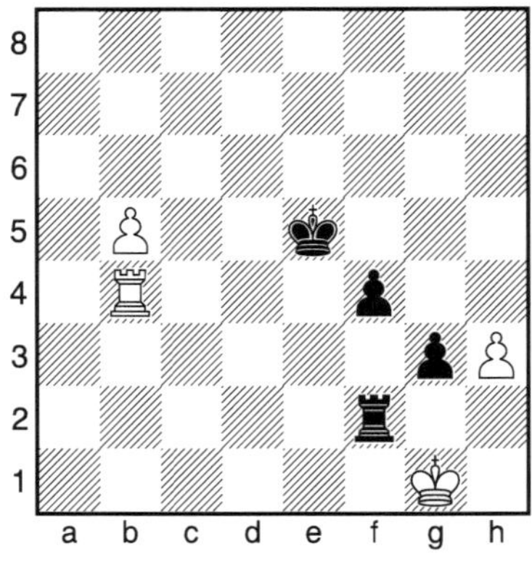

Schwarz am Zug

a) ♖e2 gewinnt.
b) f3 gewinnt.
c) Die Stellung ist ausgeglichen.

Übung 98

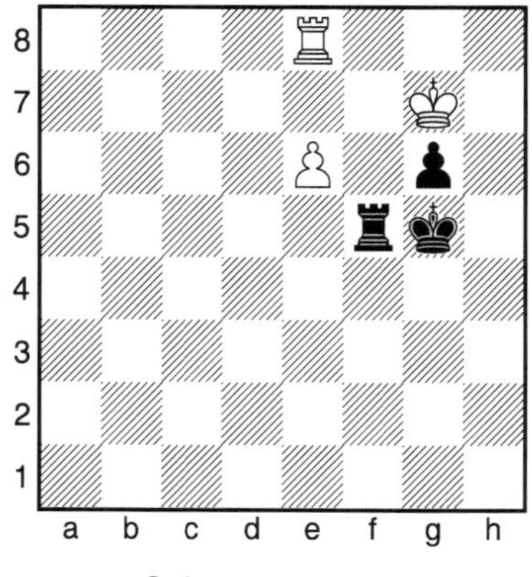

Schwarz am Zug

a) ♖e5 bringt Rettung.
b) ♖f1 bringt Rettung.
c) Beide Züge führen zum Remis.

(Lösungen ab Seite 239)

Übung 99

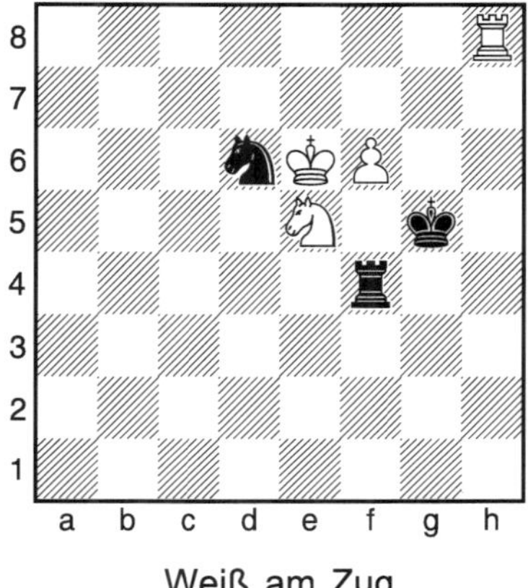

Weiß am Zug

a) f7 gewinnt.
b) ♔xd6 gewinnt.
c) Ein anderer Zug gewinnt.

Übung 100

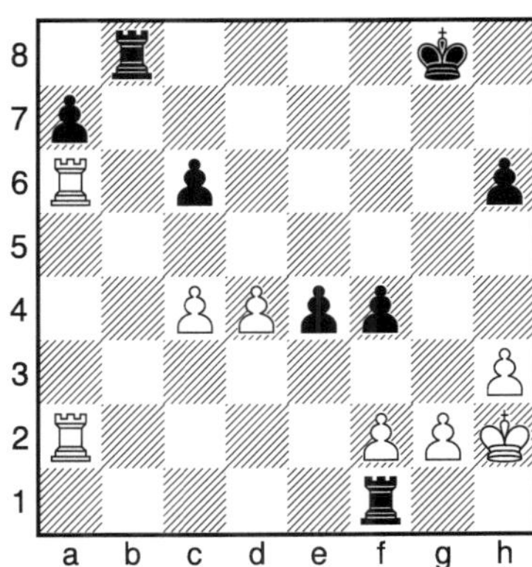

a) ♖xa7 gewinnt.
b) ♖xc6 gewinnt.
c) Beide Züge führen nur zum Remis.

(Lösungen ab Seite 240)

Teil II

Lösungen der Übungen

Lösung 1: b)

40.♔f5?

Statt dieses Fehlers war 40.♔d3! richtig. Hier ein Blick auf die möglichen Folgen:

1) 40...♔g7 41.♔c4 ♖e4+ 42.♔b5

a) 42...a5 43.h5 ♔h6 44.♔xb6 ♖xa4 45.♘xa5 ♔xh5 46.♗c6 ♖b4+ 47.♔c7 ♔g5 48.♔xd6+−

b) 42...♖xh4 43.♘xa7 h5 44.♘c8 ♖f4 45.♘xd6 h4 46.♔xb6 ♖xa4 47.♘b5 h3 48.d6 h2 49.d7+−

2) 40...♖e1 41.♘d4 ♖h1 42.♘f5+−

40...♔g7 41.♗a6 ♖e1 42.♗b5 a5 43.♗d3 ♖e3 44.♗b5 ♖e1 45.♗a6 ♔f7 46.♔g5 ♖g1+ 47.♔f5 ♖e1 48.♗d3 ♖e3 49.♗c4 ♖f3+ 50.♔g5 ♖g3+ 51.♔f5 (51.♔h6 ♖g4=) **51...♖f3+ 52.♔g5 ♖g3+ 53.♔f5 ♖f3+ ½–½**, Le – Keymer, Internet 2022

Lösung 2: a)

62...♔h8!

Nicht zum Erfolg führt 62...♔h7? 63.♖a4 ♔h8 64.♔g5 ♔g8=.

63.♖a4 ♔h7

Jetzt befindet Weiß sich in fatalem Zugzwang.

64.♖a1 a4 65.♖a3 ♔g8 66.♔e5

66.♖g3+ ♔h8 67.♖a3 ♔h7 Zugzwang! 68.♔g5 ♖a6 69.♖f3 ♖g6+ 70.♔f5 ♖xh6 71.♔g5 ♔g7 72.♖a3 ♖a6−+

66...♖a6 67.♖g3+ ♔h8 68.♖a3 ♔h7 69.♖f3 f6+ und **0-1** angesichts der möglichen Folge 70.♔d4 a3 71.♖f1 a2 72.♖a1 ♔xh6−+, Schuwalowa – Zhu, Nur-Sultan 2022.

Lösung 3: a)

Nur nach 62...♘xb4! hätte Schwarz die Partie retten können; z.B. 63.♔g4 ♘d5

– 64.♔f3 ♘e7 65.♗d3 ♘c6 66.a6 ♘b8=

– 64.a6 ♘c7 65.♗c4 ♘xa6 66.♗xa6 ♔g7 mit theoretischem Remis.

Hingegen ging es in der Partie mit einem verhängnisvollen Fehler weiter.

62...♔g7? 63.♔g5 ♘xb4 64.♔f5! a6 65.♗e8 ♘d3 66.♗c6 ♔h6

Auch nach 66...♘b2 67.♗b5! axb5 68.a6 ♘c4 69.a7 ♘b6 70.♔e4! gewinnt Weiß.

67.♗d5 ♔h5 68.♔e4 ♘b4 69.♗b7 ♔xh4 70.♔d4 ♔g5 und **1–0** angesichts der möglichen Folge 70...♔g5 71.♔c3 ♘a2+ 72.♔c4 mit den Abspielen:

– 72...♘c1 73.♗xa6 ♘e2 74.♗b7 ♘f4 75.a6 ♘e6 76.a7 ♘c7 77.♔c5+−

– 72...♔f6 73.♗xa6 ♔e7 74.♗b5 ♔d6 75.a6 ♔c7 76.♔b3 ♘c1+ 77.♔b2+−

Jakowenko – Fedosejew, Poikowski 2018

Lösung 4: b)

Zum Verständnis dieser Stellung ist zunächst die Beantwortung der Standardfrage ‘Was droht?’ unverzichtbar. Und sobald man die giftige Drohung 55.f7+ ♔g7 56.♖f6!+− erspäht hat, kann man sich über die passende Verteidigung Gedanken machen, wobei der Verteidigung der 6. Reihe offenbar eine lebenserhaltende Bedeutung zukommt.

54...♖2b4+?

Da dieses Schach, das den König nur in eine sichere Stellung treibt, zum Verlust führt, könnte man es gewissermaßen als ‘unbewusstes Racheschach’ bezeichnen. Es würde nur Sinn machen, wenn es darum ginge, den König vor einer konkreten Abwicklung weiter weg vom Ort des Geschehens zu treiben.

Die richtige Verteidigung bestand in 54...♖2b6! mit der möglichen Folge 55.f7 ♔g7 56.♖xb7

(Denn nach der Schlusspointe aus der Hauptvariante 56.♖a8?? würde 56...♖f6+ – mit Schach! – nebst ♖xe7 das Partieergebnis sogar auf den Kopf stellen.)

56...♖xb7 57.♖f6 ♖b4+ 58.♔g3 ♔f8 und Weiß kann keine Fortschritte erzielen; z.B. 59.♖f4 ♖b5 60.♔g4 ♖g5+ 61.♔h4 ♖a5 62.♖f6 ♖g5 63.♖xh6 ♖f5 64.♔g4 ♖xf7 65.f4 ♖a7 66.f5 ♔g7 67.♔g5 ♖a1 68.h4 ♖g1+ 69.♔h5 ♖h1 70.♖a6 ♔f7.

55.♔g3 ♖4b6 56.f7 ♔g7 57.♖a8! 1–0 angesichts der mögliche Folge 57...♖f6 58.f8♕+ bzw. 57…♖b8 58.♖xb8 ♖xb8 59.♖e8, Abdusattorov – Rapport, Online 2022.

Lösung 5: a)

61.♖a1!

Diese Fortsetzung führt zum Remis.

Der grobe Fehler 61.♖a2+? würde den König nur näher an die weißen Freibauern herantreiben und dadurch einen halben Punkt verschenken; z.B. 61...♔d3 62.♖xe2 ♖xe2 63.♔f4

(63.h5 ♔e4 64.h6 ♔f5 65.h7 ♖e8−+)

63...♔d4 64.h5

1) 64...♔xc5? 65.h6 ♔d6 66.h7 ♖e8 67.♔f5 ♔e7 68.♔g6 ♖a8 69.♔g7 ♔e6 70.g4 ♖a7+ 71.♔h6 ♖a8 72.g5 ♔f7 73.g6+ ♔f6 74.g7 ♖a1 75.g8♘+ ♔f7 76.♘f6 ♖h1+ 77.♘h5 ♖xh5+ 78.♔xh5 ♔g7=

2) 64...♔d5! 65.♔f5 ♖f2+ 66.♔g6 ♖xg2+ 67.♔f7 ♖h2 68.♔g6 ♔e6 69.h6 ♖g2+ −+

61...♖e5 62.♔f4 ♖xc5

Oder 62...e1♕ 63.♖xe1 ♖xe1 64.h5 ♖e6 65.g4 ♖h6 66.♔g5 ♖c6 67.h6 ♖xc5+ 68.♔g6 ♖c6+ 69.♔g7 ♖c7+ 70.♔g6 ♖c6+ 71.♔h5 ♔e3 72.g5 ♔f4 73.h7!

1) 73.g6?? ♖c5+ 74.♔h4 ♖c1 75.♔h3 ♖h1+ 76.♔g2 ♖xh6−+

2) 73.h7! ♖c1 74.♔h6 ♖h1+ 75.♔g7 ♖xh7+ 76.♔xh7 ♔xg5=

63.g4 ♖c1 64.♖a2+ ♖c2 65.♖a1 ♖c1 66.♖a2+ ♔d3 67.♖xe2 ♔xe2 68.g5 ♖c4+ 69.♔f5 ♔f3 (69...♖xh4 70.g6=) **70.g6 ♖c5+ 71.♔f6 ♔g4 72.g7 ♖c6+ 73.♔f7**

♖c7+ 74.♔f6 ♖xg7 75.♔xg7 ♔xh4 ½–½, Harikrishna – Anton Guijarro, Online 2022

Lösung 6: b)

56...♔e4?

Der König stand bereits goldrichtig und seine Bewegung gibt dem weißen Kollegen nur das entscheidende Tempo, um die a1–Ecke zu erreichen, sodass der Läufer sich um andere Dinge als die Bewachung des a-Freibauern kümmern kann.

Richtig war 56...h5! mit Vorbereitung des entscheidenden Durchbruchs g6–g5 zwecks Bildung eines zweiten Freibauern, wie aus den folgenden Abspielen hervorgeht:

1) 57.♔c2 g5! 58.hxg5 h4 59.g6 ♗e4+ 60.♔b2 h3 61.♗e5 ♔xe5 62.g7 ♗d5–+

2) 57.♗f6 ♔e6 58.♗a1 ♔f5 59.♔c1 g5 60.hxg5 h4 61.g6 ♔xg6 62.♗e5 ♔f5!–+

57.♔c1 ♔f5 58.♔b2 ♗d5 59.♗h6 ♔g4 60.♗g5 h6 61.♗xh6 ♔xh4 62.♗d2 g5 63.♗xg5+ ♔xg5 und nach einigen weiteren Zügen ½–½, Zatonskih – Lee, Saint Louis 2022.

Lösung 7: b)

56...♖d8?

Statt dieser unbedachten Turmführung gab es sogar *zwei* Möglichkeiten, um das Endspiel zu retten:

1) 56...♖h8! 57.♖e7 ♖h3+ 58.♔e4 ♖h6 59.♔f3 ♖g6 60.♖f7 ♖g1 61.♖e7 ♖g6 62.f5 exf5 63.♔f4 ♖h6 64.♔xf5 ♖h5+ 65.♔e6 ♖h6+ 66.♔f7 ♖h7+ 67.♔f8 ♖h5 68.e6 ♔d6=

2) 56...♖e8! 57.♔e4 ♖h8 58.♖f6 (58.♖e7 ♖h6=) 58...♔d7 59.f5 ♖h4+ 60.♔e3 exf5 61.♖xf5 ♔e6 62.♖g5 ♖a4=

57.♖e7

Und wie zur ausgleichenden Gerechtigkeit verfügte auch Weiß über ein *zweites* Gewinnverfahren – nämlich 57.f5 exf5 58.♔f4 bzw. 57...♔d5 58.♔f4 usw.

57...♔d5 58.♔f3 ♖g8 59.♖d7+ ♔c5 60.♖d6 ♖e8

60...♖g6 61.f5 ♖g5 62.♖xe6 ♖xf5+ 63.♔e4 ♖f1 64.♖d6 ♖e1+ 65.♔f5 ♖f1+ 66.♔e6+–

61.♔g4 ♖g8+ 62.♔h5 ♖h8+ 63.♔g5 ♖g8+ 64.♔f6 ♖f8+ 65.♔xe6 ♖xf4 66.♖d5+ ♔c6 67.♖d1 ♖h4

67...♔c7 68.♔e7 ♔c6 69.e6 ♖h4 70.♖c1+ ♔d5 71.♔d7+–

68.♖c1+ ♔b7 69.♔f7 ♖f4+ 70.♔e7 ♖h4 71.e6 ♖h7+ 72.♔f6 ♖h6+ 73.♔f7 ♖h7+ 74.♔g6 ♖h8 75.e7 ♖c8 76.♖xc8 ♔xc8 77.e8♕+ und da es sich um eine Schnellpartie handelte, spielte Schwarz noch bis zu seiner Mattsetzung im 83. Zug weiter, Le – So, San Francisco 2022.

Lösung 8: c)

72...g5+!

Dieses positionelle Bauernopfer führt letztlich auch zum Remis.

Ebenso einfach war allerdings 72...♔h5!? mit der Absicht 73...g5+ und der möglichen Folge 73.♖e5+ ♖xe5 74.♔xe5 ♔g4 75.♔f6 ♔xg3 76.♔xg6 ♔xh4.

73.hxg5+ ♔g7

Das Endspiel mit dem verteidigenden König vor dem Freibauern ist natürlich totremis, aber die Partie endete erst mit einem Patt im 101. Zug, Aditya – Naroditsky, Online 2022.

Lösung 9: b)

Zwei aktive Leichtfiguren gegen einen passiven Turm, sicher blockierter schwarzer Freibauer gegen die mögliche Bildung eines nicht zu bändigenden weißen

Freibauern am Damenflügel – kurz gesagt: Der weiße Gewinn ist nur eine Frage der Zeit.

46...♔e5

Etwas mehr Widerstand war mit 46...h6 zu leisten, obwohl auch dieser Versuch letztlich keine Rettung bringt; z.B. 47.gxh6 ♖h8 48.h4 ♖xh6 49.♘g2 f4 50.♗f3 ♖h8 51.b6 axb6 52.a6 usw.

47.♘d3+

Weiß hat alles bestens unter Kontrolle.

47...♔d6 48.♘xc5 f4 49.♘e4+ ♔e5

49...♔c7 50.♘f6 ♔d6 51.♔d4 a6 52.♘e8+ +−

50.b6 axb6 51.a6 ♖f7 52.♗b7 b5+ 53.♔b4

Es gewinnt auch 53.♔xb5!? f3 54.♘f2 bzw. 53...♖xb7+ 54.axb7 ♔xe4 55.b8♕ f3 56.♕g3.

53...f3 54.a7 ♖f8 55.a8♕ ♖xa8 56.♗xa8 und **1-0** angesichts der möglichen Folge 56...♔f4 57.♔xb5 ♔e3 58.♔c4 f2 59.♘g3 ♔d2 60.♗g2+−, Gukesh – Abdusattorov, Kalkutta 2022.

Lösung 10: b)

47...♗e5?

Danach verliert Schwarz sang- und klanglos, weil der weiße Freibauer nicht mehr zu stoppen ist.

Auch 47...♖a3? (Δ♖d3) führt nach 48.♖c5+ zum Verlust; z.B. 48...♔e6 49.♖xh5 bzw. 48...♔g6 49.d7. Und nach 48...♔g4 ist 49.♔e2 zum Ausschluss von ♔f3 sogar noch etwas präziser als sogleich 49.♖d5.

Nur nach 47...♖a5!= Δ48.d7 ♖d5 gelingt der rettende Turmschwenk hinter den Freibauern.

48.♖c5 f6 49.d7 ♖a1+ 50.♗c1 und **1-0** wegen 50...♖a8 51.♖c8+−, Sarin – Gukesh, Kalkutta 2022.

Lösung 11: c)

Gegen den weißen Freibauern ist kein Kraut gewachsen.

46...♔g8

Auch der zähere Versuch 46...♔g7 ist nach 47.♖e6! zum Scheitern verurteilt; z.B. 47...♔f8 48.♔d2 ♗b5 49.♖f6+ ♔g7 50.♖f7+ ♔g8 51.d7 ♗a4 52.♖f6 ♗xd7 53.♖d6 c3+ 54.bxc3 bxc3+ 55.♔c1+−.

47.♘xc4

Das profane Abräumen zweier Bauern ist deutlich stärker als der unnötig subtile Ansatz 47.d7 ♗xd7 48.♖d6, der nach 48...c3 49.bxc3 b3! 50.♖d1 b2 51.♖b1 doch noch einige Arbeit mit sich bringt.

47...♔g7 48.♖xf5 ♗f7 49.♘e5 ♗e6 50.♖g5+ ♔f6 51.♖g6+ ♔f5 52.♘c6 und **1-0** angesichts der möglichen Folge 52...♖xd6 53.♘e7# bzw. 52...♔xg6 53.♘xd8 ♗d7 54.♘b7 ♔f6 55.♘c5+−, Maghsoodloo – So, Rapid Kalkutta 2022.

Lösung 12: b)

74.♗b3?

Der Partiezug führte zur sofortigen Niederlage.

Nur mit 74.♗e4! war ein halber Punkt zu retten; z.B. 74...♔e5 75.♗f3 ♔d4 76.♗xe2 ♘xe2 77.♔xe2 ♔xd5 78.♔d3! mit theoretischer Remisstellung.

74...♘d3! und **0–1** wegen 75.♔xe2 ♘c1+, Sethuraman – Nakamura, Rapid Kalkutta 2022.

Lösung 13: b)

40...♔f6?

Mit diesem Zug verpasst Schwarz den Gewinn, weil Weiß danach zwangsläufig ungleiche Läufer herbeiführen kann.

Nur 40...a4! führte zum Ziel; z.B. 41.c4 ♔f6 42.♗d7 e4+ 43.♔c2 ♔g5 44.♗c6 ♔xg4 45.♘c3 e3 46.♗xa4 e2 47.♘xe2 ♗xe2 48.♗e8 ♔g5 49.♔d2 ♗xc4! (49...♗xh5? 50.♗xh5 ♔xh5 51.♔e2=.) 50.♔c3 ♗a6 51.♔d2 ♗b6 52.♔e1 ♔f4 53.♗f7 ♔e3 54.♔d1 ♗a5 55.♗g6 ♗e2+ 56.♔c2 ♔f4 57.♔c1 ♔g5 58.♔c2 ♗xh5 59.♗xh5 ♔xh5 60.♔d1 ♔g4 61.♔e2 ♗b6! 62.♔f1 ♔f3 und der Bauer hat freie Fahrt nach h1.

41.♘d6

Dank der Doppeldrohung ♘c4 und ♘e4+ kann Weiß den Kopf aus der Schlinge ziehen.

41...a4 42.♘e4+ ♗xe4+ 43.♗xe4

Angesichts der ungleichfarbigen Läufer zeichnet sich ein friedlicher Ausgang ab.

43...♔g5 44.♔e2 ♗c5

Von Interesse ist noch die Alternative 44...♔f4.

1) Denn danach verliert 45.♗g6? wegen 45...a3 mit der möglichen Folge 46.♗f7 ♗c5 47.g5 hxg5 48.h6 e4 49.h7 ♗d4 50.♗a2 g4 51.c4 g3–+.

2) Richtig ist 45.g5! ♔xg5 46.♔xf2 ♔xh5 47.c4 a3 48.♗b1 ♔g5 49.c5 ♔f6 50.c6 ♔e6 51.♔e3 h5 52.♔e4 h4 53.c7 ♔d7 54.♔f3 ♔xc7 55.♔g4 e4 56.♔xh4 e3 57.♔g3=.

½–½ im 74. Zug, Erigaisi – Sarin, Blitz Kalkutta 2022.

Lösung 14: b)

Der Lenkungsversuch 54...♗a4+? (Δ55.♔xa4? ♕a2+ nebst ♕b2+ +–) verliert nach der einfachen Antwort 55.♔a3!.

54...♕e3+!

Nur mit der sofortigen Verabreichung gezielter Damenschachs kann Schwarz das Gleichgewicht halten, weil der König sich eben vor dem Betreten der b-Linie hüten muss.

55.♔b2

Der Fluchtversuch nach vorn 55.♔b4 führt nach 55...♕e1+ 56.♔c5 ♕a5+ 57.♔d4 ♕d2+ zum Dauerschach.

55...♕e2+

Angesichts des gut erreichbaren weißen Königs gibt es natürlich allerlei Nebenlösungen, wie hier z.B. e5+.

56.♔a3 ♕xc4

Auch die Rückkehr 56...♕e3+ kommt in Betracht, denn nach 57.♕b3 reicht sogar 57...♕xb3+ 58.♔xb3 h5 zum Remis, weil der Läufer für den weißen Bauern hergegeben werden kann.

57.♕xe8

Weiß akzeptiert das Remis, denn in Ermangelung von eigenen Schachgeboten kann höchstens er selbst noch in Gefahr geraten.

57...♕c5+ 58.♔b3 ♕xd6 59.♕xh5+ ♔e6 60.♕g6+ ♔e5 61.♕g3+ ♔d5 62.♕xd6+ ♔xd6 ½–½, Nigmatov – Tari, Sitges 2022

Lösung 15: b)

46...♖f2!

Nur mit diesem gewitzten Trickzug kann Schwarz gewinnen.

Hingegen reicht der Ablenkversuch 46...♖d7? nach 47.a7 ♗d2+ 48.♔e2 ♖xa7 48.♗xa7 ♗xa5 nebst h1♕ usw. nur zum Remis, was angesichts des gewaltigen weißen a-Freibauern jedoch zumindest noch als Achtungserfolg angesehen werden könnte.

47.♗c5

47.a7 ♖f8 48.♗c7 ♖a8 49.♗b8 ♗e3 50.♔e2 ♗f2 51.a6 h1♕ 52.♖xh1 ♔xh1−+

47...♖a2 48.♗b4 ♗e3 0-1 wegen der Mattfolge 49.c5 ♔f3 50.a7 ♖a1#, Garcia Ramos – Safarli, Sitges 2022.

Lösung 16: b)

74.♖e6?

Dieser Zug verliert, weil Schwarz seinem König mit dem nächsten Zug das Betreten der f-Linie ermöglichen kann.

Um genau das zu verhindern, war 74.♖f6! notwendig, denn der Ausbruchsversuch zur anderen Seite kann ja leicht vereitelt werden; z.B. 74...♔d2 75.♖d6+ ♔c1 (75...♔e3 76.♖e6+) 76.♖e6 ♖b7+ 77.♔c3 ♔d1 78.♖d6+ ♔e1 79.♖f6! usw.

74...♖f7!

Der angekündigte Gewinnzug.

75.h7

75.♔c2 ♔f1 76.♔d2 ♖d7+ 77.♔c3 e1♕+

75...♖xh7 76.♖f6 ♖c7 77.♔b2 ♖h7 78.♔c2 ♖h1 und **0-1** angesichts der möglichen Folge 79.♔d3 ♔d1 80.♖a6 ♖h3+ bzw. 79.♖f8 79...♖f1 80.♖e8 ♔f2 81.♖f8+ ♔g3 82.♖g8+ ♔h4, Gadimbayli – Wang, Rapid Baku 2022.

Lösung 17: c)

55.fxg5

1) Auch die Alternative 55.hxg5 fxg5 führt nur zum Remis.

a) 56.fxg5 ♔g6 57.♔f4 ♗b5 58.♘h1 ♗a6 59.♘g3 ♗c8 60.♘f5 ♗d7 61.♘h4+ ♔g7 62.g6 ♔f6=

b) 56.f5 ♔f6 57.♘e4+ ♔e5

– 58.f6 ♗e6 59.♘xg5 ♔xf6 60.♘xe6 ♔xe6 61.♔f4 ♔f6=

– 58.♘xg5 ♗xf5 59.gxf5 ♔xf5=

2) Übrigens stellt auch 55.h5 keine Verbesserung dar; z.B. 55...gxf4+ 56.♔xf4 ♔g7 57.♘e4 ♗c8 58.♘d6 ♗d7 59.♘f5+ ♔h7 60.♔e4 ♗c6+ 61.♔d4 ♗f3=.

55...fxg5 56.h5 ♔g7 57.♔f3 ♔h6 58.♘e4 ♗c6 59.♔e3 ♗d7 ½–½, Sawtschenko – Suleymanli, Rapid Almaty 2022

Lösung 18: b)

64.♔h3?

Danach kriegt der weiße König anschließend nicht rechtzeitig die Kurve ins gegnerische Hinterland. Und sollte es sich bei der Preisgabe des f-Bauern um eine Falle gehandelt haben, so ist diese nicht erst auf GM-Niveau zu durchsichtig (siehe weiter unten).

1) Auch die Ablenkung mit 64.d6 ändert nichts am Resultat, denn nach der Folge 64...♔e6 65.♔g3 ♔xd6 66.♔f3 ♔d5 67.♔e3 wird Schwarz einen der Gewinnzüge 67...♔e6 oder 67...♔c4 wählen, statt mit 67...♖b3+? 68.♔d2= doch noch alles zu verderben; z.B. 68...♔e4 69.♔c2 ♖b8 70.♖xb2 ♖xb2+ 71.♔xb2 ♔xf4 72.♔c1 ♔g4 73.♔d1 ♔xh4 74.♔e1 usw.

2) Nur mit 64.♔g3! war die Partie zu retten, wie aus folgenden Abspielen hervorgeht:

a) 64...♖b4 65.♔f3 ♖xf4+ 66.♔e3 ♖b4 67.♔d3 ♔e5 68.♔c3 ♖b8 69.♖xb2 ♖xb2 70.♔xb2 ♔xd5 71.♔c3 ♔e4 72.♔d2 ♔f3 73.♔e1 ♔g4 74.♔f2 ♔xh4 75.♔g2=

b) 64...♔e4 65.d6 ♔d3 66.f5 ♔c2 67.♖xb2+ ♔xb2 68.♔f4 ♔c3 69.♔e5 ♔c4 70.d7 ♔c5 71.f6 ♔c6 72.♔e6 ♖d8 73.f7 ♔c7 74.♔e7 ♖xd7+ 75.♔e6 ♖d8 76.♔e7=

64...♔e4

Und eben nicht 64...♔xf4? wegen 65.d6 nebst d7-d8♕ usw. mit Ausgleich.

65.d6

Jetzt kann der schwarze König rechtzeitig die Deckung des b-Bauern übernehmen, so dass der Turm für andere Aufgaben zur Verfügung steht.

65...♔d3 66.f5 ♔c2 67.♖xb2+ ♔xb2 68.♔g3 ♔c3 69.♔f4 ♔d4 70.d7 ♖d8 71.f6 ♖xd7 72.♔f5 ♔d5 73.♔g6 ♔e6 74.♔xh5 ♔xf6 75.♔h6 ♖d5 0–1, Christiansen – Blübaum, Rapid Almaty 2022

Lösung 19: b)

54.♔xf3?

Der Partiezug reicht nur zum Remis.

Zwecks Gewinn musste Weiß mit 54.♔e3! auf den Bauern verzichten, wonach der Fernschach-GM Wolfram Schön folgende Varianten angibt:

1) 54...♔d5 55.♔xd3 f4 56.gxf4 gxf4 57.♘d2 f2 58.♔e2+−

2) 54...g4

a) 55.hxg4? fxg4 56.♔xd3 h5 57.♔e3 ♔d5 58.♘d2 ♔e5 59.♘e4 ♔f5 60.♔d4 f2 61.♘xf2 h4 62.gxh4 ♔g6 63.♘xg4 ♔h5=

b) 55.h4! ♔d5

– 55...f4+ 56.♔xf4 f2 57.♘d2 ♔d5 58.♔e3+−

– 55...♔d5 56.♔xd3 f4 57.gxf4 g3 58.♘d2 f2 59.♔e2+−

3) 54.♘b2? d2 55.♔xf3 ♔f6! 56.♔e2 g4 57.hxg4

a) 57...fxg4? 58.♘d1 h5 59.♘e3 ♔g5 60.♘g2!+−

b) 57...♔g5!! 58.gxf5 ♔xf5 59.♔f3 h5 60.♘d1 ♔g5 61.♘f2 ♔f5! 62.♔e2 h4! 63.g4+ ♔f4! 64.♔xd2 h3! 65.♔e2 h2! 66.♔f1 h1♕+ 67.♘xh1 ♔xg4=

54...♔d5 55.♘e3+ (55.♘d2 ♔d4=) **55...♔e5 56.♘f1 ♔d4 57.♘e3**

Auf 57.g4 ...

1) ... folgt nicht etwa 57...fxg4+? 58.hxg4 ♔c3 59.♔e4 d2 60.♘e3 ♔b2 61.♔d3 ♔c1 62.♔e2+− ...

2) ..., sondern 57...f4! 58.♘d2 ♔c3 59.♘e4+ ♔d4 60.♘f2 ♔c3=.

57...♔e5 58.♘c4+ ♔d5 59.♘e3+ ♔e5 60.♘c4+ ½–½, Ganguly – Chigaev, Rapid Almaty 2022

Lösung 20: a)

52...f2?

Mit diesem Fehlzug verpasst Schwarz den Gewinn.

Der einzige Gewinnweg bestand in dem Tempokampf 52...♘f7! mit der längeren Folge 53.♗f1 ♔e4 54.♗d3+ ♔f4 55.♗f1 ♘d6 56.♔d3 ♘e4 57.♔c2 ♔e3 58.♔d1 ♔f2 59.♗d3 ♘d6 60.♔d2 ♔g1 61.♔e3 f2 62.♔f4 f1♕+ 63.♗xf1 ♔xf1 64.♔e5 ♘xc4+ 65.♔e6 ♔e2−+.

53.♗f1 ♘xc4+ 54.♔e2 ♔xd5 55.♔xf2 ♔d4 56.♗h3 ♔d3 57.♗e6 ♘e5 58.♔e1 ♘f3+ 59.♔d1 ♘d4 60.♗g8 ♘b5 61.♔c1 ♘c3 62.♗h7+ ♔d4 63.♗g8 ♘d5 64.♔d2 c4 65.♗xd5 ♔xd5 und ½–½ angesichts der möglichen Folge 66.♔c3 ♔c5 67.♔c2 ♔d4 68.♔d2 c3+ 69.♔c2 ♔c4 70.♔c1! (70.♔b1?? ♔b3−+) 70...♔d3 71.♔d1 c2+ 72.♔c1 ♔c3 Patt!

Vachier-Lagrave – Keymer, Rapid Almaty 2022

Lösung 21: c)

54.♘xg6

Mit diesem Zug erreichte Weiß in der Partie die Punkteteilung.

Auch nach 54.♔xg6 kann Weiß nicht mehr gewinnen; z.B. 54...♔a6 55.♘g8 ♔xa5 56.♘f6 ♔a4 57.♘xh5 ♔xa3 58.♘f6 ♔b4 59.♔f5 ♔c5 60.♔f4 ♗d1 61.♘e4+ ♔c6 (61...♔d5?? 62.♘c3+ +−) 62.♘g5 ♗h5 und der g-Bauer kommt nicht voran.

54...♔a6 55.♘e5 ♗e2 56.♘c6 ♗f3 57.♘d4 ♗d1 58.♘e6 ♔xa5 59.♘c5 ♗c2 60.♔e5 ♔b5 61.♔d4 ♗f5 62.♔d5 ♗g4 63.♔d6 ♗f3 64.♘d3 ♔a4 65.♘f4 ♔xa3 66.♘xh5

66.♔e5 ♔b4 67.♔f5 ♔c5 68.♔g5 ♔d6 69.♘xh5 ♔e7=

66...♗xh5 67.g4 ♗xg4 ½–½, Tabatabaei – Adhiban, Wijk aan Zee 2023

Lösung 22: c)

49...a2?

Der Partiezug ist überstürzt, zumal der Bauer sowieso noch nicht weiter vorwärts kann.

Schwarz sollte zuerst pragmatisch mit 49...♖xg3! einen wichtigen Bauern abräumen, denn außer dem Bauern a3 wird auch der auf g7 gedeckt, es entsteht ein weiterer Freibauer auf der h-Linie und er Bauer f4 wird entwurzelt. Angesichts so vieler Vorteile fällt der Gewinn entsprechend leicht; z.B. 50.♔e5 ♖e3+ 51.♔d4 ♖e2 52.f5 a2! 53.♘f4 ♖h2 54.♘g6 ♔f7 55.♘e5+ ♔e8 56.♔c5 h5−+.

50.♘d4

Jetzt kommt das Gegenspiel rechtzeitig.

50...♔h7 51.f5 ♗h5 52.♖a7 ♗f7

52...♗e8 macht mehr Druck, sollte aber auch nicht zum Gewinn ausreichen; z.B. 53.♘e6 ♗c6+ 54.♔e5 ♗b7 55.♘c5 ♗f3 56.♘d3 ♖e2+ 57.♔d4 ♔g8 58.♘f4 ♖c2 59.♘g6 mit verteidigungsfähiger Stellung.

53.♘e6 ♖xg3

53...♗xe6 54.fxe6 ♖e2+ 55.♔f3 ♖xe6 56.♖xa2=

54.♖xa2 g6 55.♖a7 ♔g8 56.♖a8+ ♔h7 57.♖a7 ♔g8 58.♖a8+ ♔h7 59.♖a7 ½–½, Adhiban – Beerdsen, Wijk aan Zee 2023

Lösung 23: b)

47.♔h2!

Statt des Partiezuges wäre 47.♔f2? ungenau wegen der starken Riposte 47...h4!, die dem König bei dem geplanten Dauerschach-Angriff das Fluchtfeld g3 nimmt. Hier ein Blick auf eine mögliche Remisvariante: 48.a6 ♖b2+ 49.♔e3 ♖e1+ 50.♔d3 ♖d1+ 51.♔c3 ♖bd2 52.a7 ♖d3+ 53.♔b4 ♖xa3 54.♔xa3 ♖a1+ 55.♔b4 ♖xa7 56.♖xf5 ♖a2 57.♖g5 ♖f2 58.♖g4 ♔h5=.

47...♖bb1 48.♖xf5 h4

Mit der offensichtlichen Mattdrohung 49...♖h1#.

49.♔h3 ♖h1+ 50.♔g4 ♖bg1

50...♖h2 51.♖h5+ ♔g6 52.♖a2 ♖g1 53.♖xh4 ♖hxg2+ 54.♖xg2 ♖xg2+ 55.♔f3 ♖a2 56.♖g4+ ♔f6 57.♖g5+−

51.♖h5+ ♔g6 52.♖g5+ ♔f6

52...♔h6 53.a6 ♖xg2+ 54.♔f5 ♖b2 55.a7 ♖b5+ 56.♔g4 ♖g1+ 57.♔h3+−

53.♔h5

Nun ist der König endlich in Sicherheit und somit ist die Schlacht geschlagen.

1–0 angesichts der möglichen Folge 53...♖b1 54.a6 ♖b8 55.a7 ♖h8+ 56.♔g4 ♖a8 57.♖a6+ ♔f7 58.♔f5 h3 59.♖f6+ ♔e7 60.♖g7+ ♔e8 61.♖b6 ♔f8 62.♔g6 hxg2 63.♖b8+ ♖xb8 64.axb8♕#, Sindarov – Pechac, Wijk aan Zee 2023.

Lösung 24: c)

46...b2

Außer dem Partiezug verliert auch 46...♔xf7 47.♗xa4 b2 48.♔c2 ♘d1 49.♗c6+−.

47.♔c2 ♘d1 48.♗f3 ♘e3+ 49.♔xb2 ♘c4+ 50.♔c3! und **1-0** angesichts der möglichen Folge 50...♘xa3 51.♗e2! ♘b1+ 52.♔c2 ♘a3+ 53.♔b2+−, L'Ami – Warmerdam, Wijk aan Zee 2023.

Lösung 25: c)

34...b3

34...♘c3 ist deutlich zäher als der Partiezug, sollte aber nach 35.♗g5! langfristig ebenfalls verlieren, wie aus den folgenden Abspielen hervorgeht:

1) 35...♗xg5 36.hxg5 ♘xa4 37.♘d2 ♔f8 38.f4 ♔e7 39.♔f2 ♘b2 40.♔e3 ♔d7 41.♔e4

a) 41...♔c6 42.e6! fxe6 43.♔e5 ♔d7 44.♔f6+−

b) 41...♔e6 42.♘b3 ♘xc4 43.♘xc5+ ♔e7 44.♔d3 ♘a3 45.♘b3 ♔d7 46.♘d4 ♘b1 47.♔c4 ♘d2+ 48.♔xb4 ♘e4 49.♘e2+−

2) 35...♗c7 36.a5! ♗xa5 37.♘d2

a) 37...♘e2+ 38.♔f1 ♘c1 39.♘f3 ♘b3 40.♔e2 ♗c7 41.♔d3 ♘a5 42.♗e3 b3 43.♗c1 ♘c6 44.♗b2+−

b) 37...f5 38.exf6 ♔f7 39.♘b3 ♗b6 40.♔g2 ♘a4 41.♔f3 ♘b2 42.♘d2 ♗d8 43.♗e3 ♗xf6 44.♗xc5 ♗c3 45.♔e2 ♗xd2 46.♔xd2 ♘xc4+ 47.♔c2+−

35.♔f1 ♗a5 36.♗b2 ♘c3

36...♗c3 37.♗xc3 ♘xc3 38.♘d2

– 38...b2 39.a5 b1♕+ 40.♘xb1 ♘xb1 41.♔e2+−

– 38...♘xa4 39.♘xb3 ♘b6 40.♘xc5 ♘xc4 41.f4+−

37.♘d2 ♘xa4 38.♘xb3 ♗b4 39.♗c1 ♘b6 40.♘d2 ♗xd2 41.♗xd2 ♘xc4 42.♗c3

Danach entscheidet die weiße Bauernmehrheit am Königsflügel den Tag.

42...♔f8 43.♔e2 ♔e7 44.♔d3 ♘b6 45.♔e4 ♔e6 46.g4 ♘a4 47.♗a1 c4 48.♗d4

Nun wird der Springer am Rand endgültig dominiert.

48...c3 49.♔d3 ♔d5 50.h5 c2 51.♔xc2! und **1-0** angesichts der möglichen Folge 51…♔xd4 52.h6 ♔xe5 53.h7 ♔f6 54.h8♕+, So – Keymer, Wijk aan Zee 2023.

Lösung 26: a)

39...♗xa2!

Mit diesem typischen Läuferopfer wird den Bauern das wichtigste Hindernis aus dem Weg geräumt. Und während *ein* weit vorgerückter Freibauern im Endspiel oft ein starker Trumpf ist, sind zwei *verbundene* Freibauern zumeist eine nicht aufzuhaltende Großmacht.

1) Allerdings gewinnt auch 39...a3!? mit den möglichen Abspielen:

a) 40.♗d3 ♘a4 41.♔e1 ♘c3

b) 40.♘d3 b3 41.♘b4 b2 42.♗d3 ♘a4

2) Nichts erreicht Schwarz hingegen nach 39...b3? 40.axb3 axb3 41.♘e2 f5

(41...b2 42.♘c3 ♗a2 43.♗d3=)

42.♘d4 ♗d7 43.♘xf5+ ♗xf5 44.exf5 ♔f6 45.♗d3 ♘d5 46.♔e2 ♘f4+ 47.♔d2 b2 48.♗e4 ♘xg2 49.♔c2 ♘e3+ 50.♔xb2=.

40.♘xa2

Hier ein Blick auf zwei wichtige Alternativen:

1) 40.♘d3 b3 41.♘b2 a3 42.♘c4 ♘xc4 43.♗xc4 ♗b1 44.♗xb3 a2–+

2) 40.♗xa4 ♘xa4 41.♘xa2 b3 42.♘c1 b2–+

40...b3 und **0–1** wegen 41.♘c3 a3 bzw. 41.♘c1 b2, Grandelius – Dubow, Bundesliga 2017.

Lösung 27: c)

Hier setzt sich die Mehrfigur letztlich auch deswegen durch, weil die beiden Bauern, die die weiße Kompensation ausmachen, in Form von Doppelbauern gegeben sind.

47.♔f4

Auch 47.♔d4 ♘d7 48.♔e4 bringt wegen der Sprengungsaktion 48...h5! 49.gxh5 ♔g7 50.♔f4 ♔h6 51.f6 ♔xh5–+ keine Rettung.

47...h5!

Auch hier bröckelt der Bauernblock nach diesem Sprengungszug unvermeidlich ab.

48.g5+

48.gxh5 ♔g7 49.♔g5 f6+ 50.♔f4 ♔h6 51.♔g4 ♘d3 52.f4 ♘c5–+

48...♔e7 49.♔e3

49.f6+ ♔e6

– 50.♔e3 ♔f5 51.f4 ♘e6–+

– 50.g6 fxg6 51.♔g5 ♔f7 52.f4 ♘e6+ –+

49...f6 50.♔f4 ♘b7 51.♔e4 ♘d6+ 52.♔f4 ♔f7 und **0–1** angesichts der möglichen Folge 53.g6+ ♔g7 54.♔g3 ♘xf5+ 55.♔f4 ♔xg6–+, Markgraf – Rogozenco, Bundesliga 2019.

Lösung 28: a)

61.♔g6!

Dies ist der einzige Ausgleichszug in dem Sinne, dass 61.♖b1! f2 62.♔g6 nur auf Zugumstellung hinausläuft.

Denn jeder Schritt auf die f-Linie würde in der Folge ein entscheidendes Turmschach ermöglichen, wie die folgenden Varianten veranschaulichen mögen:

1) 61.♔f6? f2

a) 62.♖b2 ♖f3+ 63.♔g6 ♔g3 64.♖xf2 ♖xf2 65.g5 ♔g4 66.♔h6 ♖h2+ 67.♔g6 ♖h5–+

b) 62.♖b1 ♖f3+ 63.♔e6 ♔g3 64.g5 ♖e3+ 65.♔f5 ♖e1–+

2) 61.♔f4? f2 62.♖b1 ♖f3+ 63.♔e5 ♔h3 64.g5 ♖e3+ 65.♔f6 ♖e1–+

61...f2 62.♖b1!

Wieder präzise gespielt, denn nach dem fehlerhaften 62.♖b2? und der korrekten Antwort 62...♖f3 (62...♔g3? 64.♖xf2!=) würde Weiß doch noch verlieren; z.B. 63.g5 ♔g3 64.♖xf2 ♖xf2 65.♔h7 ♖h2+ 66.♔g8 ♔g4 67.g6 ♔g5 68.g7 ♔g6 69.♔f8 ♖f2+ 70.♔g8 ♖f1 71.♔h8 ♖h1+ 72.♔g8 ♖h7–+.

62...♖h1 63.♖b2 ♔g3 64.♖xf2 ♔xf2 65.g5 und ½–½ im 76. Zug, King – K. Müller, Hamburg 2001.

Lösung 29: a)

Mit zwei Minusbauern in vollkommen passiver Stellung ist Schwarz natürlich ungeachtet der ungleichen Läufer rettungslos verloren.

52...♔c8

Oder 52...♗e4 53.b5! mit den Abspielen:

– 53...axb5 54.cxb5 ♔e8 55.♗g7 ♔f7 56.a6+–

– 53...♗d3 54.♔xb7 axb5 55.cxb5+–

53.♗d6 ♗d3 54.♗g3 ♗e4 55.b5 axb5 56.cxb5 ♔d7 57.a6 bxa6 58.♔xa6 (58.bxa6!?+–) **58...♔e6 59.b6 ♔f7 60.b7 1–0**, Giri – Jones, Online 2022

Lösung 30: c)

53...♔g5?

Nach diesem Fehler ist Schwarz rettungslos verloren.

1) Das gilt auch für den Ansatz 53...h2? mit der möglichen Gewinnfolge 54.♖h1 ♔e5 55.♔b2 ♔e4 56.♖xh2 ♔xe3 57.♔xa2 d4 58.♔b2 f5 59.♔c2 f4 60.♔d1 f3 61.♔e1 d3 62.♖a2 ♔e4 63.♔f2+–.

2) Hingegen hätte die flexible Fortsetzung 53...♔f5! (mit Blick in *zwei* Richtungen!) einen halben Punkt gerettet, wie die folgenden Varianten veranschaulichen:

a) 54.♖xa2 h2 55.♖a1 ♔g4 56.♔d3 ♔f3 57.♔d4 ♔g2 58.♔xd5 h1♕ 59.♖xh1 ♔xh1 60.♔d6 ♔g2 61.♔e7 f5 62.♔f6 ♔f3 63.♔xf5 ♔xe3=

b) 54.♔d3 h2 55.♔e2 ♔e4 56.♔f2 f5 57.♔g2 ♔xe3 58.♖xa2 d4 59.♔xh2 d3 60.♔g2 d2 61.♖a1 ♔e2=

54.♔d3 und **1–0**, denn nach 54...h2 55.♔e2 ist 55...♔e4= nicht möglich. Und nach stattdessen 55...♔g4 gewinnt Weißt wie folgt: 56.♔f2 ♔h3 57.♔f3 f6 58.♖h1 f5 59.♖a1 ♔h4 60.♔g2 ♔g4 61.♖xa2 h1♕+ 62.♔xh1 ♔f3 63.♖a3 f4 64.exf4+ ♔xf4 65.♔g2 d4 66.♔f2 ♔e4 67.♔e2+–, Carlsen – Vachier-Lagrave, Stavanger 2022.

Lösung 31: a)

Zusätzlich zu seinem Mehrbauern hat Weiß angesichts des aktiven Königs auch einen klaren positionellen Vorteil. Allerdings muss zum Gewinn eben jener Mehrbauer geopfert werden.

42.e6! ♖xe6 43.♖xe6 fxe6 44.h3!

So verschafft Weiß sich die Möglichkeit, bei Gelegenheit g3–g4 zu spielen.

Nach der Ungenauigkeit 44.h4? ♔f7 könnte Weiß nicht mehr gewinnen.

44...♔f7 (44...♔h7 45.♔f6+–) **45.♔h6 ♔f6 46.g4 h4**

Nach 46...hxg4 47.hxg4 ♔f7 48.g5 geht der Bauer g6 verloren.

47.g5+ ♔f5 48.♔g7

Es folgt die Abwicklung zu einem Damenendspiel.

48...♔xf4 49.♔xg6 e5 50.♔f6 e4 51.g6 e3 52.g7 e2 53.g8♕ e1♕

Und jetzt ist es entscheidend, dass Weiß am Zug ist.

54.♕g4+ ♔e3 55.♕e6+ und **1–0**, denn nach 55...♔d2 56.♕xe1+ ♔xe1 57.♔g5 usw. erreicht der letzte weiße Bauer ungestört das Feld h8, Stean – Hartston, Brighton 1972.

Lösung 32: b)

57.♔h1!

Selbstverständlich muss der König in der Remis-Ecke bleiben.

Denn nach 57.♔f1? ♗c5 58.♔e2 ♔xg4 59.♔f1 ♔f3 könnte er nicht mehr dorthin gelangen und Weiß würde verlieren.

57...♗c5 58.g5 hxg5 Patt, Nguyen – Maghsoodloo, Prag 2022

Lösung 33: b)

57...♘d2+?

Jetzt kann der weiße König entkommen und der Freibauer auf g7 garantiert den Sieg.

Richtig war 57...♖e1+! 58.♔c2 ♖e2+ 59.♔d3.

(Auch nach 59.♔c3 ♖e3+ bzw. 59.♔d1 ♖e1+ müsste der König anschließend nach d3 ausweichen, um das Dauerschach zu vermeiden.)

Und nach dem starken Zug 59...♖g2! kann Weiß nicht mehr gewinnen, wie die folgenden Varianten veranschaulichen:

1) Nach 60.g7?? ♘e5+ 61.♔e3 ♘xf7 62.g8♕ ♖xg8 63.♘xg8 ♔g3 bringt der h-Bauer die Entscheidung.

2) 60.♔e3! ♘e5 61.♖h7

a) 61...♘xg6? 62.♖xh5+ ♔g3 63.♘e4+ ♔g4 64.♖g5+ ♔h3 65.♘f2+ ♖xf2 66.♖xg6 ♖b2 67.♖xa6+−

b) ◯61...♔g5 62.♘xh5 ♘xg6=

58.♔c1 ♘e4

58...♖g2 59.g7 ♘b3+ 60.♔d1 ♘d4 61.g8♕+−

59.♖e7

59.♘xe4 ♖xe4 60.g7 ♖g4 61.♖f4 ♖xf4 62.g8♕+−

59...♘c3

59...♔g5 wird wie folgt widerlegt: 60.♖xe4 ♖g2 61.♘d5 ♔xg6 62.♖e6+ ♔f5 63.♖xa6+− bzw. 62...♔g5 63.♖xa6 h4 64.♖a8 h3 65.♖g8+ ♔h4 66.♖h8+ ♔g3 67.♖xh3+ ♔xh3 68.♘f4+ +−.

60.♖xe2 ♘xe2+ 61.♔d2 und **1–0**, denn nach 61…♔g5 62.g7 ♔xf6 63.g8♕ gibt es keine Rettung mehr, Giri – Tari, Stavanger 2022.

Lösung 34: c)

Diese Stellung kann Schwarz nicht mehr gewinnen.

66...f5

Die Alternative 66...♔d5 verläuft ähnlich:

1) 67.♗e2 ♗xg4 68.♗xg4 ♔c4 69.♔e4 ♔xb4 70.♔f5 ♔c3 71.♔xf6 b4 72.♔xg5 b3 73.♗f5=

2) 67.♔d3 f5 68.♗f3+!

(68.gxf5? ♗xf5+ 69.♔e3 ♔c4−+)

68...♔e5 69.gxf5 ♗xf5+ 70.♔e3 g4 71.♗e2 ♗d7 72.♗f1 ♗c6 73.♗e2 g3 und nun erzwingt 74.♗xb5! ♗xb5 75.♔f3= auf typische Art ein Unentschieden.

67.gxf5 ♔xf5 68.♔f3

Nun kann Schwarz nicht weiterkommen, da Weiß auf b5 schlagen kann, sobald der schwarze König die d-Linie betritt.

68...♔e5 69.♗e2 ♗e8

69...♔d4 70.♗xb5! ♗xb5 71.♔g4=

70.♔g3 ♔f5 71.♗d3+ ♔f6 72.♗e2 ♗d7 73.♗d3 ♔e5 74.♗e2 ♔d4 75.♗xb5! ♗xb5 76.♔g4 ♔c4 77.♔xg5 ♔xb4 ½–½, Vallejo Pons – Navara, Prag 2022

Lösung 35: b)

64...♔f7!

Natürlich scheitert 64...♔g5? nach 65.♖e6 ♖e2 an dem Standardtrick 66.♖xe5+! ♖xe5 67.f4+ ♔f6 68.fxe5+ ♔xe5 69.♔h4 ♔f6 70.♔h5 ♔g7 71.♔g5+−.

65.g5

65.♔h4 ♖a3 66.♔g5 ♖xf3=

65...♖a4 66.♖f6+ ♔e7

66...♔g7!? 67.♖e6 ♖a5 68.♔g4 ♔f7!=

67.♖h6

67.f4 exf4+ 68.♖xf4 ♖xf4 69.♔xf4 ♔f7 70.♔f5 ♔g7 71.g6 ♔g8!=

67...♔f7 68.♖h4 ♖a5 69.♔g4 ♖a4+ 70.♔h5 ♖a3 71.f4

71.♖b4 ♖xf3 72.♖b7+ ♔g8 73.♔g6 ♖f8=

71...exf4! und ½–½ angesichts der möglichen Folge 72.♖xf4+ ♔g7 73.♖b4 ♖a6 74.♖b7+ ♔g8 und nach Erreichen der 'Philidor-Stellung ist Schwarz in Sicherheit; z.B. 75.g6 ♖a1=, Radjabov – Firouzja, Madrid 2022.

Lösung 36: c)

46...b4!

Nach diesem Durchbruch kommt das Gegenspiel gerade noch rechtzeitig.

Zum Verlust führt 46...♔g7? wegen des Einsatzes von Zugzwang mit 47.♔f1! und der möglichen Folge 47...b4 48.axb4 a3 49.♗h6+ ♔h8 50.♗c1 a2 51.♗b2 ♘e3+ 52.♔e2 ♘c4 53.♗a1 ♔g7 54.b5+−.

47.axb4 a3 48.♗c1 ♘xb4 49.♔d2

49.♗xa3 ♘c2+ 50.♔d2 ♘xa3 51.♔d3 ♘b5 52.♔e4 ♘d6+ 53.♔xe5 ♘e8=

49...♘d5!

49...a2? 50.♗b2 ♘c6 51.♔d3 ♔g7 52.♔e4 ♔h8 53.♔f5 ♔g7 54.♔e6 ♔h8 55.♔f6 ♘d8 56.♗xe5 ♘c6 57.♗a1+−

50.♗xa3 ♘f4 51.♗b2 ♘xg6 52.♗xe5+ ♘xe5 53.♔c3 ♔xh7 ½–½, Firouzja – Nakamura, Madrid 2022

Lösung 37: c)

47...♔c8?

Mit dieser Wahl verschenkte Schwarz in der Partie den Sieg.

1) Auf die Alternative 47...♔b8? könnte Schwarz verfallen, wenn er sich zu sehr in die Wunschvariante 48.c6? verliebt.

(⌓48.♘b6= Δ48...♘xc5 49.♘c4)

Denn darauf führt 48...♔a7!! (und nicht etwa 48...♔xa8? 49.c7+ ♔a7 50.♗e4=) 49.c7 ♘f4; 49...♘c5 zum Gewinn.

2) Der einzige Gewinnzug lautet 47...♔d7!, denn der König muss zum Königsflügel streben, wie die folgenden Varianten veranschaulichen:

a) 48.c6+ ♔d6 49.♗h1 a4 50.♘b6 ♘b2 51.♘d5 ♔xc6 52.♘c3+ ♔c5 53.♗d5 a3 54.♗a2 ♘c4+ 55.♔e2 ♗c2–+

b) 48.♘b6+ ♔e7

– 49.c6 ♔d6 50.♗h1 ♘b2–+ bzw. 50.c7 ♔xc7 51.♘c4 a4–+

– 49.♘a4 ♘f4 50.♗c4 ♘e6–+

– 49.♗e4 ♗xe4 50.♔xe4 ♘xc5+ 51.♔xe5 ♘d7+ 52.♘xd7 ♔xd7 53.♔f6 a4 54.♔xg6 a3 55.♔h7 a2 56.g6 a1♕ 57.g7 ♕h1+ –+

48.♘b6+ ♔b8

Nach 48...♔c7 führt beispielsweise 49.♗f7! zum Remis.

(Aber nicht 49.♗e4? ♗xe4 50.♔xe4 ♘xc5+ 51.♔xe5 ♔xb6–+.)

49...♘xc5 50.♘c4 a4 51.♘xe5 a3 52.♔d4 ♘e4 53.♗a2 ♘xg5 und nun kann Weiß durch Beseitigung der letzten gegnerischen Bauern das Remis erzwingen: 54.♘xg6 ♗xg6 55.♔c3 ♘f3 56.♔b4 ♔d6 57.♔xa3=.

49.♗e4 ♘xc5 50.♗xf5!

Aufgrund der wenigen verbliebenen schwarzen Bauern kann Weiß sich um Haaresbreite retten.

50...gxf5 51.g6 ♘e6 52.♘d7+ ♔c7 53.♘xe5 a4 54.♔d3 ♔d6 55.♘c4+ ♔c5 56.♔c3 f4 57.♘b2 ♔b5

57...a3 58.♘d3+ ♔b5 59.♘xf4 ♘xf4 60.g7 ♘d5+ 61.♔b3 ♘f6 62.♔xa3=

58.♘xa4 ♔xa4 59.♔d3 ♔b5 60.♔e4 ♔c6 61.g7 ♘xg7 62.♔xf4 ½–½, Engel – Bjerre, Bundesliga 2023

Lösung 38: b)

52.b4?

Mit diesem unbedachten Vorstoß verpasst Weiß seine Chance.

Zum Gewinn führte das Eingreifen des Königs mit 52.♔f5! und der möglichen Folge 52...d3 53.♖g1 d2 54.♖h1+ ♔g8 55.♖fh6 ♖f2+ 56.♔e5 ♖e2+ 57.♔d6 ♖a7 58.♖g6+ ♖g7 (58...♔f8 59.♖h8#) 59.♖xg7+ ♔xg7 60.♖d1 ♔f6 61.♔d7 ♖xe6 62.♖xd2 ♖e7+ 63.♔c6 ♖e3 64.b4 ♖c3+ 65.♔b6+−.

52...d3!

Nun rettet der eigene Freibauer die Partie.

53.♖g3 d2 54.♖h6+ ♖h7 55.♖xh7+ ♔xh7 56.♖d3 ♔g6 57.♔f3 ♖xe6 58.♖xd2 ♔f6 59.♔f4 ♖e1 60.♖d4 ♔e6 ½–½, Rapport – Firouzja, Madrid 2022

Lösung 39: c)

Ein Mattüberfall aus heiterem Himmel kommt gelegentlich auch im Endspiel ohne Schwerfiguren vor.

55.♗xa6?

Der Giftgehalt dieses Bauern ist kaum zu übertreffen.

Nur nach 55.♗d5! a5 56.♗xg2 f6+ 57.♔g4 ♘xd6+ 58.♔g3 sollte Weiß sich dank des Läuferpaars auf den Beinen halten können.

55...f6+! und **0-1**, denn nach 56.♔g4 (56.♔g6 ♘h4#) 56...♘d4+ schneidet das Abzugsschach die Diagonale des schwarzfeldrigen Läufers mit solch tödlicher Wirkung ab, dass augenblicklich Matt in Sicht kommt; z.B. 57.f5 g1♕+ 58.♔f4 ♗c6 59.♗c4+ ♔h8 60.♗d5 ♗xd5 61.d7 ♕g5#, Tadic – Thybo, Bundesliga 2023.

Lösung 40: b)

69.b6?

Der Partiezug scheidet ja ganz offensichtlich aus, weil Weiß nach Eliminierung dieses Bauern mit dem falschen Läufer für die Verwandlung des h-Bauern verbleibt und der verteidigende König sich in der schwarzfeldrigen Ecke einnisten kann. Ein solch kapitaler Fehler ist auf GM-Niveau natürlich nur dadurch zu erklären, dass er in der Zeitnotphase einer Schnellpartie geschah.

Zum Gewinn führte 69.♘e5! nebst reichlichem Einsatz von Zugzwang; z.B. 69...♗a7 70.♗f7 mit folgenden Abspielen:

1) 70...♗b8 71.♘f3+ ♔f6

(Nach 71...♔h6 72.b6 ♘xb6 73.♔xb6 gewinnt Weiß mit dem zusätzlichen Springer selbstverständlich mühelos.)

72.♗g6 ♘b2 73.♘d2 ♗f4 74.♘e4+ ♔e7 75.b6 ♘c4 76.b7 ♘e5+ 77.♔b5 ♘d7 78.♗f5 ♘f6 79.♘c3 ♔f7 80.h6 ♔g8 81.♔c6 ♗b8 82.♘b5 ♔h8 83.h7! ♘xh7 84.♗xh7 ♔xh7 85.♔d7 ♔g7 86.♔c8 ♗h2 87.♘c7+−

2) 70...♔h6 71.♘g4+ ♔g5 72.h6

a) 72...♗d4 73.♗e6 ♔g6 74.♗b3 ♘b6 75.♗c2+ ♔g5 76.♗d1 ♔g6 77.♗e2 ♘a4 78.♗f3 ♘b6 79.♗d1 ♘c8 80.♔d5 ♗c3 81.♔c5 ♔g5 82.b6 ♘xb6 83.♔xb6+−

b) 72...♔xg4 73.♗b3! ♔g5 74.h7 ♗d4 75.♗xa4 ♔g6 76.♔d5!+−

69...♘xb6 70.♘xb6 ♗xb6 71.♔xb6 ♔h6 und **½–½**, denn der König erreicht die sichere Ecke, Robson – Muradli, chess24.com 2023.

Lösung 41: c)

45.h5+!

In der Partie wählte Weiß dieses starke Ablenkopfer, denn nach der erzwungenen Antwort fehlt der Springer beim Kampf gegen den Freibauern am anderen Flügel.

Zum Gewinn führt auch 45.b6 mit der sofortigen Anschlussdrohung ♖xg7+! nebst b7 usw.

(Übrigens besteht eine dritte Lösung in 45.♖d7 nebst b6 usw.)

Nach der möglichen Folge 45...♖a1+ 46.♔e2 ♖a2+ 47.♔d3 ♘e6 48.♖c7 verliert Schwarz in folgenden Abspielen:

1) 48...♘xc7 49.bxc7 ♖a3+ 50.♔d4 ♖a4+ 51.♔c3 ♖a1 52.♔b2+−

2) 48...♖a3+ 49.♖c3 ♖xc3+ 50.♔xc3 ♘d8 51.♔c4 ♔f7 52.♔d5 ♔e7 53.h5 ♔d7 54.♗b8+−

45...♘xh5 46.b6 ♖a1+

46...♖xf3 47.♖c7 ♖b3 48.b7 ♖b1+ 49.♔d2 ♖b2+ 50.♔c1+−

47.♔d2 ♘g3 48.♖c7!

Diese Präzision ist erforderlich, denn nach 48.♖d7? mit der Folge 48...♘f1+ 49.♔c3 ♘e3 50.b7 ♖a3+ 51.♔d4 ♘f5+ 52.♔c5 ♖xa7 53.b8♕ ♖xd7 54.♕xf4 h5 könnte Schwarz sich doch noch verteidigen.

48...♘f1+ 49.♔d3

49.♔e2 ♘g3+ 50.♔d3+−

49...♘e3 50.b7 und **1-0** angesichts der möglichen Folge 50…♖a3+ 51.♖c3 ♖xc3+ 52.♔xc3 ♘d5+ 53.♔b3 nebst ungehindertem Vormarsch des Freibauern, Navara – Anton Guijarro, Prag 2022.

Lösung 42: a)

61.♔f5!

Um den Freibauern unter Kontrolle zu bekommen, muss der König in ein mögliches Abzugsschach ziehen.

Zum Verlust führt 61.♔h3? mit der möglichen Folge 61...♖h1+ 62.♔g4 ♗b8 63.♔g5.

Dieser Dauerschachangriff ist die letzte Hoffnung, die jedoch nicht in Erfüllung geht, denn nach 63...g2 64.♖h6+ ♔g7 65.♖g6+ ♔f8 66.♖f6+ ♔e7 67.♖f7+ ♔e6 68.♖f6+ ♔e5 69.♖f5+ ♔d4 kann Weiß in Ermangelung weiterer Schachs aufgeben.

61...♗g5+

Dieser Trick bietet noch die besten praktischen Chancen. Auf andere Abzüge kann Weiß sich retten, obwohl dazu präzises Spiel erforderlich ist; z.B. 61...♗b8+ 62.♔e6! (62.♔e4? ♖f4+ Δ♖h4−+) 62...♖f2 63.♖g4! g2 64.♗g6+ ♔h6 65.♗e4=.

62.♔e4

Natürlich nicht 62.♔xg5? wegen 62...g2 63.♔h4 ♖h1+.

62...♖f4+

62...g2 gewinnt die Qualität, aber nicht die Partie: 63.♖xg5 g1♕ 64.♖xg1 ♖xg1 mit theoretischem Remis.

63.♔d3

65.♔e5? verliert wegen 65...♖a4 66.♖xg5 ♖a5+ 67.♔f4 ♖xg5 68.♔xg5 g2−+.

63...♖f5 64.♔e4 ♖f4+ 65.♔d3 ♗h4 66.♖e6 g2

So gewinnt Schwarz zwar den Läufer, aber nicht die Partie.

Auch nach 66...♗f6 67.♖e2 ♔h6 68.♖g2 ♔xh5 69.♖xg3= kann er nicht mehr gewinnen.

67.♖g6 ♖f5

67...♖f2 68.♔e3 ♖b2 69.♔f3=

68.♖xg2 ♖xh5

Dieses theoretische Remis-Endspiel ist mühelos zu verteidigen.

69.♔e4 ♗f6 70.♔f4 ♗g7 71.♔e4 ♔g8 72.♖g6 ♔f7 73.♖a6 ♗f6 74.♖a8 ♖h4+ 75.♔f5 ♖h5+ 76.♔e4 ♖b5 77.♔f4 ♗e5+ 78.♔e4 ♗d6 79.♖h8 ½–½, Carlsen – Vachier-Lagrave, Stavanger 2022

Lösung 43: b)

Bei präziser Verteidigung ist dieses Turmendspiel nicht zu gewinnen.

71.♔f6

Nach 71.♖e8 verteidigt Schwarz sich nach folgendem Schema: 71...♖h1! 72.♔f6 ♖h6+ 73.♔g7 ♔d7! 74.♖a8 ♖e6 75.♖a5 ♔e7= bzw. 74.♔xh6 ♔xe8 75.♔g6 ♔e7 76.♔f5 ♔f7=.

71...♔d7 72.♖h7+ ♔e8 73.♔e6 ♔f8

Diese Form der Verteidigung wird in Lehrbüchern favorisiert.

Zum Remis führt auch 73...♔d8!? 74.♖h8+ ♔c7 75.♔f6 ♔d7=.

74.♖h8+ ♔g7 75.♖e8 ♖a1 76.♖d8 ♖a6+

Die Fortsetzung 76...♖e1!? Δ77.♔d6 ♔f7= ist einfacher.

77.♔e7 ♖a7+ 78.♖d7 ♖a8

Oder 78...♖a6!? mit der möglichen Remisfolge 79.♖d6 ♖a8 80.e6 ♔g6 81.♖d7 ♔g7 82.♔d6+ ♔f8 83.♖f7+ ♔e8 84.♖h7 ♖a6+ usw.

79.e6 ♔g6 80.♖d2 ♖a7+ 81.♖d7 ♖a8 82.♖c7 ♔g7 83.♖c2 ♖a7+!

Die einzige Verteidigung.

84.♔d6 ♖a6+ 85.♔d7 ♖a7+ 86.♖c7 ♖a8! 87.♖b7 ♔f6 und ½–½ angesichts der möglichen Folge 88.e7 ♔f7! 89.♖c7 ♖e8 90.♔d6 ♖a8=, Tari – Anand, Stavanger 2022.

Lösung 44: c)

42.f5!

Die Zerstörung der gegnerischen Bauernstellung ist der einfachste Weg, um ein Unentschieden zu erzwingen.

Laut Computer reicht zu diesem Zweck auch 42.♔xb4 mit folgenden Abspielen:

1) 42...f5 43.a4 ♘xf4 44.♔c4 ♘d5 45.♔d4=

2) 42...♘xf4

a) Schwach wäre nun 43.a4? wegen 43...g5!−+.

b) Richtig ist die Königsaktivierung 43.♔c4! mit der möglichen Folge 43...g5 44.♔d4! gxh4 45.♔e4 ♘d5 46.a4=.

42...gxf5 43.♗e2 ♘f4 44.♗f3 ♘g6 45.♗xh5 ♘xh4 46.♗xf7 f4 47.♗h5 f3 48.♗xf3 ♘xf3 49.♔xb4

Nach Verschwinden des letzten schwarzen Bauern hat Weiß das Ziel seiner Strategie erreicht.

49...♘d4 50.a3 ♘c2+ 51.♔b3 ♘xa3 ½–½, Caruana – Duda, Madrid 2022

Lösung 45: b)

76...♘e8?

Die Partiefortsetzung führt zum Verlust.

Und dabei gab es sogar *zwei* Rettungswege:

1) Der kompliziertere besteht in 76...♘a8! 77.♔f5 ♘b6 78.♗b3 ♔f8 79.♔g6 ♘d7 80.e6 ♘e5+ 81.♔f5 ♘c6 82.♔f6 ♘e7=.

2) Ebenso einfach wie effektiv ist hingegen die Alternative 76...♔f8! 77.♔f5 ♔g7 78.e6 ♘xe6! 79.♗xe6 h5! 80.gxh5 ♔h8=.

77.♔f5! ♘g7+ 78.♔g6 ♘e6

Auch 78...♘e8 verliert nach der möglichen Folge 79.♔xh6 ♘c7 80.♔xg5 ♘e8 81.♔g6 ♘c7 82.g5 ♘e8 83.♔h7 ♔f8 84.g6 ♘g7 85.e6 ♘e8 86.♔h8 ♘g7 87.e7+.

79.♗xe6 ♔xe6 80.♔xh6 ♔xe5 81.♔xg5 1–0, Prraneeth – Malicka, Chess24 2022

Lösung 46: a)

Der weiße Freibauer ist selbstverständlich nicht zu halten, aber trotzdem gewinnt Weiß mühelos, da ja sein König sofort die verbliebenen gegnerischen Bauern abräumen kann.

48.♔e5!

Zum Gewinn führt auch 48.♔g5 mit der Folge 48...♔e6

(48...♖xd7 49.♖xd7+ ♔xd7 50.♔xh5 ♔e6 51.♔xg4 wäre allzu einfach.)

49.♔xh5 ♔f5 50.♔h6 ♔f6 51.♔h7 ♔f7 52.h5 ♔f6 53.h6 ♔f7 54.♖d6 ♔e7 55.♖g6 ♔xd7 56.♖g8 usw.

48...♖f8

Auch die Alternativen verlieren: 48...♔f7 49.♔d6+− bzw. 48...♖xd7 49.♖xd7+ ♔xd7 50.♔f6+−.

49.d8♕+!

Der verschmähte Bauer wird geopfert, um die Aktivierung des Königs zu ermöglichen.

49...♖xd8 50.♖xd8 ♔xd8 51.♔f6 ♔d7 52.♔g5 ♔e6 53.♔xh5 ♔f5 54.♔h6 ♔f4

54...♔f6 55.h5 ♔f7 56.♔g5+−

55.h5 ♔f3 56.♔g5 und **1-0** wegen 56...♔xf2 57.♔xg4+−, Warakomska – Antolak, Bydgoszcz 2022.

Lösung 47: c)

In der Regel sind Läufer und Springer einem Turm überlegen, aber bei reduziertem Material kann der Vorteil mitunter nicht umgesetzt werden.

76.♖d6?

Der Partiezug führt zum Verlust, weil er die effektive Umsetzung des Springers erlaubt.

76.♖f6! (oder auch 76.♖e7=) hält den Laden zusammen; z.B. 76...♘e3 77.♖f8 mit folgenden Abspielen:

– 77...♗e4 78.♖h8 ♔g4 79.♖g8+ ♔h3 80.♖h8=

– 77...♗g4 78.♖c8! (78.♖b8? ♘c2−+) 78...♘d5 79.♖c6 ♘e7 80.♖f6 ♗f3 81.♖f7=

76...♘c3 77.♖d2

77.♖d3 wird mit 77...♘e2+ 78.♔f2 ♗g4−+ beantwortet.

77...♘e4 78.♖b2

78.♖d7 ♗g4 79.♖c7 ♘g5 80.♖c2 ♘f3+ 81.♔h1 ♘d4 82.♖d2 ♗f3+ 83.♔g1 ♘c6 84.♖d3 ♗e4 85.♖d7 ♘e5 86.♖h7 ♗f3 87.♖h8 ♗g4−+

78...♘g5 79.♖f2 ♗e4 80.♖f4 ♘f3+ 81.♔f2 ♔xh2 82.♖xf3 ♗xf3 83.♔xf3 ♔g1!

Die entscheidende Umgehung.

Nicht jedoch 83...♔h3? 84.♔f2 ♔g4? 85.♔g2=.

84.♔e3 ♔g2 85.♔f4 ♔f2 86.♔xf5 ♔xg3 87.♔g5 h4 0–1, Zwirs – Handke, Bundesliga 2023

Lösung 48: a)

79.♔c1?

Damit schlägt der König die prinzipiell falsche Richtung ein.

Nach 79.♔e1! befindet er sich in der theoretischen Remis-Zone; z.B.79...♖d2 80.♗c6 ♖d6 81.♗b5 ♔c2 82.♔e2 ♖e6+ 83.♔f2 ♔d2 84.♔f3!

1) 84...♖f6+ 85.♔e4! ♖h6 86.♔f4 ♖h4+ 87.♔f3=

2) 84...♖e3+ Nach 85.♔f2? (△85.♔f4! ♖b3 86.♔e5=) 85...♖c3 86.♔g2 ♔e3 87.♔g3 ♖c8 88.♔g2 ♖f8 ist der weiße König im Ostteil der Verlustzone eingesperrt; z.B. 89.♗c6 ♔d4 90.♔g3 ♔c3 91.♔g2 ♔b3 92.♔g3 ♖f1 93.♗b5 ♖a1 94.♔f2 ♖xa4 95.♗xa4+ ♔xa4 96.♔e2 ♔b3 97.♔d2 ♔b2−+.

79...♖d2!

Jetzt ist der König im Westteil der Verlustzone eingesperrt

80.♔b1 ♔b3 81.♔c1 ♖d8

Der entscheidende Zugzwang.

82.♗e2 ♔xa4

Das ist leicht gewonnen.

83.♔b1 ♔b3 84.♗g4 ♖d6

Schwarz spielt auf Dominanz und erlaubt dem Läufer nicht, die wichtigste Verteidigungsdiagonale a2–g8 zu erreichen, denn dann wäre der Sieg komplizierter.

Nur nicht 84...a4?? 85.♗e6+ ♔a3 86.♗f7 ♖b8+ 87.♔c1= mit weißer Festung, denn sein König kann auf b1, c1 oder c2 und sein Läufer auf der Diagonale a2-g8 bleiben.

85.♗h5 ♖f6 86.♗d1+ ♔a3 87.♗h5 ♖b6+ 88.♔c2 ♖b2+ 89.♔c1 ♖b4 90.♗f7

90.♔c2 ♖b2+ 91.♔c3 (91.♔c1 ♔b3−+) 91...♖b5 92.♗f7 ♖c5+ 93.♗c4 a4 94.♔d3 ♖xc4 95.♔xc4 ♔b2−+

90...♔a4!

Der König benutzt die Ausfahrtstraße.

91.♗e8+ (91.♔c2 ♔b5−+) **91...♔b3 92.♗f7+ ♔c3** und **0-1** wegen 93.♗g8 ♖g4 −+ bzw. 93.♔d1 ♔b2−+, Gukesh – Aronian, Düsseldorf 2023.

Lösung 49: a)

Zwar haben Turmendspiele eine relativ große Remis-Tendenz, aber anders sieht es aus, wenn der Verteidiger nicht aktiv werden kann.

46...h5!!

Mit diesem brachialen Randbauern-Konter verschafft Schwarz sich einen Freibauern, und da sein Turm anschließend hinter diesen gelangen kann, ist die Partie so gut wie entschieden.

47.hxg5

47.gxh5 gxh4 48.♖h3 ♖xh5−+

47...hxg4 48.g6 ♖g5 49.♖c3 ♖f5!?

Dies ist ein Beweis guter Technik, obwohl 49...♖xg6 50.♖xc5 ♖f6 ebenfalls gewinnt.

50.g7

50.♔d1 ♔f6 51.♖g3 ♖f4 52.f3 gxf3 53.g7 f2−+

50...♔f7 und **0-1** angesichts der möglichen Folge 51.♖g3 ♖xf2+ 52.♔d1 ♖f4 53.♖c3 c4 54.bxc4 ♖xc4 55.♖e3 ♔xg7 56.♖xe6 g3 57.♖xa6 g2−+, Kuznecovs – Saric, Bundesliga 2023.

Lösung 50: b)

55.♔f4?

Der Versuch, den König zum Königsflügel zu bringen, führt zur Niederlage, weil Schwarz zu einem gewonnenen Bauernendspiel abwickeln kann, welches Weiß wohl falsch bewertet hatte.

Nur mit 55.♘f5+! hätte Weiß sich verteidigen können:

– 55...♔e5 56.♘e7 ♔d6 57.♘f5+ = mit Zugwiederholung

– 55...♔d7 56.♔f4 ♘e6+ 57.♔e5 ♘g5 58.♔f4 ♘h3+ 59.♔g3 ♔e6 60.♘d4+ ♔d5 61.♘xc6=

55...♘e6+! 56.♘xe6 ♔xe6 57.♔e4 h5 58.♔d4 ♔f5

Im Gegensatz zu dem weißen Fehlversuch, führt die Verlegung des *schwarzen* Königs zum Königsflügel zum Sieg.

58...♔d6!? gewinnt ebenfalls, aber nach 59.h4 c5+ 60.♔c4 ♔c6 61.♔d3 ♔d5 62.♔c3 muss der schwarze König doch noch zum Königsflügel aufbrechen, wie aus den folgenden Varianten hervorgeht:

1) 62...c4? 63.♔c2 ♔d4 64.♔d2 ♔e4 65.♔c3 ♔f4 66.♔xc4 ♔g4 67.♔d3 ♔xh4 68.♔e2 ♔g3 69.♔f1=

2) 62...♔e4 63.♔c4 ♔f4 64.♔xc5 ♔g4 65.♔d4 ♔xh4 66.♔e3 ♔g3 67.♔e2 ♔g2 68.♔e3 h4−+

59.♔c5 ♔g4 60.♔xc6 ♔h3 61.♔d5 ♔xh2 62.♔e4 ♔g2 63.♔f4 h4 0–1, Andreikin – Yakubboev, Internet 2023

Lösung 51: b)

Angesichts des lebendig begrabenen Läufers ist die weiße Stellung unmöglich zu verteidigen. Schwarz braucht nur noch etwas Technik bei der Umsetzung des Gewinnvorteils unter Beweis zu stellen.

45.♔g2

Auch nach 45.♗xd3 ♗c3! 46.♖d1 exd3 47.♖xd3 ♖a7 48.♔g2 a4−+ geht der Gewinn erstaunlich einfach vonstatten.

45...♗c3 46.♖d1 ♗d4

Computer geben 46...♖f3!? den Vorzug.

47.f3

47.f4 ist zäher, bietet aber angesichts der verbundenen schwarzen Freibauern auch keine Rettung; z.B. 47...♖c7 (47...exf3+? 48.♔h3=)

1) 48.♖e1 ♖e7 49.♔f1 ♔f7 50.g4 ♔f6 51.g5+ ♔f7 52.♖d1 ♗e3 53.♔g2 ♔g6−+

2) 48.♗xd3 exd3

a) 49.♖xd3 ♖c2+ 50.♔f3 ♗c3−+

b) 49.♔f3 ♖c2 50.♔e4 ♗c3 51.♔xd3 ♖xa2 52.♔c4 ♖g2 53.♖d3 ♗e1−+

47...♖xf3 48.♖e1 ♖f2+ 49.♔h3 d2 und **0–1** angesichts der möglichen Folge 50.♖d1 e3 51.♗d3 e2 52.♗xe2 ♖xe2−+, Carlsen – Erigaisi, Online 2023.

Lösung 52: b)

70...♔g5?

Der Partiezug führt zum Verlust.

Tatsächlich gab es sogar *zwei* Rettungsmöglichkeiten:

1) 70...♘c1+! 71.♔d2 ♘b3+ 72.♔c3 ♘c1 73.♔c2 ♘e2 74.♗d6 ♘g1 75.h4 ♔g4 76.♔d3 ♘f3 77.♔e3 ♘xh4=

2) 70...♔g6! 71.♔e3 ♔g5 72.♗e7+ ♔g6 73.♔f4 ♘d4 74.♔e5 ♘e2 75.♗h4 ♘g1=

71.♔c4! f4

Nach 71...♘c1 gewinnt 72.♗d2+.

72.♗e7+

Diesmal kommt der Stich des Skorpions von der anderen Seite.

Auch 72.gxf4+ gewinnt nach der möglichen Folge 72...♔xf4 73.♗d6+ ♔g5 74.♗e7+ ♔f4 75.♔xb3 ♔g3 76.h4.

72...♔g6 73.gxf4

Auch 73.g4 gewinnt.

73...♘c1 74.♔d4 ♘e2+

74...♔f5 ist zäher, kann die Partie jedoch auch nicht mehr retten: z.B. 75.♔e3 ♘b3 76.♗b4 ♘a1 77.♔f3 ♘b3 78.♗c3 ♘c5 79.h4 ♘e4 80.♗a5 ♘f6 81.♗c7 ♘e4 82.h5 ♘g5+ 83.♔g3 ♘e4+ 84.♔h4 ♘f6 85.♗b8 ♘e4 86.♗e5 ♘f2 87.h6 ♔g6 88.♗g7 ♘e4 89.f5+ +−.

75.♔e5 ♘g3 76.♗h4 ♘f5 77.♗f2 ♘g7 78.h4

Durch Einsatz von Zugzwang wird die schwarze Festung erstürmt.

78...♘h5 79.f5+ ♔f7 80.♗e1 ♔e7 81.♗d2 ♔f7 82.♗c1 ♔e7 83.♗e3 ♔f7 84.♗g5 ♘g7 85.♔f4 ♔g8 86.♔g4 ♘e8 87.♗f4 ♘f6+ 88.♔g5 ♔f7 89.♗e5 ♘h7+ 90.♔h6 ♘f8 91.h5 ♘d7 92.♗d4 ♘f8 93.♔g5 ♘h7+ 94.♔f4 ♔g8 95.♗c3 ♔f8 96.h6 ♔f7 97.♗g7 ♔g8 98.♔g4 ♔f7 99.♔h5 ♔g8 100.♔g6 ♘f6 101.♗xf6 1–0, So – Erigaisi, Online 2023

Lösung 53: a)

67.♔b4?

Das aktive Gegenspiel ist zu langsam.

Nach der passiven Verteidigung mit 67.♔d2! ♔f5 68.♔e3 h4 69.♔f2= erreicht Weiß eine Festung.

67...♗e2

Auch 67...♗c6 gewinnt.

68.a4

Auch mit 68.f4 ist die Stellung nicht mehr zu retten; z.B. 68...♔f5 69.♗e3 h4 70.♗f2 h3 71.♗g3 ♔g4 72.♗h2 ♔f3 73.f5 ♔g2 74.♗d6 ♗g4 75.a4 ♗xf5 76.c4 g5 77.a5 g4 78.a6 g3 79.♗xg3 ♔xg3 80.a7 ♗e4−+.

68...♗xf3 69.c4 ♔f5 70.♔c5 ♔e6 und **0–1** angesichts der möglichen Folge 71.♗f2 g5 72.♔d4 h4 73.♔e3 ♗b7 74.♗e1 h3 75.♗g3 f5 76.♗h2 f4+ 77.♔f2 ♔f5 78.c5 g4 79.a5 ♔e4−+ Zugzwang, So – Nakamura, Online 2023.

Lösung 54: c)

Das Endspiel ist für Schwarz so oder so verloren.

48...♖xh5+

Normalerweise führt Turmtausch in solchen Konstellationen zum Remis, hier aber nicht, da Weiß sich auf lange Sicht *zwei* Freibauern verschaffen kann.

Auch 48...♗f3 verliert nach der möglichen Folge 49.♖e1+ ♔d6 50.♗e5+ ♔d7 51.♗xg7 ♖xh5+ 52.♔f4 ♗e4 53.♗f6 ♖h6 54.g7 ♖g6 55.♔e5+−.

49.♔xh5 ♗f3+ 50.♔g5 ♗xd1 51.b4 ♗b3

Auch mit 51...♗e2 ist die Stellung nicht mehr zu verteidigen, denn nach den weiteren Zügen 52.♗xg7 ♗c4 53.♗d4 f4 54.♔xf4 ♗d3 55.g7 ♔f7 56.♔e3 ♗c4 57.♗e5 erreicht der weiße König alsbald die schwarze Achillesferse – nämlich den Bauern auf a6; z.B. 57...♔g8 58.♔d4 ♗e6 59.♔c5 ♗f5 60.♔b6 ♗c8 61.♔c7 ♗e6 62.♔b7+−.

52.♗xg7 ♗c4 53.♗d4 f4 54.♔xf4 ♗b3 55.♔g5 ♗c4 56.♔h6 ♔d7 57.♔g7 ♗d3 58.♔f7 1–0, Kosteniuk – A. Muzychuk, München 2023

Lösung 55: c)

36.h4?

In der Partie schätzte Weiß die Situation falsch ein, denn nun kann der gegnerische König am Damenflügel eindringen.

Eine Möglichkeit, das Endspiel zu retten, besteht in 36.♔d1! ♔d4 37.♔c2 mit den Abspielen:

1) Nach 37...♗a3 38.♗f2+ ♔e5 39.♗e3 kann Schwarz nicht in die weiße Stellung eindringen; z.B. 39...♗b4 40.♔b2 h5 41.♔c2 hxg4 42.hxg4=.

2) 37...c3 38.♗f2+ ♔c4 39.h4

a) Aber jetzt nicht 39...♔b4? wegen 40.h5 h6 41.g5!! fxg5 42.♗d4 ♔xa4 43.♗xg7 ♔b4 44.♗xh6 a5 45.f6+−.

b) ⌓39...♗a3! 40.♗g3 ♗c5=

36...♔d4! 37.♗f2+ ♔c3 38.g5

Der Gegenangriff 38.♗c5 wird mit 38...♔b3 39.♗f8 c3 40.♗xg7 c2 41.♗h6 ♔xa4 −+ pariert.

38...♔b3 39.f4 c3 40.h5 c2 41.♗e3 h6

Natürlich nicht direkt 41...c1♕?? 42.♗xc1 ♗xc1 angesichts des Durchbruchs 43.h6 gxh6 44.g6 hxg6 45.fxg6 f5 46.g7+−.

42.g6 ♔c4 und **0–1**, da der c-Bauer den Läufer kosten wird, Kaschlinska – Koneru, München 2023.

Lösung 56: b)

35...♔e6!!

Der Partiezug mag Weiß mächtig überrascht haben, weil er ja auf den ersten Blick nichts für die Sicherheit der schwarzfeldrig postierten Bauern am Damenflügel leistet.

Mit 35...♗xc4 ist hingegen kein klarer Vorteil zu erzielen.

36.♗b8

36.♗xg7 hxg4−+

36...♔d7!

Auf den zweiten Blick stellt man allerdings fest, dass die 'gefährdeten' Bauern in Wirklichkeit tabu sind und dass dieses wertvolle Gewinnpotenzial sehr wohl erhalten bleibt.

37.gxh5 ♗xc4 38.♔f2 ♗f7 39.♗e5

39.♗xa7 ♔c7 40.♔e3 ♔b7−+

39...♔c6 40.♗xg7

40.♔e3 ♔b5 41.♔d3 ♗xh5 42.♗b8 a6 43.♔c3 ♔c6 44.♔d3 b5 45.♗e5 g6 46.♗c3 ♗g4 47.♔e3 ♔d5 48.♔d3 ♗f5+ 49.♔d2 ♔c4−+

40...♔b5 41.♗e5 ♔a4 42.♗b8

42.h6 ♗g6 43.♗b2 ♔b3 44.♗c1 c4 45.♔e3 ♔c2 46.♗d2 c3 47.♗e1 ♔b2−+

42...a6 43.♗a7 ♔xa3 44.♗xb6 c4

Jetzt werden die schwarzen Freibauern früher oder später ihr Ziel erreichen.

45.♔e3

45.♗a5 trifft auf 45...♔a4!−+.

45...c3 46.♔d3 ♔b3 47.♗a5 c2 48.♗d2

48.♔d2 ♔b2 49.♗c3+ ♔b1−+

48...a5 49.h6 ♗g6+ 50.♔e3 a4 und **0–1** wegen 51.♗c1 a3 52.♔f4 a2−+, D. Wagner – Zhu, München 2023.

Lösung 57: b)

37.gxf4?

Nach diesem Fehler werden die entfernt voneinander laufenden Freibauern auf der a- und der e-Linie den Tag entscheiden.

Die richtige Verteidigung bestand in 37.♔f3! mit der möglichen Folge 37...fxg3 38.♔xe3 gxh2 39.♗f3 a4 40.♔f2 a3 41.♔g2, denn 41...a2 kann mit 42.♗d5+ = pariert werden. Zwar kostet der a-Bauer den Läufer, aber mit den beiden falschen Turmbauern kann Schwarz nicht gewinnen.

37...♗xf4 38.♔f3 ♗h6

Der schwarze Läufer kontrolliert die Diagonale e3-h6.

Natürlich nicht 38...♗xh2?? 39.♔xe3 ♔g7 40.♔f3 ♔f6 41.♔g2 ♗f4 42.♔h1=, da Weiß den Läufer für den Freibauern opfern kann.

39.h4 ♔f7 40.♗c2 ♔e6 41.♔e2 ♔e5 42.♗xh7 a4 43.♔d3 ♔f4 44.♗g6 a3 45.♗f7 ♔g3 46.♔e2 (46.h5 ♔f2−+) **46...♔xh4**

Schwarz gewinnt immer, da die beiden Freibauern drei Linien voneinander entfernt sind und nicht auf ein und derselben Diagonale gestoppt werden können.

47.♔f3 ♔g5 48.♗a2 ♔f5 49.♔e2 ♔e4 50.♗g8 ♔d4 51.♔d1 ♔c3 und **0–1** wegen 52.♗f7 ♔b2 53.♔e2 a2−+, Tan – Dzagnidze, München 2023.

Lösung 58: b)

Die Abschneidung ist eine wichtige Technik im Turmendspiel, die sowohl vom Angreifer als auch vom Verteidiger angewendet werden kann.

67.b7?

Weiß überstürzt die Dinge, denn der Freibauer durfte erst später vorziehen.

Richtig ist 67.♖c7+! mit folgenden Abspielen:

1) 67...♔b4 68.♖c8 ♔a5 69.♖a8+ ♔xb6 70.♖b8+ +−

2) 67...♔d2 68.b7

a) 68...♔e2 69.♖c2+ ♖xc2 70.b8♕ ♖c4+ 71.♔f5 ♖f4+ 72.♔xg5!+− und natürlich nicht 72.♕xf4? gxf4 73.♔xf4 ♔d3 74.♔g4 ♔e4 75.♔xh4 ♔f5=.

b) 68...♔e1 69.♖f7 Diese Abschneidung gewinnt; z.B. 69...♖b5 70.♔d4 g4 71.hxg4 h3 72.♖h7 ♔f2 73.♖xh3 ♖xb7 74.♔e4+−.

67...♖b5!

Und umgekehrt hält diese horizontale Abschneidung remis.

68.♔f3

68.♖c7+ wird mit 68...♔b3 69.♔d4 ♔b4= pariert.

68...♔c4 69.♔g4

Nach dem *bodycheck* 69.♔e4!? kann es mit 69...♔c3 70.♖c7+ und den folgenden Abspielen weitergehen:

1) 70...♔b4? 71.♔f3 71...♔b3 (71...♔a5 72.♖c5+−) 72.♔g4 ♔b4 73.♔h5 ♔b3 74.♔g6 ♔b4 75.♔f6 ♔b3 76.♔e6+−

2) 70...♔d2? 71.♔d4 ♔e2 72.♖f7+−

3) 70...♔b3! 71.♔d4 ♔b4= bzw. 71.♔d3 ♖b4=

69...♔c5 70.♖g7

70.♔xg5?? geht nach 70...♔c6+ 71.♔xh4 ♔xd7−+ sogar völlig nach hinten los.

70...♔c6 71.♔h5 ♖xb7 72.♖g6+

Nach 72.♖xb7 ♔xb7 73.♔xg5 ♔c6 74.♔xh4 ♔d6 75.♔g5 ♔e7 76.♔g6 ♔f8= kommt Schwarz gerade rechtzeitig.

72...♔d5 73.♖xg5+

73.♔xg5 ♖h7=

73...♔e6 74.♔xh4 ♔f6 75.♖g4 ♖g7 76.♖f4+ ♔g6 77.♖g4+ ♔f6 78.♖xg7 ♔xg7 ½–½, E. Pähtz – Zhu, München 2023.

Lösung 59: b)

88...♘d7?

Nach diesem Fehler kostet der e-Bauern einen Springer.

Verblüffenderweise kann Schwarz sich mit 88...♘b8! retten.

(Laut *Tablebase* remisiert allerdings auch 88...♘b4.)

1) 89.♔g5 ♘bd7=

2) 89.e6 ♘xe6 90.♖e5 ♘f8=

3) 89.♖g5+ ♔f7 90.♖g7+ ♔e6 91.h7 ♘xh7 92.♖xh7 ♔xe5= Denn das bauernlose Endspiel Turm gegen Springer ist remis, wenn der Springer den König erreichen kann und nicht in der Ecke oder auf b2 oder einem ähnlichen Feld steht.

89.e6 ♘f8 90.♖c5 ♘e7 91.♖c7 ♘d5 92.♖g7+ ♔h8 93.e7 ♘xe7 94.♖xe7 ♔g8 95.♔g5 ♘h7+ 96.♔f5 ♘f8 97.♖g7+ ♔h8 98.♖f7 ♔g8 99.♔f6 ♘h7+ 100.♔g6 ♘f8+ 101.♖xf8+ 1–0, Esipenko – Keymer, Düsseldorf 2023

Lösung 60: c)

47.♖b6!

Diese Abschneidung ist ein Beweis guter Technik.

Nach 47.♖xh6!? ♔b5 48.c6 ist der Gewinn viel schwieriger zu bewerkstelligen.

47...♖a2 48.♖b2

Und gleich noch einmal gute Technik, denn das Bauernendspiel ist leicht gewonnen.

48.♖xh6!? ♖xf2 49.♖h5 gewinnt ebenfalls.

48...♖xb2 49.♔xb2 ♔b5 50.♔b3 und **1–0** angesichts der möglichen Folge 50...♔xc5 51.♔c3 Opposition 51...♔d5 52.♔b4

Somit hat Weiß ein Schlüsselfeld erreicht.

52...♔d6 53.♔c4 ♔e5 54.♔c5 ♔f6 55.♔d4 ♔g6 56.♔xe4 h5 57.gxh5+ ♔xh5 58.♔f5+–, Aronian – Praggnanandhaa, Düsseldorf 2023.

Lösung 61: b)

58.♖a3

Nicht nur nach dem Partiezug ist das Endspiel völlig ausgeglichen.

Nach 58.♗xf4 dxe3 59.♗xe3 kann Schwarz angesichts des falschen Randbauern sogar mit 59...♗d3 60.f4 ♗c2 61.f5+ ♗xf5 62.gxf5+ ♔xf5= remisieren.

58...♖f7 59.♗xd4

59.f4 wird mit 59...♖d7 und der möglichen Folge 60.♖a4 d3 61.f5+ (61.♖xc4? d2−+) 61...♔f7 62.♗f4 ♗b3 63.♖b4 ♗c2= pariert.

59...♗d5 60.♔g3 h5!?

Der Verteidiger will zumeist Bauern abtauschen, da sie wertvolles Gewinnpotenzial darstellen.

61.♖c3 hxg4 62.fxg4 ♖d7 63.♗e3 ♔f6 64.♖c1 ♔e6 65.♗b6 ♖f7 66.♖e1+ ♔d6 67.♔h4 ♗e6 68.♔g5 ♖f3 69.♖d1+ ♔c6 70.♖c1+ ♔d5 71.♖c5+ ♔d6 72.♖c2 ♔d5 73.♖d2+ ♔c6 74.♖e2 ♔d7 75.♖d2+ ♔c6 76.♖c2+ ♔d5 77.♗c7 ♖f8 78.♖d2+ ♔c4 79.♖d6 ♖g8+ 80.♔f6 ♗xg4 81.♖xa6 ♖c8 82.♖a7 ♔b5 ½–½, Giri – Gukesh, Düsseldorf 2023

Lösung 62: c)

30...♘e6

Ebenso wie der Partiezug fürhrt auch die Alternative 30...♘f3 nur zum Remis; z.B. 31.♕c3 ♕e4 32.♕e3 ♘h2+ 33.♔g1 ♘f3+ 34.♔f1 ♘h2+ mit Dauerschach.

31.♕xa7

31.♘xe6 fxe6 32.♕xa7 wird mit 32...♕b5+ 33.♔g2 ♕xb4= pariert.

31...♘xf4 32.gxf4 ♕b5+ 33.♔g2 ♕xb4 34.♕a8+ ♔h7 35.♕xd5 ♕xf4

Da sein König zu offen steht, kann Weiß ungeachtet des a-Freibauern nicht gewinnen.

36.♕d3+ ♔g8 37.♕d8+

37.♕f3 kann erstaunlicherweise sogar mit 37...♕xf3+ beantwortet werden.

(37...♕g5+ = ist die Normalfortsetzung.)

38.♔xf3 ♔f8

(Natürlich nicht 38...g6?, denn nach 39.a4+− kann der schwarze König das Quadrat des Freibauern nicht mehr erreichen.)

39.♔e4 ♔e7 40.f4 g6=

37...♔h7 38.♕d3+ ♔g8 39.♕d8+ ♔h7 ½–½, Duda – Nepomnjaschtschi, Düsseldorf 2023

Lösung 63: c)

71.♔f7

Auch 71.♔d5 verspricht keinen Vorteil; z.B. ♔d7 72.♗f5+ ♔c7 73.♗h3 ♘e7+ 74.♔e6 ♔d8 75.♔d6 ♘g6=.

71...♘e7 72.♗g2 ♔d7 73.♗h3+ ♔d8 74.e6 ♘d5 75.♗g2 ♘e7 76.♔f6 ♘g8+ 77.♔g7 ♔e7

Schwarz wählt die aktive Lösung.

Auch 77...♘e7 führt zum Remis.

78.♔xg8 ♔xe6 79.♗f1 ♔d6

Das Gegenspiel kommt gerade rechtzeitig.

80.♔f7 ♔c5 81.♔e6 ♔b4 82.♔d5 ♔xa4 83.♔c6

83.♔c4 ♔a5 84.♗g2 a6=

83...♔a5 84.♔b7 g2 85.♗xg2 ♔xb5 86.♔xa7 ♔a5 87.♗f1 b5 88.♗xb5 ½–½, Nepomnjaschtschi – Esipenko, Düsseldorf 2023

Lösung 64: b)

67.♖c5!

Angesichts der Gewinndrohung 67...c2 ist dies der einzige Zug, der allerdings nur zum Remis reicht.

67...♖d3 68.♔g3 ♔xd6 69.♖c8

Natürlich nicht 69.♖xg5?? c2 70.♖g6+ ♔c7 71.♖g7+ ♖d7−+.

69...♔d5 70.♔g4 ♔d4

Die Befolgung der Regel ‘Der Turm gehört hinter den Freibauern’ 70...♖d4+ 71.♔xg5 ♖c4 wird mit 72.♖d8+ ♔c5 73.♖d1 pariert; z.B. 73.c2 74.♖c1 ♔d4 75.f4 ♔d3 76.f5 ♔d2 77.♖xc2+ ♖xc2 78.f6=.

71.♖c7 ♖d2 72.♔xg5 ♖xf2 73.f4 ♖g2+ 74.♔h5 c2 75.f5 ♔e5 76.♖c5+!

Nur diese Verteidigung führt zum Remis.

76...♔f6

76...♔d4 77.♖c8 ♔d3 78.f6 ♖f2 79.♔g6 ♖f4 80.f7=

77.♔h4 ♔e7 78.♔h3 ♔d6 79.♖c8

Natürlich nicht 79.♔xg2? ♔xc5 80.f6 c1♕–+.

79...♖d2 80.f6 ♔e6 81.♖c6+ ♖d6

81...♔d5 kann mit 82.♖c8= pariert werden, obwohl auch 82.f7 nach 82...♔xc6 83.f8♕ ♔b5= zum Remis führt. (Nicht jedoch überstürzt 83...c1♕? wegen 84.♕c8+ +–.)

82.♖xc2 ♔xf6 ½–½, Praggnanandhaa – So, Düsseldorf 2023

Lösung 65: a)

45.♔f4!!

Dieser starke Königszug war für den Gegner womöglich eine böse Überraschung. Hingegen ist das Turmendspiel nach 45.bxc5? ♖xc5 natürlich nur remis; z.B. 46.♖c1 ♔f7 47.gxf5 ♖xf5 48.a4 ♖a5 49.♖a1 g5=.

45...♗xf2

Schwarz muss darauf setzen, dass der e-Bauer den Turm kosten wird.

45...♖e8 46.bxc5 fxg4 47.hxg4 ♖c8 48.♖d5+–

46.♔xe5 e3

46...fxg4 47.♔xe4 gxh3 48.♖h1+–

47.gxf5 e2 48.♖b1 e1♕+ 49.♖xe1 ♗xe1 50.b5

Die Bauern gewinnen das Rennen gegen den Läufer.

50...♗xc3+ 51.♔d5 ♔f7 52.b6 ♗d2 53.♔c6 ♔e7 54.♔c7 ♗a5 55.a4 h5 56.♔b7 ♗d2 57.♔c8 und **1–0** angesichts der möglichen Folge 57...♔f6 58.b7 ♗f4 59.b8♕ ♗xb8 60.♔xb8 ♔xf5 61.a5 g5 62.a6 g4 63.hxg4+ hxg4 64.a7 g3 65.a8♕+–, Burg – Neef, Bundesliga 2023.

Lösung 66: a)

68.b5?

Nach diesem Fehlzug kann Schwarz die Bauern festlegen und es geht nicht weiter, weil die Harmonie des weißen Angriffs in der Folge stets gestört werden kann.

Nur 68.♖f6! gewinnt, wie die folgenden Abspiele bestätigen:

1) 68...♖d4+ 69.♔b3 ♖d3+ 70.♔a4 ♖d7 71.♖f8 a6 72.♘f1+ ♔e2 73.♖f4 ♖g7 74.♘g3+ ♔e3 75.♖c4 ♔f3 76.♖c3+ ♔f2 77.♘e4+ ♔g2 78.♘f6 g3 79.♘e4 ♔h2 80.♘xg3 ♖xg3 81.♖xg3 ♔xg3 82.♔b3 ♔f4 83.♔c4 ♔e5 84.♔c5+−

2) 68...♖h7 69.♔b5 ♖h3 70.♘f1+ ♔e4 71.♖f7 ♖h6 72.♘g3+ ♔e5 73.♖xb7 ♔f4 74.♖xa7 ♔xg3 75.♖g7+−

68...b6 69.♘f5+ ♔e4 70.a6 ♖c7+ 71.♔b4 ♖d7!

Der einzige Remiszug.

72.♘g3+ ♔e3 73.♖c1 ♖d4+ 74.♔b3 ♖d3+ 75.♖c3 ♖xc3+ 76.♔xc3 ♔f4 77.♘f1 g3 78.♘xg3 ♔xg3 79.♔d4 ♔f4

Der schwarze König ist rechtzeitig zurück, um den weißen Kollegen einzusperren.

80.♔d5 ♔f5 81.♔c6 ♔e6 82.♔b7 ♔d7 83.♔xa7 ♔c7 84.♔a8 ♔c8 85.a7 ½–½, Santos Latasa – McShane, Bundesliga 2023

Lösung 67: c)

53.hxg5?

Nach diesem Fehler gerät Weiß in einen typischen Endspiel-Mattangriff.

Mit der Ablenkung 53.♘h6! (oder auch 53.♘f6=) konnte er diese Gefahr bannen; z.B. 53...♘xh6 54.♗f2+ ♔f3 55.♗xb6 gxh4 56.gxh4 ♔g4 57.♗d8 f4 58.♔f2 ♘f5 59.♗g5 ♘xh4 60.♗e7= .

53...♔f3!

Nun ist das Mattnetz geknüpft.

54.♗d2 ♗f2 und **0–1** angesichts der Mattfolge 55.a3 ♘h2#, Kovacevic – Kozul, Bundesliga 2023.

Lösung 68: c)

Von Gewinn oder Verlust kann hier bei korrektem beidseitigem Spiel keine Rede sein. Vielmehr geht es für Weiß darum, den sicheren Remis-Hafen zu erreichen.

42.♖xd5

Eine bessere praktische Chance bestand in 42.a7!? mit der möglichen Folge 42...♖a5 43.♖d4 ♘c6 44.♖d6+ ♔e5 45.♖xc6 ♖xa7=.

42...♘xd5 43.♔f2 h5 44.a7 ♘b6 45.♔f3

45.♔e3 wird mit dem Bodycheck 45...♔e5!= beantwortet.

45...♔f5!?

Auch hier ein starker Bodycheck.

46.b4 ♘a8 47.h3 ♘b6 48.b5 ♘a8 49.g4+ hxg4+ 50.hxg4+ ♔e5 51.♔g3 ♘b6 52.♔h4 ♔f6 53.♔h5 ♔g7 54.♔g5 f6+ 55.♔f4 ♔f8 56.g5 und **½–½** angesichts der möglichen Folge 56…fxg5+ 57.♔xg5 ♔e7= und nicht etwa 56...♔f7? 57.g6+ ♔xg6 58.♔e4 ♔f7 59.♔d4 ♔e7 60.♔c5+−, Panic – Ivic, Vrnjacka Banja 2023.

Lösung 69: c)

45...♗xh2?

Dieser sorglose Bauernraub trifft auf einen entscheidenden Gegenschlag.

Mit 45...♗e5!= war der anschließende Einsatz eines Rammbocks zu verhindern und somit das Remis sicherzustellen.

46.♖b7! h5

46...♖xf5 47.♖c8+ ♖f8 48.♖xf8+ ♔xf8 49.♔e2+−

47.f6!!

Nach dem erwähnten Einsatz des Rammbocks stellt sich der schwarze Gegenangriff als erstaunlich zahnlos heraus.

47...♔h7

Nach 47...♖xf6 48.♖xf6 gxf6 49.♔e2+− wird der weiße a-Bauer mit Leichtigkeit den Tag entscheiden.

48.♖xg7+ ♔h6 49.♖d7! ♔g5

Nach 49...♗g3 gewinnt 50.f7+ mit der möglichen Folge 50...♔g5 51.♖d5+ ♖f5+ 52.♔e2 d3+ 53.♔xe3 ♖xd5 54.f8♕+−.

50.f7 d3 51.♖d5+ ♔h4 52.♖c4+ und **1–0** angesichts der möglichen Folge 52...♖f4 (52...♔g3 53.♖g5#) 53.♖xf4+ ♗xf4 54.♖d4 ♔g3 55.♖xf4 ♔xf4 56.f8♕+ +−, Bernadskiy – Anton Guijarro, Vrnjacka Banja 2023.

Lösung 70: b)

Im Normalfall gewinnt eine Dame leicht gegen Bauern, obwohl es natürlich Ausnahmen wie die folgende gibt, bei der der weiße König an der entscheidenden Stelle der Dame im Wege stehen wird.

54...g6?

Im nun folgenden Wettrennen ist Schwarz zu langsam und der weiße König wird der Dame *nicht* im Wege stehen.

Mit 54...♔f3! (oder auch 54...♔f4!) konnte Schwarz den Ausgleich sicherstellen.)

55.♔d5 ♔xg4 56.b5 ♔h3 57.c4

(Nach 57.♔c6 ♔xh2 58.♔xc7 g4 59.b6 g3 60.b7 g2 61.b8♕ steht der weiße König im Wege, sodass 61...g1♕= remisiert.)

57...g4 58.c5 ♔xh2 59.b6 cxb6 60.cxb6 g3 61.b7 g2 62.b8♕+ ♔h1= und erneut kann Weiß die Bauernverwandlung nicht verhindern, da sein König im Wege steht.

55.b5 h5 56.♔c5 hxg4 57.♔c6 ♔f3 58.♔xc7 ♔g2 59.b6 ♔xh2 60.b7 g3 61.b8♕ g2 62.♕h8+

Jetzt gewinnt die Dame mühelos.

62...♔g3 63.♕d4 ♔h2 64.♕e5+ ♔h1 65.♕h8+ ♔g1 66.♕g7 g4 67.♕xg6 und

1–0 angesichts der möglichen Folge 67…♔f2 68.♕xg4 g1♕ 69.♕xg1+ ♔xg1 70.c4+−, Vocaturo – Eren, Vrnjacka Banja 2023.

Lösung 71: a)

42.♖xf8+!

Nach dieser Schlusskombination gewinnt Weiß mühelos.

42...♘xf8 43.♗g5+ ♔f7 44.♗xe7 ♔xe7 45.♔xc7 fxe4 46.♗g2 und **1–0** wegen 46…♘e6+ 47.♔xb6+−, Kowalew – Piliposyan, Vrnjacka Banja 2023.

Lösung 72: a)

48.♖c7+!

Dieses aktive Herangehen gewinnt, muss allerdings präzise berechnet werden, zumal beide Seiten eine neue Dame erhalten werden.

Natürlich nicht 48.♖d2? wegen der Remisfolge 48...h4 49.b4 ♔d6 50.♖a2 ♖b8 51.♖a8 ♖xb7+ 52.♔xb7 ♔e7 53.♖a1 g3 54.hxg3 hxg3 55.fxg3 e3 56.♖e1 e2 57.b5 ♔f6 58.b6 d2 59.♖xe2 d1♕ 60.♖f2+ =.

48...♔e6 49.♖c8 ♖xf2 50.b4 d2 51.b8♕ d1♕ 52.♖c6+

'Das erste Schach gewinnt' – lautet die Faustregel beim Übergang zur vierten Partiephase, wenn also beide Seiten sich eine neue Dame geholt haben.

52...♔f5 53.♖c5+ ♔g6 54.♕g8+ ♔f6 55.♕g5+ ♔f7 56.♖c7+ und **1–0** wegen der Mattfolge 56…♔e6 57.♖e7+ ♔d6 58.♕c5#, Sargissian – Parkhov, Vrnjacka Banja 2023.

Lösung 73: b)

52.♗e3?

Nach diesem Fehler kann Schwarz am Königsflügel entscheidende Fortschritte erzielen.

Nach 52.♗d2! und der analogen Folge 52...f5+ 53.♔f4= zeigt sich der entscheidende Unterschied, denn nun könnte 53...♔f6 mit 54.♗c3+ beantwortet werden.

52...f5+ 53.♔f4 ♔f6 54.♗d2 g5+ 55.hxg6

Nach 55.♔f3 gewinnt Schwarz mit 55...f4 56.♔e4 ♔g7–+.

55...♔xg6 56.♗c3 ♘b8 57.♔e5

57.♗e5 ♘c6 58.♗c3 ♘d8 59.♔e5 ♔g5–+

57...♘d7+ 58.♔e6 ♘b6 59.♗d2 ♘a4 60.♗c1 ♘c3 61.♔e5 ♘d1 62.♔e6

62.♔f4 ♔f6 63.♔f3 ♔e5 64.♔e2 ♘c3+ –+

62...♘f2 63.♗d2 ♘d3 64.♔d5 ♔h5!

Die abschließende Invasion.

65.♔c6 f4 und **0–1** angesichts der möglichen Abspiele:

– 66.♔b7 f3 67.♗e3 ♘b2 68.♔xa6 ♘c4 69.♗f2 ♘xa3–+

– 66.♗xf4 ♘xf4 67.♔b6 ♘d5+ 68.♔xa6 ♘c3–+

Clarke – Saric, Vrnjacka Banja 2023

Lösung 74: a)

56.♘d1!

Springer am Rand bringt nicht immer Kummer und Schand.

Diese Prophylaxe ist notwendig, weil 56.♔b6? mit 56...♘d5+ –+ widerlegt würde.

56...♔g4 57.♔b6 ♔xh4 58.♔c5 ♘a2 59.♔c4!

Oft ist es wichtig, sich zuerst um den gefährlicheren Freibauern zu kümmern.

So verliert 59.♔xc6?, weil nach den weiteren Zügen 59...♔g3 60.♔d5 ♔f3 61.♔d4 ♔e2 die feine Regel von Reuben Fine gilt, gemäß derer in dieser Konstellation ein unterstützter Freibauer auf der 7. Reihe gewinnt; z.B. 62.♘b2 ♘b4 63.♔e4 ♘d3 64.♘a4 ♔e1 65.♘c3 ♘c1 66.♔e3 ♘a2−+.

½–½ angesichts des Remis-Pointe 59...♔g4 60.♔d3 ♔f4 61.♔xd2=, Sanikidze – Indjic, Vrnjacka Banja 2023.

Lösung 75: b)

60...♖d2+?

Der Partiezug verliert.

Nur nach 60...♖b2! konnte Schwarz sich retten, indem er eine seiner Figuren – oder bei Bedarf auch beide – für die verbundenen Freibauern hergibt. Dies wird in den folgenden Varianten veranschaulicht:

1) 61.♘d5+ ♔f5 62.♔c7 ♔e5 63.♘e3 ♔f4=

2) 61.♘xa6 ♖xb6

a) 62.♘c5 ♔f5 63.♔c7 ♖xc6+! 64.♔xc6 ♔f4=

b) 62.♘c7 ♔f5 63.♘d5 ♖a6 64.♔d7 ♔e5 65.c7 ♖d6+ 66.♔e7 ♖c6 67.♔d8 ♔xd5 68.c8♕ ♖xc8+ 69.♔xc8 ♔e5=

61.♘d5+ ♔f5 62.b7 ♖b2

Dafür ist es jetzt zu spät!

63.♔c7 ♗xb7 64.cxb7 ♖c2+ 65.♔d6 ♖b2 66.♔c6 ♔e6 67.♘c7+ 1–0, McShane – Eljanov, Netanja 2019

Lösung 76: a)

38.♔f3?

Damit verpasst Weiß seine Gewinnchance.

In der Analyse nach der Partie fanden die Kontrahenten heraus, dass 38.♔d3! zum Gewinn geführt hätte; z.B. 38...exf4 39.♖e8 g5 40.a8♕ ♖xa8 41.♖xa8 ♔g6 42.♖a6+ f6 43.♘d6 ♘e5+ 44.♔e4+−.

38...f5 39.fxe5

Nach dem unbedachten 39.♖d8?? wird das Partieergebnis auf den Kopf gestellt: 39...e4+ 40.♔g3 ♘e3 41.a8♕ ♘f1+ nebst ♖h2#.

39...♘xe5+ 40.♔f4 ♘c6! 41.♖c8 ♘xa7 42.♖c7+ ♔f6 43.♖xa7 ½–½, Giri – Karjakin, Riga 2019

Lösung 77: a)

Mit dem gewitzten Lenkungsopfer **109.♕f5+!** machte Weiß kurzen Prozess; **1–0** wegen 109...♕xf5 110.c8♕+ nebst ♕xf5, Mendoza – Fraunco, Cartagena 2019.

Lösung 78: b)

60...♗a3?

Der Partiezug verliert sang- und klanglos.

Weit zäher – obwohl letztlich auch hoffnungslos – war die Alternative 60...fxe4+!? 61.♔xe4 ♗d2 62.f5+ ♔f7 63.♔d3?!

(Ein Tablebase-Gewinnweg lautet 63.♗f4 ♝e1 64.♗g5 ♝c3 65.♔d3 ♝g7 66.♔c4 ♝f8 67.♗d8 ♝d6 68.♗a5 ♔f6 69.♗xb4+–.)

63...♝e1 64.♔c4 ♚e7 65.♗d4 ♚f7 66.♗c5?

Nach diesem weiteren Fehler ist die Stellung endgültig remis

66...♚f6 67.♗xb4 ♝h4! 68.♔d5 ♚xf5 69.♗d6 ♝e1 70.♔c4 ♚e4= und Weiß kann sein Spiel nicht verstärken.

61.♗d4 ♝c1 62.♗e3 ♝b2 63.♗d2 fxe4+ 64.♔xe4 ♝a3 65.♔d4 ♚f5 66.♔d5 ♚f6 67.♔c5 ♚f5 68.♔b5 ♚e4 69.♗xb4 und **1–0** angesichts der möglichen Folge 69...♝c1 70.♗d6 ♚d5 71.♗e5 ♝e3 72.b4+–, Nepomnjaschtschi – Nakamura, St. Louis, 2019.

Lösung 79: c)

79...♞g7

Nach dem Partiezug kann die schwarze Festung sofort erstürmt werden.

Allerdings ist er sowieso verloren, wie ein Blick auf die Alternative 79...♞h4 bestätigt; z.B. 80.♖a8 ♚g7 81.♖a4 ♞f5 82.♔c4 ♞h4 83.♔c5

Der König nähert sich unaufhaltsam dem Feld e8 an.

83...♞f5 84.♖a8 ♞e7 85.♔d6 ♞f5+ 86.♔d7 ♞h4 87.♔e8 ♞f3 88.♖a7 ♞xe5 89.f4 ♞c6 90.♖xf7+ ♚g8 91.♖d7+–

80.♖f8 ♞xh5 81.♖xf7+ ♚g6 82.♖f8 ♚g7 83.♖f3 ♚g6 84.♔e4

Auch hier setzt der König zu einem langen Marsch an.

84...♚g5 85.♖f8 ♚g6 86.♔d4 ♚g5 87.♔e3 ♚g6 88.♔e4 ♚g7 89.♖f3 ♚g6 90.♖h3 ♞g7 91.♖g3+ ♚f7 92.♖f3+ ♚e8

92...♚g6 kann sogar direkt mit 93.♖f6+ und der Gewinnfolge 93...♚g5 94.f4+ ♚h5 95.f5 exf5+ 96.♖xf5+ ♞xf5 97.♔xf5 beantwortet werden.

93.♖f6 h5 und **0–1** wegen 94.♔f4 h4 95.♔g4+–, Ter-Sahakyan – Loiseau, Vrnjacka Banja 2023.

Lösung 80: b)

53...♘xg4?

Schwarz ist zu gefräßig, denn dieser Bauer war vergiftet.

Erst nach 53...♖b4! 54.♔f3 durfte 54...♘xg4= folgen.

Und nach der Alternative 54.d7 führt 54...♘xd7 55.♖g7+ ♔h6 56.♖xd7 ♖xg4+ zum Remis.

54.d7! ♖d3 (54...♘xe5 55.d8♕+–) **55.♖e6+ ♔f5**

55...♔f7 56.♖d6 ♖xd6 57.♗xd6+–

56.♖d6!

Der Turm gehört hinter den Freibauern.

56...♘e3+

56...♘xe5 57.♖xd3 ♘xd3 58.d8♕+–

57.♔h1 1–0

Das ist der sicherste Gewinnweg, da Schwarz über kein Schach verfügt; z.B. 57...♖xd6 58.♗xd6 ♔e6 59.d8♕+–, Samunenkov – Chigaev, Vrnjacka Banja 2023.

Lösung 81: b)

62...♕f1+?

Nach diesem unbedachten Schachgebot kann Weiß sich dank eines für Endspiele typischen Patt-Tricks retten.

Das Sperropfer 62...g4+! gewinnt, da Weiß nach 63.♔xg4 (63.♕xg4 ♕f1+ nebst #) 63...♖e4+ 64.♕xe4+ ♕xe4+ keine Festung errichten kann; z.B. 65.♔h3 ♕f3 66.♖d2 h5

1) 67.♔h2 ♕e3 68.♖g2 ♔g6 69.♖a2 h4 70.gxh4 ♔h5

2) 67.♖a2 ♕f1+ 68.♔h2 ♔g6 69.♖a4 ♕f2+ 70.♔h3 ♕e1 71.♔h2 ♕d2+ 72.♔h3 ♕d7+

63.♔g4 ♖xh2 64.♕g7+ ♔xg7 Patt ½–½, Petrosyan – Sanikidze, Vrnjacka Banja 2023

Lösung 82: c)

39...♗g8

Statt dieses sehr passiven Partiezugs brachte allerdings auch die aktivere Alternative 39...e4 nach 40.fxe4 ♗g8 41.♔f3+− usw. keine Rettung.

40.♗e4 g5

Nach 40...♗e6 lautet die Gewinnfolge 41.♖a7 ♗f5 42.♖xa5 ♗xe4 43.fxe4 g5 44.♖xe5+−.

41.g4 ♖xh4 42.♗f5 und **1–0** wegen entscheidendem Zugzwang; z.B. 42...e4 43.♗xe4 ♗f7 44.♗xh7+− (44.♖xf7? ♖h2+ =), Indjic – Ghimpu, Vrnjacka Banja 2023.

Lösung 83: c)

Das interessante an diesem Beispiel ist der naheliegende Irrglaube, Schwarz sei angesichts der Einbruchsdrohung ♖1f8 rettungslos verloren. Richtig ist vielmehr, dass dieses Urteil angesichts der Turmposition auf g5 zutrifft. Entsprechend besteht die weiße Drohung darin, den aktiven gegnerischen Turm abzutauschen, wonach Schwarz quasi ‘ganz ohne Türme’ auskommen müsste.

42...♗e3

Der Partiezug rettet ebenso wenig wie die Alternative 42...♖c3+ 43.♔h4 ♖c7 44.♖d7+ ♖xd7 45.♗xd7 mit der möglichen Gewinnfolge ♗e6, ♖c1 nebst Bildung eines Freibauern am Damenflügel.

43.♖d7+ ♖xd7 44.♗xd7 ♔g7 45.♖f3 ♗f4 46.♖d3 und **1–0** angesichts der möglichen Folge 46...h5 47.♖d5 hxg4+ 48.♗xg4 ♔f6 49.♖xa5+−, Predke – Castellanos Rodriguez, Vrnjacka Banja 2023.

Lösung 84: c)

Angesichts der Doppeldrohung ♘xc4+ und ♘c2+ nebst ♘xd4 steht Weiß auf verlorenem Posten.

50.♘e5

Auch andere Züge verlieren:

1) Nach 50.♘b2 ♘c2+ 51.♔d3 ♘e1+ −+ nebst ♘xg2 wird der Springer am anderen Flügel fündig.

2) Und die Flucht nach vorn 50.c5 verliert nach 50...b5 mit folgenden Abspielen:

a) 51.d5 cxd5 52.c6 ♔e6 53.♘c5+ ♔d6 54.♘b7+ ♔xc6 55.♘xa5+ ♔d6 56.♔d3 ♘c4−+

b) 51.♘e5 ♘c2+ 52.♔d3 ♘b4+ 53.♔e3 a4 54.a3 ♘d5+ 55.♔d3 b4 56.♘xc6 ♘f4+

– 57.♔d2 bxa3 58.♔c1 ♘xg2 59.♘e5 ♘e3 60.c6 ♘d5 61.♘g4 ♘c7 62.♔b1 ♔e4−+

– 57.♔c2 b3+ 58.♔b1 ♔e6 59.♘e5 ♘xg2 60.c6 ♔d6 61.d5 ♔c7 62.♘f3 g4 63.hxg4 h3 64.g5 ♘f4−+

50...♘c2+

Der Unterminierungsversuch 50...c5? vergibt den Gewinn angesichts der Folge 51.♔d3 cxd4 52.♘f3! ♔f4 53.♘xd4 ♔g3 54.♘e6= usw.

51.♔d3 ♘b4+

Einfacher gewann 51...♘e1+ mit der möglichen Folge 52.♔e2 ♘xg2 53.♘xc6 ♘f4+ 54.♔e3 ♘xh3 usw.

52.♔d2

Nach 52.♔e3 ♘c2+ 53.♔d3 könnte Schwarz mit 53...♘e1+ usw. auf den einfachen Gewinnweg zurückkommen.

52...c5 53.a3

53.♘f3 cxd4 54.♘xd4+ ♔e5 55.♘f3+ ♔f4 56.a3 ♘c6 57.♔e2 ♘d8 58.♘d2 ♘b7 59.♘f1 ♘c5 60.♔d2 ♔e4 61.♔c3 ♘e6 62.g3 g4 63.hxg4 h3 64.♔d2 ♔f3−+

53...cxd4 54.♘d7 ♘a6 55.♘xb6 ♘c5 56.♘d5 ♔e4 57.♘f6+ ♔f4 58.♘h5+ ♔e5 59.♔e2 ♘e4 60.♔d3 a4 61.♔c2 ♘c5 62.♔d2 ♔e4 63.♘f6+ ♔f4 64.♘h5+ ♔e5 65.♔e2 ♔f5 66.g3 ♔g6 67.g4 ♔f7 68.♔d2 ♔e6 69.♘g7+ ♔e5 70.♘f5 ♔e4

71.♘d6+ ♔f4 72.♘f7 d3 73.♔c3 ♔e3 74.♘d6 ♘e6 75.♘b5 d2 76.♔c2 ♔e2 77.♘c3+ ♔e1 78.♔d3 ♘f4+ 0–1, Gurel – Sanal, Vrnjacka Banja 2023

Lösung 85: c)

Weiß fand einen herrlichen Entscheidungszug, der vor allem auf den Motiven 'Lenkung' und 'Epauletten-Matt' beruht.

41.♔h2!! ♖a2

Nach 41...♕xf1 entscheidet das Lenkungsopfer 42.g4+! mit der forcierten Mattfolge 42...♔xg4 43.♕e4+ ♔h5 44.♕f3+ g4 45.♕f5+ ♔h4 46.♖h6+ ♗h5 47.♖xh5#.

42.♕f5 und **1–0** angesichts der Mattvarianten:

– 42...♕xf1 43.♕f3+ g4 44.♕f5#

– 42...♕d4 43.♕xf7+ ♔g4 44.♗h3#

Tomilowa – Hjartarson, Helsingör 2019

Lösung 86: b)

39...♔c5?

Danach findet der König kein Versteck vor dem weißen Dauerschachangriff.

Das Bauernendspiel nach 39...♕e6+! 40.♕xe6+ ♔xe6 gewinnt in folgenden Varianten:

1) 41.g4 ♔e5 42.♔g3 ♔e4 43.g5 ♔e3 44.h5 f2 45.g6 f1♕–+

2) 41.♔h2 ♔f5 42.♔g1 ♔g4 43.♔f2 h5! und Schwarz gewinnt den Tempokampf am Damenflügel; z.B. 44.b3 b6! 45.a4 a5 46.b4 axb4 47.cxb4 d4–+.

40.♕d4+ ♔c6 41.♕a4+ ♔d6 42.♕b4+ ♔e6 43.♕g4+ ♔e7 44.♕g5+ ♔d6 45.♕f4+ ♔d7 46.♕a4+ ♔d8 47.♕a5+ ♔e8 48.♕a4+!

Auf diese Weise wird die aktive Rückkehr des schwarzen Königs verhindert.

Eben diese würde nach dem gierigen Ansatz 48.♕xa7? und der Folge 48...h5!

49.♕b8+ ♔f7 50.♕xb7+ ♔f6 51.♕c6+ ♔e5 52.♕e8+ ♔f5 53.♕xh5+ ♔e4 zum Verlust führen.

48...b5

48...♔e7 49.♕b4+ ♔e6 50.♕g4+ ♔e5 51.♕f4+ =

49.♕xa7 h6

Jetzt kann 49...h5 mit 50.♕b8+ beantwortet werden, wonach folgende Abspiele zum Dauerschach führen:

– 50...♔e7 51.♕c7+ ♔e6 52.♕c8+ ♔e5 53.♕h8+ ♔e4 54.♕d4+ =

– 50...♔f7 51.♕f4+ ♔e6 52.♕h6+ ♔e5 53.♕f4+ =

50.♕b8+ ♔d7 51.♕b7+ ♔e6 52.♕c8+ ♔e7

52...♔e5 53.♕h8+ ♔e4 54.♕d4+ ♔f5 55.♕xd5+ =

53.♕c7+ ♔e6 54.♕c8+ ♔e7 ½–½, Gokerkan – Paravyan, Vrnjacka Banja 2023

Lösung 87: a)

47.♗g6?

Der Partiezug führte zur Niederlage.

Richtig war 47.♗d3+! mit der Folge 47...♔a4 (47...♔b6 48.♗c2=) 48.♔c5 und Ausgleich in folgenden Abspielen:

1) 48...♔b3 49.♗c4+ ♔b2 50.♗xa2 ♔xa2 51.♔d6= und beide Seiten erhalten nach fünf Zügen eine neue Dame.

2) 48...♔a3 49.♔d6 ♔b2 50.c4 ♔c3 51.c5 ♔xd3 52.c6 ♗d5 53.c7 ♗b7 54.♔xe6 a4 55.♔f7 a3 56.e6 a2 57.e7 a1♕ 58.e8♕=

47...a4 48.♗d3+

48.♗e8+ ♔a5 49.c4 ♔b4−+

48...♔a5! 49.♔e3

49.♗c2 ♗b3−+

49...a3 50.♔d2 ♗b3 51.♔c1 ♔b6 0–1, Korobov – Praggnanandhaa, Helsingör 2019

Lösung 88: c)

68.♔e1?

Nach diesem groben Fehler ist Weiß verloren.

Hingegen führten sogar *beide* Alternativen zum Remis:

1) 68.♔f1! f2 69.♖a8 ♔f3 70.♖a3+

2) 68.♔g1! f2+ 69.♔g2! (69.♔f1?? ♔f3−+) 69...f3+ 70.♔f1

68...f2+ 69.♔f1 ♔f3 70.♖d8 ♖e2! (70...♖xd8?=) **71.♖d3+ ♖e3 72.♖c3**

Diese Pattfalle ist leicht zu vermeiden.

72...♔g3! und **0–1** angesichts der möglichen Folge 73.♖c1 ♖e1+ 74.♖xe1 fxe1♕+ 75.♔xe1 ♔g2−+, Sarana – Inarkiew, Ischewsk 2019.

Lösung 89: b)

70.♔d4?

Nach diesem Fehler kann sich der schwarze König dem a-Bauern annähern.

Zum Gewinn führt nur 70.c4! ♔c6 71.c5!, um genau diesen Königsmarsch nach b6 zu verhindern. Nach 71...♖a8 72.♔e5 gewinnt Weiß in folgenden Abspielen:

1) 72...♖e8+ 73.♔d4 ♖a8 74.a7 ♖d8+ 75.♔c4 ♖a8 76.♖a6+ ♔b7 77.♔b5+−

2) 72...♖a7 73.♔d4 ♖d7+ 74.♔c4 ♖a7 75.♔b4 ♖a8 76.a7 ♔b7 77.♔b5+−

70...♔c6?

Schwarz revanchiert sich mit einem Fehler, statt die Stellung nunmehr mit 70...♔c7! zu retten; z.B. 71.♔c5 ♔b8 72.c4 ♖c7+ 73.♔b5 ♔a7 74.c5 ♖c8 75.c6 ♖h8=.

71.♔c4 ♔b6 72.♔b4 ♔c7

72...♖xa6 73.♖xa6+ ♔xa6 74.♔c5 ♔b7 75.c3!

(75.c4? ♔c7 76.♔d5 ♔d7=)

75...♔c7 76.c4 ♔b7 77.♔d6 ♔c8 78.c5+−

73.♔b5?

Dieser weitere Fehler lässt endgültig den Gewinn aus.

Richtig war 73.c4! mit der Gewinnfolge 73...♔c6

(73...♖a8 74.a7 ♔b7 75.♔b5+−)

74.c5 ♔c7 75.♔b5 ♖a8 76.a7 ♔b7 77.c6+ ♔c7 78.♔c5 ♖h8 79.♔b5

(79.a8♕? ♖xa8 80.♖xa8=)

79...♖h5+ 80.♔a6 ♖h8 81.♖b5 ♖a8 82.♖b8+−

73...♔b8 74.♔b6 ♖b7+!

Und wieder der häufig in Turmendspielen angewandte Patt-Trick.

75.♔c5 ♖c7+ 76.♔b6 ♖b7+! 77.axb7 ½–½, Tscharotschkina – Gorjatschkina, Ischewsk 2019

Lösung 90: b)

33.♕b5+!

Diese Entscheidung ist richtig, denn auch nach vorherigem Gewinn des Bauern a7 kann Schwarz Damentausch nicht vermeiden.

Nach hingegen 33.♕xe8+? ♔xe8 bräuchte Schwarz nur noch den Bauern f3 abzutauschen, um ein theoretisches Remis-Endspiel zu erreichen (schwarzfeldriger Läufer – weißes Einzugsfeld a8).

33...♔e7 34.♗a3+ ♔d8 35.♕b8+ ♔d7 36.♕xa7+ ♔e6 37.♕e3+ ♔d7 38.♕xe8+ ♔xe8 39.♗b2 ♔e7 40.♔f2 g5 41.a4 ♔d6 42.♗f6 g4 43.f4 ♔c5 44.♔g3 ♔b4 45.♔h4 ♔xa4 46.♔xh5 1–0, Schewtschenko – Jones, Bundesliga 2022

Lösung 91: c)

Reine Endspiele mit ungleichen Läufern haben eine große Remis-Tendenz. Aber mit mehr Figuren auf dem Brett begünstigt diese Konstellation den Angreifer – ganz ähnlich wie auch im Mittelspiel.

Bei richtiger Verteidigung reicht der weiße Angriff nicht einmal für ein Remis.

39...♔g8!

Nachdem der König die Gefahrenzone verlassen hat, stellt sich der weiße Angriff als überraschend zahnlos heraus.

40.♖xg7+ ♔f8 41.♖xa7 ♘e3 42.♗g7+ ♔g8 43.♘e4

Auch nach dem zäheren 43.♗c3 kann Weiß sich nicht mehr verteidigen; z.B. 43...♖f2+ 44.♔h3 ♗g4+ 45.♔g3 ♖g2+ 46.♔f4 ♘d5+ 47.♔e4 ♘xc3+ 48.♔xd3 ♖g3+.

43...♖f4

So wird die weiße Blockade gesprengt.

44.♘c3

Auf 44.♘f6+ folgt 44...♖xf6 45.♗xf6 d2 46.♖g7+ ♔f8 47.♖d7 ♘g4+ 48.♔g3 d1♕–+.

44...d2

Nun entscheidet das Vorgehen des Freibauern die Partie.

45.♗h6 ♘g4+ 46.♔g2 ♖f2+ 47.♔g1 ♖f1+ 48.♔g2 ♘xh6 und **0–1** wegen 49.♘xe2 d1♕–+, Tekeyev – Bjerre, Vrnjacka Banja 2023.

Lösung 92: b)

Bei diesem studienartigen Endspiel geht es offenbar darum, den Springer daran zu hindern, eines der Felder d6, d8 oder g5 zu erreichen, weil andernfalls der Bauer f7 verloren ginge.

58...♗b5?

Damit wählt Schwarz das falsche Feld!

Nach 58...♗c4! kann der Springer die genannten Felder erstaunlicherweise nicht erreichen; z.B. 59.♘c3 ♗d3 60.♘a4 ♗c4 61.♘b6 ♗a6 62.♘a8 ♗b7 63.♘c7 ♗c6=.

59.♘c5 ♗c6 60.♘b3 ♗e4 61.♘d4 g5

Statt dieser Verzweiflungstat ist auch passive Verteidigung zum Scheitern verurteilt; z.B. 61...♗d5 62.♘b5 ♗c6 63.♘d6 ♗d5 64.♘xf7 ♗c4 65.♘g5+−.

62.fxg5 ♗d3 63.♘c6 ♗c2 64.♘d8 ♗g6 65.♘b7 ♗e4 66.♘d6 ♗g6 67.♘e8+ ♔g8 68.♔f6 ♔f8 69.♘g7 und **1–0**, denn der schlechte Läufer durchlebt einen wahren Albtraum; z.B. 69...♔g8 70.♘xe6, Kourkoulos-Arditis – Anton Guijarro, Vrnjacka Banja 2023.

Lösung 93: b)

56...♘d3+?

Nach diesem Fehler geht die Angriffskoordination verloren.

Zum Gewinn führt 56...♘e6!! mit den Abspielen:

1) 57.♖h4 ♖xf3 58.♔xe2 ♖b3−+

2) 57.♖xd5 ♘f4 58.♖d6+ ♔g7 59.♘h4 ♖h3 60.♖d7+ ♔f6 61.♘g2 ♖h1+ 62.♔f2 ♖h2−+

57.♔d2!

Jetzt kann Weiß sich erfolgreich verteidigen. Vermutlich hatte Schwarz nur mit 57.♖xd3? ♖xd3 58.♔xe2 ♖b3-+ gerechnet.

57...♖xf3 58.♔xe2 ♘e5 59.♖xd5 ♖b3 60.♖xe5 ♖xb2+ 61.♔d3 ♖xb4 62.♖e4 ♖b3+ 63.♔c4 ♖a3 64.♔b5 ♔g5 65.a6 h4 66.♖a4 ♖b3+

Natürlich nicht 66...♖xa4? 67.♔xa4 h3 68.a7 h2 69.a8♕+−.

67.♔c6 ♖b8 68.a7 ♖a8 69.♔b7 ♖xa7+ 70.♖xa7 h3 71.♔c6 ♔f4 72.♔d5 h2 73.♖h7 ♔g3 74.♔e4 ♔g2 75.♔e3 h1♕ 76.♖xh1 ♔xh1 ½–½, Donchenko – Fataliyeva, Vrnjacka Banja 2023

Lösung 94: b)

38.♘e6+!

Weiß hat die Chance erspäht, einen minimalistischen Mattangriff in die Wege zu leiten.

Nach 38.♘xf5? ♘xb3 hat Schwarz Remischancen.

38...♔xh5

Auf 38...♔f6 folgt 39.♘c7 ♔e5 40.♘d5 ♗e1 41.♘xb6+−.

39.♗xf5 g6

Danach ist der König augenblicklich in einem Mattnetz gefangen.

Allerdings verliert auch 39...♘e2 40.♔f3 ♘c1 41.♗c2+− auf lange Sicht.

40.♗c2 ♔g4

Nach 40...g5 hat Weiß den wunderbaren Durchbruch 41.c5 bxc5 42.a5 ♗xa5 43.♘g7+ ♔g4 44.♗f5#.

41.e4 und **1–0** wegen der Mattfolge 41…g5 42.♗d1+ ♘e2 43.♗xe2#, Warmerdam – Baenziger, Vrnjacka Banja 2023.

Lösung 95: a)

45.g5+!

In der Partie fand Weiß den einzigen Gewinnzug.

Nach 45.e4 kann Schwarz sich auf zweierlei Art verteidigen:

1) 45...g5 führt nach 46.♖h6+ ♔g7 47.fxg5 ♖a1 48.e5 ♖xa3+ 49.♔e4 b4 50.e6 b3 zu ausreichendem Gegenspiel.

2) Und nach der trickreichen Alternative 45...♖f1+!? macht die Orientierung zum schwarzen Freibauern mit 46.♔g3 keinen Sinn, weil dieser nach 46...♖g1+ sowieso tabu ist. Und nach der Wahl der anderen Richtung mit 46.♔e3 hält Schwarz das Spiel mit 46...g5! in der Waage.

45...♔e6

45...♔f5 46.♖e7 ♖f1+ 47.♔g3 ♖g1+ 48.♔h4 h2 49.♖e5#

46.♖g7 ♖f1+

46...h2 47.♖xg6+ ♔f7 (47...♔f5 48.♖f6#) 48.♖f6+ ♔g7 49.♖h6 ♖f1+ 50.♔g2 ♖e1 51.♔xh2 ♖xe3 52.♖h3 ♖e4 53.♔g3+−

47.♔g3 ♔f5

47...♖g1+ 48.♔xh3 ♔f5 49.♖e7+−

48.♖e7

So wird das Mattnetz entscheidend weiter zugezogen.

48...♖g1+ 49.♔h4 und **1–0** wegen der Mattfolge 49...h2 50.♖e5#, Schewtschenko – Stefansson, Vrnjacka Banja 2023.

Lösung 96: b)

Die wichtigste Richtlinie im Endspiel '♖+♘ vs. ♖+♘' lautet: Eine leichte Initiative wiegt schwer!

In diesem Beispiel gewinnt Weiß dank einer schönen kleinen Kombination.

43.♘b6!

Mit diesem durchaus nicht naheliegenden Zug leitet Weiß eine hübsche Kombination ein, deren Hauptziel im Turmeinbruch auf der 7. Reihe besteht.

Zu nichts führt hingegen der alternative Übergang ins Turmendspiel mit 43.♘xc7 ♖xc7, weil danach zu viel Gewinnpotenzial vom Brett verschwindet; z.B. 44.♖e6 ♖xc3 45.♖xd6 ♖xh3 46.♖b6 ♖g3+ 47.♔f2 ♖g7 48.♖xh6 ♖g5 49.f6 ♖b5 50.♖h4 ♔f7=.

43...♖xc3 44.f6! ♔f7

Auf 44...♖f3 folgt 45.♖e7 ♘b5 46.♘d7+ ♔g8 47.♖g7+ ♔h8 48.♘b8 ♖xf6 49.♖xb7 ♖g6+ 50.♔f2 ♖g7 51.♖b6 ♘c3 52.♘xa6+−.

45.♖e7+ ♔xf6 46.♖xc7

Erst das ist die Pointe des weißen Plans.

46...♖xc7 47.♘d5+ ♔e5 48.♘xc7 ♔d4 49.♘e8

Hier stellt der Springer am Rand den Gewinn sicher.

49.♘xa6 bxa6 50.b5+− gewinnt ebenfalls.

49...d5 50.♘d6 ♔c3 51.♘xb7 ♔xb4 52.♔f2 d4 53.♔e2 ♔c3 54.♘c5 ♔c2 55.h4 ♔c3 56.♘xa6 und **1–0** wegen 56…d3+ 57.♔d1+–, Gavrilescu – Zajic, Vrnjacka Banja 2023.

Lösung 97: a)

64...♖e2!

Nach dem direkten Vorgehen 64...f3? und der Folge 65.♖g4 ♖g2+ 66.♔f1= kann Schwarz keine Fortschritte mehr erzielen.

65.♖b3

65.♔f1 f3 66.♖g4 g2+ 67.♔g1 ♖e1+ 68.♔f2 ♖f1+ 69.♔e3 g1♕+ 70.♖xg1 ♖xg1 71.♔xf3 ♖b1–+

65...♖e3 66.♖b1

Auf 66.♖xe3+ folgt 66...fxe3 mit den Abspielen:

1) 67.b6 e2 68.b7 e1♕+ –+

2) 67.♔f1 67...♔e4 68.b6 ♔f3 69.b7 g2+ 70.♔g1 e2 71.b8♕ e1♕+ 72.♔h2 g1♕#

66...f3 67.b6 f2+ 68.♔f1 ♔e4 und **0–1** angesichts der möglichen Abspiele:

– 69.b7 ♔f3 70.b8♕ g2#

– 69.♔g2 ♖e1 70.♖b4+ ♔f5 71.♖b5+ ♔g6–+

Stremavicius – D. Horvath, Vrnjacka Banja 2023

Lösung 98: a)

57...♖f1?

Nach diesem Fehlzug konnte Weiß seinen Vorteil in der Partie zum Gewinn verdichten.

Erzwungen war 57...♖e5! mit den Remisvarianten:

– 58.e7 ♖e1 59.♔f7 ♖f1+ =

– 58.♔f7 ♔f5 59.e7 g5 60.♖a8 ♖xe7+ 61.♔xe7 g4= Bodycheck

58.♖a8 ♖e1 59.♖a5+ ♔h4 60.♔f6 g5 61.♖e5

Jetzt gehört der Turm des Angreifers hinter den Freibauern.

Allerdings gewinnt auch 61.e7 angesichts der möglichen Folge

61...♖xe7 62.♔xe7 g4 63.♔f6 g3 64.♖g5 ♔h3 65.♔f5 ♔h2 66.♔f4 g2 67.♖h5+ ♔g1 68.♔g3 ♔f1 69.♖f5+ ♔g1 70.♖f8 ♔h1 71.♖h8+ ♔g1 72.♖h2 ♔f1 73.♖xg2+–.

61...♖f1+ 62.♔g7 ♖a1 63.e7 ♖a8 64.e8♕ ♖xe8 65.♖xe8 g4 66.♔f6 g3 67.♔f5 g2 68.♔f4 und **1–0** wegen der Mattfolge 68...g1♕ 69.♖h8#, Sebenik – Peyrer, Vrnjacka Banja 2023.

Lösung 99: c)

76.♘f7+!

Nur nach diesem Abtausch der Leichtfiguren kann Weiß einen vollen Punkt erzielen.

Die beiden Alternativen 76.♔xd6? ♖xf6+ bzw. 76.f7? ♘xf7 77.♘xf7+ ♔g4 führen zu einem Endspiel '♖+♘ gegen ♖', welches unter normalen Umständen theoretisch remis ist.

76...♘xf7 77.♖g8+ ♔h6 78.♔xf7 ♔h7

78...♖a4 79.♖h8+ ♔g5 80.♔g7 ♖a7+ 81.f7+–

79.♖g7+ ♔h8

79...♔h6 80.♖g1 ♖f3 81.♖h1+ ♔g5 82.♔g7+–

80.♖g1 ♖h4 81.♔f8 ♔h7 82.f7 ♖h2 83.♖e1 ♖a2 84.♖h1+ ♔g6 85.♔g8 und **1–0**, denn gegen 86.f8♕ gibt es keine Verteidigung, Schewtschenko – Kowalew, Vrnjacka Banja 2023.

Lösung 100: b)

41.♖xa7?

Die falsche Entscheidung.

Zum Gewinn führt 41.♖xc6! mit den Abspielen:

1) 41...♖bb1 42.♖c8+ ♔f7 43.♖xa7+ ♔g6 44.♖a6+

– 44...♔g5 45.♖c5+ ♔h4 46.♖xh6#

– 44...♔f7 45.♖c7+ ♔e8 46.♖a8+ ♖b8 47.♖xb8#

2) 41...♖b7 42.♖g6+ ♖g7 43.♖e6 ♖e1 44.♖e8+ ♔h7 45.d5 e3 46.fxe3 fxe3 47.♖e4+−.

41...♖bb1

Angesichts der Mattdrohung auf h1 muss Weiß sich ins Dauerschach retten.

42.♖a8+ ♔f7 43.♖2a7+ ♔e6 44.♖e8+ ♔d6 45.♖d8+ ♔e6 46.♖e8+ ½–½, Stremavicius – Halkias, Vrnjacka Banja 2023

Teil III

Endspielzauber

Prüfen Sie Ihre diesbezüglichen Fähigkeiten

Bei den folgenden 100 Aufgaben handelt es sich um sogenannte ‘Studien’, also um Phantasieprodukte, die zwar auch bestimmte Lehrinhalte transportieren können (ein interessantes Beispiel finden Sie weiter unten), jedoch in erster Linie der anspruchsvollen Unterhaltung und dem ästhetischen Genuss dienen.

Unsere Auswahl deckt das gesamte Spektrum von ‘leicht’ bis ‘schwer’ ab, und wenn Sie im Einzelfall an Ihre Grenzen stoßen und ins Stocken geraten, zögern Sie bitte nicht, die Sache dadurch zu vereinfachen, dass Sie die Varianten im Lösungsteil nachspielen und diese hoffentlich auch tatsächlich *genießen* können.

Vorab noch der Hinweis, dass bei Studien prinzipiell *Weiß am Zug* ist, so dass beim jeweiligen Diagramm nur das angestrebte Ergebnis genannt wird: also ‘+−’ für ‘Weiß gewinnt’ bzw. ‘=’ für ‘Weiß remisiert’.

Was man beispielsweise aus Studien lernen kann

Womöglich kennen Sie ja dieses kleine Juwel unter den Studien, in der deren Schöpfer Richard Réti auf vortrefflich minimalistische Weise demonstriert, dass schon zwei Könige und zwei Bauern völlig ausreichen, um einen kleinen Geniestreich aufs Brett zu zaubern.

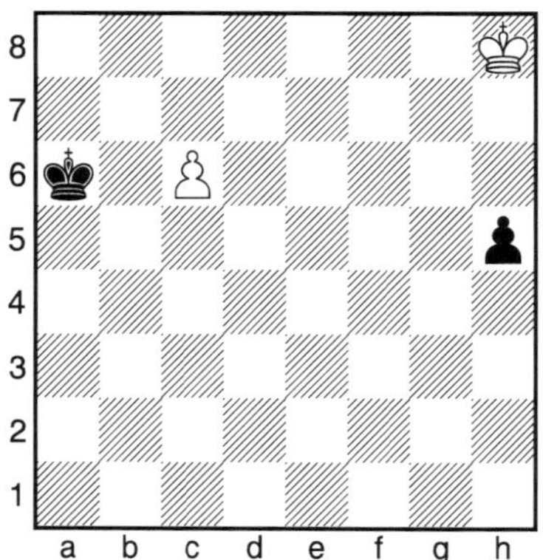

Weiß am Zug remisiert

1.♔g7!! (1.♔h7? h4−+; 1.♔g8? h4−+) 1...h4 2.♔f6! ♔b6 (2...h3 3.♔e7 nebst ♔d7=) 3.♔e5! und nun 3...h3 4.♔d6= bzw. 3...♔xc6 4.♔f4=

Und wenn Sie sich fragen, was man daraus für die praktische Partie lernen kann, dann werfen Sie noch einmal einen Blick auf das Beispiel 34 (Seite 48), denn dort hatte offenbar jemand aus der Réti-Studie gelernt, dass die Bewegung auf einer Diagonale eine Bewegung in *zwei* Richtungen gleichzeitig ist!

(Lösungen ab Seite 269)

Aufgabe 1 +–

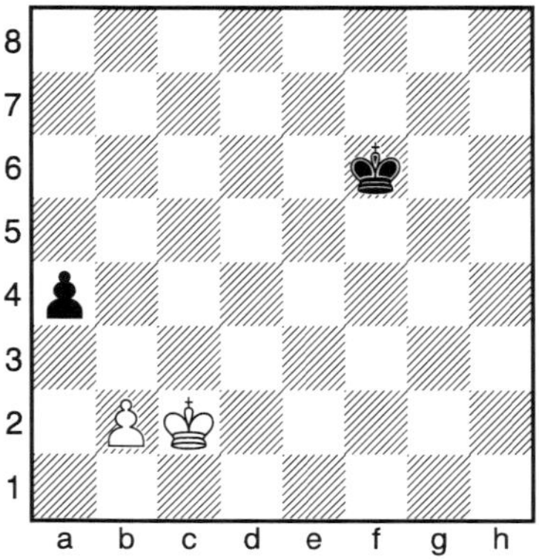

Aufgabe 2 =

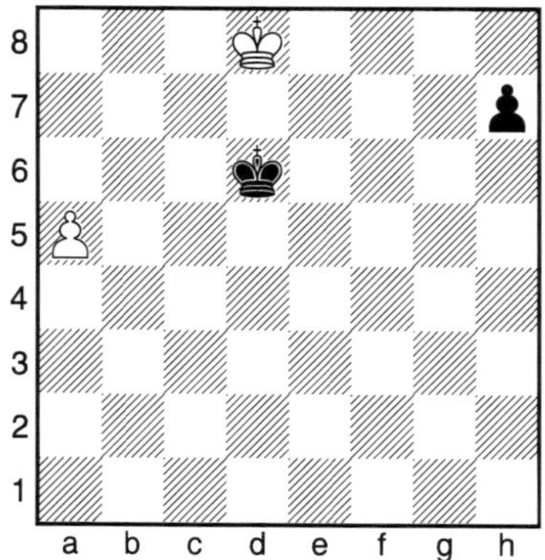

Aufgabe 3 +–

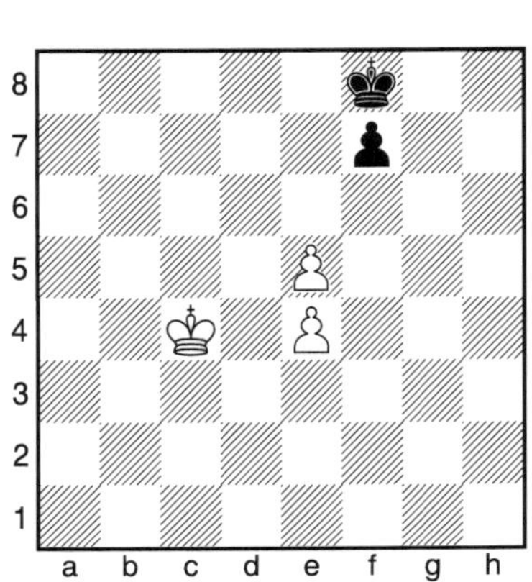

Aufgabe 4 =

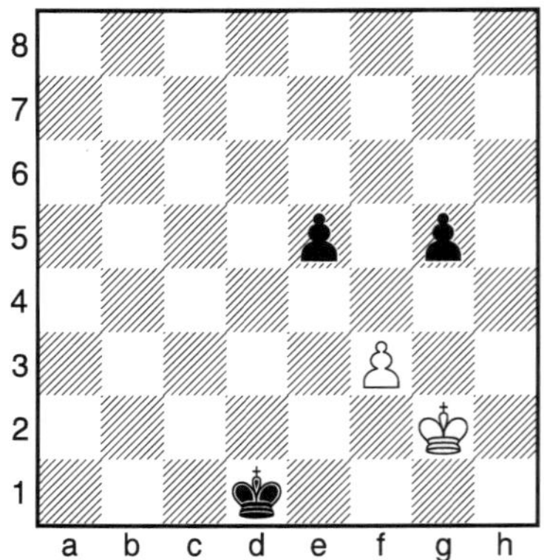

(Lösungen ab Seite 271)

Aufgabe 5 =

Aufgabe 6 =

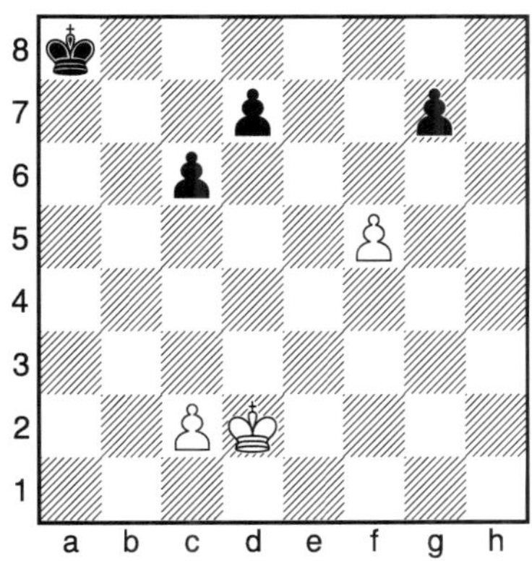

Aufgabe 7 +–

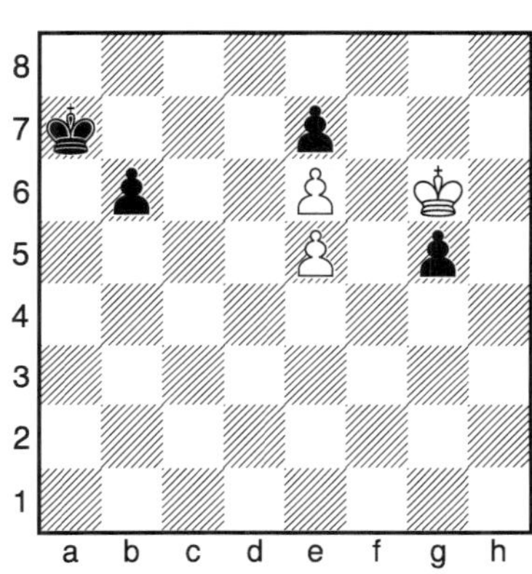

Aufgabe 8 +–

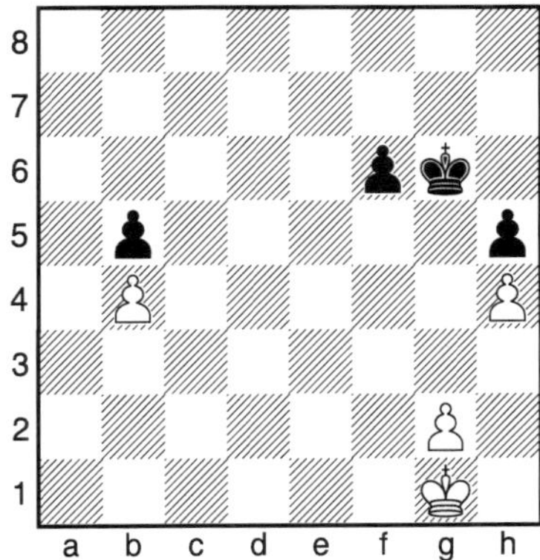

(Lösungen ab Seite 273)

Aufgabe 9 +–

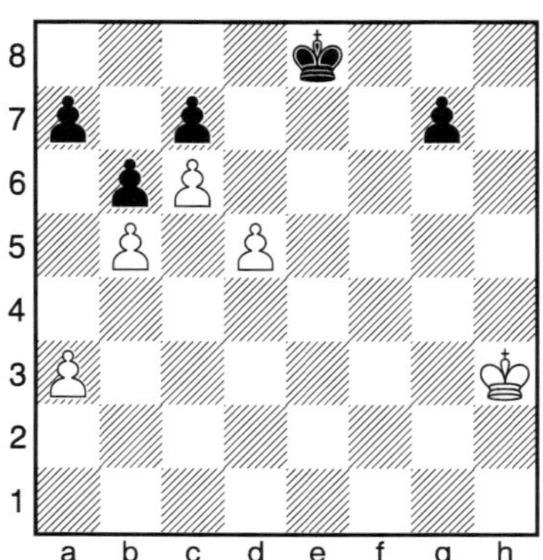

Aufgabe 10 +–

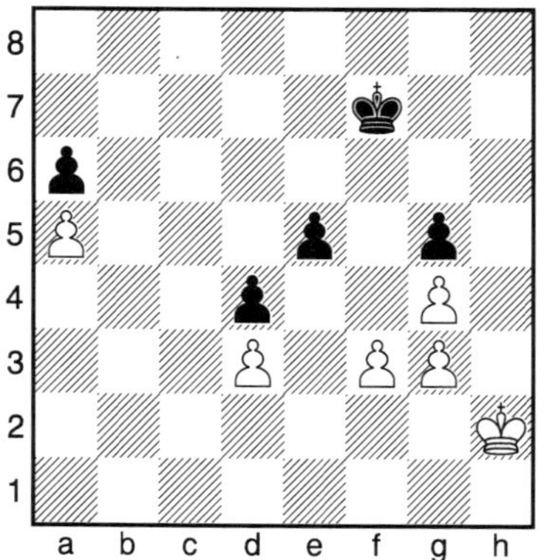

Aufgabe 11 =

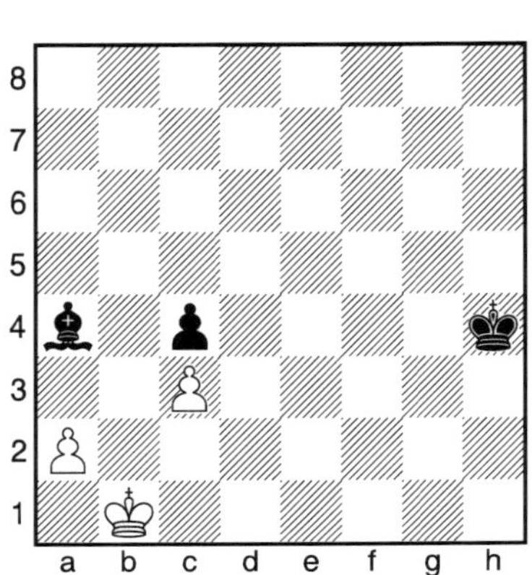

Aufgabe 12 +–

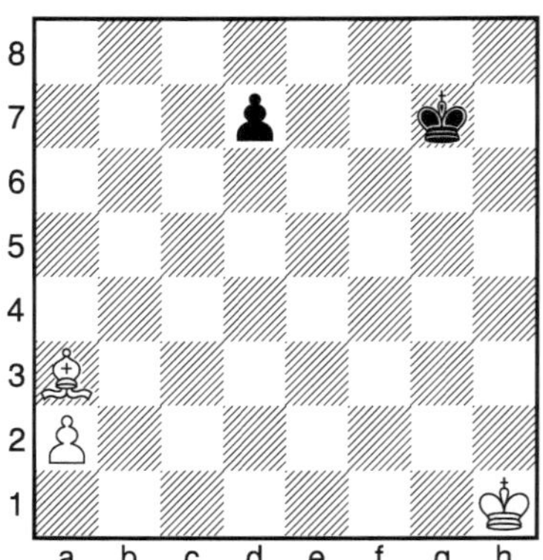

(Lösungen ab Seite 275)

Aufgabe 13 +–

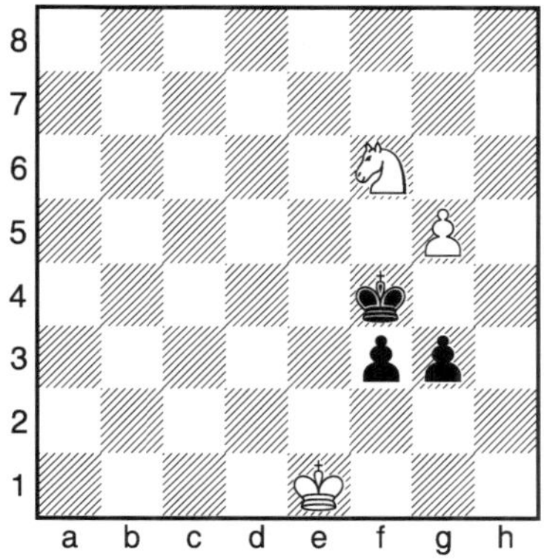

Aufgabe 14 +–

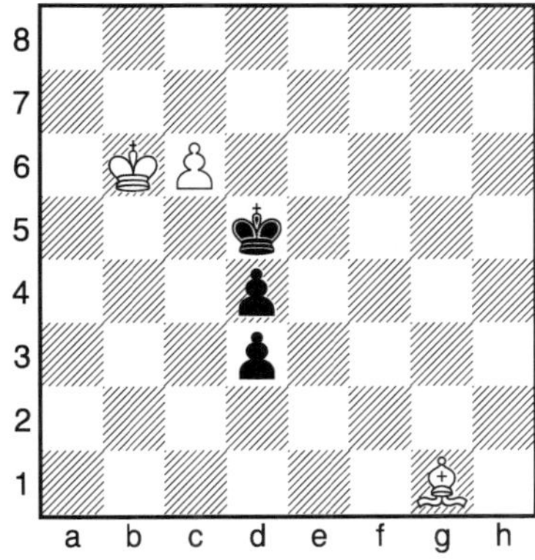

Aufgabe 15 +–

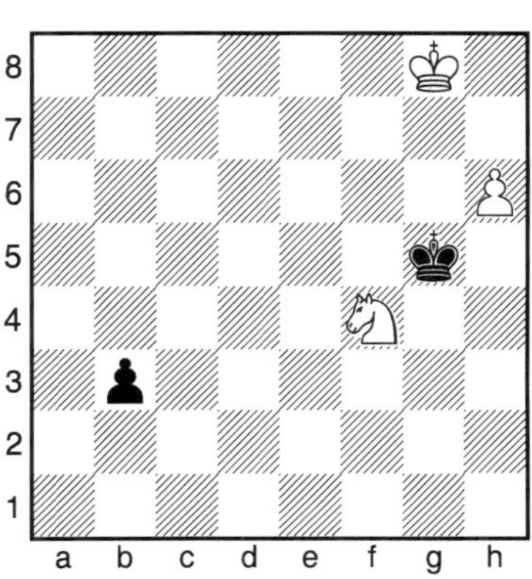

Aufgabe 16 +–

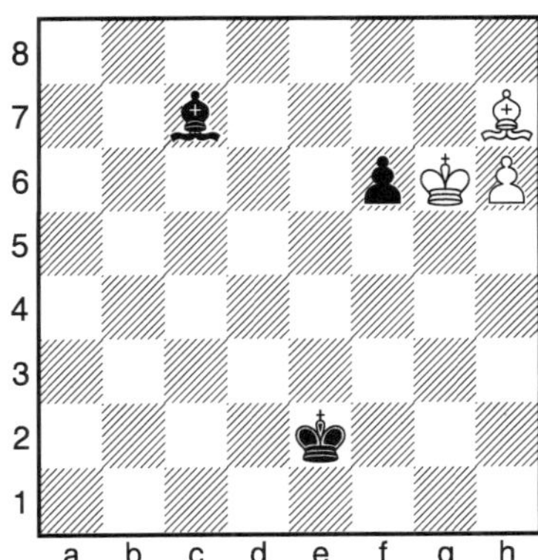

(Lösungen ab Seite 277)

Aufgabe 17 +–

Aufgabe 18 +–

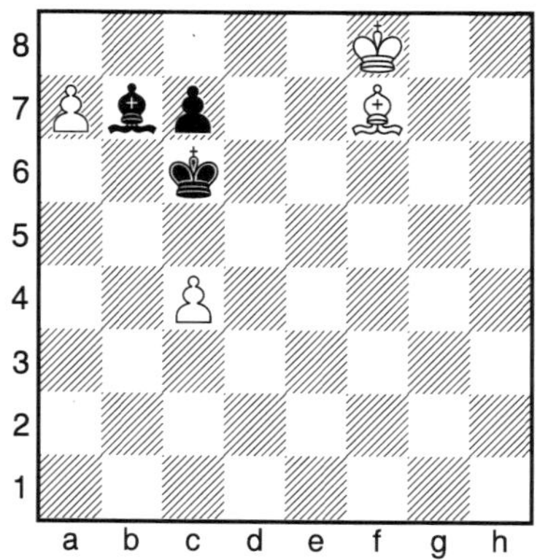

Aufgabe 19 +–

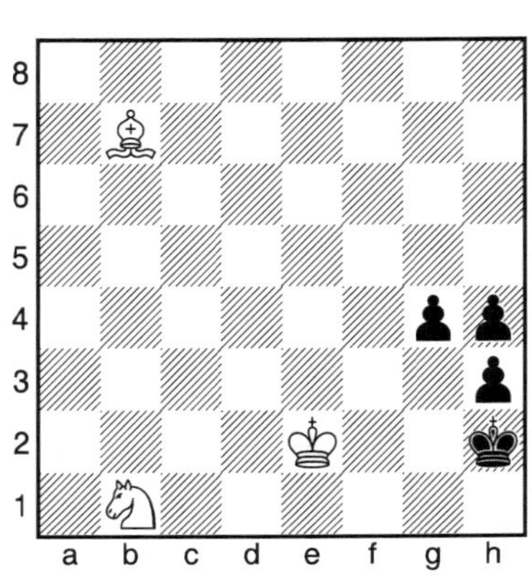

Aufgabe 20 =

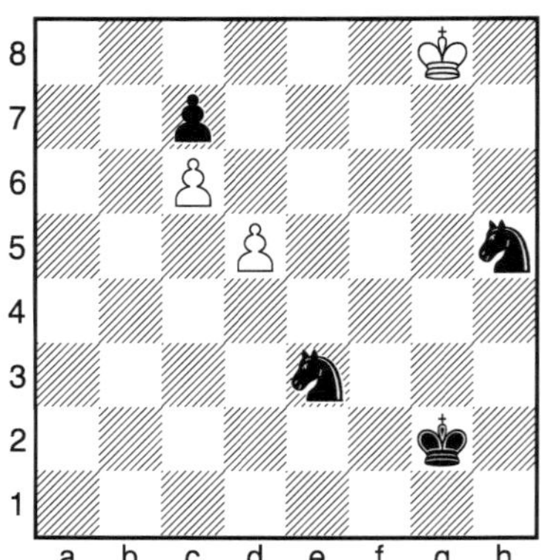

(Lösungen ab Seite 279)

Aufgabe 21 =

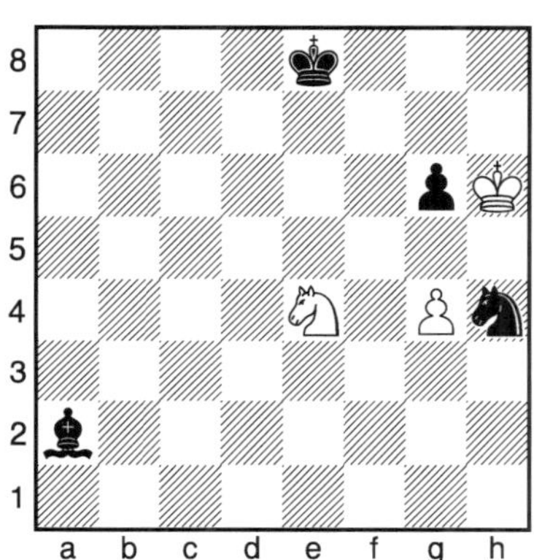

Aufgabe 22 +–

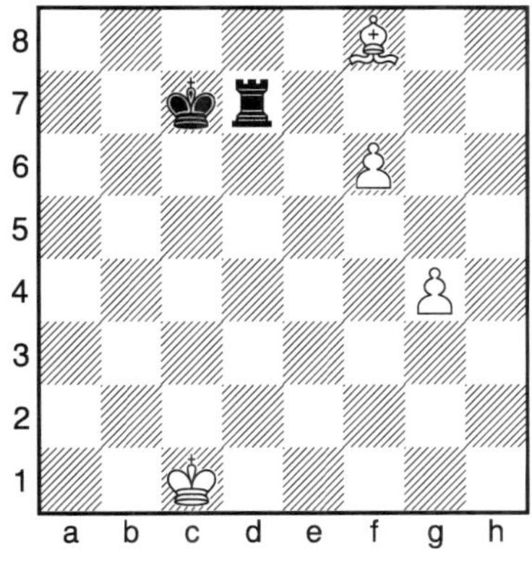

Aufgabe 23 =

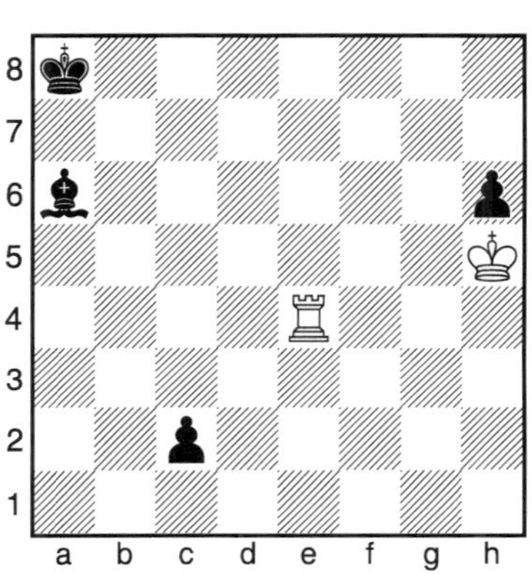

Aufgabe 24 =

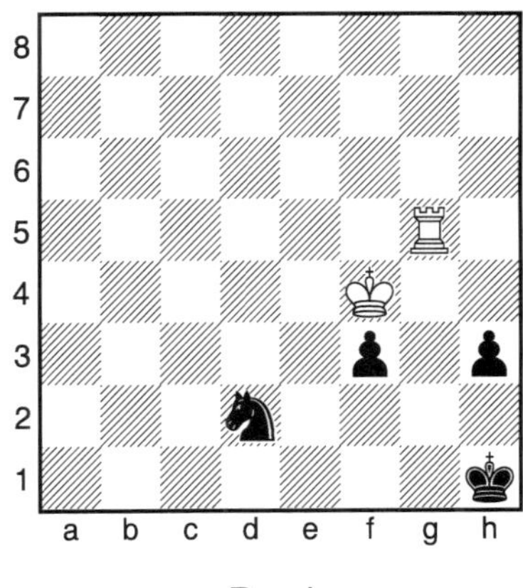

Remis

(Lösungen ab Seite 281)

Aufgabe 25 +–

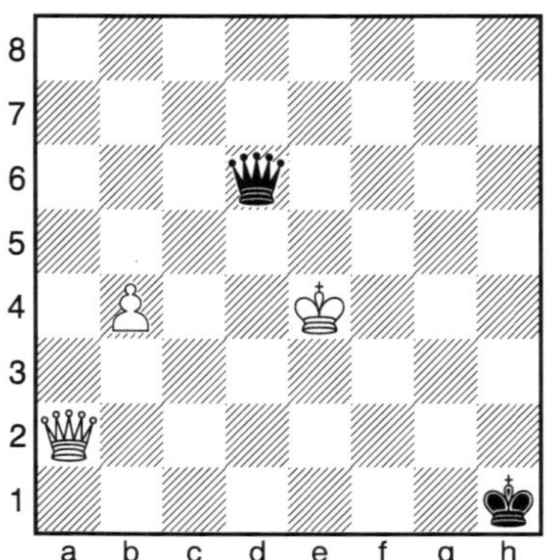

Aufgabe 26 +–

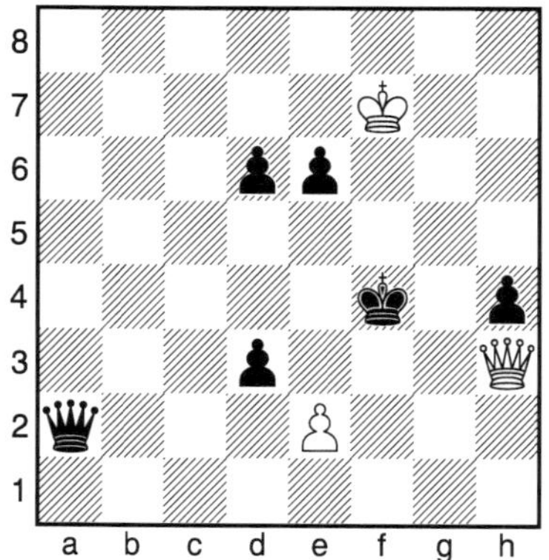

Aufgabe 27 =

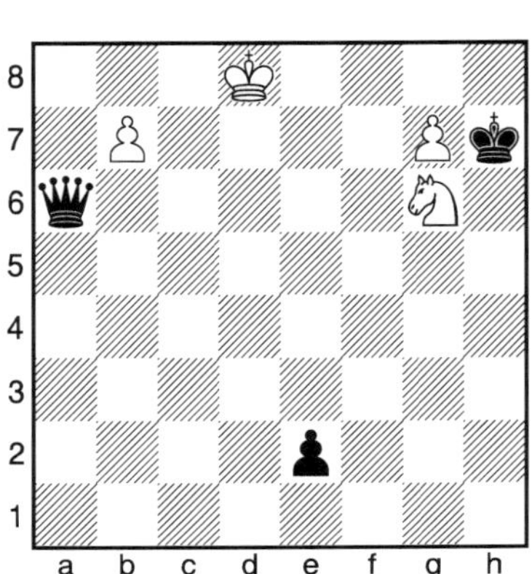

Aufgabe 28 =

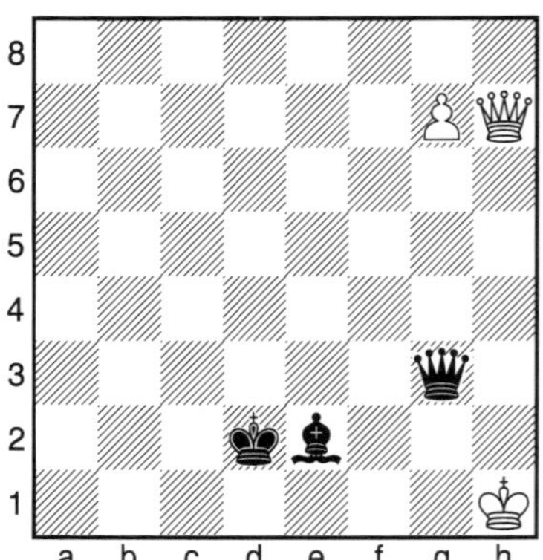

(Lösungen ab Seite 283)

Aufgabe 29 =

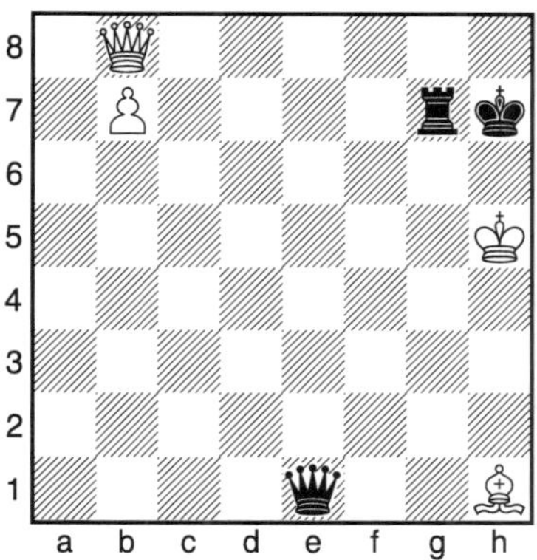

Aufgabe 30 +–

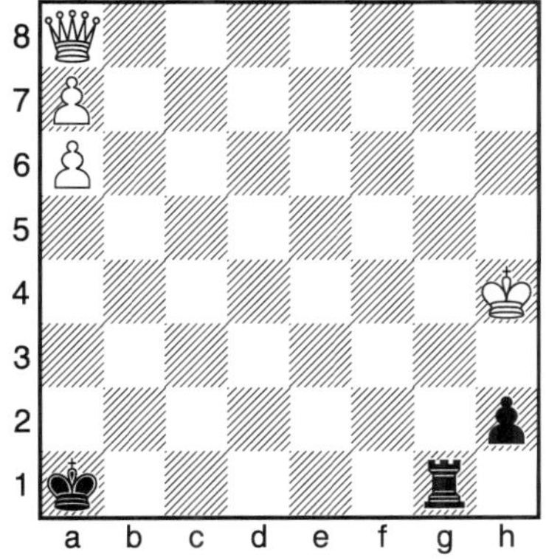

Aufgabe 31 +–

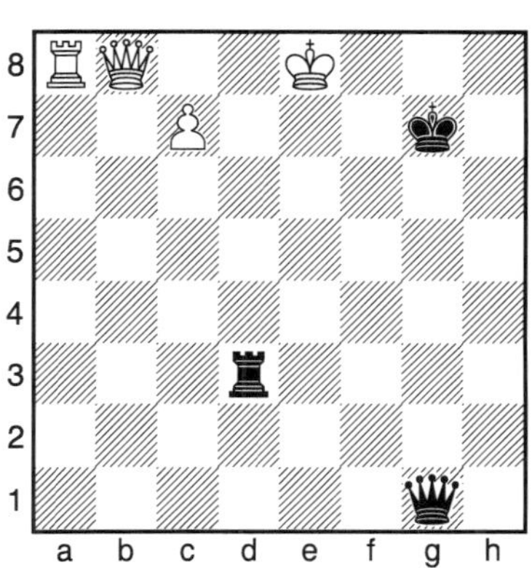

Aufgabe 32 +–

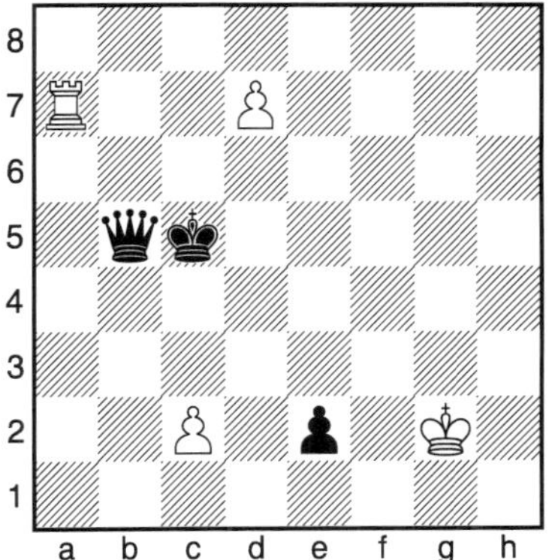

(Lösungen ab Seite 284)

Aufgabe 33 =

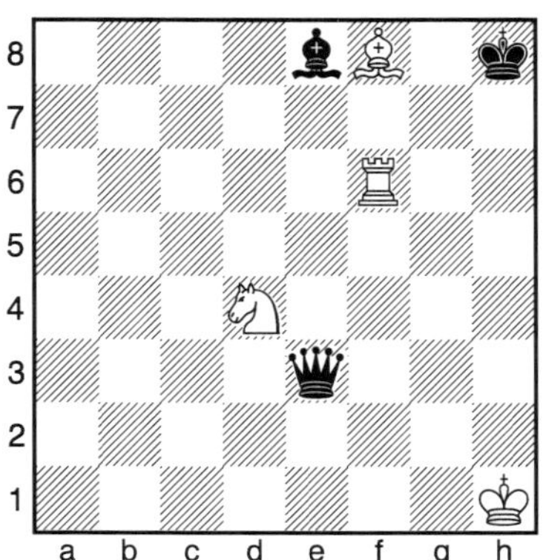

Aufgabe 35 +–

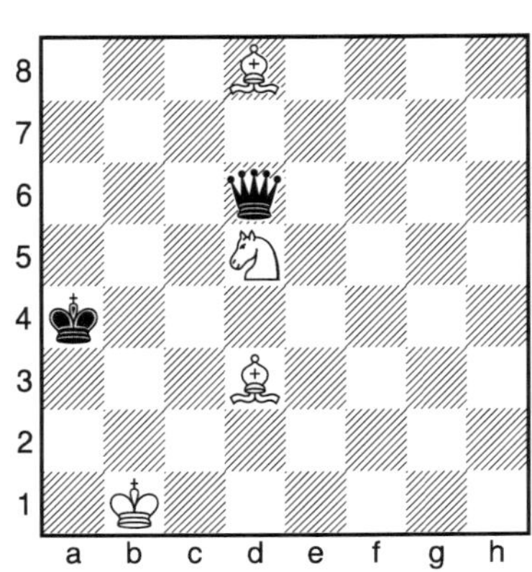

Aufgabe 34 +–

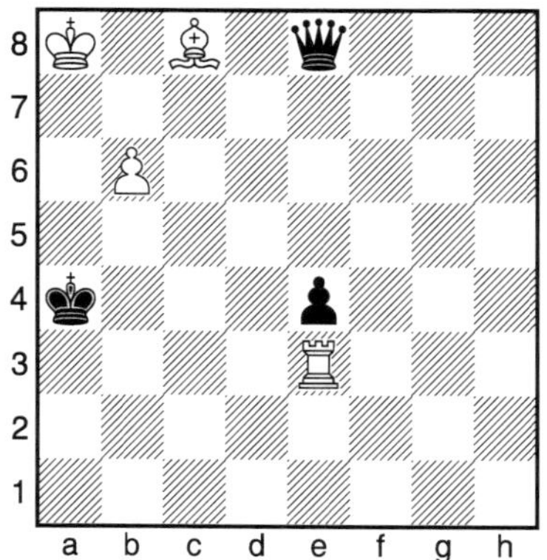

Aufgabe 36 +–

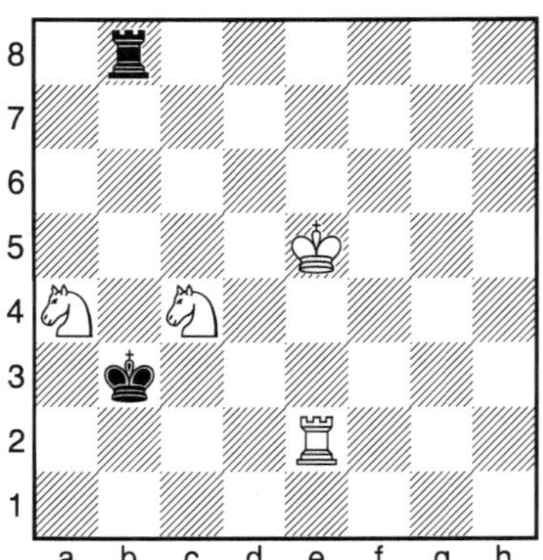

(Lösungen ab Seite 286)

Aufgabe 37 +–

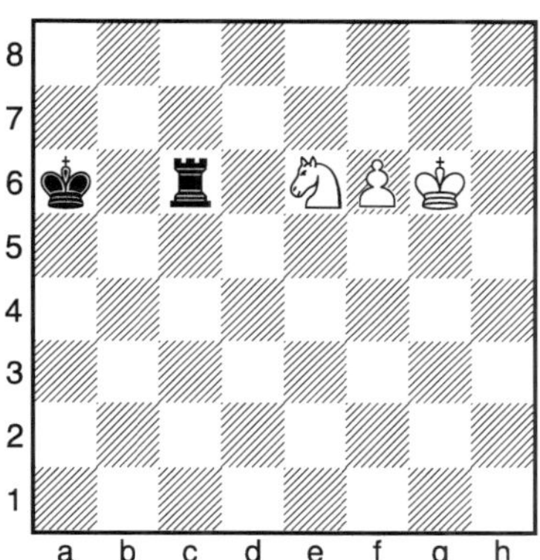

Aufgabe 38 +–

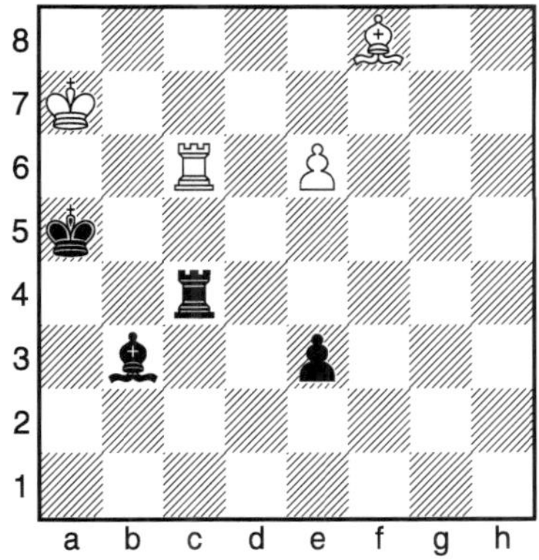

Aufgabe 39 +–

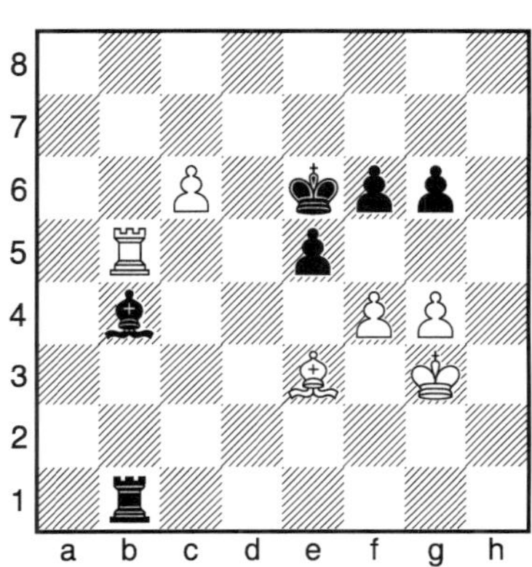

Aufgabe 40 =

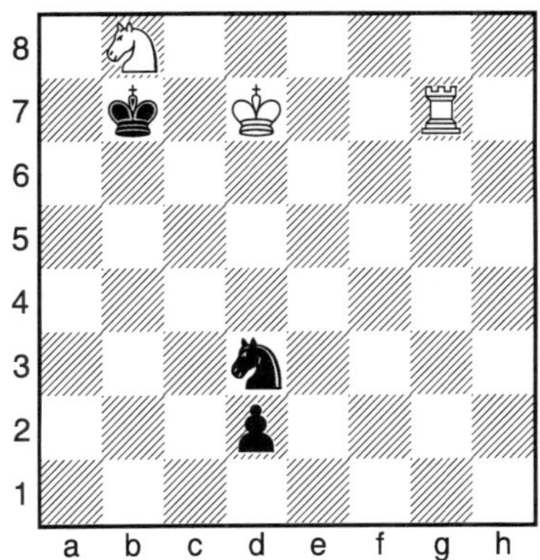

(Lösungen ab Seite 288)

Aufgabe 41 =

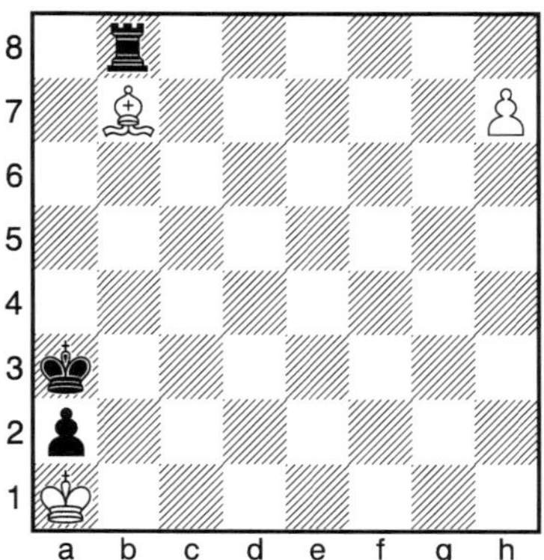

Aufgabe 43 +–

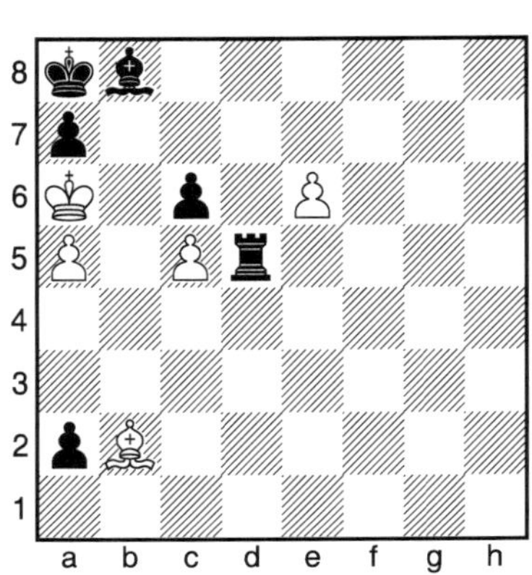

Aufgabe 42 +–

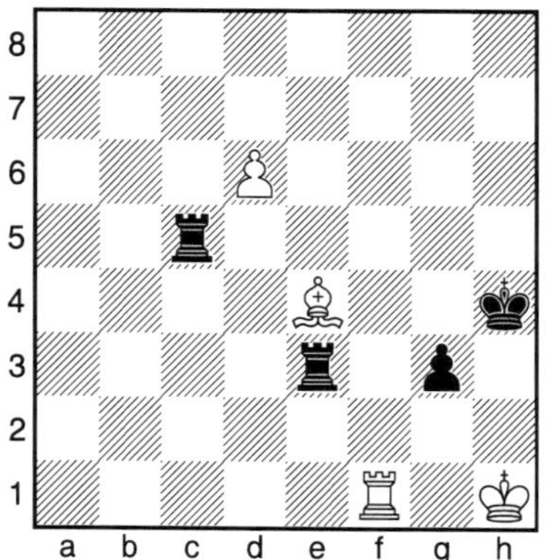

Aufgabe 44 +–

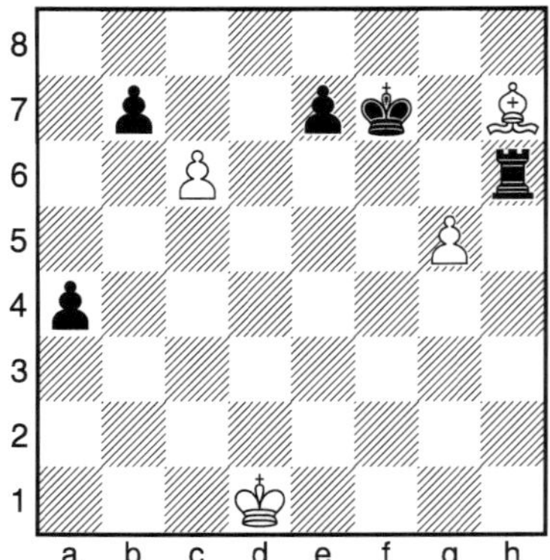

(Lösungen ab Seite 290)

Aufgabe 45 +–

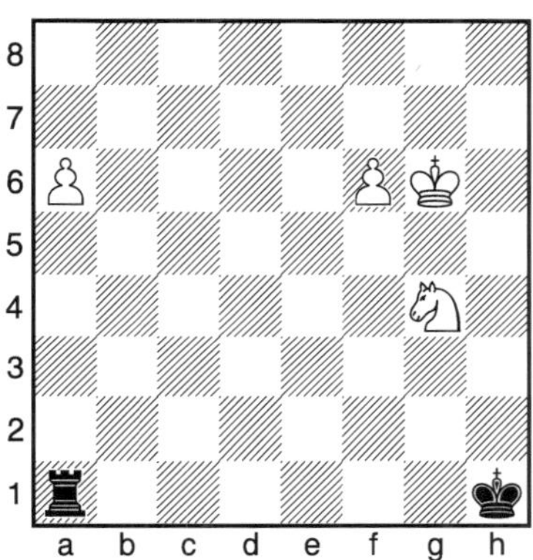

Aufgabe 47 +–

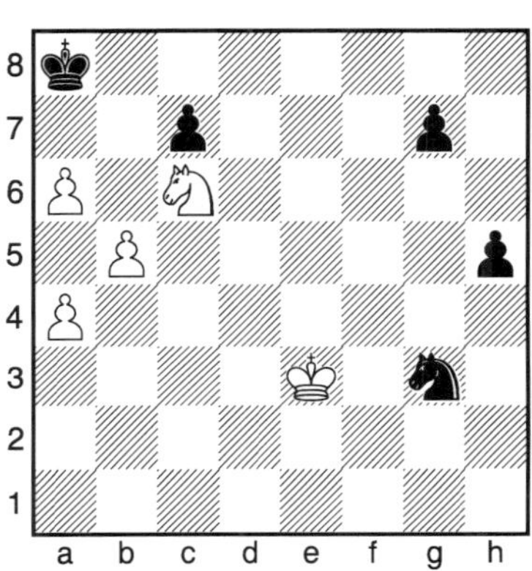

Aufgabe 46 +–

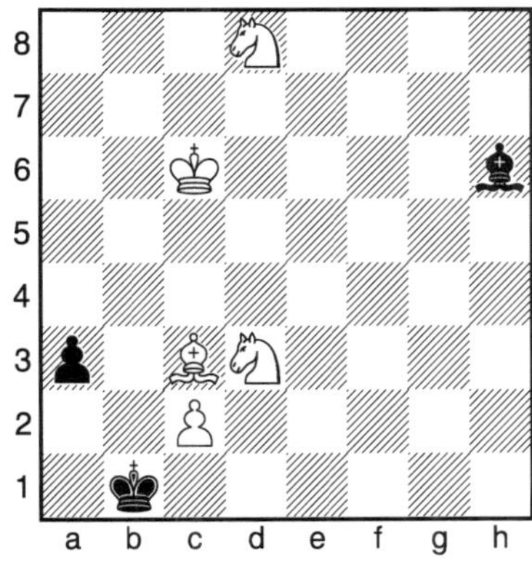

Aufgabe 48 +–

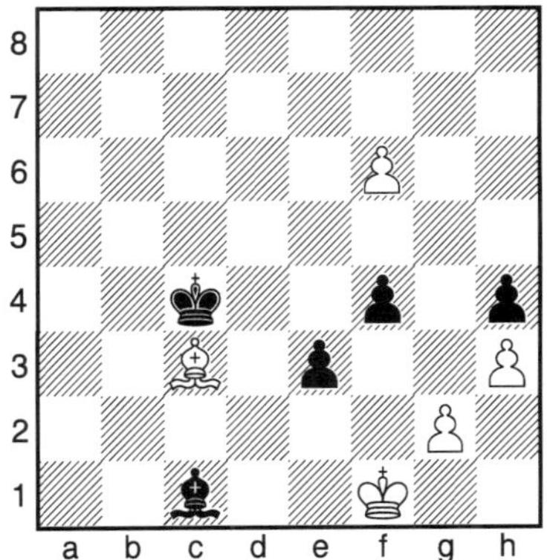

(Lösungen ab Seite 292)

Aufgabe 49 +–

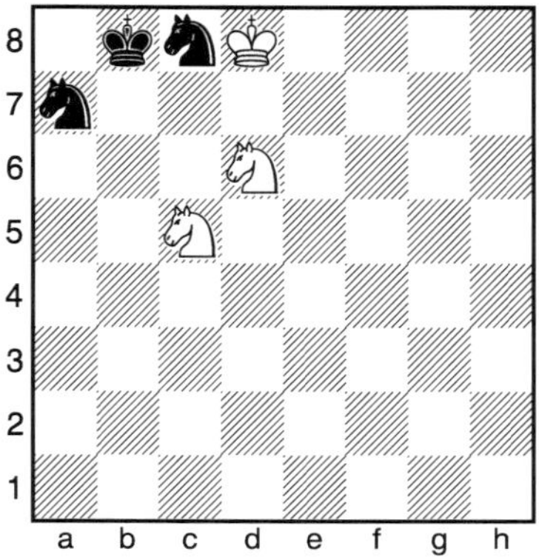

Aufgabe 50 =

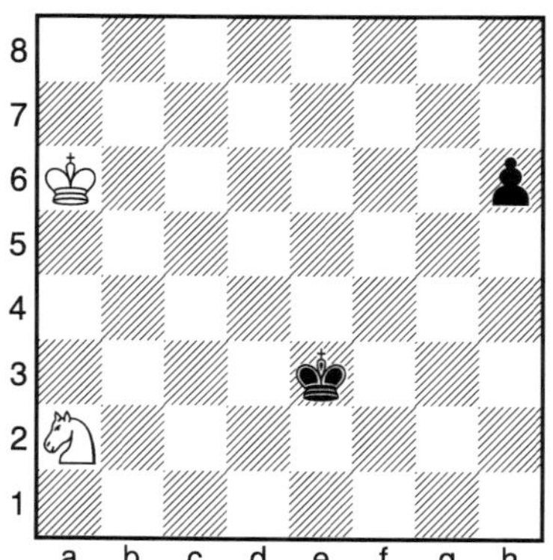

Aufgabe 51 +–

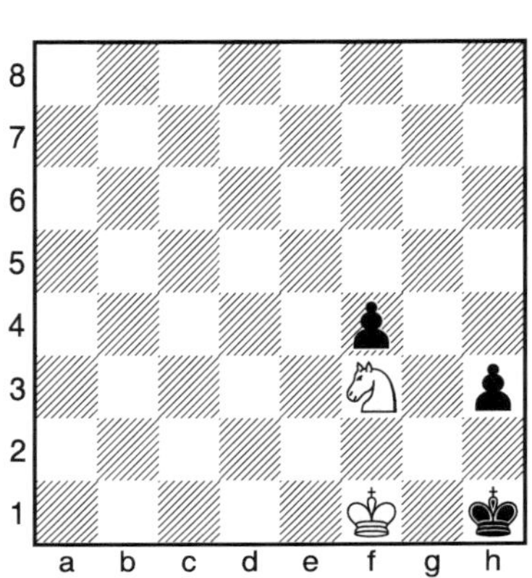

Aufgabe 52 =

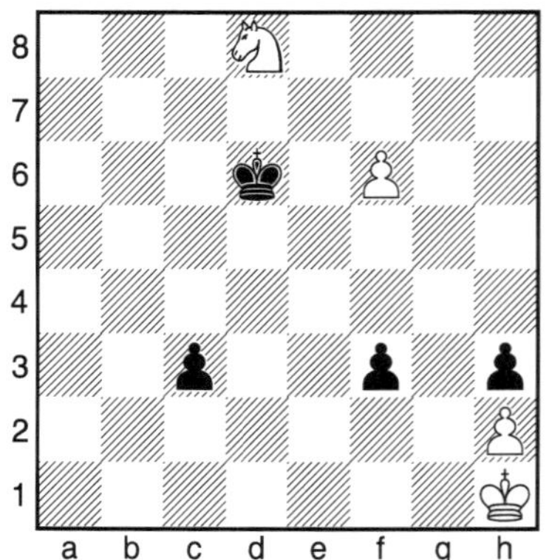

(Lösungen ab Seite 294)

Aufgabe 53 +–

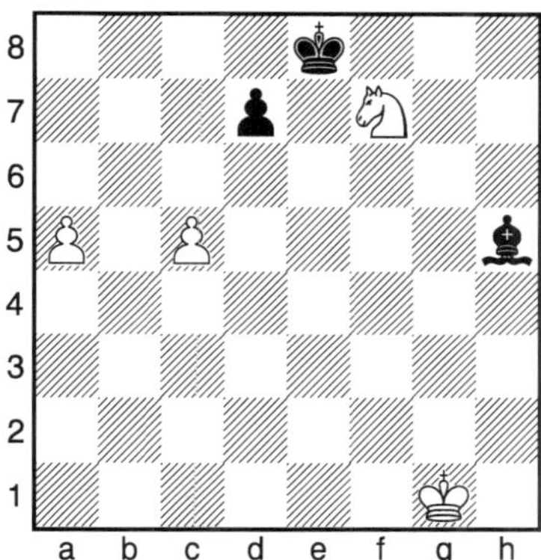

Aufgabe 55 +–

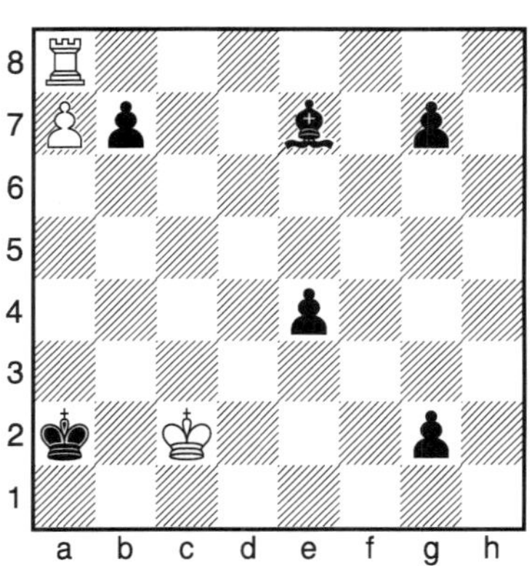

Aufgabe 54 +–

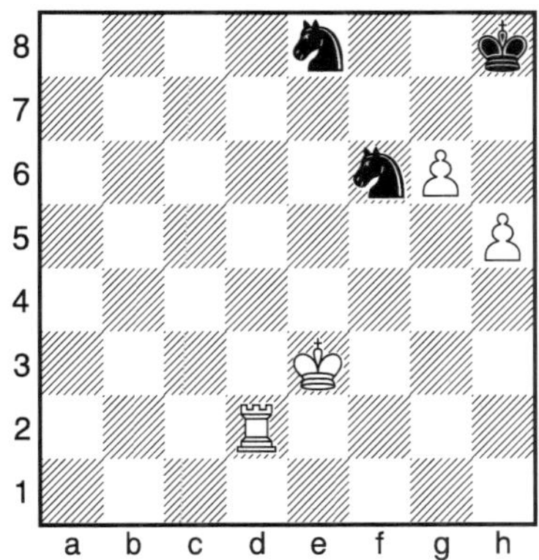

Aufgabe 56 +–

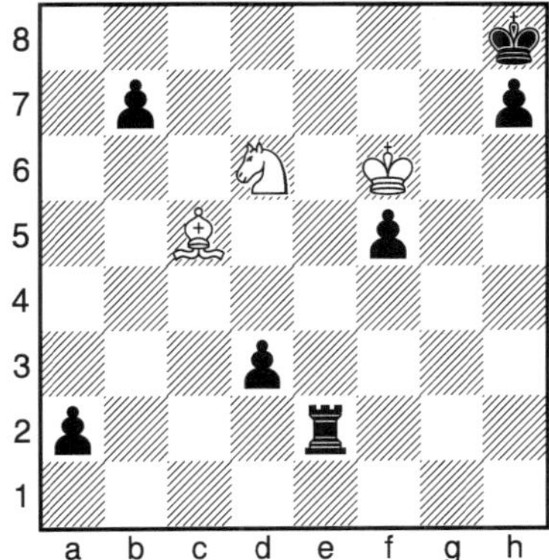

(Lösungen ab Seite 295)

Aufgabe 57 +–

Aufgabe 58 +–

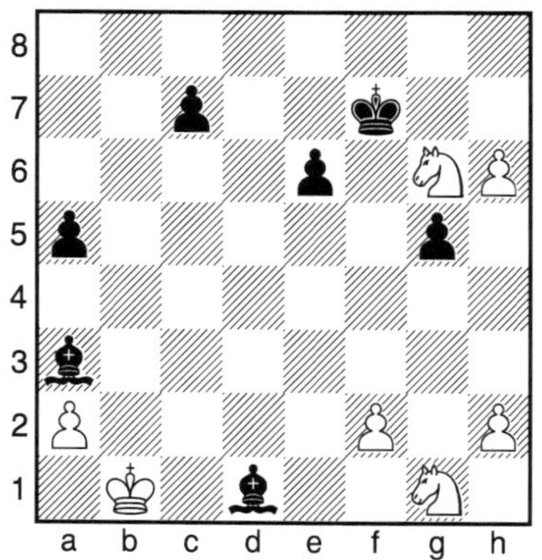

Aufgabe 59 +–

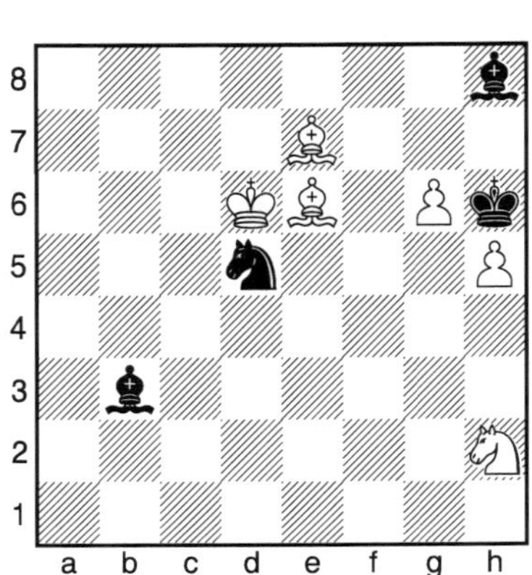

Aufgabe 60 +–

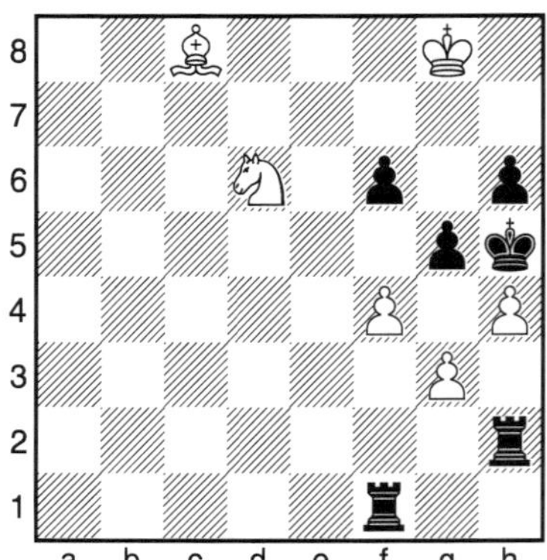

(Lösungen ab Seite 297)

Aufgabe 61 +–

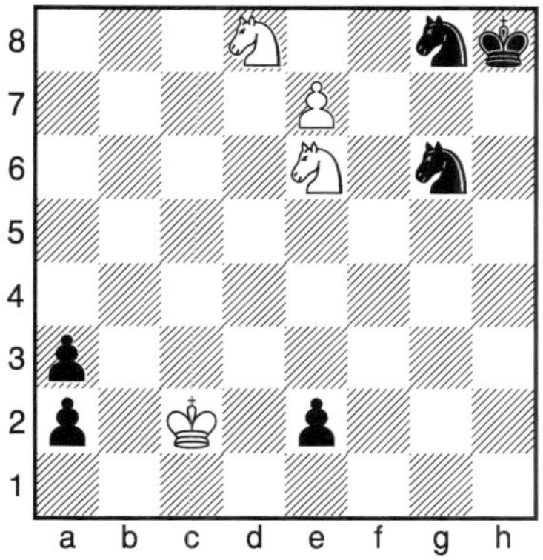

Aufgabe 62 +–

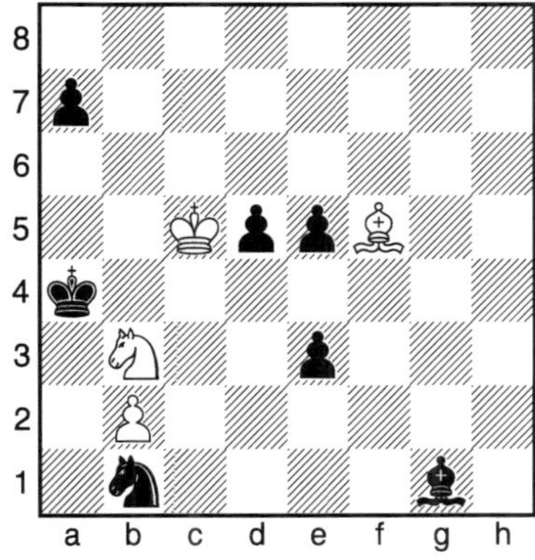

Aufgabe 63 +–

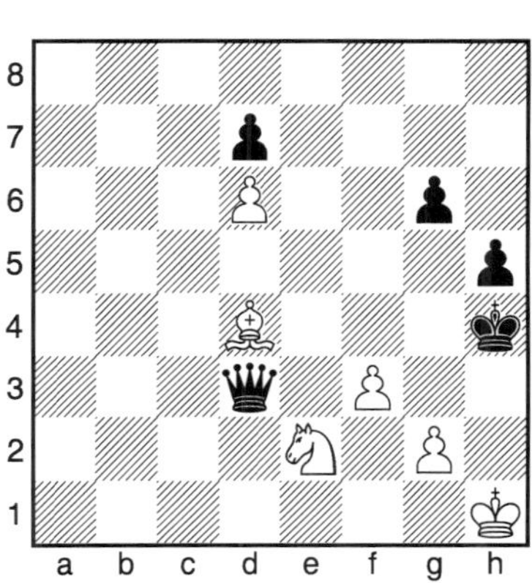

Aufgabe 64 +–

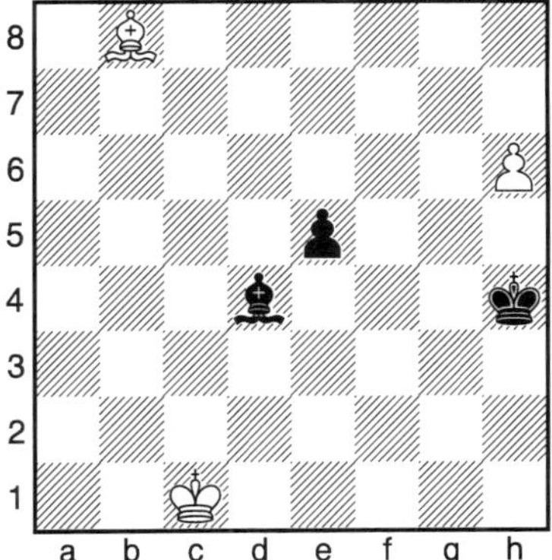

(Lösungen ab Seite 299)

Aufgabe 65 +–

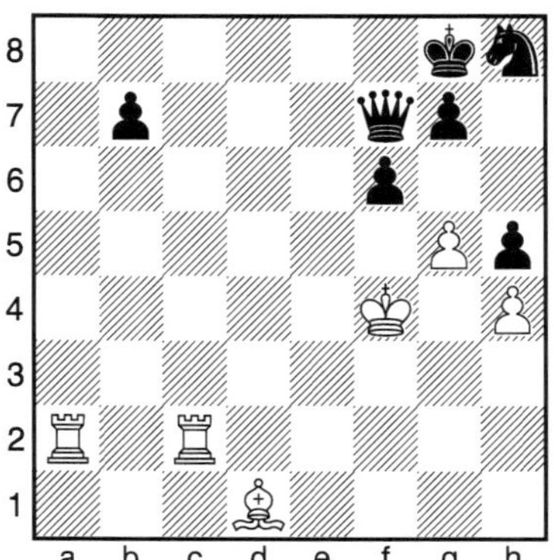

Aufgabe 67 +–

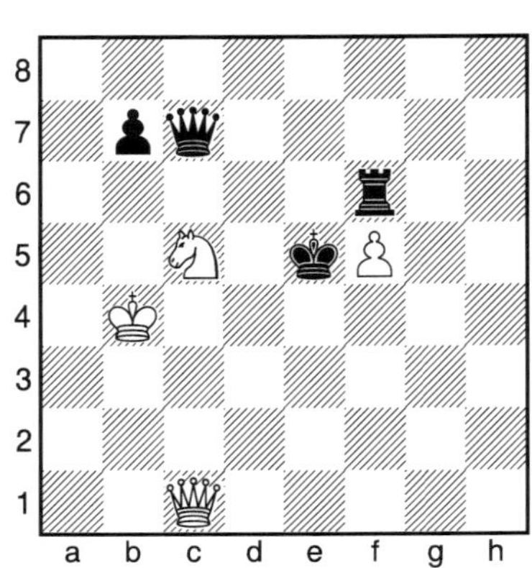

Aufgabe 66 +–

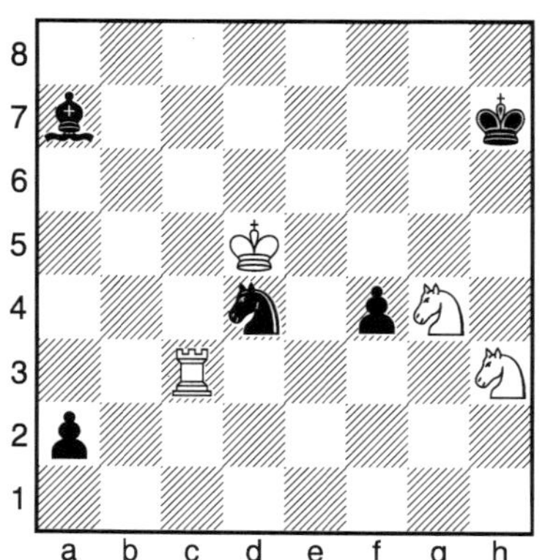

Aufgabe 68 +–

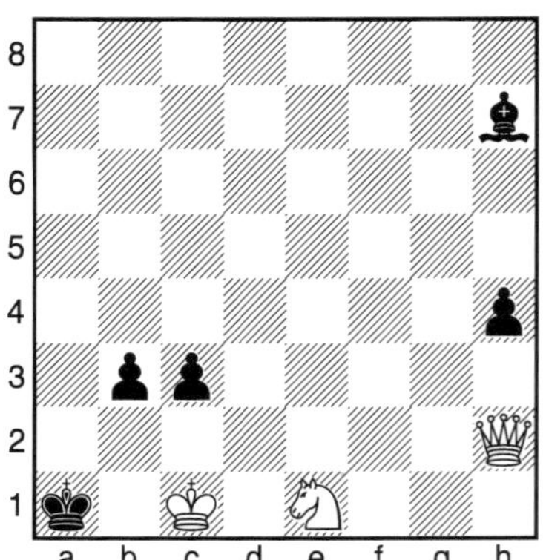

(Lösungen ab Seite 300)

Aufgabe 69 +–

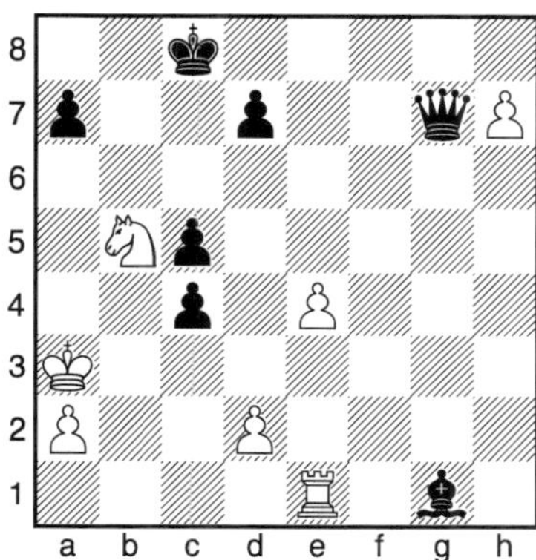

Aufgabe 71 +–

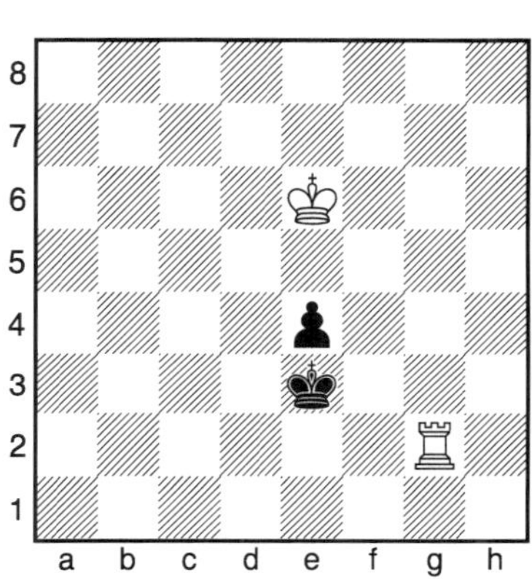

Aufgabe 70 +–

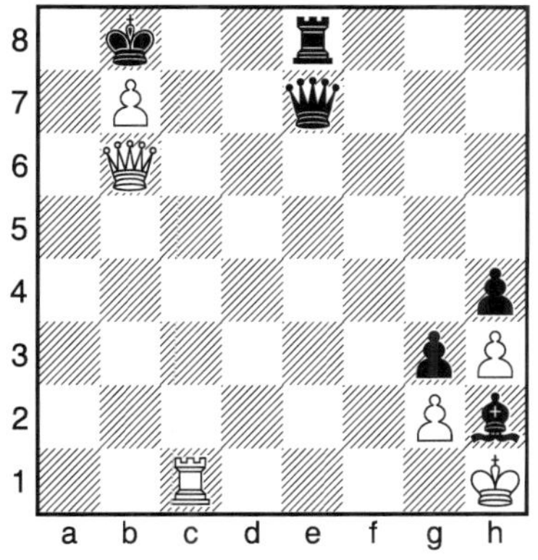

Aufgabe 72 +–

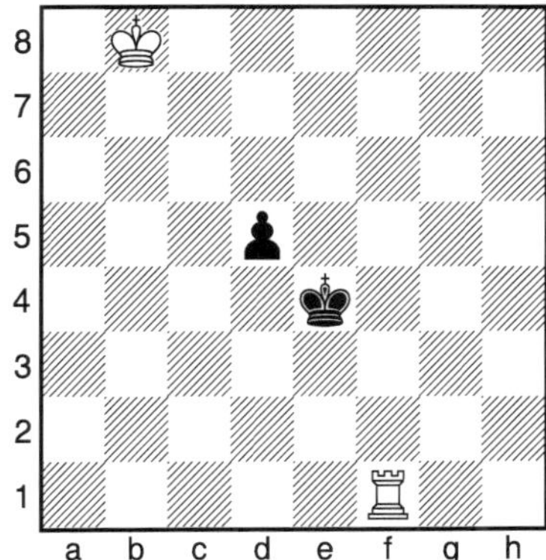

(Lösungen ab Seite301)

Aufgabe 73 =

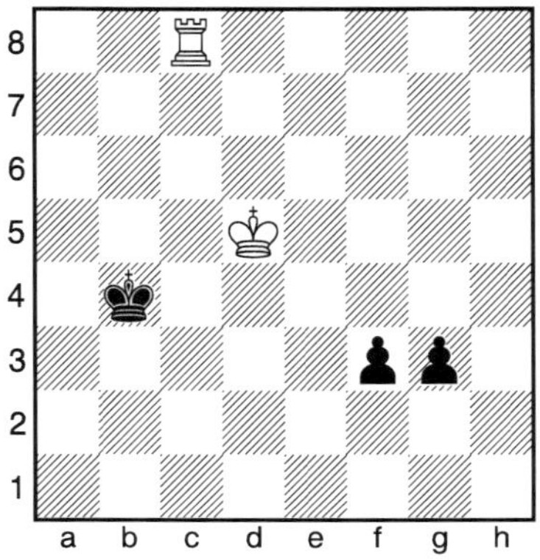

Remis

Aufgabe 74 +–

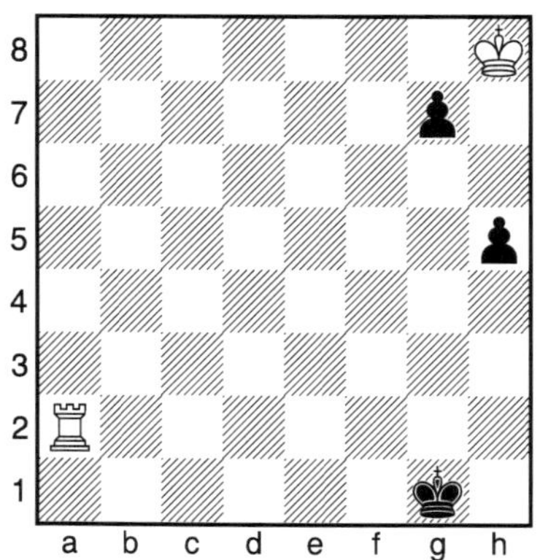

Aufgabe 75 =

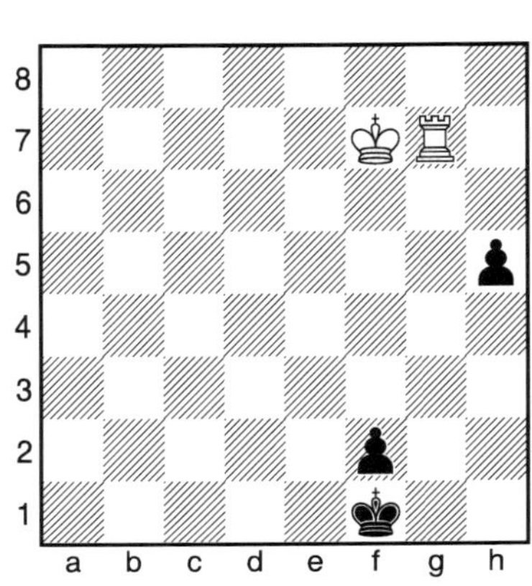

Aufgabe 76 +–

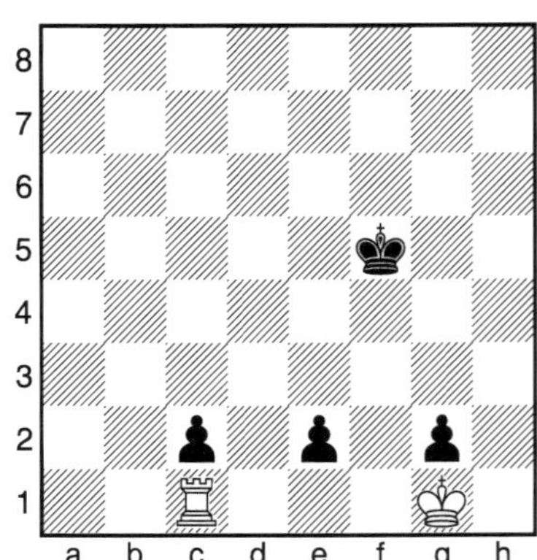

(Lösungen ab Seite 304)

Aufgabe 77 +–

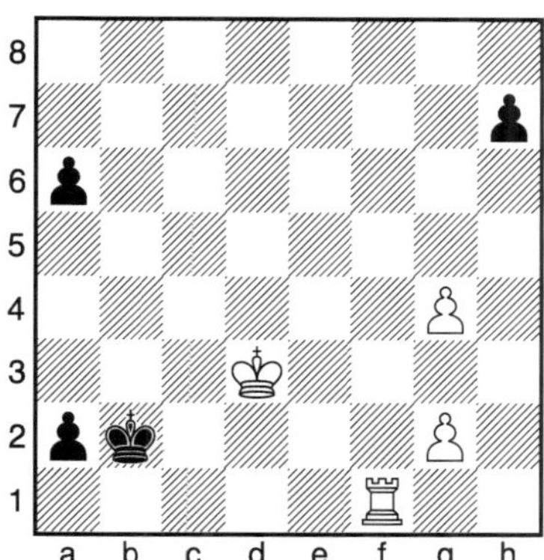

Aufgabe 79 +–

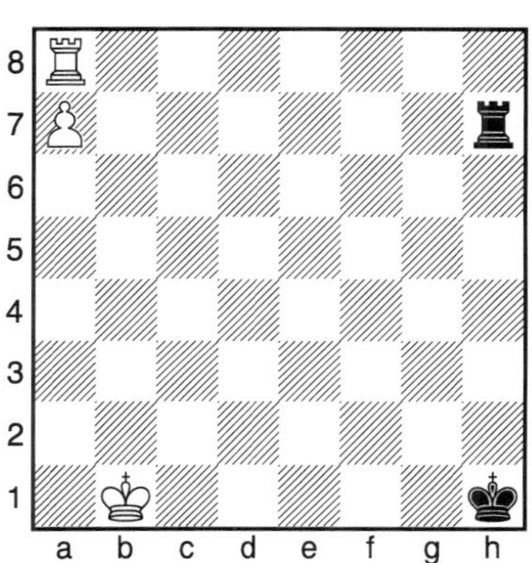

Aufgabe 78 =

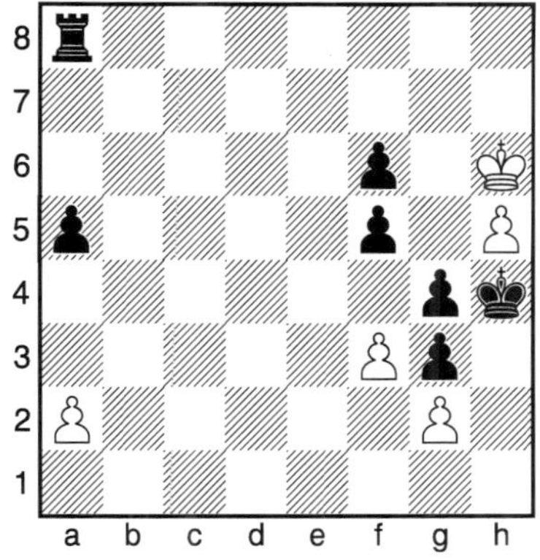

Aufgabe 80 =

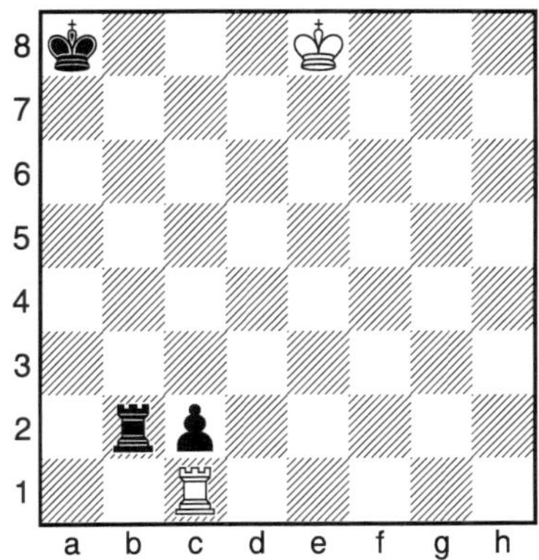

(Lösungen ab Seite 306)

Aufgabe 81 =

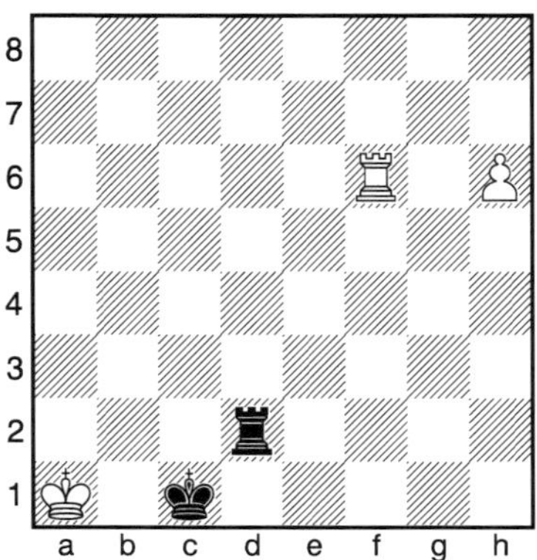

Aufgabe 83 =

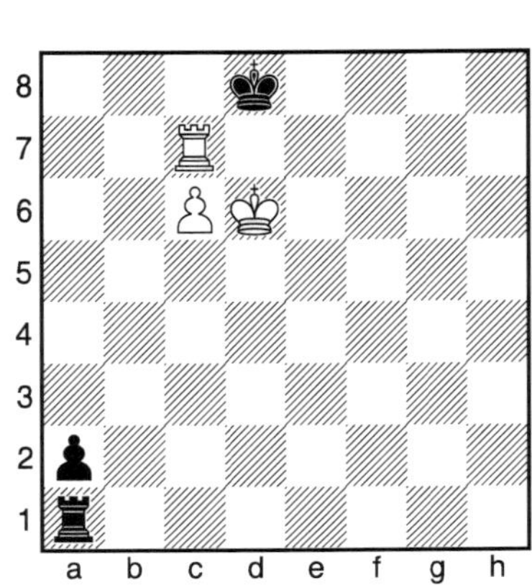

Aufgabe 82 +–

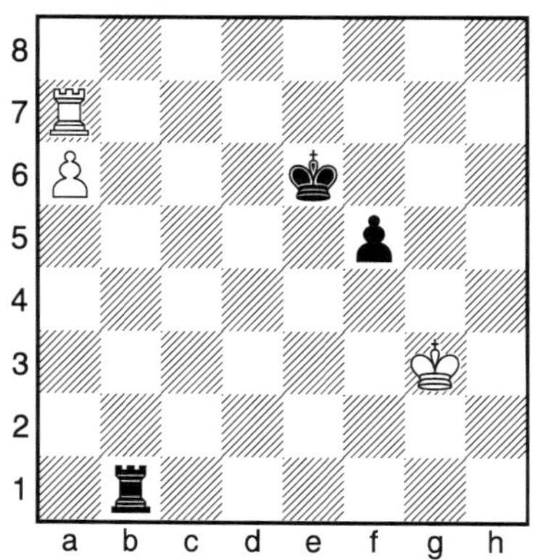

Aufgabe 84 =

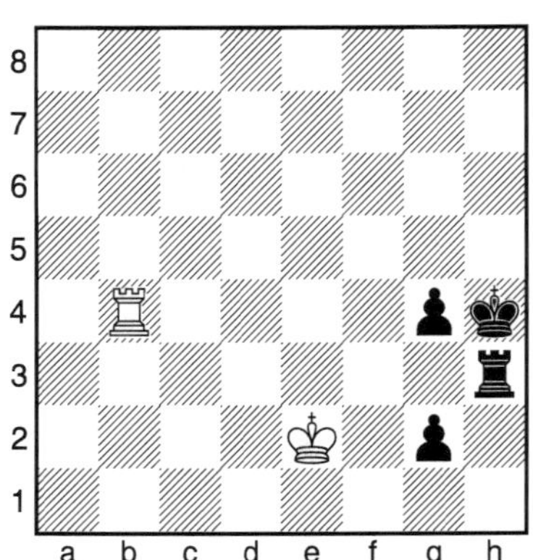

(Lösungen ab Seite 307)

Aufgabe 85 +–

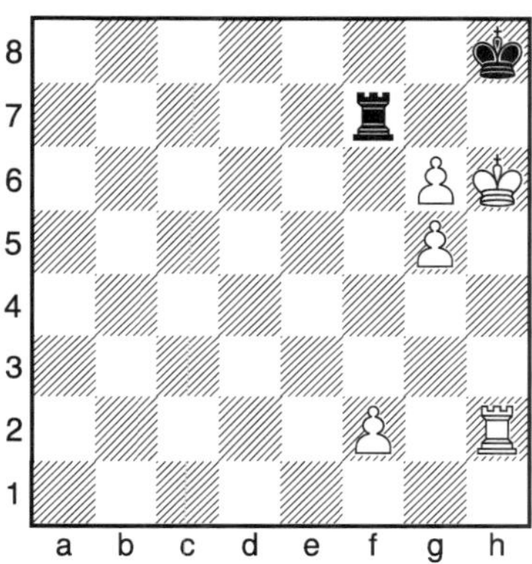

Aufgabe 87 +–

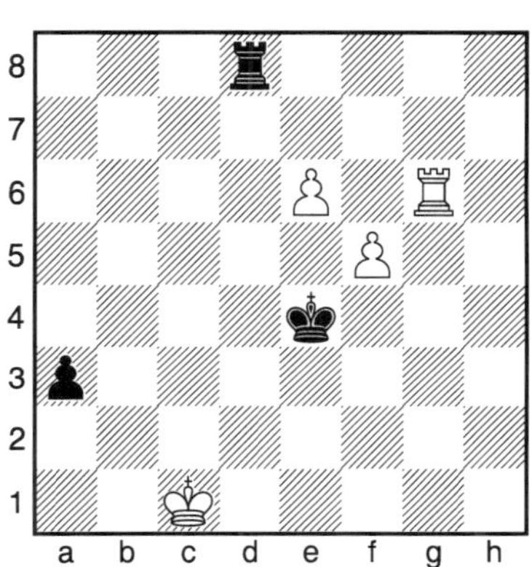

Aufgabe 86 +–

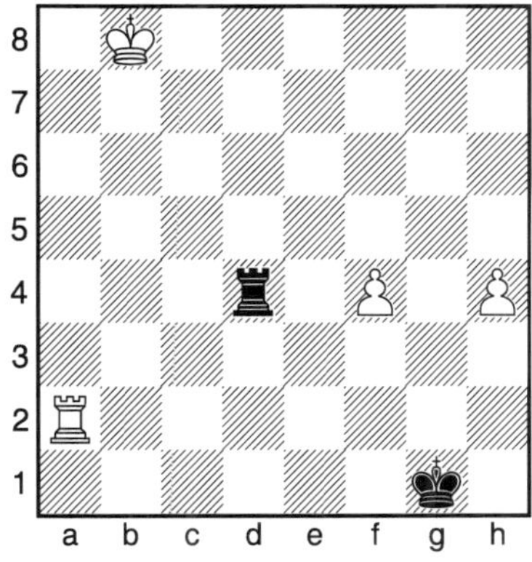

Aufgabe 88 +–

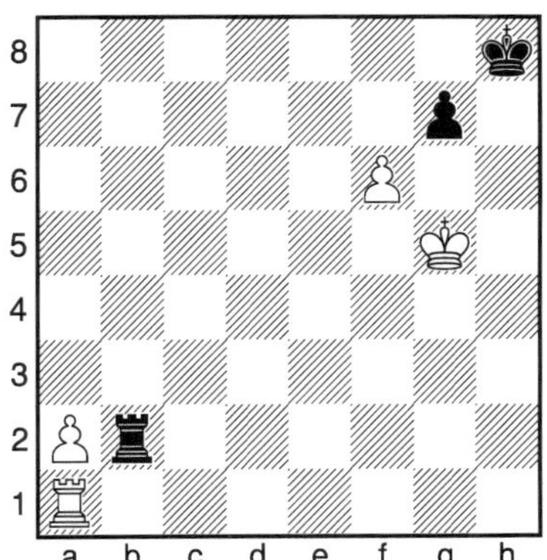

(Lösungen ab Seite 309)

Aufgabe 89 +–

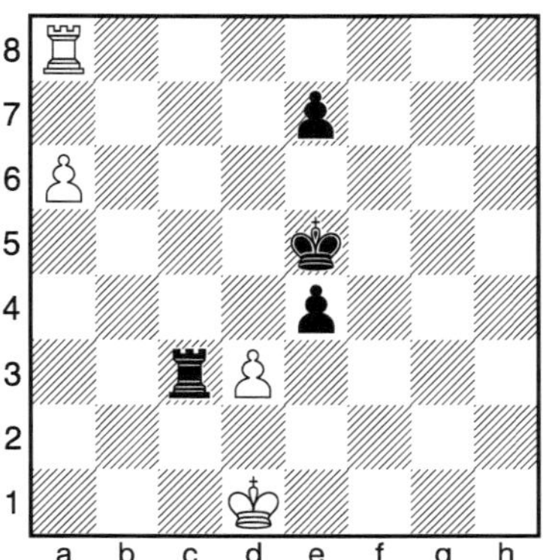

Aufgabe 90 +–

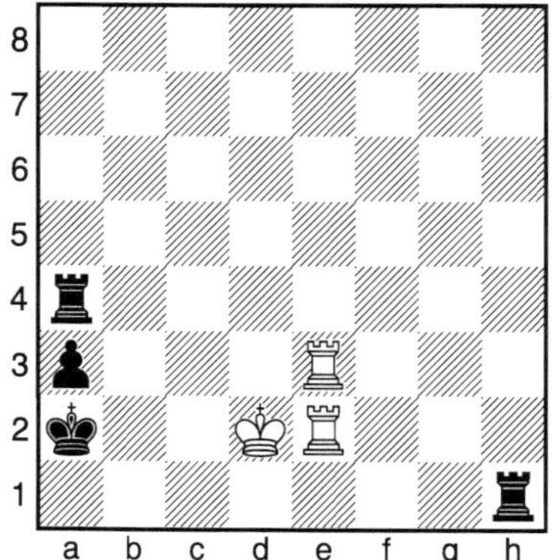

Aufgabe 91 +–

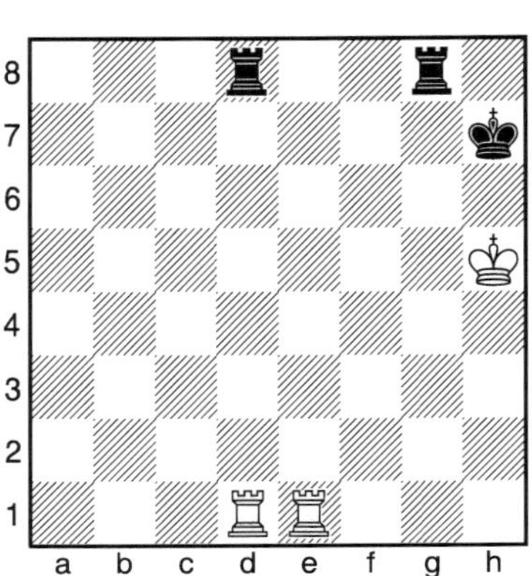

Aufgabe 92 =

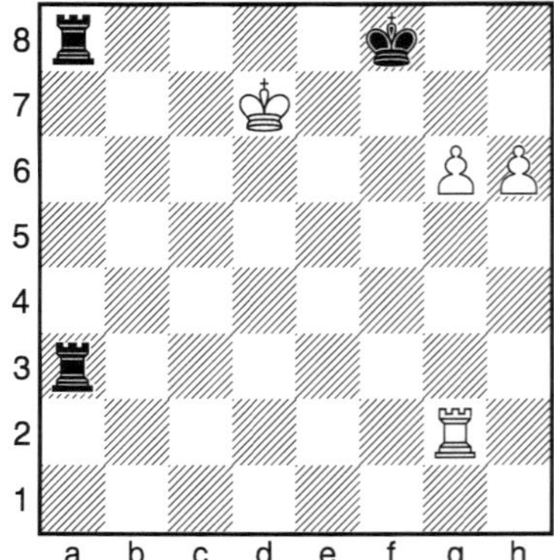

(Lösungen ab Seite 311)

Aufgabe 93 +–

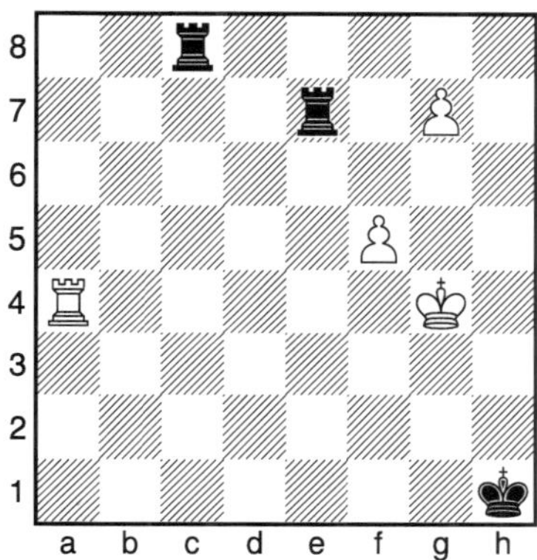

Aufgabe 95 =

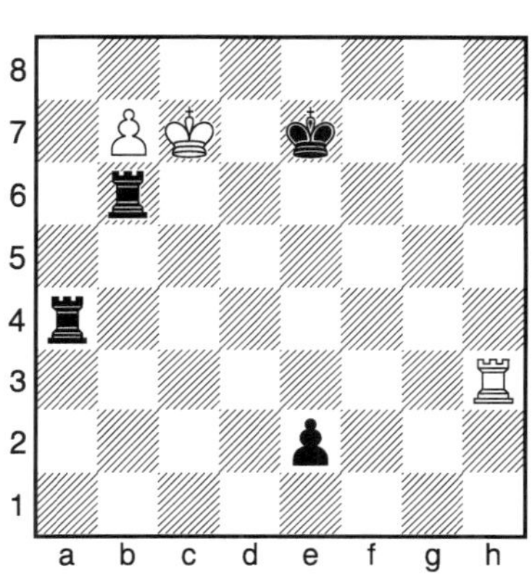

Aufgabe 94 =

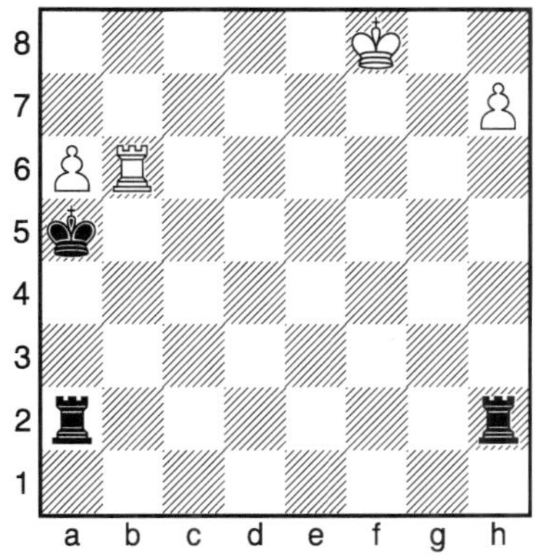

Aufgabe 96 +–

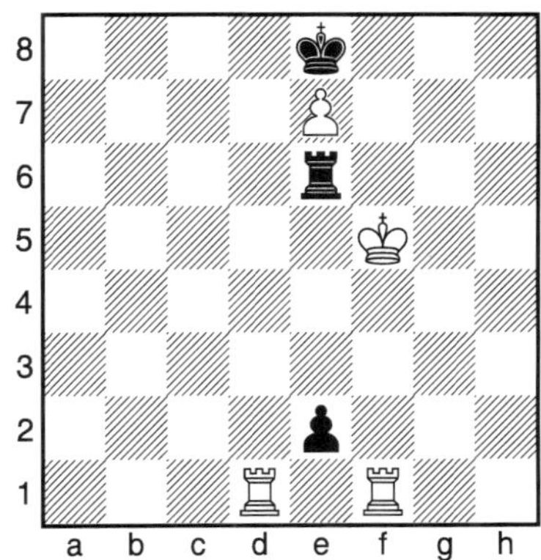

(Lösungen ab Seite 312)

Aufgabe 97 =

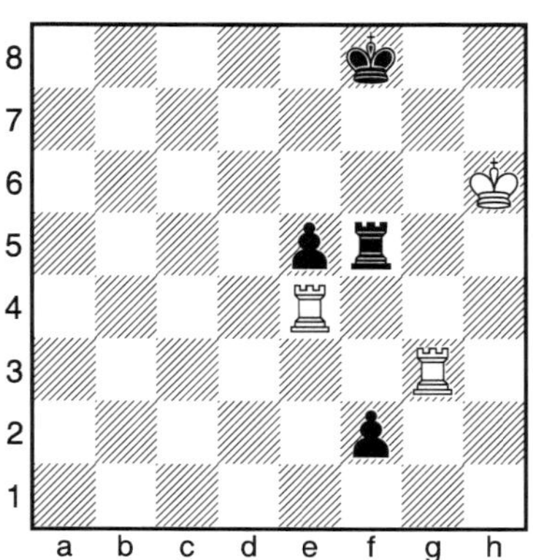

Aufgabe 99 +–

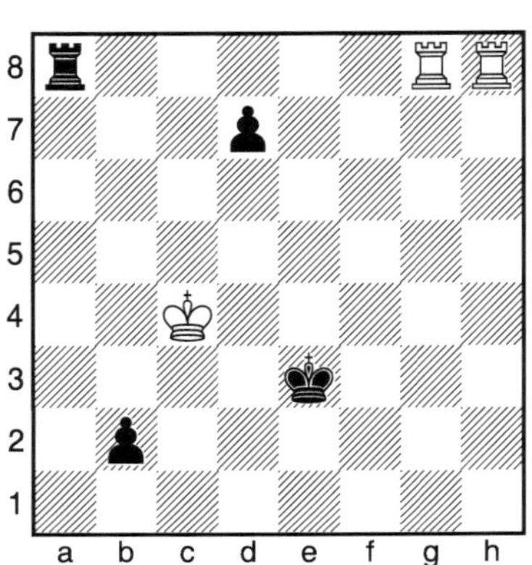

Aufgabe 98 =

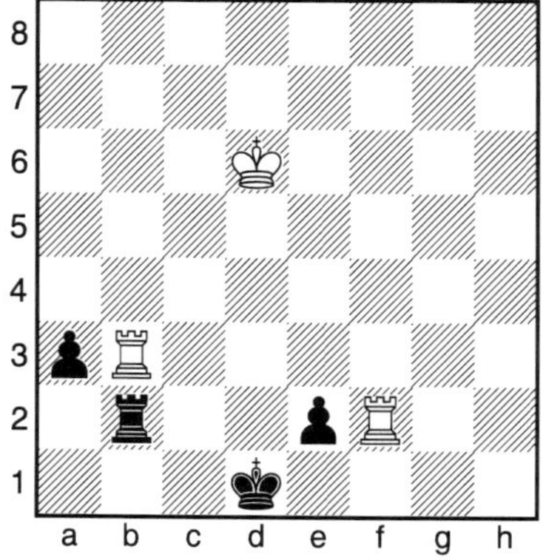

Aufgabe 100 +–

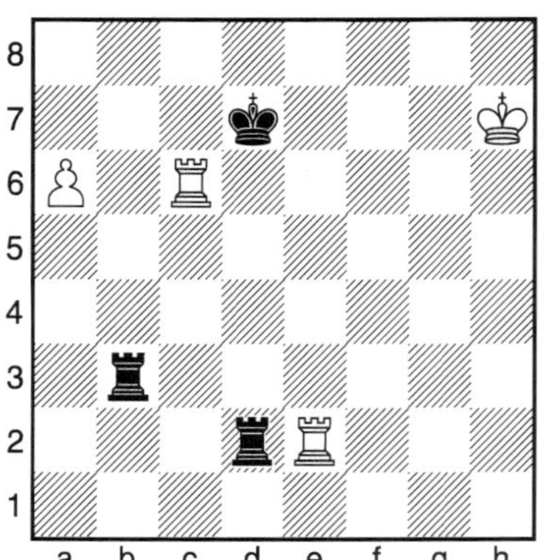

Teil III

Lösungen

Aufgabe 1:

1.♔b1!

1.♔c3? a3! 2.b4 (2.bxa3 ♔e5=) 2...♔e5 3.♔b3 ♔d5 4.♔xa3 ♔c6 5.♔a4 ♔b6 6.b5 ♔a7 7.♔a5 ♔b7 8.b6 ♔b8 9.♔a6 ♔a8=

1...a3

1...♔e5 2.♔a2 ♔d5 3.♔a3 ♔c5 4.♔xa4 ♔b6 5.♔b4+−

2.b3!

2.b4? ♔e5 3.♔a2 ♔d5 4.♔xa3 ♔c6 5.♔a4 ♔b6=

2...♔e5 3.♔a2 ♔d5 4.♔xa3 ♔c5 5.♔a4 ♔b6

5...♔c6 6.♔a5+−

6.♔b4+−

(F. Cassidy, 1884)

Aufgabe 2:

1.♔c8!

1.♔e8? h5−+

1...♔c6 2.♔b8 ♔b5

2...h5? 3.a6+−

3.♔b7 ♔xa5 4.♔c6 h5 5.♔d5 h4 6.♔e4 h3 7.♔f3=

(L. Prokes, 1947)

Aufgabe 3:

1.e6!

1) 1.♔d5? ♔e7 2.e6 fxe6+ 3.♔e5 ♔d7 4.♔f6 ♔d6 5.♔f7 (5.e5+?? ♔d5−+) 5...♔e5 6.♔e7=

2) 1.♔c5? ♔e7 2.♔d5 ♔d7 3.♔c5 ♔e6 4.♔d4 ♔d7=

1...fxe6

1...f6 2.♔c5 ♔e7 3.♔d5 ♔e8 4.♔d6 ♔d8 5.e7+ ♔e8 6.♔e6 f5 7.♔xf5! ♔xe7 8.♔e5+−

2.e5!

2.♔c5? e5! 3.♔d5 ♔f7 4.♔xe5 ♔e7=

2...♔e7 3.♔c5 ♔d7 4.♔b6 ♔d8 5.♔c6 ♔e7 6.♔c7 ♔e8 7.♔d6 ♔f7 8.♔d7 ♔f8 9.♔xe6 ♔e8 10.♔f6 ♔f8

10...♔d8 11.♔f7+−

11.e6 ♔e8 12.e7 ♔d7 13.♔f7+−

(J. Crum, 1913)

Aufgabe 4:

1.♔h1!

1) 1.♔f1? ♔d2 2.♔f2 ♔d3 3.♔g3 ♔e3 4.♔g2 ♔e2 5.♔g3 ♔f1 6.♔g4 ♔f2−+

2) 1.♔h2? ♔d2!

(1...♔e2? 2.♔g2 ♔e3 3.♔g3=)

a) 2.♔g2 ♔e2 3.♔g3 ♔f1−+

b) 2.♔g1 ♔e3 3.♔g2 ♔e2−+

c) 2.♔g3 ♔e3 3.♔g2 ♔e2−+)

3) 1.♔g3? ♔e1 2.♔g2 ♔e2 3.♔g3 ♔f1−+

1...♔e2

1...♔e1 2.♔g1 g4

(2...♔e2 3.♔g2 ♔e3 4.♔g3=)

3.♔g2 ♔d2 4.fxg4 e4 5.g5 e3 6.g6 e2 7.g7 e1♕ 8.g8♕=

2.♔g2 ♔d3 3.♔h3! ♔e3 4.♔g3

4.♔g4? ♔f2−+

4...♔d2

4...♔d3 5.♔h3!=

5.♔h2!

5.♔g2? ♔e2−+

5...♔d1 6.♔h1=

(H. Neustadtl, 1890)

Aufgabe 5:

1.hxg5+!

1.fxg5+? ♔h5 2.g6 fxg6−+

1...♔h5 2.g6!

2.♔g2? ♔g4 3.g6 fxg6 4.f5 gxf5−+

2...fxg6

2...♔xg6 3.♔g2 ♔f5 4.♔f3=

3.f5!

3.♔g1? ♔g4 4.f5 ♔xf5−+

3...gxf5 4.♔g1

4.♔g2? ♔g4−+

4...♔g5 5.♔f1 ♔g4 6.♔g2 ♔f4 7.♔f2 ♔e4 8.♔e2 f4 9.♔f2=

(H. Mattison, 1918)

Aufgabe 6:

1.♔e3! ♔b7 2.♔f4!

2.♔e4? ♔b6 3.♔e5 ♔c5−+

2...♔c7

2...d5!? 3.♔e5 ♔c7 4.♔e6 d4 5.♔f7 c5 6.♔xg7 c4 7.f6 d3 8.cxd3 cxd3 9.f7 d2 10.f8♕ d1♕=

3.♔e5

3.♔g5? ♔d6 4.♔g6 ♔e5−+

3...♔d8 4.♔d6 ♔e8 5.c3!

5.c4? ♔d8 6.c5 ♔e8 7.♔c7 ♔e7 8.♔b6 d6! 9.♔xc6 dxc5 10.♔xc5 ♔f6−+

5...♔d8 6.c4 ♔e8 7.c5 ♔d8 8.f6 gxf6=

(S. Zhigis, 1930)

Aufgabe 7:

1.♔f7!

1.♔xg5? b5 2.♔f4 ♔b6 3.♔e4 ♔c5−+

1...g4

1...b5 2.♔xe7 b4 3.♔d8 b3 4.e7 b2 5.e8♕ b1♕ 6.♕d7+ ♔a6 7.♕d6+ ♔a7 8.e6+−

2.♔xe7 g3 3.♔d8 g2 4.e7 g1♕ 5.e8♕ ♕g5+ 6.♔c7!

6.♔c8? ♕c1+ 7.♔d7 ♔b7 8.♔e7 ♕c5+ 9.♔f6 b5=

6...♕g7+

6...♕c1+ 7.♕c6+−

7.♕d7! ♕xe5+ 8.♔c6+ ♔a6 9.♕d3+ ♔a7

9...♔a5 10.♕a3#

10.♕a3+ ♔b8

10...♕a5 11.♕e7+ ♔b8 12.♕b7#

11.♕f8+ ♔a7 12.♕f7+ ♔a6 13.♕a2+ ♕a5 14.♕c4+ b5 15.♕c5 b4 16.♕c4+ ♔a7 17.♕f7+ ♔a6 18.♕b7#

(J. Konikowski, 1986)

Aufgabe 8:

1.♔f2! ♔f5

1...f5 2.♔e3 ♔f6 3.♔f4 ♔g6 4.♔e5+−

2.♔f3 ♔e5 3.g4! hxg4+ 4.♔xg4 ♔e4

4...f5+ 5.♔f3 f4 6.h5 ♔f5 7.h6 ♔g6 8.♔xf4 ♔xh6 9.♔e5+−

5.h5 f5+ 6.♔h3! f4 7.h6 f3 8.h7 f2 9.♔g2+−

(M. Botwinnik, 1945)

Aufgabe 9:

1.d6!

1.♔g4? ♔e7 2.♔f5 ♔d6

1) 3.♔g6 ♔xd5 4.♔xg7 ♔c4 5.a4 ♔b4 6.♔f7 ♔xa4 7.♔e7 ♔xb5 8.♔d7 a5 9.♔xc7 a4 10.♔b7 a3 11.c7 a2 12.c8♕ a1♕=

2) 3.♔e4 g5 4.a4 g4 5.♔f4 ♔xd5 6.♔xg4

a) 6...♔c4? 7.♔f5 ♔b4 8.♔e6 ♔xa4 9.♔d7 ♔xb5 10.♔xc7 a5 11.♔b7 a4 12.c7 a3 13.c8♕ a2+−

b) 6...♔e4! 7.♔g5 ♔e5=

1...cxd6 2.♔g4 ♔d8 3.♔f5 ♔e7 4.a4 ♔d8

4...g6+ 5.♔xg6 ♔e6 6.♔g5 d5 7.♔f4 ♔d6 8.♔f5+−

5.♔e6 ♔c7 6.♔d5 g5 7.♔e4 ♔d8 8.♔f5 ♔e8 9.♔xg5 ♔e7 10.♔f5 ♔d8 11.♔e6 ♔c7 12.♔d5+−

(J. Krejcik, 1953)

Aufgabe 10:

1.♔g1!

1.♔g2? ♔f6! 2.♔f2 ♔g6 3.♔e2 ♔f6 4.♔d1 ♔e7 5.♔c2 ♔d6 6.♔b3 ♔c5 7.♔a4 ♔d6 8.♔b4 ♔d5=

1...♔g7

1) 1...♔e7 2.♔f2 ♔f6 3.♔e2

a) 3...♔g6 4.♔d2 ♔f6 5.♔c2 ♔e6 6.♔b3 ♔d5 7.♔b4 ♔c6 8.♔c4 ♔d6 9.f4+−

b) 3...♔e6 4.f4 exf4 5.gxf4 gxf4 6.♔f3 ♔e5 7.g5 ♔f5 8.g6 ♔xg6 9.♔xf4+−

2) 1...♔f6 2.♔g2 ♔g6 3.♔f2 ♔f6 4.♔e2+−

2.♔f1 ♔f7 3.♔e1 ♔e7

3...♔e6 4.♔f2+−

4.♔f2 ♔f6

4...♔f7 5.f4+−

5.♔e2 ♔e6

5...♔g6 6.♔d2+−

6.f4 gxf4 7.gxf4 exf4 8.♔f3 ♔e5 9.g5+−

(M. Euwe, 1924)

Aufgabe 11:

1.♔b2 ♔g5 2.♔a3 ♗e8

2...♗d1 3.♔b4 ♗e2 4.♔c5 ♔f5 (4...♔f4 5.♔d4=) 5.♔d5 ♗d3 6.a4 ♔f4 7.♔d4 ♗e2 8.a5 ♗f3 9.♔xc4=

3.♔b4 ♗f7 4.♔c5 ♔f5

4...♔f6 5.a4 ♔e7 6.♔c6 ♔d8 7.a5 ♔c8 8.a6 ♔b8 9.♔b6=

5.♔d4! ♔f6 6.a4 ♔e7 7.♔c5 ♔d7 8.a5 ♔c7 9.a6 ♔b8 10.♔b6 ♗e6 11.a7+ ♔a8 12.♔a6=

(D. Bronstein, 1968)

Aufgabe 12:

1.♗b4! ♔f7 2.a4 ♔e6

2...♔e8 3.a5 ♔d8 4.♗d6 ♔c8 5.a6+−

3.a5 ♔d5 4.a6 ♔c6 5.♗a5 d5 6.♔g2 d4 7.♔f3+−

(O. Duras, 1908)

Aufgabe 13:

1.g6 ♔g5

1...g2 2.♔f2 ♔g5 3.g7 ♔h6 4.g8♕ g1♕+ 5.♔xg1! (5.♕xg1?=) 5...f2+ 6.♔h2! (6.♔xf2?=) 6...f1♕ 7.♕h7+ ♔g5 8.♘e4+ ♔g4 9.♕g6+ ♔f3 10.♘d2+ +−

2.g7 f2+ 3.♔e2!

3.♔f1? ♔h6 4.g8♕ g2+ 5.♔xf2 g1♕+ 6.♔xg1= bzw. 5.♔xg2 f1♕+ 6.♔xf1=

3...♔h6 4.g8♕ f1♕+ 5.♔xf1 g2+ 6.♔e2! g1♕ 7.♕h7+ ♔g5 8.♕g7+ +−

(M. Havel, 1930)

Aufgabe 14:

1.♗e3!!

1.c7? d2 2.c8♕ d1♕ 3.♕c6+ ♔e5 4.♗h2+ ♔f5 5.♕d5+ ♔g4=

1...dxe3 2.c7 e2

2...d2 3.c8♕ d1♕ 4.♕d7+ +−

3.c8♕ e1♕ 4.♕c6+

4.♕d7+!? ♔c4 5.♕b5+ ♔d4 6.♕c5+ ♔e4 7.♕e7+ +−

4...♔d4 5.♕c5+ ♔e4 6.♕e7+ +−

(M. Perelman,1929)

Aufgabe 15:

1.h7 b2 2.♘h3+!

2.♘e6+? ♔g4=

2...♔g4

2...♔f5 3.h8♕ b1♕ 4.♕h7+ +−

3.♘f2+ ♔f3

– 3...♔g3 4.♘e4+ ♔f3 5.♘c3+−

– 3...♔f4 4.♘d3+ +−

4.♘e4! ♔xe4

4...b1♕ 5.♘d2+ +−

5.h8♕ b1♕ 6.♕h7+ +−

(G. Sachodjakin, 1967)

Aufgabe 16:

1.♔f5! ♗d6 2.♔e6

2.♗g8? ♗f8 3.h7 ♗g7 4.♔g6 ♗h8=

2...♗f8 3.♗d3+! ♔xd3 4.h7 ♗g7 5.♔f7 ♗h8 6.♔g8 f5 7.♔xh8 f4 8.♔g8

8.♔g7? f3 9.h8♕ f2=

8...f3 9.h8♕ f2 10.♕b2! f1♕

10...♔e3 11.♕b5+−

11.♕b5+ ♔d2 12.♕xf1+–

(J. Ulrichsen, 1992)

Aufgabe 17:

1.♔g2!

1.♘f4+? ♔c6 2.f6 ♔b6 3.f7 ♗c5=

1...♗d4 2.♘e7+ ♔d6 3.f6! ♔e6

3...♗c5 4.♘g6 ♔c6 5.♘e5+ ♔b6 6.♘d7+ +–

4.♘c6 ♗e3

4...♗b6 5.♘e5! ♔xf6 6.♘d7+ +–

5.♔f3 ♗g1 6.♔e4 ♗b6 7.♘e5 ♔xf6 8.♘d7+ +–

(Ka. Müller, 1992)

Aufgabe 18:

1.♗d5+ ♔b6 2.a8♕ ♗xa8 3.♗xa8 c6 4.♗b7!

4.♔e7? ♔c5=

4...♔xb7 5.c5 ♔a6

5...♔c7 6.♔e7+–

6.♔e7 ♔a5 7.♔d7!

7.♔d6?? ♔b5–+

7...♔b5 8.♔d6+–

(M. Golubiew, 2005)

Aufgabe 19:

1.♔e1!

1.♘d2? ♔g1 2.♘e4 h2 3.♘f2 h1♕ 4.♘xh1 (4.♗xh1 g3=) 4...g3 5.♗c6 ♔h2 6.♔f1 h3=

1...g3

1...♔g1 2.♘c3 g3 3.♘e2+ ♔h2 4.♗c8 g2 5.♔f2 ♔h1 6.♗xh3+−

2.♘d2 g2

2...♔g1 3.♘f3+ ♔g2 4.♗c6 ♔h1 5.♔f1 g2+ 6.♔f2 h2 7.♘e1 h3 8.♘xg2 hxg2 9.♗xg2#

3.♘f3+ ♔g3

3...♔h1 4.♔f2 h2 5.♘e1+−

4.♘g1 h2 5.♘e2+ ♔g4

5...♔h3 6.♗c8#

6.♗xg2+−

(R. Réti, 1924)

Aufgabe 20:

1.d6! cxd6 2.c7 ♘d5 3.c8♘!

3.c8♕? ♘e7+−+

3...♘df6+ 4.♔h8 d5 5.♘e7 d4 6.♘c6 d3 7.♘e5 d2 8.♘c4 d1♘

8...d1♕ 9.♘e3+ =

9.♘e3+! ♘xe3=

(T. Gorgiew, 1973)

Aufgabe 21:

1.♘d2!

1.♔g5? ♘f3+ 2.♔f6 (2.♔xg6 ♗b1 3.♔f5 ♘d2−+) 2...♔f8 3.♘c3 ♗f7 4.♘e4 ♘h2 5.♘d6 ♘xg4+ 6.♔g5 ♘e5 7.♔f6 ♘d7+ −+

1...♔f7

1...♗f7 2.♔g5 ♘g2 3.♘f3 ♔f8 4.♘e5 ♔g7 5.♘xg6! ♗xg6=

2.♔g5 ♘g2 3.♘f3!

3.♘e4? ♗d5 4.♘f6 ♗c6 5.♘h7 ♔g7 6.♘f6 ♘f4! 7.♘h5+ gxh5 8.♔xf4 h4−+

3...♔g7 4.♘e5 ♗b1 5.♘xg6! ♗xg6=

(J. Timman, 1981)

Aufgabe 22:

1.g5!

– 1.♗a3? ♖f7 2.g5 ♔d7 3.♗b2 ♔e6 4.g6 ♖xf6=

– 1.♗g7? ♔d6 2.g5 ♔e6 3.g6 ♔f5 4.f7 ♖d8=

1...♖f7

– 1...♔d8 2.g6 ♔e8 3.♗g7 ♖a7 4.♔d2+−

– 1...♖d5 2.g6 ♖g5 3.g7 ♔d7 4.f7+−

2.♗e7!

2.♗g7? ♔d6 3.g6 ♖c7+ 4.♔d2 ♔e6=

2...♖xe7

2...♔d7 3.g6 ♖xe7 4.g7+−

3.g6! ♔d7 4.g7

4.f7? ♖xf7=

4...♖e8 5.f7+−

(J. Nunn, 1983)

Aufgabe 23:

1.♖e8+ ♔a7 2.♖e7+ ♔b6 3.♖e6+ ♔c7

3...♔c5? 4.♖e1 ♗e2+ 5.♔g6 ♗d1 6.♖e8 ♗f3 7.♖e1 ♗d1 8.♖e8=

4.♖e1 ♗e2+ 5.♔h4!

5.♔g6? ♗d1 6.♖e7+ ♔d6−+

5...♗d1 6.♖e3 c1♕ 7.♖c3+! ♕xc3=

(W. Smyslow, 2005)

Aufgabe 24:

1.♔e3!

1) 1.♖f5? ♔g2

a) 2.♔e3 ♘f1+ 3.♔f4 f2 4.♖g5+ ♔h2 5.♔f3 ♘g3−+

b) 2.♖g5+ ♔h2 3.♖d5 f2 4.♖xd2 ♔g1 5.♖d1+

– 5...f1♕+? 6.♖xf1+ ♔xf1 7.♔g3=

– 5...♔g2! 6.♔g4 h2−+

2) 1.♔g4? ♘e4! 2.♖f5 ♔g2 3.♖xf3 h2 4.♖h3 ♘f2+ −+

1...f2 2.♖f5!

2.♔xf2? ♘e4+ 3.♔f1 ♘xg5 4.♔f2 h2 5.♔f1 ♘e4−+

2...f1♕ 3.♖xf1+ ♘xf1+ 4.♔f2 ♘e3 5.♔g3 h2 6.♔f2 ♘f5 7.♔f1=

(W. Akopian, 2004)

Aufgabe 25:

1.♕d5! ♕xb4+

1) 1...♕g3 2.b5 ♕g6+ 3.♔f4+ ♔h2 4.♕e5 ♕c2 5.♔f3+ ♔g1 6.♕e1+ ♔h2 7.♕f2+ +−

2) 1...♕g6+ 2.♔f4+ ♔h2 3.♕e5 ♕d3 4.b5+−

2.♔f3! ♔h2 3.♕h5+ ♔g1 4.♕g5+ ♔f1

4...♔h2 5.♕g2#

5.♕g2+ ♔e1 6.♕e2#

(G. Neumann, 1887)

Aufgabe 26:

1.♕f3+! ♔g5

1...♔e5 2.♕e3+ ♔f5 (2...♔d5 3.♕xe6+ +−) 3.♕f2+ ♔e5 (3...♔e4 4.exd3+ +−) 4.♕h2+ ♔d5 5.e4+ ♔xe4 6.♕xa2+−

2.♕g2+ ♔f4

2...♔h5 3.♕g6#

2...♔f5 3.e4+ +−

3.e3+ ♔xe3 4.♕xa2 d2 5.♕xe6+ ♔f2 6.♕xd6 ♔e1 7.♕e5+ ♔f2 8.♕d4+ ♔e2 9.♕e4+ ♔f1 10.♕g4 ♔e1 11.♕xh4+ ♔f1 12.♕g4 ♔e1 13.♕e4+ ♔f2 14.♕d3 ♔e1 15.♕e3+ ♔d1 16.♔e6+−

(L. Kubbel, 1927)

Aufgabe 27:

1.g8♕+! ♔xg8 2.b8♕ ♕d3+

2...e1♕ 3.♔c7+ ♔f7 4.♕f8+ ♔xg6 5.♕e8+! ♕xe8=

3.♔e8!

3.♔e7+? ♔g7 4.♕h8+ ♔xg6 5.♕f6+ ♔h5−+

3...e1♕+

3...♕xg6+ 4.♔e7+ ♔h7 5.♕h2+ ♔g7 6.♕xe2=

4.♘e7+ ♔h7

4...♔g7 5.♕e5+! ♕xe5=

5.♕h2+ ♔g7 6.♕e5+! ♕xe5=

(P. Arestow, 2017)

Aufgabe 28:

1.♕h6+!

1.♕h2? ♕e1+

– 2.♔g2 ♕f1+ 3.♔g3 ♕f3+ 4.♔h4 ♕g4#

– 2.♕g1 ♗f3+ 3.♔h2 ♕h4#

1...♔d1 2.♕d6+! ♕xd6 3.g8♕ ♗f3+ 4.♔g1 ♕d4+ 5.♔f1!

5.♔h2? ♕h4+ 6.♔g1 ♔e1 7.♕e6+ ♗e4−+

5...♕d3+ 6.♔g1 ♕e3+ 7.♔h2 ♕e2+ 8.♔h3 ♕f1+ 9.♔h4 ♕h1+ 10.♔g5! ♕g2+ 11.♔h6 ♕xg8=

(E. Pogosjanc,1983)

Aufgabe 29:

1.♕h8+! ♔xh8 2.b8♕+ ♖g8

2...♔h7 3.♕b1+! ♕xb1 4.♗e4+ ♕xe4=

3.♕b2+ ♖g7

3...♔h7 4.♕b1+! ♕xb1 5.♗e4+ ♕xe4=

4.♕b8+ ♔h7 5.♕b1+! ♕xb1 6.♗e4+ ♕xe4=

(O. Sacharow, 1984)

Aufgabe 30:

1.♕h1!!

1.♕h8+? ♔a2−+

1...♖xh1 2.a8♕ ♖g1 3.♕h1 ♖xh1 4.a7 ♖g1 5.a8♕+ ♔b2 6.♕b8+ ♔c3 7.♕xh2+−

(I. Aliev, 1999)

Aufgabe 31:

1.♕b2+! ♔h7 2.♕h8+! ♔xh8 3.♔f7+ ♔h7 4.♖h8+! ♔xh8 5.c8♕+ ♔h7 6.♕f5+ ♔h6

6...♔h8 7.♕h5#

7.♕f6+ ♔h5 8.♕h8+ ♔g4 9.♕g7+ ♔f3 10.♕xg1+−

(W. Kusmitschew, 2018)

Aufgabe 32:

1.♖c7+!

1.d8♕? e1♕ 2.♖c7+ ♕c6+! 3.♖xc6+ ♔xc6=

1...♔b4

1) 1...♕c6+ 2.♖xc6+ ♔xc6 3.d8♘+! ♔c5 4.♔f2 ♔c4 5.♔xe2 ♔c3 6.♔d1+−

2) 1...♔b6 2.d8♕ e1♘+ 3.♔f2 ♕f5+ 4.♔xe1 ♕e5+ 5.♔d2 ♕xc7 6.♕xc7+ ♔xc7 7.♔c3+−

2.d8♕ e1♕ 3.♕d4+ ♔a3

3...♔a5 4.♖a7+ ♕a6 5.♕c5+ +−

4.♖a7+ ♕ba5 5.♕a1+!

1) 5.♖xa5+? ♕xa5 6.♕a1+ ♔b4 7.♕xa5+ ♔xa5 8.♔f2 ♔b4 9.♔e2 ♔c3 10.♔d1 ♔c4 11.♔d2 ♔d4=

2) 5.♕d3+? ♔b2 6.♖xa5 ♕xa5=

5...♕xa1 6.♖xa5+ ♔b2 7.♖xa1 ♔xa1 8.c4+−

(W. Kalaschnikow, 2019)

Aufgabe 33:

1.♗g7+! ♔g8

1...♔h7 (1...♔xg7 2.♘f5+ ♔xf6 3.♘xe3=) 2.♖h6+ ♔g8 3.♖h8+ ♔f7 4.♖f8+ ♔g6 5.♖f6+ ♔h5 (5...♔h7 6.♖h6+ =) 6.♖h6+ ♔g4 7.♖h4+ ♔g5 8.♗h6+ ♔xh4 9.♗xe3=

2.♖f8+ h7 3.♖h8+ ♔g6 4.♖h6+ ♔f7

4...♔g5 5.♗f6+! ♔xh6 6.♘f5+ =

5.♖f6+ ♔g8 6.♖f8+ ♔h7 7.♖h8+ ♔g6 8.♖h6+ =

(A. Hall, 1964)

Aufgabe 34:

1.b7! ♕c6 2.♗d7! ♕xd7 3.♖xe4+

3.b8♕? ♕d5+ 4.♕b7 ♕d8+ 5.♔a7 ♕d4+ 6.♕b6 ♕d7+ 7.♔a6 ♕b7+!=

3...♔a5

3...♔a3 4.b8♕+−

4.♖e5+!

4.b8♕? ♕d5+ 5.♕b7 ♕d8+ 6.♔a7 ♕b8+!=

4...♔b6

4...♔a6 5.b8♘+ +−

5.b8♕+ ♔a6 6.♖b5! ♕xb5 7.♕a7#

(Y. Afek, 2000)

Aufgabe 35:

1.♘b6+!

1.♘c3+? ♔b3−+

1.♗c2+? ♔b5−+

1...♔b3

1...♔a3 2.♘c4+ +−

2.♗c2+ ♔c3 3.♗f6+! ♔b4

3...♕xf6 4.♘d5+ +−

3...♔d2 4.♘c4+ +−

4.♗e7! ♕xe7 5.♘d5+ +−

(H. Rinck, 1928)

Aufgabe 36:

1.♘a5+!

1.♖b2+? ♔xa4 2.♖xb8=

1...♚xa4

1...♚a3 2.♘c5 ♖e8+ 3.♘e6+−

2.♖a2+ ♚b5 3.♖b2+ ♚c5 4.♘b3+!

4.♖xb8?=

4...♚b6 5.♘d4+ ♚c7 6.♘e6+ ♚c8 7.♖c2+ ♚b7

7...♚d7 8.♖c7+ ♚e8 9.♔f6 ♖b7 10.♘g7+ ♚d8 11.♖xb7+−

8.♘c5+ ♚a7 9.♖a2+ ♚b6 10.♘d7+ +−

(A. Seletzky, 1931)

Aufgabe 37:

1.f7! ♜xe6+

1...♜c8 2.♘c7+! ♚b7 3.♘e8+−

2.♔g5

2.♔f5? ♜e1=

2...♜e5+ 3.♔g4 ♜e4+ 4.♔g3 ♜e3+ 5.♔f2+−

(Em. Lasker, 1892)

Aufgabe 38:

1.e7! ♖e4 2.♖c5+ ♔a4 3.♖f5 e2

3...♖e6 4.♖f6! ♖e5 5.♖f4+ ♔a5 6.♖f5! ♖xf5 7.e8♕+−

4.♖f4! e1♕ 5.e8♕+ ♔a5 6.♖f5++−

(M. Botwinnik, 1949)

Aufgabe 39:

1.f5+!

1.♖b7? exf4+ 2.♗xf4 g5 3.♗b8 ♖g1+ 4.♔f3 ♗d6 5.♖b6 ♗e5= bzw. 5.c7 ♔d7=

1...gxf5 2.gxf5+ ♔d6

2...♔xf5 3.c7+−

3.♖xb4! ♖xb4 4.♗c5+! ♔xc5 5.c7+−

(M. Vidmar, 1911)

Aufgabe 40:

1.♔e6+! ♔b6

1...♔xb8 2.♖g8+ ♔c7 3.♖g1 ♘e1 4.♖g7+ ♔c6 5.♖d7=

2.♖g1 ♘e1 3.♖g4 d1♕ 4.♖b4+ ♔a5

4...♔c5 5.♘a6+ ♔c6 6.♘b8+ =

5.♘c6+ ♔a6 6.♘b8+ ♔a7 7.♘c6+

(A. Nimzowitsch, 1923)

Aufgabe 41:

1.h8♕! ♖xh8 2.♗d5 ♖h2 3.♗g2! ♖h5

3...♖xg2=

4.♗d5 ♖h2 5.♗g2 ♔b3 6.♗d5+ ♔a3 7.♗g2!=

(A. Mouterde, 1923)

Aufgabe 42:

1.d7 g2+ 2.♔xg2!

2.♗xg2 ♖d3=

2...♖e2+ 3.♔f3 ♖d2 4.♔f4 ♖c3 5.♗d3! ♖cxd3

5...♖dxd3 6.♖h1+ ♖h3 7.d8♕+ ♔h5 8.♕g5#

6.d8♕+! ♖xd8 7.♖h1+ ♖h2 8.♖xh2#

(T. Gorgiew, 1936)

Aufgabe 43:

1.e7 a1♕

1...♖d8 2.exd8♕ a1♕ 3.♕xb8+! (3.♗xa1?=) 3...♔xb8 4.♗xa1 ♔a8 5.♗f6 ♔b8 6.♗d8 ♔a8 7.♗b6+−

2.♗xa1 ♖d8 3.exd8♘!

3.exd8♗? ♗e5! 4.♗f6 (4.♗xe5=) 4...♗c7 5.♗ac3 ♗e5 6.♗d4 ♗f4 7.♗f2 (7.♗d8 ♗c7 8.♗xc7=) 7...♗g3 8.♗e3 ♗f4 9.♗ed4 ♗e5=

3...♗e5 4.♘xc6!

4.♗xe5=

4...♗xa1 5.♘xa7 ♗d4 6.♘c8!

6.c6? ♗xa7 7.c7 ♗b8!=

6...♗xc5 7.♘b6+ ♗xb6

7...♔b8 8.♘d7+ +−

8.axb6 ♔b8 9.b7 ♔c7 10.♔a7+−

(J. Konikowski, 1985/87)

Aufgabe 44:

1.g6+!

1.gxh6? bxc6 2.♔c1 ♔f6 3.♗d3 ♔f7 4.♔b2 ♔g8 5.♔a3 ♔h8=

1...♔g7

1...♔f6 2.cxb7 ♖h1+ 3.♔c2 ♖h2+ 4.♔c1 ♖h1+ 5.♔b2 ♖h2+ 6.♔a3 ♖h3+ 7.♔xa4 ♖h1 8.♔a3 ♖b1 9.g7!+−

2.cxb7 ♖h1+ 3.♔c2 ♖h2+ 4.♔c1!

– 4.♔c3? ♖h3+ 5.♔c4 ♖b3−+

– 4.♔b1? a3 5.b8♕ ♖b2+ 6.♕xb2+ axb2 7.♔xb2 e5=

4...♖h1+ 5.♔b2 ♖h2+

5...♖h3? 6.♗g8! e6 7.♗xe6 ♖h8 8.♗c8 ♖h2+ 9.♔a3+−

6.♔a3 ♖h3+ 7.♔xa4 ♖h1

7...♖h4+ 8.♔b3 ♖h1 9.♔c2 ♖h2+ 10.♔c3 ♖h3+ 11.♔c4 ♖h4+ 12.♔c5 ♖h5+ 13.♔c6+−

8.♗g8+−

(W. Korolkow, 1951)

Aufgabe 45:

1.f7! ♖xa6+ 2.♘f6 ♖a8 3.♘e8 ♖a6+ 4.♔g5!

4.♔g7? ♖a7=

4...♖a5+ 5.♔g4

5.♔f4? ♖a1 6.♘f6 ♖a8= bzw. 6.f8♕ ♖f1+ =

5...♖a4+ 6.♔g3 ♖a3+ 7.♔f2 ♖a2+ 8.♔e3 ♖a3+ 9.♔e4 ♖a4+ 10.♔e5 ♖a5+ 11.♔e6 ♖a6+ 12.♔d7 ♖a7+ 13.♘c7+−

(A. Kotow, 1945)

Aufgabe 46:

1.♘b4! a2

1...♗f8 2.♔b5 ♗xb4 3.♔xb4 ♔xc2 4.♘c6 a2 5.♘d4+ ♔c1 6.♘b3+ ♔c2 7.♗a1 ♔b1 8.♔a3 ♔c2 9.♔xa2+−

2.♘xa2! ♔xc2

2...♔xa2 3.♗d4+−

3.♗a5

3.♗e5? ♗d2=

3...♔b3

3...♗d2 4.♘b4+ ♔b3 5.♔b5+−

4.♘b4 ♔a4 5.♘b7 ♗d2 6.♘c2! ♗xa5 7.♘c5#

(P. Keres, 1945)

Aufgabe 47:

1.♘e7!

1.♘d4!?+−; 1.a5? ♘f5+ =

1...h4

1...g6 2.♔d4

1) 2...♘f5+ 3.♘xf5 gxf5 4.♔c5 h4 5.♔c6 h3 6.♔xc7 h2 7.b6 h1♕ 8.b7+ ♔a7 9.b8♕+ ♔xa6 10.♕b6#

2) 2...h4 3.♔c5

a) 3...h3 4.♘d5! h2 5.♘xc7+ ♔b8 6.♔b6 h1♕ 7.a7+ ♔c8 8.a8♕+ ♕xa8 9.♘xa8+−

b) 3...♘e4+ 4.♔c6

– 4...♘c3 5.♔xc7 ♘xa4 6.b6 ♘xb6 7.♔xb6 h3 8.a7 h2 9.♘d5 h1♕ 10.♘c7#

– 4...♔b8 5.a5 h3 6.b6+−

2.a5 h3 3.b6 cxb6 4.axb6 h2 5.b7+

5.♘c6? ♘f5+ 6.♔f2 ♘d6 7.♔g2 ♘b7 8.♔xh2 ♘c5=

5...♔a7 6.♘c6+ ♔xa6 7.b8♕ h1♕ 8.♕a7+ ♔b5 9.♘d4+ ♔c4 10.♕c7+ ♔b4 11.♕b6+ ♔c4 12.♕b5+ ♔c3 13.♕b3#

(D. Bronstein, 1948)

Aufgabe 48:

1.f7!

1) 1.♗b4? ♔d3

a) 2.f7 ♗d2 3.♗xd2 exd2 4.f8♕ d1♕+ 5.♔f2=

b) 2.♔e1 f3 3.gxf3 e2 4.f7 ♗f4 5.♔f2 ♗d2=

2) 1.♗e1? ♔d3 2.♗xh4 ♔d2 3.♗e1+ ♔d1 4.f7 ♗a3 5.♗c3 ♗c5 6.♔g1 e2+ 7.♔h2

♗d6 8.♔g1 e1♕+ 9.♗xe1 ♔xe1 10.h4 ♔e2 11.h5 ♗f8 12.♔h2 f3 13.gxf3 ♔xf3=

1...♗a3 2.♗g7

2.♗b2? ♗f8 3.♔e2 ♔d5 4.♗f6 ♔e6 5.♗xh4 ♔xf7 6.♗g5 ♗d6 7.♔f3 ♔g6=

2...f3 3.gxf3

3.f8♕? ♗xf8 4.♗xf8 e2+ 5.♔f2 fxg2−+

3...♔d3 4.f8♗!

4.f8♕? e2+ 5.♔f2 ♗c5+! 6.♕xc5= bzw. 5.♔e1 ♗xf8 6.♗xf8 ♔e3=

4...e2+

4...♗c1 5.♗h6 ♗d2 6.♔g2 ♗e1 7.♗c5 e2 8.♗f2+−

5.♔f2!

5.♔e1? ♗xf8 6.♗xf8 ♔e3 7.f4 ♔xf4 8.♔xe2 ♔g3=

5...e1♕+ 6.♔xe1 ♔e3 7.f4! ♔xf4 8.♔f2 ♗c1 9.♗h6+ +−

(W. Smyslow, 1976)

Aufgabe 49:

1.♘d7+! ♔a8 2.♔c7 ♘c6

– 2...♘xd6 3.♘b6#

– 2...♘b5+ 3.♘xb5 ♘d6 4.♘b6#

3.♘xc8 ♘a5 4.♘db6#

(F. Prokop, 1929)

Aufgabe 50:

1.♘b4!

1.♘c3? h5 2.♘d5+ ♔f3 3.♘c7 h4 4.♘e6 ♔g4−+

1...h5 2.♘c6 ♔e4

2...h4 3.♘e5 ♔e4 4.♘g4 ♔f3 5.♘e5+ ♔g3 6.♘c4 h3 7.♘e3 ♔f3 8.♘f1 ♔g2 9.♘e3+ ♔f2 10.♘g4+ =

3.♘a5! h4 4.♘c4 h3 5.♘d2+ ♔e3 6.♘f1+ ♔f2 7.♘h2=

(N. Grigorjew, 1932)

Aufgabe 51:

1.♘e5! ♔h2

– 1...h2 2.♘g4 f3 3.♘f2#

– 1...f3 2.♘g4 h2 3.♘f2#

2.♔f2 f3

2...♔h1 3.♘g4 f3 4.♔f1 f2 5.♘xf2+ ♔h2 6.♘e4 ♔h1 7.♔f2 ♔h2 (7...h2 8.♘g3#) 8.♘d2 ♔h1 9.♘f1 h2 10.♘g3#

3.♘g4+ ♔h1 4.♔f1 f2 5.♘xf2+ ♔h2 6.♘e4 ♔h1 7.♔f2 ♔h2 8.♘d2 ♔h1 9.♘f1 h2 10.♘g3#

(K. Jaenisch, 1837)

Aufgabe 52:

1.f7! ♔e7 2.♘e6! ♔xf7 3.♘g5+ ♔f6 4.♘xf3!

4.♘e4+? ♔e5 5.♘xc3 f2–+

4...c2 5.♘g1 c1♕=

(H. Rinck, 1908)

Aufgabe 53:

1.c6!

1.♔f2? ♗xf7 2.c6 dxc6 3.a6 ♗d5 4.a7 c5–+

1...dxc6 2.a6 ♗f3 3.♘g5 ♗d5 4.♘e6! c5

4...♔d7 5.♘c5+ ♔c7 6.a7+–

5.♘c7+ ♔d7 6.♘xd5 ♔c8

6...♔c6 7.♔f2 c4 8.♔e3 c3 9.♔d3+–

7.♘c3

7.♘b6+!? ♔b8 8.♘d7+ ♔a7 9.♘xc5+–

7...♔b8

7...♔c7 8.♘e4 ♔b6 9.♘xc5+–

8.♘b5 c4 9.♔f2+– (H. Mattison, 1914).

Aufgabe 54:

1.h6! ♘g4+ 2.♔f4 ♘xh6 3.♔g5 ♘g8

3...♔g7 4.♖d7+ +–

4.♖h2+ ♔g7 5.♖h7+ ♔f8 6.♖f7#

(G. Sachodjakin, 1931)

Aufgabe 55:

1.♖h8! g1♕ 2.a8♕+ ♗a3 3.♕g8+ ♔a1 4.♖h1! ♕xh1 5.♕xg7+ ♔a2 6.♕f7+ ♔a1 7.♕f6+ ♔a2 8.♕e6+ ♔a1 9.♕e5+ ♔a2 10.♕d5+ ♔a1 11.♕d4+ ♔a2 12.♕c4+ ♔a1 13.♕c3+ ♔a2 14.♕b3+ ♔a1 15.♕xa3#

(A. Gulajew, 1930)

Aufgabe 56:

1.♘f7+ ♔g8 2.♘h6+ ♔h8 3.♗d4 ♖e4

3...a1♕ 4.♗xa1 ♖a2 5.♗d4 ♖a4 6.♗b2 ♖b4 7.♔f7+! ♖xb2 8.♔f8+−

4.♗a1 ♖e1 5.♔f7+! ♖xa1 6.♔f8+−

(G. Grzeban,1956)

Aufgabe 57:

1.g6! hxg6

1...♕g2 2.gxh7 ♕g4+ 3.♘f3+ ♔xd5 4.♖a5+ ♔c6 5.h8♕ ♕e4+ 6.♔d2 ♕f4+ 7.♔c3 ♕xf3+ 8.♔b4 ♕f4+ 9.♔xb3 ♕f7+ 10.♔a3 ♕e7+ 11.b4+− bzw. 10...♕f3+ 11.♕c3+ +−

2.♖a1! ♕g2

– 2...♕xa1 3.♘xb3+ +−

– 2...♕xd5 3.♖a4+ ♔e5 4.♖a5! ♕xa5 5.♘c4+ +−

3.♖g1! ♕xd5

3...♕xg1 4.♘f3+ +−

4.♖g4+ ♔c5 5.♖g5! ♕xg5 6.♘e4+ +−

(L. Kubbel, 1914)

Aufgabe 58:

1.h7! ♗h5 2.♘f4!

2.h8♕? ♗xg6+ 3.♔a1 ♗e7=

2...gxf4 3.h8♕ ♗g6+ 4.♔a1 ♗e7 5.♘f3! ♗f6+ 6.♘e5+ ♔e7 7.♕h4! ♗xh4 8.♘xg6+ ♔f6 9.♘xh4+−

(S. Kaminer, 1935)

Aufgabe 59:

1.♗f8+!

1.♗xd5? ♗xd5 2.♔xd5 ♔xh5=

1...♔xh5

1...♗g7 2.♗xg7+ ♔xg7 3.♗xd5 ♗d1 4.♗f3+−

2.♗f7!

2.g7? ♗xg7 3.♗xg7 ♘e3 4.♗xb3 ♘f5+ =

2...♔g5 3.♘f3+ ♔f6

– 3...♔f4 4.♗xd5 ♗xd5 5.♔xd5 ♔xf3 6.♔e6 ♔e4 7.♗h6 ♗d4 8.♗g5 ♗g7 9.♔f7 ♗h8 10.♗f6+−

– 3...♔f5 4.g7 ♗xg7 5.♗xg7 ♘c7 6.♘d4+ +−

4.♘h4 ♗c2

4...♘f4 5.♗e7+ ♔g7 6.♘f5#

5.♔xd5 ♗b3+ 6.♔d6 ♗xf7 7.g7! ♗xg7 8.♗e7#

(G. Kasparjan, 1971)

Aufgabe 60:

1.♘e8!

1.♘f5? ♔g4 2.♘e3+ ♔f3 3.♘xf1 ♖f2=

1...♔g6 2.h5+!

2.f5+? ♖xf5 3.h5+ ♔xh5 4.♗xf5 g4=

2...♖xh5

2...♔xh5 3.♘g7+ ♔g6 4.♗f5#

3.f5+ ♖xf5 4.g4 ♖c5 5.♗f5+! ♖xf5 6.♘g7

(G. Kasparjan, 1935)

Aufgabe 61:

1.♘f7+!

1.e8♕? a1♕ 2.♘f7+ ♔h7 3.♘fg5+ ♔h8=

1...♔h7 2.e8♘! e1♘+ 3.♔b3 a1♘+ 4.♔a2 ♘f3 5.♔xa1 a2 6.♔xa2 ♘8e7

6...♘ge5 7.♘f8#

7.♘f6#

(M. Gogberaschwili, 1976)

Aufgabe 62:

1.♘d4! exd4

1...e2 2.♗d7+ ♔a5 3.b4+ ♔a6 4.♗c8#

2.♗c2+ ♔a5 3.b4+ ♔a6 4.♔c6 ♘a3 5.♗f5 e2 6.♗c8#

(J. Konikowski, 1968)

Aufgabe 63:

1.♗f6+ g5 2.♔h2! ♕xe2

2...♕xd6+ 3.g3+ ♕xg3+ 4.♘xg3 d5 5.♘f5#

3.♗c3! ♕f2 4.♗e5+–

(H. Rinck, 1934)

Aufgabe 64:

1.♗a7! ♗a1

1...♗xa7 2.h7+–

2.♔b1 ♗c3 3.♔c2 ♗a1 4.♗d4! ♗xd4

4...exd4 5.♔d3+–

5.♔d3 ♗a1 6.♔e4+–

(P. Heuäcker, 1930)

Aufgabe 65:

1.♖a8+ ♔h7 2.♖xh8+! ♔xh8 3.♖c8+ ♔h7 4.g6+! ♔xg6

4...♕xg6 5.♗c2+−

5.♗xh5+! ♔xh5 6.♖h8+ ♔g6 7.h5#

(G. Grzeban, 1957)

Aufgabe 66:

1.♖a3!

1.♖c7+? ♔g6 2.♘e5+ ♔h6 3.♖xa7 ♘c2=

1...♘b5 2.♖xa2 ♘c3+ 3.♔e6 ♘xa2 4.♔f7 ♗d4 5.♘g5+ ♔h8 6.♘h6 ♗g7 7.♘g8 ♗f8 8.♔xf8 ♘c3 9.♘e7 ♘e4 10.♘g6#

(A. Troitzky, 1895)

Aufgabe 67:

1.♘d7+! ♕xd7 2.♕e3+ ♔d5

2...♔xf5 3.♕h3+ +−

3.♕d3+ ♔c6 4.♕c4+ ♔b6

4...♔d6 5.♕c5#

5.♕c5+ ♔a6 6.♕a5#

(A. Troitzky, 1895)

Aufgabe 68:

1.♘c2+!! ♔a2

1...♗xc2 2.♕b8 ♗b1 3.♕xb3 ♗a2 4.♕xc3#

2.♘b4+ ♔a1

2...♔a3 3.♘d3! ♗xd3 4.♕d6+ ♔a2 5.♕d5! (5.♕xd3? b2+ −+) 5...♗b5 6.♕xb5 b2+ 7.♔c2+−

3.♕a2+! bxa2 4.♘c6 c2 5.♘d4 ♗g8 6.♘xc2#

(P. Keres, 1936)

Aufgabe 69:

1.♘d6+ ♔b8

1...♔d8 2.h8♕+ ♕xh8 3.♘f7+ +−

2.♖b1+ ♔a8 3.♘e8 ♕g3+ 4.♔a4 ♗d4 5.e5! ♗xe5

5...♕xe5 6.h8♕ ♕xh8 7.♘c7#

6.♘c7+ ♗xc7 7.h8♕+ ♗b8 8.♕h1+ +−

(W. Smyslow, 1936)

Aufgabe 70:

1.♖c8+! ♖xc8 2.♕a7+! ♔xa7 3.bxc8♘+ +−

(Em. Lasker, 1895)

Aufgabe 71:

1.♖g5!

1.♔e5? ♔f3! 2.♖h2 e3 3.♖h3+ ♔f2 4.♔f4 e2 5.♖h2+ ♔f1 6.♔f3 e1♘+!=

1...♔f3

1...♔d3 2.♖d5+ ♔e2 3.♔e5 e3 (3...♔f3 4.♔d4+−) 4.♔e4 ♔f2 5.♔d3 e2 6.♖f5+ ♔e1 7.♖e5+−

2.♖f5+ ♔g2 3.♖e5 ♔f3 4.♔d5 e3 5.♔d4 e2 6.♔d3+−

(J. Awerbach, 1981)

Aufgabe 72:

1.♖e1+!

1.♔c7? d4 2.♔c6 d3 3.♔c5 d2 4.♔c4 ♔e3 5.♔c3 ♔e2=

1...♔f3

1...♔d3 2.♖d1+ ♔e4 3.♔c7+−

2.♖d1 ♔e4 3.♔c7 d4 4.♔d6 d3 5.♔c5 ♔e3 6.♔c4 d2 7.♔c3+−

(N. Kopajew, 1958)

Aufgabe 73:

1.♖c4+!

1) 1.♖b8+? ♔c3 2.♖g8 g2 3.♔c5

a) 3...f2? 4.♖g3+ ♔d2 5.♖xg2=

b) 3...♔d2! 4.♔d4 ♔e1 5.♔e3 f2 6.♖a8 f1♘+ 7.♔f3 g1♕−+

2) 1.♔d4? f2 2.♖b8+ ♔a4−+

1...♔b3

1...♔b5 2.♖c1 f2 3.♖b1+ ♔a4 4.♔c4

1) 4...♔a5 5.♔c5 ♔a6 6.♔c6 ♔a7 7.♖a1+ ♔b8 8.♖b1+ ♔c8 9.♖a1 ♔d8 10.♔d6 ♔e8 11.♔e6 ♔f8 12.♔f6 ♔g8 13.♔g6=

2) 4...♔a3 5.♔c3 ♔a4! (5...♔a2?? 6.♖f1+−) 6.♔c4=

2.♖f4! f2 3.♔c5!

3.♔e4? g2 4.♖f3+ ♔a4−+

3...g2

3...♔c3 4.♖f3+ ♔d2 5.♔d4 ♔e2 6.♖e3+ ♔d1 7.♖d3+ ♔c1 8.♖c3+ ♔b2 9.♖f3=

4.♖f3+ ♔a4 5.♖f4+ ♔a5 6.♖f3!

6.♖xf2?? g1♕−+

6...♔a6 7.♔c6 ♔a7 8.♖f7+!

8.♔c7? f1♕ 9.♖a3+ ♕a6−+

8...♔b8

8...♔a6? 9.♖xf2+−

9.♖f8+ ♔a7 10.♖f7+ ♔b8=

(A. Wotawa, 1950)

Aufgabe 74:

1.♔h7!

1.♔xg7? h4 2.♔g6 h3 3.♔g5 h2 4.♔g4 h1♕ 5.♖a1+ (5.♔g3? ♕h8−+) 5...♔g2 6.♖xh1=

1...h4

1...g5 2.♔h6 g4

– 3.♔xh5? g3 4.♔g4 g2 5.♔g3 ♔h1 6.♖xg2=

– 3.♔g5! g3 4.♔h4 g2 5.♔h3 ♔h1 6.♖xg2 h4 7.♖a2+−

2.♔g6 h3 3.♔g5 h2 4.♔g4 h1♕

4...h1♘ 5.♔f3 g5 6.♖a4

– 6...g4+ 7.♖xg4+ ♔f1 8.♖g2+−

– 6...♔h2 7.♖g4 ♔h3 8.♖xg5 ♔h4 9.♖g1+−

5.♔g3+−

(J. Moravec, 1913)

Aufgabe 75:

1.♔g8!

1.♔e6? ♔e1 2.♖f7 h4 3.♖f3 h3 4.♖e3+ ♔d2 5.♖f3 ♔e2 6.♖xh3 f1♕−+

1...h4 2.♖h7 h3

2...♔g2 3.♖g7+ ♔h2 4.♖f7=

3.♖xh3 ♔g2 4.♖h7! f1♕ 5.♖g7+ ♔h3 6.♖h7+ =

(W. Tschechower, 1949)

Aufgabe 76:

1.♔f2!

1.♔xg2? ♔e4 2.♔f2 e1♕+! (2...♔d3? 3.♔e1+−) 3.♔xe1 ♔d3 4.♖a1 ♔c3=

1...♔e4 2.♔xe2 ♔d4 3.♖g1 ♔e4

3...♔c3 4.♔e3 ♔b2 5.♔d2 ♔b3 6.♖xg2+−

4.♖e1 ♔e5 5.♔e3 ♔e6 6.♖g1 ♔d5 7.♔d2+−

(R. Réti, 1928)

Aufgabe 77:

1.♖f2+!

1.♖a1? ♔xa1 2.♔c2 h6! 3.♔c1 a5 4.♔c2 a4 5.♔c1

– 5...a3? 6.♔c2 h5 7.g5 h4 8.g6 h3 9.g7+−

– 5...h5! 6.g5 h4 7.g6 h3 8.g7 (8.gxh3 a3=) 8...h2 9.g8♕ h1♕+ −+

1...♔b3

1...♔b1 2.♔c3! a1♕+ 3.♔b3+− bzw. 2...a1♘ 3.g5 a5 4.♖f7+−

2.♖f6! a5

2...a1♕ 3.♖b6+ ♔a2 4.♖xa6+ ♔b1 5.♖xa1+ ♔xa1 6.g5 ♔b2 7.g4 ♔c1 8.♔e4 ♔d2 9.♔f5 ♔e3 10.g6 hxg6+ 11.♔xg6+−

3.♖f1 ♔b2 4.♖a1! h6

4...♔xa1 5.♔c2+−; 4...a4 5.g5+−

5.♔d2 ♔xa1 6.♔c1!

6.♔c2? a4 7.♔c1 h5=

6...h5

6...a4 7.♔c2 a3 8.g3 h5 9.g5 h4 10.g6 h3 11.g7 h2 12.g8♕ h1♕ 13.♕g7#

7.g5 h4 8.g6 h3 9.gxh3 a4 10.g7 a3 11.♔d2 ♔b2 12.g8♕ a1♕ 13.♕g7+ ♔a2 14.♕f7+ ♔b2 15.♕f6+ ♔a2 16.♕e6+ ♔b2 17.♕e5+ ♔a2 18.♕d5+ ♔b2 19.♕d4+ ♔a2 20.♕c4+ ♔b2 21.♕c2#

(P. Benkö, 1928)

Aufgabe 78:

1.f4 ♖h8+ 2.♔g7!

2.♔g6? ♖xh5 3.♔g7 ♖g5+! 4.♔h8 ♔h5 5.♔h7 ♖g6 6.a3 ♖h6+ 7.♔g7 a4 8.♔f7 ♖h8 9.♔g7 ♖e8 10.♔xf6 ♖e2 11.♔xf5 ♖xg2 12.♔e4 ♖a2−+

2...♖xh5

2...♔xh5? 3.♔xh8 ♔g6 4.♔g8 a4 5.a3 ♔h6 6.♔f7+−

3.a4 ♖g5+ 4.♔h8!

4.♔h7? ♔h5 5.♔h8 ♔h6 6.fxg5+ ♔xg5−+

4...♔h5 5.♔h7 ♖g6 6.♔h8 ♖h6+ 7.♔g7 ♖g6+ 8.♔h8 ♔h6=

(W. Smyslow, 1938)

Aufgabe 79:

1.♔c2 ♔h2 2.♔d3 ♔h3 3.♔e4 ♔h4 4.♔f5 ♔h5 5.♖f8! ♖xa7 6.♖h8+ ♖h7 7.♖xh7#

(I. Gunst, 1946)

Aufgabe 80:

1.♔e7!

1.♔d7? ♔b7 2.♔d6 ♔b6 3.♔d5 ♔b5 4.♔d4 ♔b4 5.♔d3 ♔b3 6.♔d2 ♖a2−+

1...♔a7

1...♔b7 2.♔d7=

2.♔e6 ♔a6 3.♔e5 ♔a5 4.♔e4 ♔a4 5.♔e3 ♔a3 6.♔d2! ♔b3 7.♔d3 ♖a2 8.♔d2=

(J. Vancura, 1926)

Aufgabe 81:

1.h7 ♖h2

1...♖d8 2.♖c6+ ♔d2 3.♖d6+! ♖xd6 4.h8♕+−

2.♖f1+ ♔d2 3.♖f2+! ♖xf2 4.h8♕+−

(A. Troitzky, 1920)

Aufgabe 82:

1.♖a8 ♖g1+ 2.♔f3!

2.♔f4? ♖g7 3.a7 ♖e7 4.♔f3 ♔e5 5.♔e3 ♔f6+ 6.♔f4 ♔e6=

2...♖g7 3.a7 ♖e7 4.♔f4 ♔f7 5.♖h8! ♖xa7 6.♖h7+ ♔f6 7.♖xa7+−

(M. Matous, 1981)

Aufgabe 83:

1.♖d7+ ♔c8

1...♔e8 2.♖e7+ ♔f8 3.♖a7 ♖d1+ 4.♔e6 a1♕ 5.♖xa1 ♖xa1 6.c7=

2.♖c7+ ♔b8 3.♖b7+ ♔a8 4.♖b6! ♔a7

4...♖d1+ 5.♔c7 a1♕ 6.♖a6+! ♕xa6=

5.♖b7+

5.♔c7? ♖b1 6.♖b7+ ♔a8−+

5...♔a8 6.♖b6 ♖d1+ 7.♔c7 a1♖

7...a1♕ 8.♖a6+! ♕xa6=

8.♖b8+ ♔a7 9.♖b7+ ♔a6 10.♖b6+ ♔a5 11.♔b7 ♖ab1 12.♖xb1 ♖xb1+ 13.♔a7 ♖c1 14.♔b7=

(G. Nadareischwili, 1986)

Aufgabe 84:

1.♔f2! ♖g3 2.♔g1 ♔h3 3.♖b2!

3.♖b8? ♖c3 4.♖h8+ ♔g3 5.♖c8 ♖f3 6.♖c3 ♔h3−+ bzw. 6.♖f8 ♖f1+! 7.♖xf1 gxf1♕+ 8.♔xf1 ♔h2−+

3...♖e3 4.♖e2! ♖d3 5.♖d2 ♖c3 6.♖c2 ♖b3 7.♖b2 ♖a3 8.♖a2 ♖f3 9.♖xg2 ♖g3 10.♔h1! ♖xg2=

(V. Kalandadze, 2001)

Aufgabe 85:

1.g7+!

1.♔h5? ♖f4! 2.f3 ♔g7 3.♖a2 ♖xf3=

1...♔g8

1...♖xg7 2.♖h5 ♖f7 3.♔g6+ ♔g8 4.♖h8+! ♔xh8 5.♔xf7+−

2.♖h3

2.♖h1? ♖xf2 3.♖a1 ♖h2+ 4.♔g6 ♖a2 5.♖f1 ♖f2 6.♖xf2=

2...♖f3 3.♖g3!

3.♖xf3?=

3...♖xf2 4.♖a3 ♖h2+ 5.♔g6 ♖a2 6.♖f3 ♖a6+

6...♖f2 7.♖f8+! ♖xf8 8.gxf8♕+ ♔xf8 9.♔h7+−

7.♖f6 ♖b6

7...♖xf6+ 8.♔xf6 ♔h7 9.g8♕+! ♔xg8 10.♔g6+−

8.♔h6 ♖b8 9.♖f8+! ♖xf8 10.gxf8♕+ ♔xf8 11.♔h7+−

(P. Benkö, 1998)

Aufgabe 86:

1.f5! ♖d5

1...♖xh4 2.f6 ♖f4 3.♖a6+−

2.f6 ♖d6 3.f7 ♖d8+ 4.♔c7 ♖f8 5.♔d6 ♖xf7 6.♔e5 ♖b7

6...♖h7 7.♔f4! ♖xh4+ 8.♔g3 ♖h8 9.♖a1#

7.♖d2 ♖h7

– 7...♖b4 8.♖d4 ♖b5+ 9.♖d5 ♖b4 10.h5+−

– 7...♖b8 8.♔f6 ♖h8 9.♖d4 ♔g2 10.♔g7 ♖h5 11.♔g6 ♖h8 12.h5+−

8.♔f4! ♖xh4+ 9.♔g3 ♖a4 10.♖d1#

(J. Ulrichsen, 2021)

Aufgabe 87:

1.e7!

1.f6? ♔f5 2.e7 ♖c8+ −+

1...♖c8+ 2.♖c6!!

2.♔b1? ♔xf5=

2...a2

2...♖xc6+ 3.♔b1 ♖b6+ 4.♔a1 ♖b8 5.f6+−

3.♔b2 ♖b8+ 4.♖b6! a1♕+ 5.♔xa1 ♖a8+ 6.♖a6! ♖xa6+ 7.♔b2 ♖a8 8.f6+−

(N. Kralin, 2008)

Aufgabe 88:

1.f7 ♖g2+

1...♖b8 2.♖h1#

2.♔h5 ♖f2

2...g6+ 3.♔h6 ♖h2+ 4.♔xg6 ♖g2+ 5.♔f6 ♖f2+ 6.♔e7 ♖e2+ 7.♔f8 ♔h7 8.a4+−

3.♖h1! ♖xf7 4.♔g6+ ♔g8 5.♖h8+! ♔xh8 6.♔xf7 g5 7.a4 g4 8.a5 g3 9.a6 g2 10.a7 g1♕ 11.a8♕+ ♔h7 12.♕e4+ ♔h6 13.♕h4#

(A. Popow, 2018)

Aufgabe 89:

1.d4+! ♔e6

1...♔xd4 2.♖d8+ ♔e5 3.a7+−

2.d5+ ♔e5

2...♔d7 3.a7 ♖a3 4.d6! exd6 5.♖h8 ♖xa7 6.♖h7+ ♔c6 7.♖xa7+−

3.a7 ♖c7

3...♖a3 4.d6 ♔e6 5.dxe7 ♔xe7 6.♖h8+−

4.d6! ♖d7 5.♖e8! ♖xa7 6.♖xe7+ ♖xe7 7.dxe7+−

(E. Holm, 1952)

Aufgabe 90:

1.♔c3+!

1.♔d3+? ♔b3 2.♔d2+ ♔b2=

1...♔b1 2.♖e1+

2.♔b3? ♖d4 3.♖e1+ ♖d1=

2...♖xe1 3.♖xe1+ ♔a2 4.♖e2+ ♔b1

4...♔a1 5.♔b3−+

5.♔b3 ♖b4+

5...♖d4 6.♖e1+ ♖d1 7.♖xd1#

6.♔xb4 a2 7.♔b3 a1♘+ 8.♔c3+−

(H. Rinck, 1921)

Aufgabe 91:

1.♖e7+ ♔h8 2.♔h6! ♖ge8

2...♖gf8 3.♖h7+ ♔g8 4.♖g1#

3.♖dd7 ♔g8 4.♖g7+ ♔h8

4...♔f8 5.♖df7#

5.♖h7+ ♔g8 6.♖dg7+ ♔f8 7.♖h8#

(H. Rinck, 1921)

Aufgabe 92:

1.g7+ ♔g8 2.h7+! ♔xh7 3.g8♕+! ♖xg8 4.♖h2+ ♔g6 5.♖g2+ ♔f7 6.♖f2+ =

(S. Kozlowski, 1932)

Aufgabe 93:

1.f6 ♖g8

1...♖f7 2.♔g5+−

2.fxe7 ♖xg7+ 3.♔h3! ♖h7+

3...♖xe7 4.♖a1+ ♖e1 5.♖xe1#

4.♔g3 ♖g7+ 5.♔f2 ♖f7+

5...♖xe7 6.♖h4#

6.♖f4!! ♖xf4+ 7.♔e3 ♖f1 8.♔e2+−

(E. Pogosjanc, 1976)

Aufgabe 94:

1.♖b2! ♖axb2

1...♖hxb2 2.a7 ♖f2+ 3.♔g8 ♖g2+ 4.♔f8 (4.♔h8?? ♔b6−+) 4...♖af2+ 5.♔e8 ♖e2+ 6.♔d8 ♖d2+ 7.♔c8 ♖c2+ 8.♔b8 ♖b2+ 9.♔c8 ♖gc2+ 10.♔d8=

2.a7 ♖bf2+ 3.♔e8 ♖e2+ 4.♔d8 ♖d2+ 5.♔c8 ♖c2+ 6.♔b8 ♖xh7 7.a8♕+ ♔b6 8.♕a7+! ♖xa7=

(V. Kalandadze, 1980)

Aufgabe 95:

1.♖e3+! ♖e6 2.♖xe6+ ♔xe6 3.b8♕ ♖c4+ 4.♔d8! ♖d4+

4...e1♕ 5.♕d6+! ♔f7 (5...♔xd6=) 6.♕d5+ ♕e6 7.♕h5+ ♔f6 (7...♔g7 8.♕f7+! ♕xf7=) 8.♕g5+ ♔f7 9.♕g7+ ♔xg7=

5.♔c7 ♖d7+ 6.♔c6 e1♕ 7.♕b3+ ♔e7 8.♕b4+! ♕xb4=

(V. Kalandadze, 1995)

Aufgabe 96:

1.♖d8+!

1.♔xe6? e1♕+! 2.♔f5 (2.♖dxe1=) 2...♕a5+ =

1...♔xe7

1...♔f7? 2.♖e1 ♖xe7 3.♖d2+−

2.♖e1 ♖f6+ 3.♔g5 ♖f1 4.♖dd1!+−

(L. Prokes, 1938)

Aufgabe 97:

1.♖xe5! ♖f6+

1) 1...f1♕ 2.♖xf5+ ♕xf5 3.♖g8+! ♔e7 (3...♔f7 4.♖f8+! ♔xf8=) 4.♖g7+ ♔e6 5.♖g6+ ♔f7 6.♖g7+ ♔f6 7.♖f7+! ♔xf7=

2) 1...♖f4 2.♖gg5 f1♕ 3.♖gf5+! ♖xf5 4.♖xf5+ ♕xf5=

2.♔h7 ♖f7+

2...f1♕ 3.♖g8+ ♔f7 4.♖g7+=

3.♔h8 ♖f4 4.♖g4! ♖f3

4...f1♕ 5.♖xf4+ ♕xf4 6.♖f5+! ♕xf5=

5.♖g3! f1♕ 6.♖xf3+ ♕xf3 7.♖f5+! ♕xf5=

(Y. Hoch,1972)

Aufgabe 98:

1.♖xa3!

1.♖xe2 ♖xb3! 2.♖a2 ♔c1 3.♔c5 ♔b1 4.♖h2 a2−+

1...♖d2+ 2.♔c7!

2.♔c6? ♖c2+ 3.♔d7 e1♕ 4.♖a1+ ♖c1 5.♖aa2 ♖b1 6.♖g2 ♕e3−+ bzw. 6.♔d8 ♖b8+ 7.♔c7 ♕e5+ −+

2...♖c2+ 3.♔d8 e1♕ 4.♖a1+ ♖c1 5.♖aa2 ♖b1 6.♔d7! ♖b7+

– 6...♖c1 7.♔d8=

– 6...♔c1 7.♖ac2+ ♔d1 8.♖a2=

7.♔c8 ♖b1

7...♖a7 8.♖xa7 ♕xf2 9.♖a1+ ♔e2 10.♖a2+ =

8.♔d7 ♖c1 9.♔d8=

(D. Gurgenidze, 1975)

Aufgabe 99:

1.♖b8!

– 1.♖e8+? ♖xe8 2.♖xe8+ ♔d2 3.♖b8 ♔c2=

– 1.♖h3+? ♔f2 2.♖h2+ ♔f3 3.♖g1 ♖c8+ 4.♔d3 ♖c1=

1...♔f4 2.♖hf8+ ♔g4

– 2...♔g5 3.♖b5+ d5+ 4.♖xd5+ ♔g4 5.♖f1 ♖c8+ 6.♖c5+–

– 2...♔e5 3.♖be8+ ♔d6 4.♖f6+ ♔c7 5.♖e1 ♖a1 6.♖ff1+–

3.♖g8+ ♔f4

3...♔h4 4.♔c3 b1♕ 5.♖xb1 ♖xg8 6.♖h1+ ♔g5 7.♖g1+ ♔f5 8.♖xg8+–

4.♔d4! b1♕ 5.♖xb1 ♖xg8 6.♖f1+ ♔g5 7.♖g1+ ♔f6 8.♖xg8+–

(Y. Hoch, 1984)

Aufgabe 100:

1.a7! ♖a3

1...♖h3+ 2.♔g7 ♖g3+ 3.♖g6 ♖xg6+ 4.♔xg6 ♖d6+ 5.♔f7 ♖a6 6.♖e8 ♖xa7 7.♖e7+ +–

2.♖c3! ♖da2 3.♖d2+ ♔e6 4.♔g6!

4.♖e3+? ♔f7 5.♖xa3 ♖xa3 6.♖d7+ ♔e6 7.♖b7 ♔d6=

4...♖a1

– 4...♔e5 5.♖e3+ ♔f4 6.♖xa2 ♖xa2 7.♖e7+–

– 4...♖xa7 5.♖e3# **5.♖d1!** 5.a8♕? ♖g1+ 6.♖g2 ♖xa8 7.♖xg1 ♖g8+ 8.♔h5 ♖xg1=

5...♖1a2 6.a8♕ ♖xa8 7.♖e3#

(Y. Hoch, 1982)

Teil IV

Beispiele aus der aktuellen Praxis

Im letzten Teil haben wir einige hochaktuelle Beispiele zusammengestellt und nach Themen geordnet.

A) Der richtige Abtausch

Ein wichtiges Thema auch im Endspiel, wo besonders beim Abtausch in ein Bauernendspiel große Vorsicht geboten ist.

Beispiel 1

Paravyan, David (2584)

Cheparinov, Ivan (2661)

Vrnjacka Banja 2023

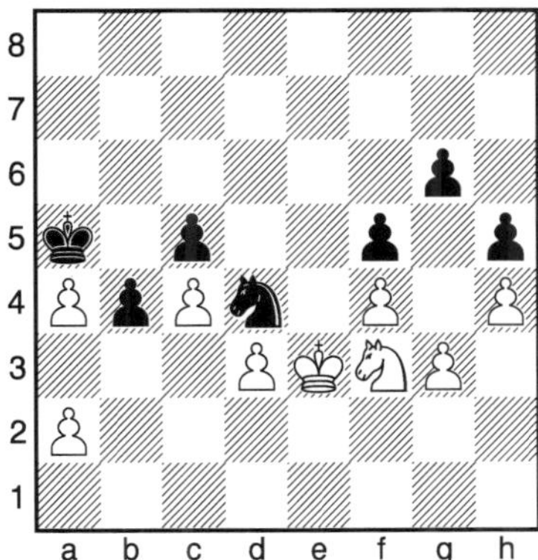

49...♘xf3?

Das ist der falsche Abtausch.

Stattdessen hätte 49...♘e6 zum Remis geführt; z.B. 50.d4 ♔xa4 51.dxc5 ♔a3 52.♘d4 ♘xc5 53.♘c2+ ♔xa2 54.♘xb4+ ♔b3 55.♘d5 ♔xc4 56.♘e7 ♘e4 57.♘xg6 ♘xg3=.

50.♔xf3 ♔xa4 51.d4

Der entscheidende Durchbruch.

51...cxd4

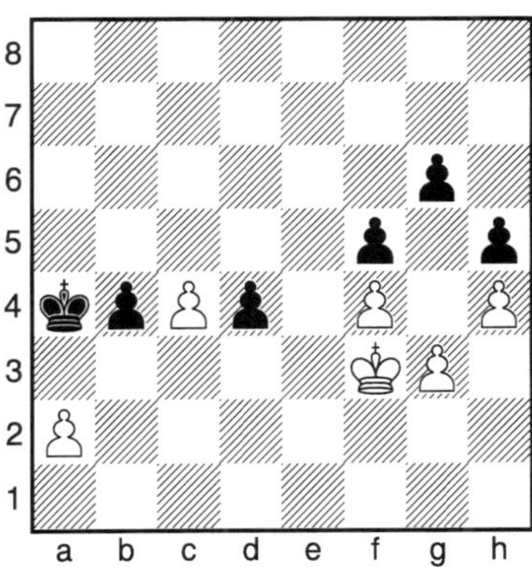

52.♔e2!

Zuerst muss das Gegenspiel gestoppt werden.

52...♔a3 53.c5 ♔xa2 54.c6 b3 55.c7 b2 56.c8♕ b1♕

Auf 56...d3+ folgt 57.♔xd3 b1♕+ 58.♕c2+ +-

57.♕a6+ ♔b2 58.♕b6+ ♔c1 59.♕xb1+ ♔xb1 60.♔d3 ♔c1 61.♔xd4 und **1-0** angesichts der möglichen Folge 61...♔d2 62.♔e5 ♔e3 63.♔f6 ♔f3 64.♔xg6 ♔xg3 65.♔g5!! mit der entscheidenden Zugzwang-Pointe!

Auch der Abtausch von Türmen muss stets genauestens geprüft werden.

Beispiel 2
Livaic, Leon (2569)
Anton Guijarro, David (2685)
Vrnjacka Banja 2023

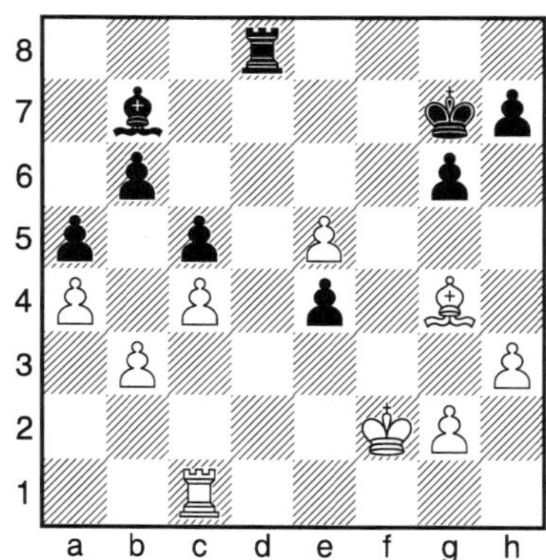

30.♖d1?

In dieser Stellung ist Turmtausch verfehlt.

Nach 30.♔e2 ♖d3 31.♖f1 reicht das Gegenspiel zum Remis; z.B. 31...♖xb3 32.♗d7 ♖b2+ 33.♔e3 ♖b3+ 34.♔e2=.

30...e3+!

Dies öffnet dem Läufer entscheidende Zugstraßen.

31.♔xe3

Auch 31.♔f1 verliert nach der weiteren Folge 31...♖xd1+ 32.♗xd1 e2+! 33.♗xe2 ♗e4 34.♗d1 g5 35.g3 ♔f7 36.♔f2 ♔e6 37.♔e3 ♔xe5 38.♗g4 ♗c2−+.

31...♖xd1 32.♗xd1 ♗xg2 33.h4 ♗h3 34.♔e4

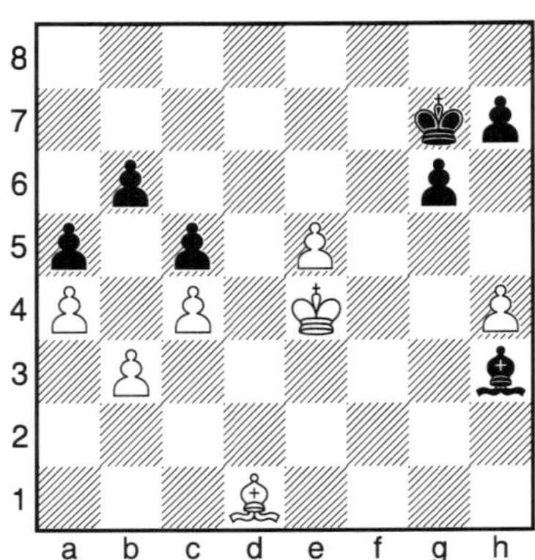

34...♗e6!

Der Läufer verhindert das Vordringen des Königs.

35.♔f4

35.♗f3 ♔f7 36.♔f4 ♗f5 37.♗d5+ ♔e7 38.♔g5 ♗c2 39.♔h6 ♗xb3 40.♔xh7 ♗xa4 41.♔xg6 ♗c2+ −+

35...♗f5 36.h5 h6!

36...♔f7? 37.h6 ♔e6 38.♗f3=

37.hxg6

37.e6 ♔f6 38.e7 g5+ 39.♔e3 ♔xe7−+

37...♗xg6!

Natürlich nicht 37...♔xg6?? 38.♗h5+ ♔xh5 39.♔xf5+−.

38.♔g4 ♔f7 39.♔f4 ♔e7 und **0-1** angesichts der möglichen Folge 40.♗g4 ♗c2−+ bzw. 40.♔g4 ♔e6 41.♔f4 ♗f5 42.♗h5 ♗c2 43.♗e8 ♗xb3 44.♗b5 h5−+.

Auch im folgenden Beispiel ist der Turmtausch verfehlt.

Beispiel 3

Wojtaszek, Radoslaw (2682)

Gorodetzky, David (2488)

Vrnjacka Banja 2023

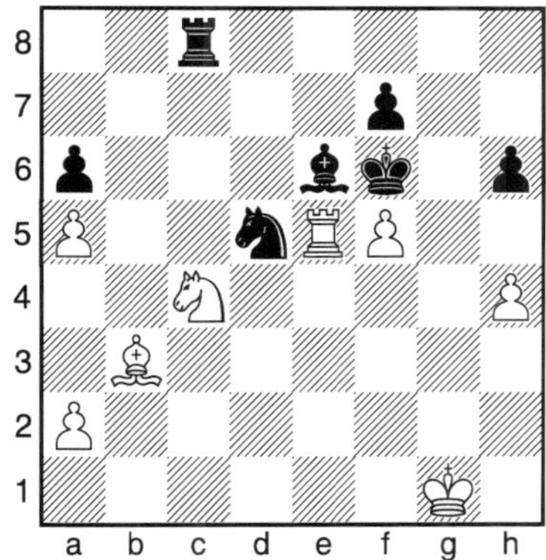

34...♖xc4?

Danach wird der weiße Läufer zu stark.

Nach 34...♘e3! 35.fxe6 ♘xc4 36.♖e4 ♘xa5 37.♗d5 fxe6 38.♖xe6+ ♔f5 39.♖xh6 ♖c5 steht Schwarz aktiv genug, um sich zu verteidigen.

35.♖xe6+ fxe6 36.♗xc4 ♔xf5 37.♗xa6 ♔e5 38.♗b7 ♘c3 39.a6

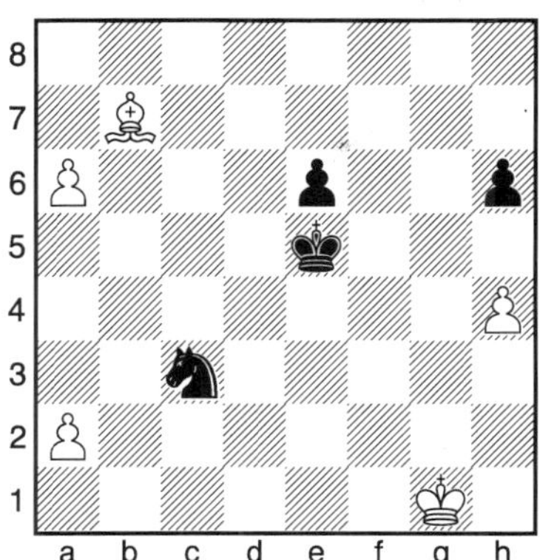

Es heißt, der Turmbauer sei des Springers schlimmster Feind. Und hier hat Weiß sogar *drei* von der Sorte.

39...♘b5 40.♔f2 ♔d4

Auf 40...♔f4 folgt 41.♔e2 ♔g4 42.♔d3 ♔xh4 43.♔c4 ♘a7 44.♔c5 e5 45.♔b6 e4 46.♔xa7 e3 47.♗f3+−.

41.♔f3 e5

41...♔e5 verliert nach 42.♔g4 ♔f6 43.♔f4 e5+ 44.♔e4 ♔e6 45.♗c8+ +−

42.a4 ♘a7 43.♔g4 e4 44.♔h5 e3

44...♔d3 wird mit 45.♔xh6 beantwortet.

(Nicht jedoch 45.♗xe4+? ♔xe4 46.♔xh6 ♔f5 47.h5 ♔f6=.)

45...e3 46.♗f3 e2 47.♗xe2+ ♔xe2 48.♔g5+−

45.♗f3! ♔c5

Auf 45...♔e5 folgt 46.♔xh6 ♔f6 47.h5 ♘c8 48.♔h7 ♔f7 49.h6 ♘a7 50.♗e2 ♘c6 51.♗c4+ +−.

46.a5 ♔b5 47.♗e2+ ♔xa5 48.♔xh6 ♔b6 49.h5 ♘c6 50.♔g5 ♘d4 51.♗f1!? 1-0

Ein Beweis guter Technik. Allerdings gewinnt auch 51.h6 mit der möglichen Folge 51...♘xe2 52.h7 ♘d4 53.h8♕ e2 54.♕xd4+.

Aktive gegnerische Figuren sollten in der Regel abgetauscht werden.

Beispiel 4

Abasov, Nijat (2625)

Draskovic, Luka (2510)

Vrnjacka Banja 2023

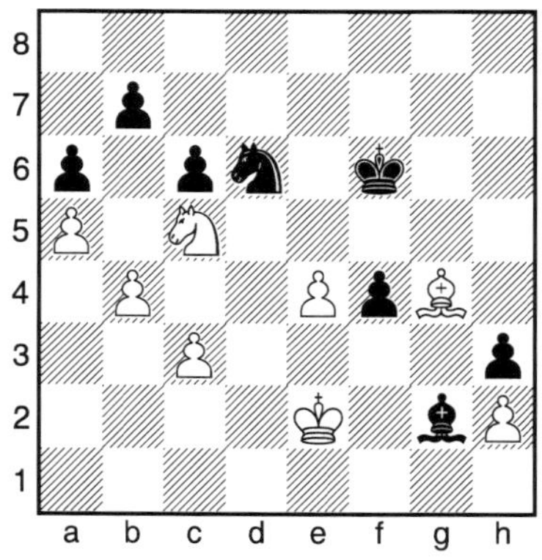

44.♗f3!

Der starke schwarze Läufer muss abgetauscht werden.

44...♘b5 45.♔f2 ♘xc3

45...♗xf3 verliert nach 46.♔xf3 ♘xc3 47.♔xf4 ♘a2 48.♘xb7 ♘xb4 49.♘c5 ♔f7 50.♔e3 ♔f6 51.♔d2 ♔e5 52.♔c3 ♘a2+ 53.♔c4+−.

46.♗xg2 hxg2 47.♔xg2 ♔e5 48.♔f3 ♘b1 49.♘d3+ ♔d4

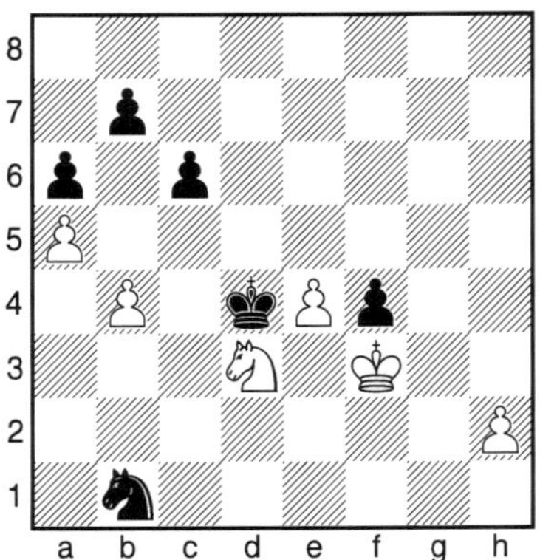

50.e5!?

Mit dieser radikalen Lösung setzt Weiß alles auf seinen Freibauern.

Außer der Normalfolge 50.♘f2 ♔e5 51.♘g4+ ♔e6 52.♔xf4 gewinnt übrigens sogar 50.♔xf4 ♔xd3 51.h4.

50...♘c3

Auf 50...♔xd3 folgt 51.e6 ♘d2+ 52.♔xf4 ♘e4 53.e7 ♘d6 54.♔e5 ♘e8 55.h4+−.

51.e6 und **1-0** angesichts der möglichen Folge 51...♘d5 52.♘xf4 ♘f6 53.h4 ♔e5 54.h5 ♔d6 55.h6 ♔e7 56.♔g3+−.

B) Der König sollte aktiviert werden

In der Mobilmachung des Königs besteht ein Hauptunterschied zum Mittelspiel. Zu diesem Zweck kann allerdings die Wahl des richtigen Weges schwierig sein.

Beispiel 5

Wieczorek, Oskar (2505)

Chigaev, Maksim (2632)

Vrnjacka Banja 2023

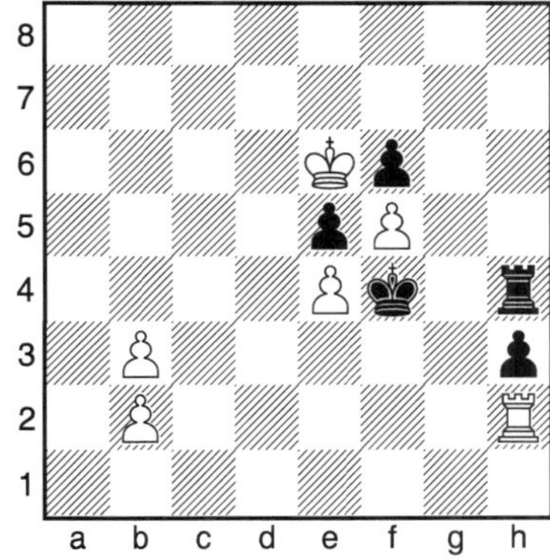

62...♔g3?

Damit schlägt der König den falschen Weg ein.

Stattdessen hätte Schwarz nach 62...♔xe4 gewonnen; z.B. 63.♔xf6 ♔f4 64.♔e6 ♔g3 65.♖xh3+ ♔xh3 66.♔xe5 ♔g4 67.f6 ♔g5 68.♔e6 ♖f4 69.f7 ♔g6 70.b4 ♖xf7 71.♔d6 ♖f2 72.b5 ♖xb2 73.♔c6 ♔f7 74.b6 ♔e7 75.b7 ♔d8 bzw. 75.♔c7 ♖c2+.

63.♖h1 ♔g2

63...♖xe4 64.♔xf6 h2 65.♔e6 ♖b4 66.♔xe5 ♖xb3 67.f6 ♖xb2 68.f7=

64.♖e1 h2 65.♔xf6 ♖xe4

65...h1♕ 66.♖xh1 ♔xh1 67.♔xe5 ♔g2 68.f6 ♔f3 69.f7=

66.♖xe4 h1♕ 67.♔xe5 ♔f3 68.♖c4 ♕h2+ 69.♔e6 ♕b8

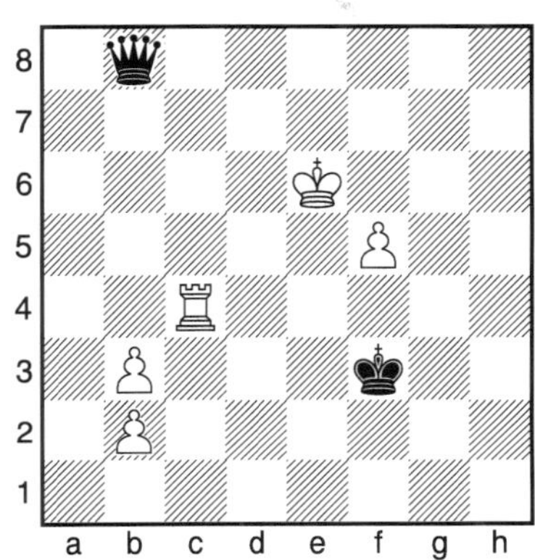

70.♔f6!!

Nur dieser Zug sichert das Remis.

Nach 70.f6? (70.♔f7? ♕xb3−+) und der Folge 70...♕xb3 71.f7 ♕xc4+ 72.♔e7 ♕c5+ wird der b-Bauer dem Weißen zum Verhängnis, da er die Patt-Verteidigung vereitelt; z.B. 73.♔e8 ♕e5+ 74.♔d7 ♕f6 75.♔e8 ♕e6+ 76.♔f8 ♔g4 77.♔g7 ♕e7 78.♔g8 ♕g5+ 79.♔h7 ♕f6 80.♔g8 ♕g6+ 81.♔h8 ♕xf7−+.

70...♕e8 (70...♕xb3?? 71.♖c3+ +−) **71.♔g7 ♕e7+ 72.♔g6! ♕e8+ 73.♔g7 ♕e7+ 74.♔g6! ♕e8+ 75.♔g7 ½-½**

Im folgenden Beispiel muss die geplante Aktivierungs-Route des weißen Königs abgeschnitten werden.

Beispiel 6

Najer, Evgeniy (2666)

Quparadze, Giga (2483)

Vrnjacka Banja 2023

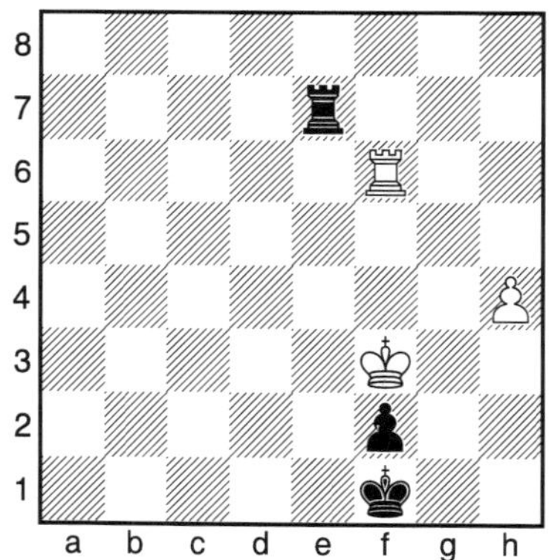

77...♔e1?

Da der König damit die falsche Richtung einschlägt, kann der gegnerische den h-Bauern unterstützen.

Zum Gewinn führt 77...♖g7! mit den Abspielen:

1) 78.h5 ♔g1 79.♔e2 ♖g2 80.♖xf2 ♖xf2+ 81.♔e3 ♖h2−+

2) 78.♔e3 ♖g3+ 79.♔f4 ♔g2 80.♔e5 ♖f3 81.♖g6+ ♔h3−+

78.♔g4 ♖g7+ 79.♔h3!

Nicht jedoch 79.♔h5? wegen der Gewinnfolge 79...f1♕ 80.♖xf1+ ♔xf1 81.♔h6 ♖g1 82.h5 ♔f2 83.♔h7 ♔f3 84.h6 ♔f4 85.♔h8 ♔f5 86.h7 ♔g6 87.♔g8 ♔h6+ 88.♔h8 ♖a1.

79...f1♕+ 80.♖xf1+ ♔xf1 81.h5 ♔f2 82.♔h4 ♔f3 83.h6 ♖a7 84.♔g5 ♔e4 85.♔g6 ♖a6+ 86.♔g7

Der Bodycheck 86.♔g5 remisiert ebenfalls.

86...♔f5 87.h7 ♖a7+

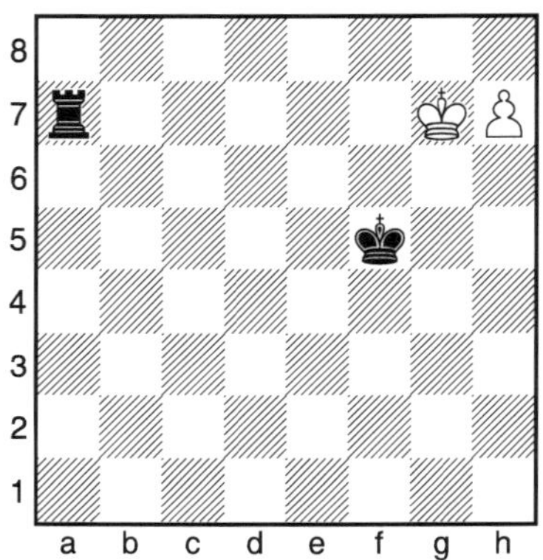

88.♔h6!

Statt dieses Bodychecks wäre 88.♔g8 ♔g6 89.h8♘+ ♔f6−+ natürlich verfehlt.

Was ist schlimmer als ein Springer am Rand? − Ein Springer im Eck!

88...♖a6+ 89.♔g7 ♖a7+ 90.♔h6 ♖xh7+ 91.♔xh7 ½-½

Im nächsten Beispiel geht es außer um den richtigen Königsweg vor allem auch um Zugzwang.

Beispiel 7

Guliyev, Namig (2528)

Kollars, Dmitrij (2618)

Vrnjacka Banja 2023

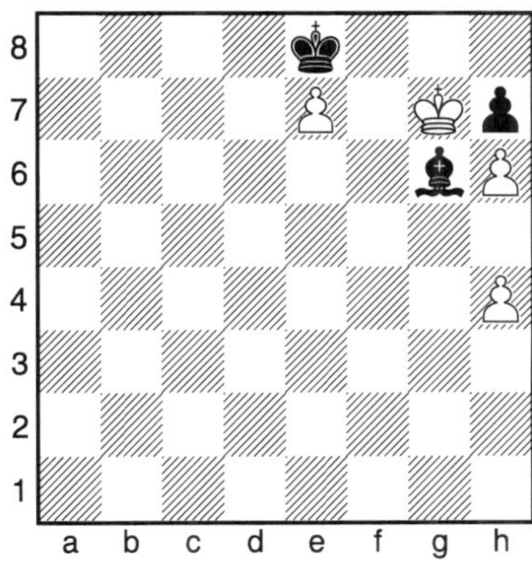

78.h5?

Danach gewinnt Schwarz durch Zugzwang.

Nach 78.♔f6 ♔d7 (78...♗d3 79.♔e6=) 79.h5 ♗xh5 80.♔g7 ♗g6 81.♔f8= muss Schwarz wechselseitigen Zugzwang zulassen und kann entsprechend nicht mehr gewinnen.

78...♗d3 79.♔f6 ♗c2 80.♔e6 ♗d1 81.♔f6 ♗xh5 82.♔g7 ♗g6 83.♔f6 ♔d7 Zugzwang **0-1**

Manchmal stellt sich die Frage, ob der König angreifen oder verteidigen soll.

Beispiel 8

Saric, Ivan (2674)

Dvirnyy, Danyyil (2531)

Vrnjacka Banja 2023

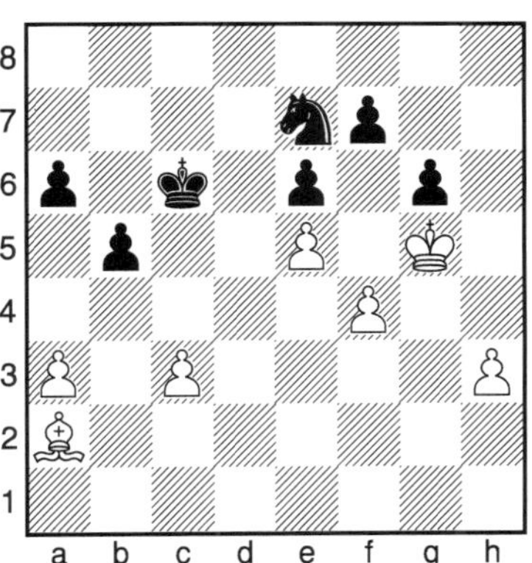

40...♔d7!

Der König muss den Königsflügel verteidigen.

Normalerweise will die Seite mit dem Springer statische Kontrolle, während die mit dem Läufer dynamische Verhältnisse bevorzugt.

Hingegen verliert 40...♘g8? nach 41.h4 mit folgenden Abspielen:

1) 41...♔d7 42.♗b1 ♔e8 43.♗e4 ♘e7 44.♗b7 a5 45.♗a6+-

2) 41...♔c5 42.♗b1 ♔c4 43.♗e4 ♔xc3 44.♗c6 ♔b3 45.♗e8 ♔xa3 46.♗xf7

♘e7 47.♗xe6 b4 48.♔f6 b3 49.♗xb3 ♔xb3 50.♔xe7 a5 51.e6 a4 52.♔f7 a3 53.e7 a2 54.e8♕ a1♕ 55.♔xg6+−.

41.c4 (41.♔f6 ♔e8=) **41...♘c6 42.♔f6 ♔e8!**

Natürlich muss das Rückgrat der schwarzen Stellung verteidigt werden.

43.h4

43.cxb5 axb5 44.♗b1 ♔f8 45.♗d3 ♘d4=

43...♔f8

Nach 43...b4 44.axb4 ♘xb4 45.♗b3 lautet eine Beispielvariante 45...♘d3 46.f5 exf5 47.c5 ♘xc5 48.♗xf7+ ♔f8 49.e6 ♘xe6 50.♗xe6 f4 51.♔xg6 f3 52.h5 f2 53.♗c4 f1♕ 54.♗xf1 ♔g8=

44.cxb5 axb5 45.♗b1 b4 46.axb4 ♘xb4 47.♗e4 ½-½

Zum folgenden Beispiel hat der Fernschach-GM Wolfram Schön wertvolle und tiefschürfende Analysen beigesteuert.

Beispiel 9

Rakhmanov, Aleksandr (2635)

Maurizzi, Marc Andria (2535)

Vrnjacka Banja 2023

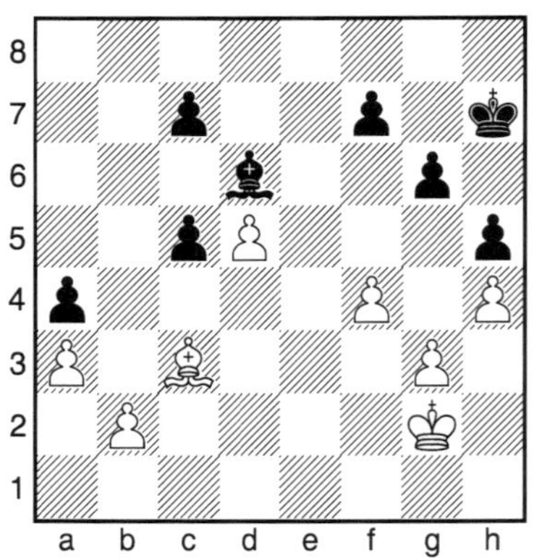

48...c4?

Das ist der falsche Beginn.

Wolfram Schön: 48...♔g8! ist der einzige Zug und nach 49.♔f3 könnte die Partie folgenden Verlauf nehmen.

(Nach 49.♗e5 ♔f8! 50.♗xd6+ cxd6 ist das Bauernendspiel im Unterschied zur Partie remis, denn der schwarze Bauer ist nicht auf c4; z.B. 49... 51.♔f3 ♔e7 52.♔e3! ♔d7 53.♔d3 ♔c7!=)

1) 49...c4 ist spielbar, obwohl es hier riskant erscheint. Allerdings ist diese

Fortsetzung für den Partieverlauf wichtig. (Siehe dazu die Nebenvariante 51.f5.)

50.♔e4 ♗c5! 51.f5

Der beste weiße Ansatz besteht in dem Versuch, sich Zutritt zum Königsflügel zu verschaffen.

51...♔f8! 52.fxg6 fxg6! 53.♗d4 ♗d6 54.♗e5 ♗c5 55.♗xc7 ♔e8! 56.♗f4

Weiß hat einen Mehrbauern, die Bauern b2 und g3 sind schwach, aber er kann den auf g6 anvisieren. In der nächsten Phase lässt er einige Manöver folgen, um die beste Läuferpostierung zu erreichen, bevor er den König auf die Reise schickt.

56...♔d7! 57.♗e3 ♗d6! 58.♗f2 ♗c7 59.♗e1 ♗b6 60.♗c3 ♗c7 61.♗e5 ♗b6! 62.♔f4

Dies scheint der beste Moment für den Beginn konkreter Aktionen zu sein.

62...♔e7! 63.♔g5 ♔f7! 64.d6 ♗e3+! 65.♗f4 ♗d4! 66.d7 ♔e7! 67.♗c1 c3!

Schwarz muss den weißen b-Bauern abtauschen.

68.bxc3 ♗xc3! 69.♔xg6 ♗e5!

Mittlerweile hat Weiß sogar *zwei* Mehrbauern, aber er kann nicht gewinnen, da a8 angesichts seines schwarzfeldrigen Läufers das falsche Eckfeld ist.

70.♗f4 ♗b2!

a) 71.♗d6+ ♔xd7! 72.♗b4 ♗e5! 73.♔xh5 ♗xg3 74.♔g5 ♗xh4+

b) 71.♔xh5 ♗xa3 72.♗e5 ♗c1 73.♔g6 a3 74.h5 ♗b2 75.♗d6+ ♔xd7! 76.♗xa3! ♗xa3!

2) Die passive Verteidigung mit 49...♔f8 scheint sicherer zu sein.

50.♔e4 ♔e8 51.♔d3 ♔d7! 52.♔c4 c6! 53.♗e1 ♔c7 54.♗a5+ ♔b7 55.♗c3 ♗f8 56.♗e5 cxd5+! 57.♔xd5 ♔b6 58.♗d6 ♗g7 59.♗xc5+

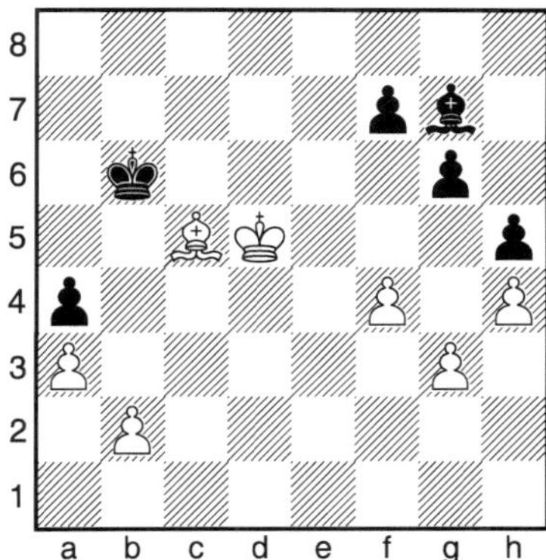

Weiß hat einen Bauern gewonnen, aber all seine Bauern stehen auf der falschen Farbe.

59...♔c7 60.♗d6+ ♔d7 61.♗e5 ♗f8! 62.♔c4 ♔c6! 63.♗d4 ♗e7 64.♗f2 f5 65.b3 axb3! 66.♔xb3 ♗d8

Der Läufer braucht einfach nur den schwachen g3-Bauern im Auge zu halten.

67.♔c4 ♗a5 68.a4 ♗d8 69.♗e1 ♗b6 70.a5 ♗g1 71.a6 ♗a7=

49.♔f3?

Auch dieser Antwortzug ist verkehrt.

49.♗e5 gewinnt, wie aus folgenden Abspielen hervorgeht:

1) 49...♗xe5 50.fxe5 ♔g7 51.♔f3 f6 52.e6 ♔f8 53.♔e3 ♔e7 54.♔d4 g5 55.♔c5 gxh4 56.gxh4 f5 57.♔xc4+-

2) 49...c3 50.♗xc3 ♗c5 51.♗e5 ♗b6

52.♔f3 f5 53.♔e2 ♔g8 54.♔d3 ♔f7 55.♗d4 ♗a5 56.♗f2 ♔e7 57.♔c4 ♔d6 58.♔b5 ♗d2 59.♔xa4 ♔xd5 60.♔b5+−

49...♗c5 50.♔e4

50.♗e5 ♔g8 51.♗xc7 ♔f8 52.♗e5 f5=

50...♔g8 51.♗d4

Auf 51.f5 folgt 51...♔f8 52.fxg6 fxg6 53.♗d4 ♗d6 54.♗e5 ♗c5 55.♗xc7 ♔e8 56.♗f4 ♔d7=.

Wolfram Schön: Diese Variante ist ein besserer Versuch für Weiß. Er führt über Zugumstellung zu der Variante 48...♔g8 49.♔f3 c4 nach dem 56. Zug.

51...f5+ 52.♔e5

52.♔e3 wird mit 52...c3 53.bxc3 ♗xa3= beantwortet.

52...c3 53.♗xc3

Natürlich nicht 53.♗xc5?? cxb2−+.

53...♔f7 54.♗a5

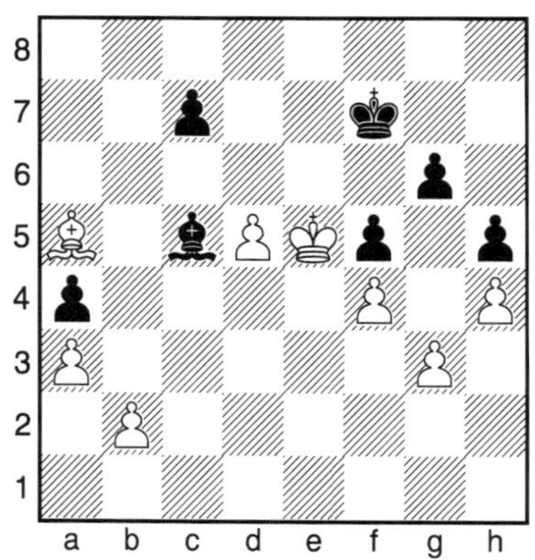

54...♗f2

Das schwarze Gegenspiel kommt gerade rechtzeitig.

55.♗xc7 ♔e7 56.d6+ ♔d7 57.♔f6 ♗xg3 58.♔g5 ♗f2 59.♗a5

59.♔xg6 ♗xh4 60.♔xh5 ♗f6 61.♔g6 ♗xb2 62.♔xf5 ♗xa3=

59...♔xd6 60.♔xg6 ♗xh4 61.♔xf5

Auf 61.♔xh5 folgt 61...♗f6 62.♗c3 ♗d8 63.♔g6 ♔e6=.

61...♗g3 62.♗c3 h4 63.♔g4 ♔e6 64.♗d4 ♔d5 65.♗g7 ♔e4 66.♗e5 ♗f2 67.♗c3 h3 68.♔xh3 ♔xf4 69.♔g2 ♗c5 70.♔f1 ♔e3 71.♔e1 ♔d3 72.♔d1 ♗xa3 73.bxa3 ♔xc3 74.♔c1 ♔b3 75.♔b1 ♔xa3 76.♔a1 ♔b3 77.♔b1 a3 78.♔a1 a2 ½-½

C) Festungen

Laut eigener Aussage glaubt Magnus Carlsen ja nicht an Festungen. Wenn der Verteidiger allerdings aktives Spiel hat, wachsen die Remischancen in aller Regel an.

Beispiel 10

Kozak, Adam (2552)

Petrosyan, Manuel (2634)

Vrnjacka Banja 2023

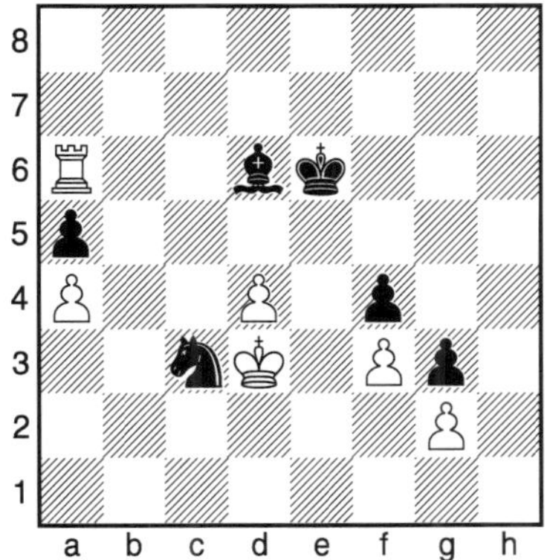

62...♘xa4!?

Ein alternativer Remisweg besteht in 62...♘d1 63.♖xa5 ♘e3 64.♖h5 ♘xg2 65.a5 ♘e3 66.a6 g2 67.♖g5=.

63.♖xa5

Auch nach 63.♔c2!? kann Weiß nicht gewinnen; z.B. 63...♔d5 64.♖xa5+ ♔xd4 65.♖xa4+ ♔e3 66.♖a2 ♔f2 67.♔d3+ ♔f1 68.♔e4 ♗c7=.

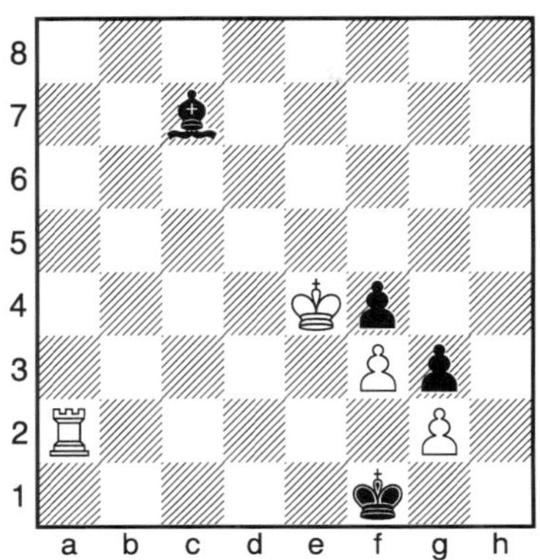

Die schwarze Festung ist nicht zu erstürmen, da der König nicht von seinem Aktivposten verjagt werden kann.

63...♘b2+ 64.♔e4 ♘c4 65.♖a6 ♘e3 66.♖xd6+ ♔xd6 67.♔xf4 ♘f1 68.♔e4 ♔e6 69.f4 ♘d2+ 70.♔e3 ♘c4+ 71.♔f3 ♔d5 72.♔xg3 ♔xd4 ½-½

D) Endspiele mit '♖+♘ gegen ♖+♘'

Bei dieser Konstellation gilt der pointierte Sinnspruch: Eine leichte Initiative wiegt schwer.

Im letzten Beispiel gewinnt Weiß dank Mehrbauer und Aktivität.

Beispiel 11

Esipenko, Andrey (2680)

Bjerre, Jonas Buhl (2608)

Vrnjacka Banja 2023

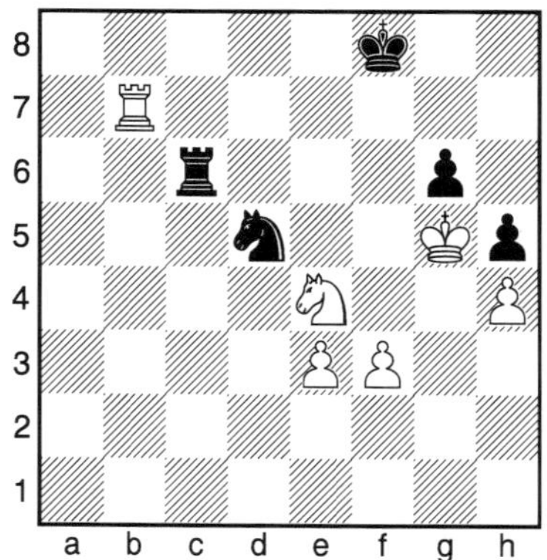

52.♖b3!

Nur nach diesem Rückzug geht es vorwärts.

52...♖e6?!

Statt dieser Ungenauigkeit waren folgende Alternativen deutlich zäher:

1) 52...♘e7 53.f4 ♖a6 54.♘g3 ♔f7 55.e4 ♖a5+ 56.f5 ♖c5 57.♖b7 ♔f8 58.♖a7 ♖b5 59.♖a8+ ♔g7 60.♖a6 ♔f7 61.♖f6+ ♔g7 62.♘e2+-

2) 52...♔g7 53.♖d3 ♘e7 54.♖d7 ♔f7 55.♔f4 ♖a6 56.♘g5+ ♔e8 57.♖d1 ♘g8 58.♖d5

a) 58...♖f6+ 59.♔e5 ♔e7 60.♖c5 ♔d7 61.e4 ♖a6 62.♘h7 ♘h6 63.♘f6+ ♔d8 64.♘d5 ♘f7+ 65.♔f4 ♔d7 66.♖c7+ ♔e8 67.♖c8+ ♔d7 68.♖b8 ♖d6 69.♖f8 ♘d8 70.♖g8 ♘f7 71.♔e3+-

b) 58...♘e7 59.♖e5 ♖f6+ 60.♔g3

– 60...♖f5 61.♖xf5 ♘xf5+ 62.♔f2+-

– 60...♖d6 61.e4 ♖a6 62.♖c5 ♖f6 63.♘h3 ♖a6 64.♘f4 ♖d6 65.♖b5 ♖a6 66.♖b8+ ♔f7 67.♖d8 ♖c6 68.♘d3 ♖a6 69.♘e5+ ♔f6 70.♔f4+-

53.♖d3!? ♘e7

53...♖e5+ 54.♔xg6 ♔e7 55.♖b3+-

54.♖d6!

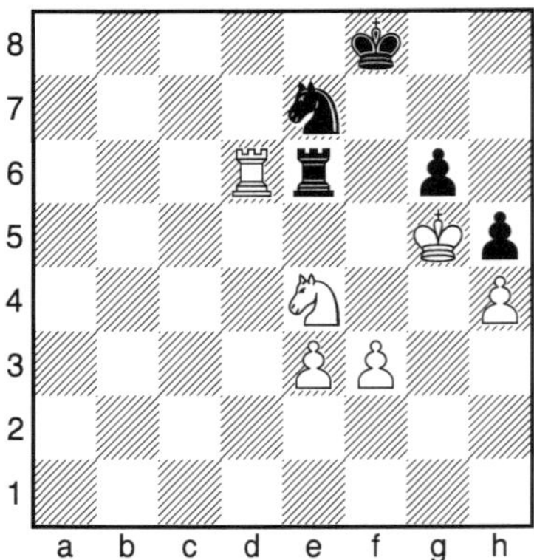

Danach wird der weiße König noch weiter vordringen.

54...♖e5+

Auf 54...♖xd6 55.♘xd6 ♔g7 folgt 56.f4 ♘d5 57.f5 gxf5 58.♘xf5+ ♔f7 59.♔xh5 ♔f6 60.♔g4+-.

55.♔f6 ♖f5+ 56.♔e6 ♖xf3

56...♘g8 57.♖d8+ ♔g7 58.♖d7+ ♔f8 59.f4 ♘h6 60.♘d6 ♖a5 61.♔f6 ♘g4+ 62.♔xg6 ♘xe3 63.♖f7+ ♔g8 64.♖e7+−

57.♖d8+ ♔g7 58.♖d7!?

Ein Beweis guter Technik.

Allerdings hätte auch 58.♔xe7 ♖xe3 59.♖d4 zum Gewinn geführt.

58...♖xe3 59.♖xe7+ ♔f8 60.♖f7+ ♔g8 61.♖f4 ♔g7 62.♔e5 ♖e1 63.♔d4 ♖d1+ 64.♔e3 ♖e1+ 65.♔f2 ♖a1 66.♘g5 ♖a3 67.♘e6+ ♔g8 68.♖f8+ ♔h7 69.♖f7+ ♔g8 70.♖g7+ ♔h8 71.♖xg6 ♖h3 72.♖h6+ ♔g8 73.♖xh5 1-0

Namensverzeichnis – Teil I

Namensverzeichnis – Teil II

Namensverzeichnis – Teil III

Namensverzeichnis – Teil IV

Quellenverzeichnis

Bücher:

Ban, J.: Die Taktik der Endspiele, Verlag Harri Deutsch 1987

Konikowski, J.: Kompozycja w treningu szachisty, Penelopa 2003

Konikowski J., Treppner G.: Testbuch der Endspielkunst, Joachim Beyer Verlag 2014

Meyer, C. D. & Müller, K.: Magische Endspiele, Joachim Beyer Verlag 2020

Müller, K.: Die Endspielkunst der Weltmeister Band 1 und 2, Joachim Beyer Verlag 2021

Afek, Y.: Anthology of miniature endgame studies, Sahovski informator 2022

Gajewski, J., Konikowski, J.: Kombinacje w grze koncowej, RM 2023

Datenbanken:

Study Database, ChessBase Hamburg 2000

Internet: Wikipedia (Deutsch und Englisch)

Elektronische Medien:

Mega Database 2022

ChessBase News

ChessBase 16

Zeitschriften:

Rochade Europa

ChessBase Magazin

Schachmagazin 64

Über die Autoren

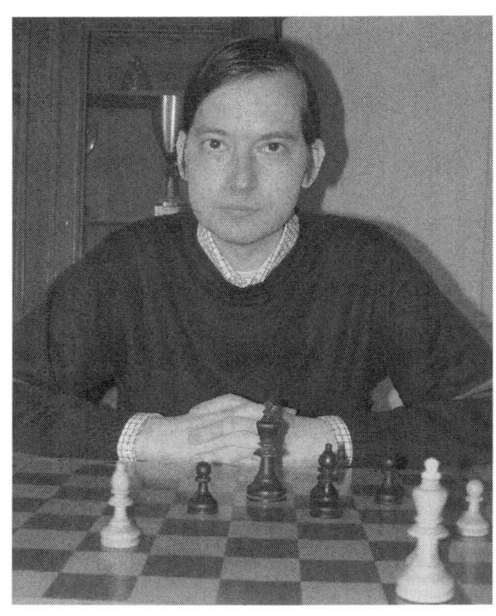

GM Dr. Karsten Müller wurde am 23. November 1970 in Hamburg geboren. Er studierte Mathematik und promovierte 2002. Von 1988 bis 2015 spielte er für den Hamburger SK in der Bundesliga und errang den Großmeister–Titel 1998. Zusammen mit Frank Lamprecht ist er Autor der hochgeschätzten Werke *Secrets of Pawn Endings* (2000) und *Fundamental Chess Endings* (2001), mit Martin Voigt *schrieb er Danish Dynamite* (2003), mit Wolfgang Pajeken *How to Play Chess Endgames* (2008), mit Raymund Stolze *Zaubern wie Schachweltmeister Michail Tal* und *Kämpfen und Siegen mit Hikaru Nakamura* (2012).

Aufmerksamkeit fand außer Müllers Buch *Bobby Fischer, The Career and Complete Games of the American World Chess Champion* (2009) be-sonders auch seine exzellente Serie von ChessBa-se-Endspiel-DVDs Schachendspiele 1-14. Müllers beliebte Rubrik *Endgame Corner* erschien unter www.ChessCafe.com von Januar 2001 bis 2015, seine Rubrik *Endspiele* im ChessBase Magazin seit 2006. Der vielbeschäftigte, weltweit anerkannte Endspiel–Experte wurde 2007 als „Trainer des Jahres" vom Deutschen Schachbund ausgezeichnet.

Im Joachim Beyer Verlag sind bereits die nachstehenden 19 Titel von ihm erschienen:

Karsten Müller – Verteidigung (2016) (zusammen mit Marijn van Delft)

Karsten Müller – Positionsspiel (2017)

Karsten Müller – Schachstrategie (2017) (zusammen mit Alexander Markgraf)

Karsten Müller – Schachtaktik (2018)

Karsten Müller – Endspielzauber (2023)

Italienisch mit c3 und d3 (2017) (zusammen mit Georgios Souleidis)

Magie der Schachtaktik (2018) (zusammen mit Claus Dieter Meyer)

Magische Endspiele (2020) (zusammen mit Claus Dieter Meyer)

Spielertypen (2020) (zusammen mit Luis Engel)

Die Endspielkunst der Weltmeister Band 1 – von Steinitz bis Tal (2021)

Die Endspielkunst der Weltmeister Band 2 – von Petrosjan bis Carlsen (2021)

Schach-WM 2021 (2022) (zusammen mit Jerzy Konikowski und Uwe Bekemann)

Die besten Kombinationen der Weltmeister Band 1 – Von Steinitz bis Tal (2022) (zusammen mit Jerzy Konikowski)

Die besten Kombinationen der Weltmeister Band 2 – Von Petrosjan bis Carlsen (2022) (zusammen mit Jerzy Konikowski)

Schachtraining mit Matthias Blübaum (2022)

(zusammen mit Matthias Blübaum und Matthias Krallmann)

Bobby Fischer – 60 beste Partien (2022)

Typisch Sizilianisch (2022)

Spielertypen – das Testbuch (2022) (zusammen mit Luis Engel und Makan Rafiee)

Magnus Carlsen – Die Schach-DNA eines Genies (2023)

Karsten Müller – Angriff (2023)

sowie weitere 11 Übersetzungen in englischer Sprache:

Magical Endgames (2020, together with Claus Dieter Meyer)

The Human Factor in Chess (2020, together with Luis Engel)

The Best Endgames of the World Champions Vol 1 – From Steinitz to Tal (2021)

The Best Endgames of the World Champions Vol 2 – From Petrosian to Carlsen (2021)

World Chess Championship 2021 (2022)
(together with Jerzy Konikowski and Uwe Bekemann)

The Best Combinations of the World Champions Vol 1 – From Steinitz to Tal (2022) (together with Jerzy Konikowski)

The Best Combinations of the World Champions Vol 2 – From Petrosian to Carlsen (2022) (together with Jerzy Konikowski)

Bobby Fischer 60 Best Games (2022)

Chess Training with Matthias Blübaum (2022)

(together with Matthias Blübaum and Matthias Krallmann)

Typical Sicilian (2023)

The Human Factor in Chess – The Testbook (2023)
(together with Luis Engel and Makan Rafiee)

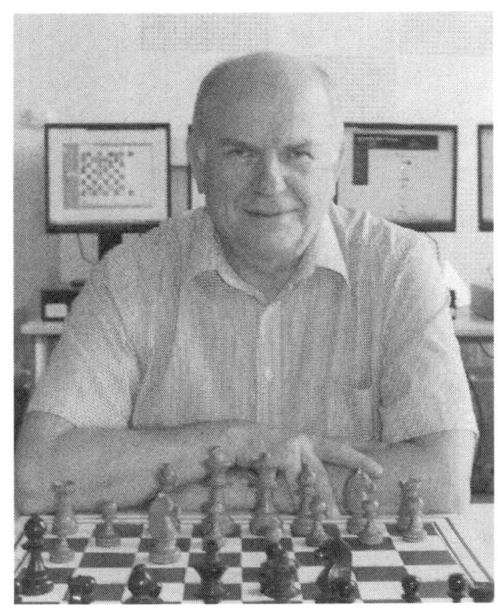

FIDE–Meister Jerzy Konikowski (Jahrgang 1947) ist ein deutscher Schachspieler, –trainer und –autor polnischer Abstammung. Sein Studium zum Schachtrainer absolvierte er an einer Sporthochschule in Warschau. In der Zeit von 1978 bis 1981 war er polnischer Nationaltrainer.

1981 siedelte er nach Deutschland um und bekam die deutsche Staatsbürgerschaft. Von 1982 bis zum Ruhestand 2012 arbeitete er an der Universität Dortmund als Chemotechniker.

15 Jahre lang war er Trainer der Jugendmannschaft von Nordrhein–Westfalen und spielte von 1983 bis 1994 für verschiedene Vereine in der 1. Bundesliga. Die höchste Platzierung seiner Karriere erreichte er am 1. Januar 1981, als er mit Elo 2400 den 18.–19. Platz der deutschen Rangliste belegte.

Seine andere Leidenschaft ist Fernschach. Er gewann mehrere Turniere in der Europa–Klasse und vertrat Deutschland im Finale der 17. Fernschach–Europameisterschaft (1993-1998), wo er mit 8 Punkten aus 14 Partien den 7. Platz belegte.

Als Autor hat er zahlreiche Schachbücher und Artikel geschrieben, die in viele Sprachen übersetzt und in vielen Ländern veröffentlicht wurden.

Auch als Schachkomponist hat er sich einen Namen gemacht. Er verfasste etwa 400 Schachaufgaben, von denen über 100 in internationalen Wettbewerben ausgezeichnet wurden. Acht seiner Aufgaben fanden Aufnahme in die sogenannten 'FIDE–Alben', wobei es sich um Sammlungen der besten Aufgaben weltweit handelt.